現代 貿易實務英語 讀解와 作成

經營學 博士　柳 海 民 著

pnc
publishing and culture
피앤씨미디어

머리말

무역영어는 무역거래의 출발에서부터 종료 시까지 무역업무의 수행을 위하여 필요한 절대적인 수단이다. 그러나 일반영어를 체계적으로 학습한 사람도 무역통신문을 잘 이해하지 못한다. 무역거래는 주계약인 무역계약을 중심으로 운송, 보험, 신용장 계약 등의 종속계약을 바탕으로 수행되며, 이들 계약에 사용되는 용어들이 사전적인 일반영어의 의미와는 달리 특이한 의미를 가지며 또한 많은 표현들이 무역업계에만 사용되는 전문용어와 단어이기 때문이다. 이에 무역영어를 잘하기 위해서는 일반영어의 구문론과 무역상무에 대한 충분한 지식을 가지고 무역당사자간의 왕래 영문 무역통신문을 학습하여야 한다.

현재 시중에 판매되고 있는 대부분의 무역영어 서적들은 거래단계별 무역통신문을 나열하고, 무역용어의 해설과 문장의 해석으로 구성되어 있으며 구문론적 해설이 없다. 또한 나열된 무역통신문의 대부분이 일반영어에 정통하지 못한 무역업자들이 직접 작성하여 거래과정에서 왕래서한 그 자체 또는 영어전공자가 아닌 저자가 직접 작성 또는 편집한 서한들이다. 이에 이들에 대한 문장의 정확성과 의사전달의 효과적인 표현에 대한 검정이 필요하다.

본서는 무역실무에 대한 현장경험이 없으며 이제 막 무역을 배우는 대학생을 위한 한 학기 수업용 교재로 출판되었으며, 가능한 무역통신문의 해설에 역점을 두었다. 거래단계별 모범서신들은 국내에 출판된 무역영어 교재들을 참조하였다.

치열한 국제경쟁에 이길 수 있는 무역전문가가 되기를 꿈꾸는 무역학도들에게 좋은 도서가 되기를 바라는 마음 간절하다.

2016년 2월

류 해 민

(E-mail: yoohm@bufs.ac.kr)

차 례

제 1 편 무역영어의 기초

제 7 장 주문과 확인

제8장 신용장

제 9 장 선적

제10장 클레임

제11장 무역서류

제 3 편 국제무역규칙과 무역실무용어

제 1 장 국제무역규칙

제 2 장 무역실무 영문용어

제 4 편 효과적인 서신 작성법

제1장 효과적인 서신의 구성요소

제 2 장 이해하기 쉬운 서신

제 4 장 서신 계획과 작성

제 5 편 무역영어 기출문제

PART 01

무역영어의 기초

제 1 장 무역영어의 본질

제 1 절 무역영어의 개념

무역영어란 국제상거래에 사용되는 통신영어를 말하며, 'Business English', 'Commercial English', 'Trade English', 'Business Communication' 등으로 표현하며, 우리말로는 상업영어, 무역영어, 상업통신문 등으로 불러진다.

영어가 모국어가 아닌 국가에서는 국제상거래를 제외하고는 영어의 사용이 필요하지 않으므로 '상업영어'라는 포괄적인 표현보다는 '무역영어'라는 표현이 구체적이고 선명하다.

상업영어(commercial English)가 상거래에서 발생하는 모든 현상을 영어로 전달하는 것이라면, 무역영어(trade English)는 무역행위에서 발생하는 모든 현상을 영어로 전달하는 것이므로 다음의 내용들을 포함한다.

첫째, 무역회사의 영업활동에 사용되는 각종의 서신(letter), 전보(telegram), 텔렉스(telex), 팩시밀리(facsimile) 및 E-Mail Message 등의 통신내용

둘째, 무역거래의 법적 문서(legal document)인 매매계약서와 대리점 계약서를 포함하는 각종의 계약서, 선하증권, 보험증권, 신용장 등의 무역서류 등을 이해하기 위한 전문용어

셋째, 법적 문서들을 이해하기 위한 이들이 준거하고 있는 '국제물품매매계약에 관한 U.N.협약(United Nations Convention on Contracts for the International Sales of Goods)', '정형거래조건의 해석에 관한 국제규칙(International Rules for the Interpretation of Trade Terms: INCOTERMS)', '화환신용장에 관한 통일규칙 및 관습(Uniform Customs and Practice for Documentary Credits)', '선하증권통일조약(International Convention for the Unification of Certain Rules of Law Relating to Bills of Lading)', '영국해상보험법(Marine Insurance Act)'과 '협회

화물약관(New Institute Cargo Clauses (A),(B),(C))' 등의 국제무역규칙에 사용되는 전문용어

넷째, 오늘날의 국제상거래는 상품 수출입 이외에 기술제휴, 합작투자, 현지법인설립 등 복잡하고 다양하기 때문에 이와 관련된 계약서 작성법

다섯째, 상품명세, 제품별 상품목록(catalogue), 상품의 기술적 공정에 관한 설명서 등의 작성법

제 2 절 무역영어 학습을 위한 요건

무역영어를 효과적으로 학습하려면 다음의 요건을 갖추어야 한다.

첫째, 무역영어도 기본적으로 일반영어의 구사능력에 기초를 두고 있으므로 일반영어의 문법, 어휘, 작문, 독해 등의 능력이 있어야 한다.

둘째, 무역영어에 사용되는 단어들은 사전적인 일반 의미와는 다른 의미로 사용되는 경우가 많으므로 무역상무를 학습하고, 일반영어와 무역영어에 사용되는 단어의 의미가 어떻게 다른가를 이해하여야 한다. 특히 무역관련 국제규칙이나 약관에 사용되는 특수한 단어와 문장의 의미를 잘 알아야 한다.

셋째, 무역상무에 대한 지식과 영어의 기본적인 구사력을 갖추어도 외국의 문화, 풍속 및 관습을 이해하지 못하면 효과적인 무역거래를 수행할 수 없으므로 이들을 잘 이해하여야 한다.

제 2 장 무역서신의 기능과 목적

무역서신 작성에 있어서 어려움은 '쓰는 것이 아니라 작성자의 의미를 쓰는 것이며, 수신자를 단순히 감동시키는 것이 아니라 작성자가 원하는 대로 정확하게 감동시키는 것'이다.

효과적인 서신(effective letter)이란 작성자가 자신의 의미를 정확하게 표현하여 자신이 원하는 대로 수신자가 정확하게 반응하도록 작성된 서신을 말한다.

제 1 절 무역서신의 기능

1. 통신수단

무역서신은 제품이나 서비스(service)의 판매, 자료나 정보의 요청, 거래 문의와 그에 대한 회신, 대중과의 우호적 관계유지 등을 위한 통신수단(means of communication)으로 사용된다.

2. 법적 문서

무역서신은 계약조건, 선적신청, 신용장 개설의뢰, 클레임(claim) 청구와 조정 등에 관한 기록물이므로 필요 시 법적 문서(legal documents)로 사용할 수 있다.

3. 작성자와 회사를 대표

서신이 얼마나 잘 구성되고 잘 작성되었는가에 따라 수신자는 작성자와 그의 회사의 전문성을 판단하게 됨으로(representation of writer and his company), 서신은 수신자에게 좋은 이미지(image)를 줄 수 있도록 내용이 구성되어야 한다.

좋은 구성으로 잘 작성된 서신은 수신자에게 자사에 대한 좋은 이미지를 제공하고, 좋은 이미지는 거래를 성사시킬 수 있는 좋은 분위기를 제공하여 자사의 수익증대에 기여한다.

제 2 절 무역서신의 목적

서신은 목적이 있어야 하며, 거래에서 발생하는 비용이다. 목적달성을 하지 못하는 서신은 시간과 노력의 낭비이며, 수신자의 반응을 유도하지 못하여 새로운 추가서신(follows-up, tracer)을 보내야 함으로 추가비용을 발생시킨다.

좋은 이미지를 주지 못하는 서신은 수신자에 대한 자사의 신용구축 잠재력(potential)을 상실하게 한다. 회신을 반드시 받아야 하는 발신서신은 통신비용을 줄이기 위하여 가능한 가장 좋은 결과를 얻을 수 있도록 작성되어야 한다. 결과적으로 좋은 서신은 좋지 못한 서신보다 항상 비용이 적게 든다.

효과적인 서신은 작성자에게도 매우 중요하다. 하루 일과의 많은 부분이 서신작성이라면 직업적인 서신작성자이다. 많은 서신작성자들은 가능한 효과적인 서신작성을 원한다. 전문가는 자신의 직업에 필요한 도구사용법을 알아야 한다. 서신작성 전문가가 되려면 효과적인 서신작성법을 알아야 한다.

무역서신의 목적은 통지, 설득 또는 좋은 이미지 제고에 있으며, 하나의 서신이 2개 이상의 목적을 가질 수도 있다.

1. 통지

통지(to inform) 목적의 서신은 설득 목적의 서신보다 일반적으로 내용 구성이 쉽다. 통지 목적의 서신은 그 요지가 단순히 특정자료를 전달하거나 설명하는 것이지만, 설득 목적의 서신은 수신자가 어떤 행동을 하도록 하는 것이 요지이며 상대방을 설득하는 것이 매우 어렵기 때문이다.

통지 목적의 서신은 조회, 인쇄물 및 조사내용 요청에 대한 회신, 사람이나 회사 소개, 품목 또는 장소 등의 열거, 제조과정 또는 작동방법의 설명, 개인적인 경험 알림 등이 그 주제가 될 수 있다.

(Ex) You will receive $100 to pay your travel expense.

2. 설득

설득(to get action)이란 수신자가 어떤 행동을 행하도록 하는 것을 말한다. 설득 목적의 서신은 거래에 대한 불만제기 및 조정, 제품 또는 서비스(service)의 판촉, 청약과 그에 대한 회신, 지시 또는 요구 사항, 거래제의에 대한 거절 등이 그 주제가 될 수 있다.

모든 결과는 구체적인 목적을 달성해야 구할 수 있다. 예를 들어, 수신자가 특정 가격으로 대량주문을 하도록(결과/행동) 확신시키고 싶다면 대량주문의 이유를 설명하여야 한다. 서신의 목적이 대량주문의 이점을 알려서 수신자가 그 이점을 원하도록 설득하는 것이다.

(Ex) Please telephone me on Thursday, and I'll send over a messenger.

3. 좋은 이미지 제고

수신자에게 자사의 좋은 이미지를 제고시켜야 하는 것(to make a good impression)은 자사의 신용을 구축하여 그가 자사와 경쟁회사를 구분할 수 있게 하고, 자사와 수신자 간의 계약체결에 도움을 줄 수 있는 좋은 분위기를 조성할 수 있기 때문이다.

좋은 이미지 제고가 목적인 서신은 타사 방문 시 상대방이 베풀어 준 호의에 대한 감사, 승진축하, 회사의 발전기원 등이 그 주제가 될 수 있다.

(Ex) Mr. Kim, who visited your plant last month, asked me to thank you for the pleasant tour you gave him.

(문1) 다음 서신의 목적을 쓰시오.

1) Dear Mrs. Ryu:

I'm happy to tell you that your request for a building permit has been approved by the Zoning Board. We will mail it to you as soon as we receive the enclosed forms. Please fill them in, sign, and return to Mrs. Conrad at our Bethel office.

2) Dear Mr. Kim:

I have sent your cost estimates for the Newton construction project to our accountants for evaluation. I should have their reaction within a few days and will inform you of our decision no later than July 15.

3) Dear Miss Chung:

Thanks so much for your nice letter about our skin products. It is good to know that we have such friends as you.

(문1) 1) 설득(또한 통지) 2) 통지 3) 좋은 이미지 제고 4) 통지(또한 좋은 이미지 제고)

4) Dear Mr. White:

Thank you for sending me the pencil sketches for the cover of our July issue. I appreciate receiving them before the deadline. I'll telephone you about them on April 6.

(문2) 효과적인 서신인가?

Dear Mr. Kim:

Your check finally arrived. It was for $15.63 instead of the $16.53 you agreed to pay. Obviously we cannot accept this check. We're returning it. Please send payment for the correct amount at once.

Sincerely yours,

(문3) 재무분석가가 석유산업 보고서를 작성하기 위하여 두 개의 석유회사에 서신을 보냈다. 그는 재무제표를 요청하고 원유수송방법을 문의하여 그들로부터 다음의 서신을 받았다. 두 개의 석유회사가 길 한 모퉁이에서 마주보고 있다면 어느 회사에서 기름을 넣겠는가?

(문2) 독자의 실수에 관한 통지목적을 달성하였다. 비록 독자가 작성자에게 불만서신(letter of complaint)을 보내는 것이 당연한 것으로 생각할 수 있지만 작성자가 바라는 독자의 행동을 구하는 즉, 설득의 목적을 달성할 수 있다. 그러나 명백하게 무례하고(rude) 좋은 이미지를 주지 못함으로 효과적인 서신이 될 수 없다.

(문3) 2회사의 서신 내용이 동일하지만 ABC Oil Corporation의 서신이 좋은 이미지를 준다.

ABC Oil Corporation

Dear Mrs. Ryu:

As you asked, I've enclosed our financial statement for the fiscal year ending June 30.

Your question about our method of transporting crude oil is a good one. Unlike most oil companies, we do not own a fleet of tankers. Rather, we rely on a subcontractor, the Manly fleet, which brings crude oil from our oil fields in South America to our refineries in Texas. This arrangement is simple and saves money.

Thank you for your interest in ABC Oil. I hope this information will help you write a favorable report.

Sincerely,

DEF Oil, Incorporated

Dear Mrs. Ryu:

Enclosed you will herewith find the DEF Oil Financial statement. Regarding the question concerning the transportation of crude oil, DEF Oil makes use of its own fleet of tankers, which are sufficient to meet the requirements of crude oil transportation.

If there is a need for further service, do not hesitate to write DEF Oil, Inc.

Sincerely,

(주) financial statement: 재무제표/ profit and loss statement: 손익계산서/ balance sheet(B/S): 대차대조표/ fiscal year: 회계연도(=financial year)/ crude oil: 원유/ fleet: 선단, 선대/ subcontractor: 하도급업자, 하도급계약자

- I hope this information will *help you* write a favorable report. you 뒤에 to가 생략됨.
- Enclosed you will herewith find the DEF Oil Financial statement. 구식 표현이며 현대적 표현은 다음과 같다. You will find the enclosed the DEF Oil Financial statement. 또는 We enclose herewith the DEF Oil Financial statement.
- *Regarding* the question *concerning* the transportation of crude oil,: Regarding과 concerning의 내용이 동일하다. 간결한 표현은 다음과 같다. Regarding the transportation of crude oil
- If there is a need for further service, do not hesitate to write DEF Oil, Inc. 상투적인 표현(cliches)으로서 상업계에서 너무나 많이 사용되어 왔으므로 진부하여 의미전달의 기능을 수행하지 못한다.

제 3 장 무역서신의 외형

제 1 절 서신의 구성요소

무역서신은 목적에 관계없이 일반적으로 다음 요소들로 구성되어 있다.

1. 여백

그림액자의 그림을 액자 속 별개의 사각형 내에 두어 보기 좋게 하는 것과 같이, 여백(margins)은 서신을 산뜻하게 보이게 하고 필요한 경우 수신자의 메모공간을 제공하는데 목적이 있다.

여백은 서신지의 상하 및 좌우의 양끝에서 약 1/2 인치 정도로 한다.

2. 서두

서두(letterhead, heading)는 발신자의 회사명(company name)과 주소(address)를 알려서 수신자의 회신에 도움을 주기 위하여 필요하다.

서두는 회사명, 주소, 우편사서함, 전화 및 팩스 번호, 전신약호, 텔렉스번호, 상표, 지점망, Web Site 및 E-Mail 주소 등으로 구성되며, 대개의 회사들은 이들이 인쇄된 서신지를 사용한다.

3. 발신일자

발신일자(date)는 관련 서신을 추후 다시 언급하거나 회신에 참조하기 위하여 필요하며, 년, 월, 일로 구성되며, 서두로부터 2줄 아래에 표시한다.

① 년과 월은 약자 사용을 금한다.

Apr. 06, 2015(×)/ April 06, 2016(○)

② 연도 표기를 apostrophe(')를 써서 '08'과 같이 하지 않는다.

③ 아라비아 숫자만의 년과 월 표시는 혼란을 줄 수 있으므로 사용을 금한다.

4/2/2008(×)/ 10/21/01(×)

④ 영국식은 day/month/year의 순서로 쓴다.

21st October, 2001(○)/ Oct. 21, 2001(×)

⑤ 미국식은 month/day/year의 순서로 쓴다.

October 21, 2001(○)/ October 21st, 2001(×)

⑥ 문장 내에서는 일자 앞에 'the + 서수'로 쓰는 것이 원칙이며, 일자의 발음은 first, second, third로 한다.

- Thank you for your letter of the 21st (or the twenty-first) of October.(○)
- Thank you for your letter of October 21.(○)

4. 수신자명과 주소

수신자명과 주소(inside address)는 봉투가 파손되거나 분실된 경우 또는 발신자가 보관하고 있는 서신 사본으로 수신자를 확인하기 위하여 필요하다.

① 발신일자 아래 좌측 여백에 줄맞추어 이름, 직책, 부서, 회사명, 주소의 순서로 기재한다.

② 수신자가 2명 이상인 경우에는 별개의 줄에 알파벳 순서로 기재한다.

③ 주소는 3줄로 표시한다. 첫 줄에는 번지, 동, 가로 명(street name), 둘째 줄에는 도시 명, 도명 또는 주명(state name), 우편번호, 마지막 줄에는 국명을 기재한다.

④ 회사명이 긴 경우에는 다음 줄에 이어 쓴다.

직책명

회장	Chairman	사장	President
부사장	Vice President	대표이사	Representative Director
전무이사	Managing Director	상무이사	Executive Director
이사	Director	감사	Auditor
공장장	Factory Manager	부장	Manager
영업부장	Sales Manager	수출부장	Export Manager
지점장	Branch Manager	차장	Assistant Manager
과장	Section Chief	수출과장	Export Section Chief
대리	Pro Manager, Deputy Manager	계장	Chief

5. 참조인란과 참조란

1) 참조인란

참조인란(attention line)은 서신 담당자의 이름이나 관련 소속 부서를 나타내는 곳을 말하며, 일반적으로 수신자명 및 주소로부터 2줄 아래에 다음과 같이 기재한다.

(Ex) Attention: Mr. Haemin Ryu

2) 참조란

참조란(reference line)은 서신의 중요성을 강조하는 친전과 주제를 기재하는 곳을 말한다.

① 친전

친전(confidential)은 비밀이라는 뜻으로 발신자가 수신자에게 서신 내용을 둘만이 공유하자는 의미이며, 수신자의 주소 2줄 위 왼쪽 여백에 줄 맞추어 대문자로 표시하고 일반적으로 밑줄을 한다.

② 주제

주제(subject)는 서신의 주요 내용을 요약하여 표시하는 것을 말하며 서신의 본문을 읽기 전에 수신자에게 무엇에 관한 서신인가를 알려서 서신을 쉽게 이해할 수 있도록 하는데 목적이 있다.

주제는 수신자의 주소 2줄 아래 왼쪽 여백에 줄맞추어 대문자로 표시하고 colon(:)을 한 후 기재한다.

6. 서두인사

서두인사(salutation)는 '안녕하세요?'하는 정도의 인사로서 'How do you do?', 'How are you?'에 해당되며, 수신자 주소 또는 주제로부터 2줄 아래 왼쪽 여백에서 시작하며 구두점(punctuation)은 영국에서는 comma, 미국에서는 colon을 주로 사용한다.

1) 상대방이 회사나 단체인 경우, 영국은 'Dear Sirs,' 또는 'Dear Mesdames(=Mmes.):', 미국은 'Gentlemen:' 또는 'Ladies:'를 사용한다.

2) 상대방이 개인이며 알고 있는 남자인 경우, 'Dear'로 시작하여 관례적 또는 의례적인 존칭인 Mr.(Mister), Esq.(Esquire), Dr.(Doctor) 등을 사용하고 수신자의 성(family name)을 표시한다.

Dear Mr. Kim:

Dear Mr. William H. Smith:

Dear William H. Smith, Esq.,

Dear Dr. George Holt,

① 상대방이 2인 이상의 남자(복수)인 경우, 'Messrs.(=Messieurs)'를 사용하고 이름을 알파벳(alphabet) 순서로 기재한다.

Dear Messrs. Haemin and Sangmun:

3) 상대방이 개인이며 알고 있는 여자로서 기혼인 경우, 존칭으로서 'Mrs.(Mistress)', 미혼이면 'Miss'를 사용하고 수신자의 성(family name)을 표시한다.

Dear Mrs. Kim,

Dear Miss Chung,

① 상대방이 2인 이상의 여자(복수)로서 기혼이면 'Mmes.(=Mesdames)', 미혼이면 'Misses'를 사용하고 수신자의 성(family name)을 표시

한다.

Dear Mmes. Kim and Ryu:

Dear Misses Chung and Kang,

4) 상대방이 모르는 사람인 경우, 'Dear Sir,'를 기재한다.

5) 상대방이 개인이며 이름이나 성(sex)을 모르는 경우, 단순히 'Dear Sir,', 'Dear Madam,'을 표시한다.

6) 상대방이 개인이며 이름은 알지만 성(sex)을 모르는 경우, 단순히 상대방의 성(family name) 앞에 M.을 기재한다.

(Ex) 'Haemin Ryu'의 성(sex)을 모르는 경우 'Dear M. Ryu:'로 기재한다.

7. 본문

본문(body of letter)은 서신의 주요한 내용을 나타내는 단어, 문장 및 단락을 말한다.

① 단락은 도입단락(opening paragraph), 중간단락(middle paragraph) 및 종결단락(closing paragraph)으로 구성된다.

② 본문 첫 단락은 서두인사로부터 2줄 아래에서 시작한다.

③ 각 단락의 줄과 줄 사이는 1줄(single space)을 둔다.

④ 단락과 단락사이는 2줄(double space)을 둔다.

8. 결문인사

결문인사(complimentary close)는 서신의 본문을 마감하면서 하는 '안녕' 정도의 관습적인 인사 'Good-bye'에 해당되며, 본문의 마지막 문장으로부터 2~3줄 아래에 첫 문자는 대문자로 시작하고 콤마(comma)를 한다.

결문인사는 가능한 수신자에 따라 적합한 것을 사용하는 것이 예의이다.

① 일상적인 경우 즉, 사교서신이나 잘 알고 있는 동료나 친구인 경우에는 Bye!, Take care, See you later 등을 사용한다.

② 비공식적인 동업자인 경우에는 As ever, Best regards, Kindest

(Warmest) regards 등을 사용한다.

③ 초면이거나 자주 연락하지 않는 고객인 경우에는 Sincerely, Sincerely yours, Cordially 등을 사용한다.

④ 상업단체에 공식적으로 매우 중요한 부탁을 하는 경우에는 Very truly yours, Yours truly, Very faithfully yours, Yours faithfully 등을 사용한다.

⑤ 매우 공식적인 경우, 즉 지위나 직책이 높은 사람인 경우에는 Respectfully yours, Respectfully 등을 사용한다.

9. 서명

서명(signature)은 서신내용을 서약하는 서신책임자를 나타내며 서체가 항상 일정하고 개성이 있어야 한다.

① 서명은 결문인사로부터 최소한 2줄 아래에 주로 발신회사명, 사인, 서명자의 이름, 직책의 순서로 4줄에 기재한다. 사인 아래에 서명자의 이름을 기재하는 것은 서명자를 명확히 하기 위함이다.

② 변호사, 상담원, 회계사 등의 전문가들이 고객들에게 견해나 조언을 서신으로 보내는 경우에 관습적으로 작성자의 이름 대신에 회사명을 서명으로 사용하기도 한다. 회사명을 서명으로 사용하는 경우에는 결문인사로부터 2줄 아래에 회사명을 표시하고 회사명으로부터 3~4줄 아래에 'by'를 기재하고 작성자가 사인한 후 아래 줄에 서명자 이름을 표시한다.

③ 회사를 대표하여 서명하는 경우에는 회사명 앞에 'for'를 기재한다.

④ 잘 알고 있는 거래처나 친한 친구에게 개인의 자격으로 서명하는 경우에는 회사명을 생략한다.

⑤ 정식서명의 경우에는 회사명 앞에 수권에 의한 서명이라는 의미로서 'per pro.(=by pro.)' 또는 'p.p.'를 표시한다.
by pro.=by procuration: 대리로

⑥ 약식서명의 경우에는 회사명 또는 개인의 이름 앞에 'For', 'By', 'Per'를 표시하고 직책은 표시하지 않는다.

10. 참조번호

참조번호(reference number)란 서신을 수발할 때 관련 문서나 조회에 참조하기 위하여 사용하는 기호나 번호를 말한다.

① 주제와 함께 표시하거나 별도로 날자 란의 위 줄에 문장으로 표시하기도 한다.

- Subject: Cash Discount
  Your Ref. 1234/Our Ref. 5678
- In replying, please refer to ABC.
- In your reply, please quote our reference No. 1234.

Letter head	**James Construction, Inc.** 986 Harbour Road, Melbourne. Australia Manufacturers & Exporters Tel: 548-96548/FAX: 568-9543/E-mail:trade-han@lycos.co.kr
Reference Number	Your Ref. 1234, Our Ref. F-31
Date	February 10, 2009
Inside Address	Amsterdam Chamber of Commerce Leidestreat 873 Amsterdam The Netherlands Attention: Mr. Haemin Yoo
Salutation	Dear Mr. Ryu:
Letter Subject	Subject: Credit Inquiry
Body of the Letter	
Compliment Clause	Yours faithfully,
Signature	James Construction Inc. *Nelson Baker* Nelson Baker President
Identification Marks	NB-sj
Enclosure Notation	Encl. Price List
Mailing Direction	Airmail
Carborn Copy	C.C. The Empire Trading Company in New York
Postscript	P.S. 10% discount can be made for a large order.

11. 서신작성자 식별기호

서신작성자 식별기호(stenographic reference, identification marks)란 서신의 서명자, 작성자 및 타자수의 책임을 명확하게 하기 위하여 표시된 이들의 머리글자(initial)를 말한다.

① 서명으로부터 2줄 아래 왼쪽 여백에 줄맞추어 표시한다.

② 서명자 이름의 머리글자를 먼저 대문자로 기재하고 colon(:), stroke(/) 또는 dash(-)를 표시한 다음 작성자 및(또는) 타자수의 순서로 이름의 머리글자를 대문자 또는 소문자로 기재한다.

(Ex) HM:sh 또는 HM/sh
AB/CD/ef

12. 동봉물 표시, 사본 송부처 및 추신

1) 동봉물 표시

동봉물(enclosures) 표시는 봉투 속에 어떤 자료가 서신과 함께 송부되는가를 나타낸다.

① 동봉물이 하나인 경우에는 Encl 또는 Enc, 두개 이상이면 Encls 또는 Enclos를 기재하고 콜론(colon)을 한 다음에 동봉된 자료를 표시한다.

② 동봉물의 숫자만을 쓰기도 하고 동봉물의 내용과 숫자를 동시에 표시하기도 한다.

2) 사본 송부처

사본(copies) 송부처는 발신자가 수신자 이외의 제3자에게 수신자에게 보낸 서신과 동일한 내용의 서신을 보내고 이러한 사실을 수신자에게 알리고자 하는 경우에 제3자의 표시를 말한다.

① 'Copies(or Copy) to' 또는 'C.C.(or cc)'를 표시하고 제3자의 이름을 표시한다. 'C.C.'는 'Carbon Copy'의 약자로서 복사지에 의한 복사본 또는 사본을 의미한다.

② 제3자가 2인 이상인 경우에는 이름을 알파벳 순서 또는 직위 순서로 열거한다.

③ 통상적으로 동봉물 표시 아래에 기재하며 추신이 없는 경우에는 서신의 마지막 부분 왼쪽 여백에 표시한다.

(Ex) Copy to Ms. Youngae Pack, Mr. Haemin Ryu
cc: Ms. Youngae Pack, Mr. Haemin Ryu

3) 추신

추신(postscripts)은 추서라고도 하며 P.S. 또는 FYI(For Your Information)로 표시하기도 하며, 서신 완성 후 추가로 기재할 내용이 있는 경우에 사용한다.

① 일반적으로 무역서신에서는 추신을 사용하지 않는다. 판매용이나 선전용 서신에서 특별한 제공을 강조하거나 특별한 혜택을 이용하도록 촉구하기 위하여 추신을 이용한다.

② 사본송부처란 아래 왼쪽 여백에 줄맞추어 기재한다.

(Ex) P.S. First-time customers will receive a $10 rebate with each order.
FYI: We will not be in Seoul until next week.

동봉물 표시, 사본 송부처 및 추신은 서신작성자 식별기호가 있는 경우에는 그로부터 2줄 아래, 없는 경우에는 서명으로부터 2줄 아래 왼쪽 여백에 그 순서대로 줄맞추어 기재한다.

제 2 절 서신지와 봉투

1. 서신지

서신지는 수신자의 서류정리에 편리하도록 규격용지를 사용하고 양질의 흰색 종이이어야 한다.

1) 서신지 규격

서신지의 규격은 다음과 같다.

A4: 210mm × 297mm

B5: 182mm × 257mm

B4: 257mm × 364mm

2) 추가용지

추가용지(additional or continuation sheet)는 서신의 내용이 한 장을 초과하는 경우에 사용하는 용지를 말하며, 서두가 기재되지 않고 첫 장의 크기, 색깔, 지질과 동일하여야 한다.

추가용지의 내용은 위에서 약 1.5인치 아래에 수신자명(회사명), 쪽 번호(page number) 및 발신일자를 기재하고 이들로부터 두 줄 아래에서 시작한다.

2. 봉투

1) 봉투의 종류

항공 우편용 봉투는 주위가 적색과 청색이 엇갈려 인쇄된 것을 사용하며, 그 규격은 다음과 같다.

대형(10호 봉투)	가로: 약 16.3cm,	세로: 약 9.2cm
소형(6 3/4호 봉투)	가로: 약 24.0cm,	세로: 약 10.5cm

2) 봉투의 기재사항

봉투에는 인명과 회사명이 나오면 인명을 먼저 쓰고, 회사명과 부서명이 나올 때는 회사명을 먼저 쓰고 그 다음에 가명(street address), 도시명 및 주명(state name), 우편번호, 국명을 기재한다.

① 반송용 주소

반송용 주소(return address)는 발신자의 주소를 말하며, 봉투 앞면의 왼쪽 상단에 표시하며, 배달 불능인 경우에는 반송하여 달라는 내용이 표시되기도 한다.

- If not delivered within 10 days, please return to ....
- If undelivered, please return to ....

② 우송지정사항

우송편 등의 지정사항(mailing directions)은 봉투 오른쪽 위 부분에서 우표 밑쪽에 표시한다.

Air Mail 항공편
= VIA Air Mail, Per Mail(미국), By Air Mail(영국), Par Avion(프랑스)
Surface Mail, Sea Mail 보통우편, 선편
Registered, Registered Mail 등기우편
Special Delivery, Special Mail, Express 속달우편
(The) Second Class Airmail (Matter) 제2종 항공우편

③ 주의사항

수신자나 우체국이 우편물 취급 시 주의사항(remarks)은 일반적으로 봉투의 왼쪽 아래 부분에 표시한다.

Private, Personal	친전
Confidential	비밀
Strictly Confidential	극비
Private and Confidential	비밀친전
Urgent, Immediate	지급
Printed Matter	인쇄물재중
Photo Only	사진재중
Sample of No Value, Free Sample	무상견본
Sample of Value	유상견본

④ 주소에 사용되는 약어

Assn.: Association (협회)
Ave.: Avenue (큰 가로 - 남과 북)
Blvd.: Boulevard (가, - 신작로)
Bldg.: Building (빌딩)
Co.: Company (회사)
c/o: Care of (~방)
Corp.: Corporation (법인, 회사)
Dept.: Department (부)
Div.: Division (국, 부, 과)
Inc.: Incorporated (법인의)
Ltd.: Limited (유한책임의)
P.O. Box: Post Office (우체국사서함)
Pty.: Proprietary (소유자)
Rd.: Road (도로)
Sect.: Section (과)
St.: Street (가로 - 동과 서)

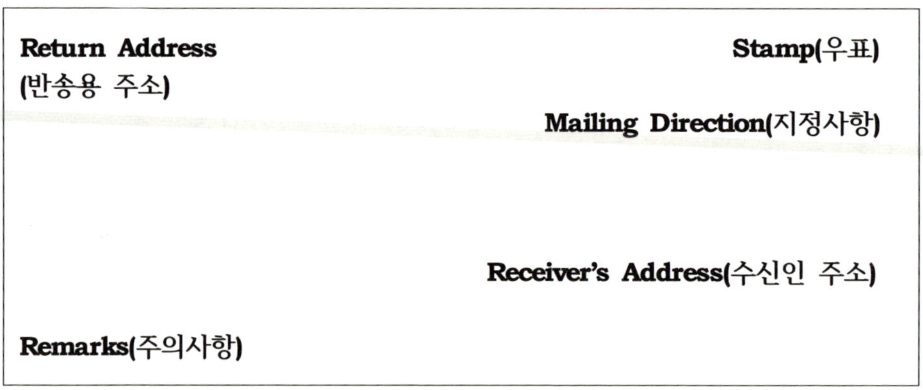

제 3 절 서신의 형식

서신의 형식(format of business letter)은 서신구성요소의 배치방법에 따라 'Full Block', 'Block', 'Semi-Block' 및 'Simplified' 형식이 있다. 이들 간의 주요한 차이는 발신일자, 결문인사 및 서명의 위치와 단락의 들여쓰기(indentation) 여부이다.

1. Full Block 형식

① 모든 줄을 왼쪽 여백에 맞추어 시작한다.
② 단락의 들여쓰기를 하지 않으므로 사용하기 가장 쉬운 형식이다.
③ 서신의 내용이 1장 이하이며 격식 있는 어조가 필요하지 않는, 즉 일상적 또는 형식적인 언어로 작성할 수 있는 잘 알고 있는 수신자에게 사용한다.

2. Block 형식

① 'Full Block' 형식에서 발신일자, 결문인사 및 서명을 오른쪽 여백쪽으로 기재하는 형식이다.
② 결문인사와 서명은 발신일자와 평행으로 기재한다.
③ 서신내용이 1장 이하이며 약간 공식적인 어조가 필요한 수신자에게 사용한다.

3. Semi-Block 형식

① 'Block' 형식과 같이 발신일자, 결문인사 및 서명을 오른쪽 여백 쪽에 표시한다.
② 각 단락의 첫 문장의 첫 글자를 왼쪽 여백으로부터 5칸 들여쓰기 하는 것만이 'Block' 형식과 다르다.
③ 결문인사와 서명을 발신일자와 평행으로 기재한다.
④ 서신의 내용이 2장 이상이며 매우 공식적인 어조가 필요한 수신자에게 사용한다.

4. Simplified 형식

① 'Full Block' 형식의 변형으로서 서두인사와 결문인사를 생략한다.
② 모든 줄을 왼쪽 여백에 줄맞추어 기재한다.

③ 주제는 수신자 주소와 본문사이의 3번째 줄에 기재한다.
④ 작성자의 이름과 직책은 본문 아래에 대문자로 기재한다.
⑤ 제품이나 service를 선전하거나 판촉하는 서신에 사용하며 미국경영 관리협회가 추천하는 형식이다.

Full Block Style

1) 서두 (Letterhead)

2) 발신일자(Date)
3) 참조번호(Reference Number)
4) 친전란(Confidential Line)
5) 수신인 주소(Inside Address)

6) 참조인란(Attention Line)
7) 서두인사(Salutation)
8) 주제(Letter Subject)
9) 본문(Body of Letter)

10) 결문인사(Complimentary Close)
11) 서명(Signature)

12) 서신작성자 식별기호(Identification Marks)
13) 동봉물 표시(Enclosure Notation)
14) 사본 송부처(Carbon Copy)
15) 추신(Postscripts)

Block Style

1) 서두 (Letterhead)

2) 발신일자(Date)

3) 참조번호(Reference Number)

4) 친전란(Confidential Line)

5) 수신인 주소(Inside Address)

6) 참조인란(Attention Line)

7) 서두인사(Salutation)

8) 주제(Letter Subject)

9) 본문(Body of Letter)

10) 결문인사(Complimentary Close

11) 서명(Signature)

12) 서신작성자 식별기호(Identification Marks)

13) 동봉물 표시(Enclosure Notation)

14) 사본 송부처(Carbon Copy)

15) 추신(Postscripts)

Semi-Block Style

1) 서두 (Letterhead)

2) 발신일자(Date)

3) 참조번호(Reference Number)
4) 친전란(Confidential Line)
5) 수신인 주소(Inside Address)

6) 참조인란(Attention Line)
7) 서두인사(Salutation)
8) 주제(Letter Subject)
9) 본문(Body of Letter)

10) 결문인사(Complimentary Close)
11) 서명(Signature)

12) 서신작성자 식별기호(Identification Marks)
13) 동봉물 표시(Enclosure Notation)
14) 사본 송부처(Carbon Copy)
15) 추신(Postscripts)

Simplified Style

1) 서두 (Letterhead)

2) 발신일자 (Date)
3) 참조번호 (Reference Number)
4) 친전 란 (Confidential Line)
5) 수신인 주소 (Inside Address)

6) 참조인 란 (Attention Line)
8) 주제 (Letter Subject)
9) 본문 (Body of Letter)

11) 서명 (Signature)

12) 서신작성자 식별기호 (Identification Marks)
13) 동봉물 표시 (Enclosure Notation)
14) 사본 송부처 (Carbon Copy)
15) 추신 (Postscripts)

PART 02 무역실무 서신

제1장 영문 수출입절차의 개요

1. Exporter 'A' looks for business connections abroad through his Commercial Travellers, Chambers of Commerce, Commercial Inquiry Agencies, Exchange Banks, Business Friends, Business Directories, Internet, etc. and after the selection of business connections, he despatches to the prospective importers his "Trade Circulars", enclosing catalogues, price lists, samples and any other necessary information.

(주)

(1) business connections: 거래선(처)

(2) abroad: 부사와 명사로 사용됨. ad. 외국에(으로), 해외에(로). 자체 내에 in의 의미가 있음. Korean students abroad: 해외의 한국인 유학생/ a tour abroad: 해외여행/ travel abroad: 외유하다. go abroad: 외국으로 가다. live abroad: 해외에 살다. n. 외국, 해외, 바깥/ from abroad: 해외로부터(에서)/ return from abroad: 귀국하다. at home and abroad: 국내에서나 외국에서나/ letters from(for) abroad: 외국에서 온(외국으로 갈) 편지

cf. overseas: 외국에서, 외국으로(across or beyond the sea; abroad)/ overseas market: 해외시장/ overseas students: 외국에서 와서 공부하고 있는 학생들(=students from overseas)/ students overseas: 외국에 나가서 공부하고 있는 자국의 학생들

(3) commercial travellers(=travelling salesman, travelling sales representative): 방문(순회)판매원, 외판원, 여상(旅商), 수출업자가 파견한 해외시장 순회원

(4) Chamber of Commerce: 상업회의소/ Korea Chamber of Commerce and Industry(KCCI): 대한상공회의소

(5) Commercial Inquiry Agency(=Commercial Agency): 상업흥신소
(6) Business Friend(=the trade): 동업자, 거래처/ Business Directory: 상공인명부
(7) Business Directories, Internet, etc.: etc. 앞에는 and를 사용하지 않고 커마(,)를 써야 한다. etc.는 et cetera의 약어로서 and the rest(기타), and so forth (on)(~~ 등등)의 의미
(8) trade circular: 거래권유장(business proposal)
(9) and after the selection of ~~ his "Trade Circulars", *enclosing* catalogues, price lists, samples and any other necessary information.
= and after the selection of ~~ his "Trade Circulars", *which is* enclosing catalogues, price lists, samples and any other necessary information.

2. Importer 'B' expresses an intention of entering into the transaction with the Exporter 'A' after a careful review of various information. Exporter 'A' inquires of his bank references or trade references about the credit standing of Importer 'B' and his mode of doing business, from which Exporter 'A' may receive a satisfactory report on the credit and business standing of Importer 'B'. Exporter 'A' writes the letter of thanks to Importer 'B's' references upon acknowledging receipt of the reply.

(주)
(1) enter into the transaction with A: A와 거래를 체결하다(=do business with A). enter into: 비유적으로 ~~한 상태로 들어가다.
 • We enter into a discussion at once. 우리는 즉각 토의에 들어갔다.
(2) inquiry of A about B: A에게 B에 관하여 문의하다.
(3) bank references: 은행신용조회처/ trade references: 동업자(업계) 신용조회처(=business references)

(4) credit standing: 신용상태/ business standing: 영업상태

(5) mode: 태도, 자세, 방법(=attitude, way)/ mode of doing business: 거래태도(방식)

(6) Exporter 'A' writes the letter of thanks to Importer 'B's' references *upon acknowledging* receipt of the reply. = Exporter 'A' writes the letter of thanks to Importer 'B's' references *as soon as he acknowledge* receipt of the reply.

- acknowledge receipt of: (편지의)도착(수령)을 통지하다(=receive). 고어체이므로 'receive'로 대체하는 것이 현대식 표현이다.
- the reply는 the letter로 대체할 수 있으나 의미가 너무 광범위하여 내용이 구체적이지 못한 news로 대체하여서는 안 된다.

3. Exporter 'A' sends to the Importer 'B' 'the Agreement (or the Memorandum) on General Terms and Conditions of Business.'

(주)

(1) Agreement (or the Memorandum) on General Terms and Conditions of Business: 일반거래조건협정서

(2) terms and conditions of business는 거래조건을 말하며 terms of business라고도 한다. term(s)는 조건, 기간, 기한, 술어 등의 의미로서 조건의 의미로 사용되는 경우에는 반드시 복수형으로 사용된다. 무역에서 단순히 terms라고 하면 terms of payment(결제조건)의 의미로 많이 사용된다.

4. The Agreement(or the Memorandum) is returned after having been signed by the Importer 'B' and Importer 'B' asks Exporter 'A' to make the best firm offer.

(주)

(1) *after having* been signed =*after it* has been signed

(2) firm offer: 확정 청약/ free offer: 불확정 청약/ counter offer: 반대 청약

- make an offer: 청약하다. make a firm offer: 확정청약을 하다.
- make a counter offer: 반대청약(역청약)을 하다.
- make the best firm offer: 최상의 확정청약을 하다. 수입업자 입장에서 최상의 청약이란 싼 가격을 말한다.

5. Exporter 'A' inquires of his suppliers about the price, quality, quantity, etc. of the goods referred to by the Importer 'B'.

(주)

(1) refer 뒤에는 항상 'to'가 따라 오며 타동사인 경우에는 'refer+목적어+전치사(to)+명사' 형태로 사용되며 '~을 ~에게 알아보도록 하다, 조회하다'로 해석한다.

- A refers us to B. A가 우리에게 B에게 (신용)조회하라고(물어보라고) 말하다, A가 우리에게 B를 참조하라고 하다.
- We wish to refer you to ABC Co. 귀사가 ABC Co.에 조회하라고 말씀드리고 싶다.

  = You are at liberty to refer to A.

  = We are permitted to refer you to A.

  = Please check with A.

  = You may contact A.
- refer가 자동사로서 '언급하다, 참조하다'의 의미로 사용되는 경우에는 'refer+전치사(to)+명사' 형태로 사용된다.

  What are you *referring to?*(=What do you mean?) 무슨 말씀입니까?

6. Having received the replies from the suppliers, Exporter 'A' makes an estimate.

(주)

(1) *Having received* the replies from the suppliers, =*When Exporter 'A' have* received the replies from the suppliers,

(2) makes an estimate: 견적하다(=quote, estimate).

- quote(offer, give, tell) a price: 가격을 제시하다.

7. Exporter 'A' sends a firm offer to the Importer 'B' by email.

8. Importer 'B' makes a counter offer against the firm offer from the Exporter 'A'.

9. Exporter 'A' makes a new firm offer against the counter offer from the Importer 'B'.

10. Importer 'B' accepts the offer by email and sends the order to the Exporter 'A'. Exporter 'A' confirms the sales of goods by dispatching the Sales Note.

(주)

(1) offer by email(=email offer): 이메일 청약(서)

(2) Sales Note: 매약서(賣約書)

11. Importer 'B' applies for the issuance of a 'Letter of Credit (L/C)' in favor of the Exporter 'A' to his bankers(L/C Issuing Bank).

(주)

(1) apply for A to B: B에게 A를 신청하다, 지원하다, 문의하다, 부탁하다.

(2) in favor of(=in one's favor): ~를 수익자로(수취인으로) 하여, ~앞으로

12. The L/C Issuing Bank in the importing country notifies the establishment of the L/C to his Correspondent Bank(L/C Advising Bank) in the exporting country.

(주)

(1) ~ *notifies* the establishment of L/C *to* his Correspondent Bank(L/C Advising Bank) = ~ *notifies* his Correspondent Bank

(L/C Advising Bank) *of* the establishment of L/C. his는 원래 its가 되어야 하나 L/C Issuing Bank를 의인화한 표현이다.

(2) establishment(=issuance, opening) of L/C: 신용장 개설(발행)

(3) correspondent Bank: 환거래은행

(4) L/C Advising Bank(=Notifying Bank): 신용장 통지은행

13. Importer 'B' cables the Exporter 'A' of the L/C opened.

(주)

(1) cable ~~ of the L/C opened. L/C는 명사로서 전치사 of의 목적어, opened는 과거분사로서 형용사 기능을 하여 '신용장이 개설되었음'.

14. The L/C Advising Bank notifies the arrival of the L/C to the Exporter 'A'.

15. Exporter 'A' presents to the concerned authorities the application of Export Licence (E/L) attached with letter of credit. This application, when proved true and correct in every description, shall be certified by the authorities with the official certification and shall be returned to the declarant together with aforesaid letter of credit.

(주)

(1) application of Export Licence(=E/L): 수출승인신청(서)

(2) *when proved* true and correct =*when (it) proved* (to be) true and correct

(3) description: 기술, 기재 내용

(4) certify: 허가하다, 공인하다, 증명(보증)하다. certification: 증명(서), 검정, 보증/ paper: 증서, 증권, 어음, 서류, 문서, 기록/ document: 서류, 법률서류, 증서, 공문서, 기록, 문서

(5) declarant: 신고자, 신청자/ declaration: 신고

16. Exporter 'A' buys the ordered goods from the local suppliers by establishing Local L/C or credit account or imports raw material from the overseas market in order to manufacture the export goods.

(주)

(1) order: 주문하다. '~을 ~에서 주문하다'의 경우 전치사 'to'를 쓰기 쉬우나 'from'이 맞다.

- I will *order* some new books *from* America. 나는 미국에 새 책을 좀 주문하겠다.

(2) Local L/C: 내국신용장

(3) account: 거래, 계산, 계정/ credit account: 외상(신용)거래, 외상장부(charge account), 대변계정, 외상매출금

- open a credit account with: ~와 신용거래를 트다.

(4) raw material: 원재료

(5) '수입'의 명사는 'import' 또는 'importation'을 사용하고 명사 import의 강세(accent)는 앞에 있으며, '수입하다'는 동사도 'import'를 사용하나 강세가 뒤에 있다.

(6) Exporter 'A' imports raw material *in order to* manufacture the export goods. 'in order to 부정사'는 부사적 용법으로 '~할 목적으로, ~하기 위하여(so as to)'로 해석하고, 단순한 to 부정사보다 목적하는 바의 의미가 더 강해진다.

= Exporter 'A' imports raw material *to (so as to)* manufacture the export goods.

= Exporter 'A' imports raw material *so that (in order that)* he *might* manufacture the export goods.

= Exporter 'A' imports raw material *for the purpose of (with the view of) manufacturing* the export goods.

17. Exporter 'A' packs and marks the purchased goods or the manufactured goods for exportation, and makes 'Invoices' and ‘Packing List’ for the application of ‘Inspection Certificate’, ‘Shipping Request’ and ‘Export Declaration’.

(주)

(1) pack: 짐을 싸다(가방을 싸다, 이사 갈 때 짐을 싸다.). package: 상품 같은 것을 한 꾸러미로 포장하다, 상품.제품을 포장박스에 넣어서 꾸리는 것

(2) mark n. 화인 v. 화인을 하다. shipping mark: 화인

- mark a case: 상자에 화인을 하다.

(3) make a document: 문서를 작성하다(=draw up(out), write out, make out).

(4) for the application of: ~의 신청에 필요한/ application of Shipping Request(=S/R): 선적요청(신청)(서)

(5) Inspection Certificate: 검사증명서

(6) Export Declaration(=E/D): (세관에 제출하는)수출신고(서)

18. Exporter ‘A’, if needed, obtains ‘Certificate of Weight and/or Measurement’ of the shipping cargo from a Measurer’s Company.

(주)

(1) if needed = if it is need: 부사절에서 말하지 않아도 알 수 있는 ‘주어 + be 동사’는 흔히 생략되며, if절의 경우 if 다음에 형용사 또는 과거분사만이 오면 ‘주어 + be 동사’가 생략되었다.

- If (it is) necessary/ if (it is) required/ if (it is) not better than: ~보다 좋지는 않다고 해도/ if (it is) paid by May 10, 2000: 5월10일까지 지급되면

(2) obtain(=get, secure for oneself, acquire, gain, procure): (노력하여 ~을)얻다, 입수하다, 획득하다.

(3) Certificate of Weight and/or Measurement: 중량용적증명서

(4) Measurer’s Company(=Measuring Company): 측량(검량)회사

19. Exporter ‘A’ obtains ‘Inspection Certificate’ from the Inspecting

Authorities concerned.

(주)

(1) Inspecting Authorities concerned: 검사관계당국. concerned는 보통 명사 뒤에서 '관계하고 있는, 당해의' 의미를 갖는다. the parties concerned: 관계자

20. Exporter 'A' applies for the cargo space to a shipping company. Against the 'Shipping Request(S/R)', a 'Shipping Order (S/O)' is issued.

(주)

(1) cargo space(=ship's space for the cargo): 선복

(2) against = in exchange for

(3) Shipping Request(S/R): 선적요청(신청)서

(4) Shipping Order(=S/O): 선적지시서

21. Exporter 'A' tenders to the Customs Authorities a set of 'Export Declaration(E/D)' attached with an Export License, and Inspection Certificate, if required.

(주)

(1) tender: 내다, 제출하다(offer, give in, hand in, send in).

(2) Customs Authorities: 세관당국

(3) a set of: 한 세트, 한 조(벌, 쌍), 일련의(하나로 이어진)

(4) Export License, and Inspection Certificate: 커마(,)는 and와 or 앞에 사용할 수도 있고 안 할 수도 있다.

22. After the approval of the Export Declaration, an 'Export Permit' is granted.

(주)

(1) Export Permit: 수출신고필증, 수출허가(서), 수출면장

(2) grant: (부여, 수여)하다, 인정하다.

23. Exporter 'A' applies for marine insurance contracts, tendering an 'Insurance Application' to the insurance company.

(주)

(1) marine(=ocean): 해상의, 바다의/ marine insurance contract: 해상보험계약/ Insurance Application: 보험신청서

(2) ~ contracts, *tendering* an 'Insurance Application' = ~ contracts *after he tendered* an 'Insurance Application'

24. Against the application, an 'Insurance Policy' or 'Insurance Certificate' is issued.

(주)

(1) Insurance Policy: 보험증권/ Insurance Certificate: 보험증명서

(2) issue: (어음, 수표를) 발행하다(=draw). publish(issue, bring out, put into) circulation: (도서를)발행하다.

25. Exporter 'A' loads the goods on board the vessel against the tender of the 'Shipping Order' and the 'Export Permit'.

(주)

(1) load: 싣다. *load* A *with* B: (사람이) B(물건)를 A(선박, 차 등)에 싣다. load 뒤에 up, down 등이 오기도 한다.
He would *load up* his car *with* his books. 그는 자기 차에 책을 적재하곤 했다.

(2) on board: 배안, 배위에/ on board (a) ship: 배 안에, 배 위에/ on board the vessel: 본선 상에, 본선으로/ *load* a cargo(cotton) *into* a car(on a boat): 화물(면)을 차(보트) 안에 싣다.

26. After the completion of the loading of the cargo, a 'Mate's Receipt(M/R)' or 'Dock Receipt(D/R)' is issued and Export Permit is returned after having been stamped by the Customs Officer on the spot to the effect that the loading had duly

been completed.

(주)

(1) Mate's Receipt(=M/R): 본선수취증/ Dock Receipt(=D/R): 부두수취증

(2) Export Permit is returned *after having* been stamped ~
=Export Permit is returned *after it has* been stamped ~

(3) Customs Officer: 세관원

(4) on(upon) the spot: 현장에서, 즉석에서

(5) to the effect that ~: ~라는 취지로

(6) duly: 정식으로, 정당하게

27. 'Bills of Lading(B/L)' are issued from the shipping company against the tender of the M/R or D/R.

28. Exporter 'A' prepares 'Commercial Invoices', 'Packing List', 'Weight and/or Measurement List', and other required documents.

(주)

(1) prepare는 타동사이고 prepare for는 자동사이다. 대체로 '준비하다'는 의미로 같이 사용되지만 준비하는데 다소 시간이 걸리는 경우에는 prepare for를 쓴다.

- I *prepared* the piano lessons. 피아노 수업준비를 하였다. I *prepared for* the final examination. 마지막 시험을 준비하였다.

(2) list: 증명서(certificate)

(3) other required documents: other minor documents로 대체하는 것이 의미상으로 부드럽다.

29. Exporter 'A' has to get 'Consular Invoices'; if required, he procures 'Certificate of Origin', 'Inspection Certificate', 'Certificate of Health', and other certificates or documents, if required.

(주)
(1) Consular Invoice: 영사송장
(2) procure: (노력하여)입수하다, 얻다(get, obtain).
(3) Certificate of Origin(=C/O): 원산지증명서/ Certificate of Health: 위생증명서

30. Exporter 'A' draws on 'Drawee'(L/C Issuing Bank or Nominated Bank) a 'Documentary Draft' accompanied by the full set of 'Bill of Lading', the 'Insurance Policy', the 'Commercial Invoices' and other necessary documents in strict compliance with the terms of the L/C.

(주)
(1) draw(issue) on: (~앞으로 환어음, 수표, 약속어음, 신용장)을 발행하다. drawee: (환어음) 지급인
(2) documentary drafts: 화환어음/ draft는 bill 또는 B/E(bill of exchange)로 표현하기도 함.
(3) accompany는 자동사가 아니라 전치사 없이 목적어를 받는 타동사이다. 타동사가 수동태로 쓰여서 과거분사가 되면 목적어를 취할 수 없다. 그러나 다음의 문장은 능동태이므로 with가 삭제되어야한다.
   - I will *accompany with* you on your walk.(×) 당신의 산보에 동행해 드리겠습니다. cf. He *married with* Chulsu's daughter.(×)
   - The full set of B/L accompany Documentary Draft =Documentary Draft *accompanied by* the full set of B/L
(4) full(=complete) set of Bill of Lading: 전통의 선하증권
(5) be in strict conformity with: ~와 엄밀 일치하다.

31. Against the presentation of the 'Documentary Drafts' to the 'Negotiating Bank', Exporter 'A' receives the proceeds, the net value of the bill of exchange from the 'Negotiating Bank'.

(주)

(1) proceeds(pl): 대금, 수익, 수입, 매출금, 수취금
(2) net value: 순금액
(3) Negotiating Bank: 매입은행(=Discounting Bank: 할인은행)

32. The 'Negotiating Bank' dispatches the 'Documentary Drafts', enclosing full set of 'Shipping Documents' to the 'L/C Issuing Bank'.

(주)

(1) ~ dispatches the 'Documentary Drafts', *enclosing* full set of 'Shipping Documents' to the 'L/C Issuing Bank'.
= ~ dispatches the 'Documentary Drafts' *which is enclosing* full set of 'Shipping Documents' to the 'L/C Issuing Bank'.
(2) Shipping Documents: 선적서류. 광의의 선적서류는 선하증권 등 신용장이 요구하는 모든 서류를 말하며, 협의의 선적서류는 운송서류 만을 의미한다.

33. Exporter 'A' dispatches to the Importer 'B' the 'Advice of Shipment', enclosing one complete set of non-negotiable shipping documents.

(주)

(1) Exporter 'A' dispatches to Importer 'B' the 'Advice of Shipment', *enclosing* one complete set of non-negotiable shipping documents.
=Exporter 'A' dispatches to Importer 'B' the 'Advice of Shipment' *which is enclosing* one complete set of non-negotiable shipping documents.
(2) non-negotiable shipping documents: 비유통성 선적서류

34. The 'L/C Issuing Bank' presents the draft to the Importer 'B'. Upon the presentation of the draft, Importer 'B' pays the bill if it is drawn under 'Sight L/C' or he accepts the bill if drawn under 'Usance L/C'.

35. Against the payment or acceptance of the bill, Importer 'B' obtains the shipping documents from the bank.

36. Importer 'B' tenders the B/L endorsed to the shipping company. Against the tender of B/L, Importer 'B' obtains 'Delivery Order(D/O)' from the shipping company.

(주)

(1) tender A to B: B에게 A를 제출하다. A가 길 때에는 tender to B A로 쓴다.

(2) endorse (over) a draft to A: A앞으로 배서하다.

(3) Delivery Order(D/O): 인도지시서

37. Importer 'B' tenders a set of 'Import Declaration(I/D)' together with a 'Import License(I/L)' issued by the Concerned Authorities and 'Shipper's Invoices', 'Certificate of Origin' if required, to the Customs Authorities.

(주)

(1) Import Declaration(I/D): 수입신고(서)

38. An 'Import Permit(I/P)' is granted when the import duties would have been paid if the goods dutiable.

(주)

(1) Import Permit(I/P): 수입신고필증, 수입허가(서), 수입면장

(2) dutiable: 과세되는, 유세(有稅)의/ duty: 의무, 관세, 조세, 세(稅)

39. Import 'B' tenders to the Customs Authorities a 'Declaration for Clearance' accompanied by the 'Import Permit' together with 'Delivery Order' through the hand of a landing agent

or a freight forwarder.

(주)

(1) Declaration for Clearance: 통관신고서

(2) hand: 서명, 보호, 조력, 노력/ through the hand of: ~의 도움(노력)으로/ He succeeded through your hand(help). 그는 너의 도움 때문에 성공하였다.

(3) landing agent: 하역대리인, 양륙대리인(선주와 화주의 대리인), 하역회사, 양륙업자

(4) freight forwarder: 운송중개업자, 운송주선인(업자)

40. A 'Clearance Permit' having been granted, Importer 'B' takes delivery of the goods from the customs compound or directly from the steamship.

(주)

(1) Clearance Permit: 통관허가(서)

(2) *A 'Clearance Permit' having been* granted, Importer 'B' takes delivery of the goods ~~ (독립분사구문) =*When a 'Clearance Permit' has been* granted, Importer 'B' takes delivery of the goods ~~

(3) takes delivery of the goods: 물품을 인수하다.

(4) compound: (큰 건물이나 시설 따위의)구내/ customs compound: 세관구내/ school compound: 교내

(5) directly from the steamship: 선상으로부터 직통관을 말함.

41. Importer 'B' lodges claims against damages and losses, if any, with the insurance company accompanied by a 'Survey Report', 'Insurance Policy' and other papers required. The claims will be indemnified against these papers.

(주)

(1) lodge: 신청하다, (소장, 신청서 등을)제출하다.

- lodges a claim(claims) with A against(for) B: B(손해)에 대하여

A에게 손해배상을 청구하다(손해배상청구서를 제출하다).

(2) claim n. 손해배상청구(청구서), 지급청구금(보험금, 보상금) v. 손해배상을 청구하다, (당연한 권리로서)청구하다.

(3) if any = if *(there are)* any (damages and losses)

- if, when, where, though 등의 절에서 '주어 + be동사'는 일반적으로 생략한다.

(4) accompanied는 claims를 수식한다.

(5) Survey Report: 감정(검사)보고서

(6) indemnify: 보상하다.

42. Importer 'B' disposes of the imported goods to local clients.

(주)

(1) disposes of: ~을 처분하다(deal with), 양도(매각)하다(sell out).

43. Importer 'B' pays the bill, if drawn under Usance L/C, to the L/C Issuing Bank on its maturity day.

(주)

(1) maturity: (어음의) 만기(일)/ on its maturity day =at its maturity

44. The 'L/C Issuing Bank' remits the proceeds to the 'Negotiating Bank' in the exporting country usually on T/T(Telegraphic Transfer), thus the account is fully settled and the whole procedure is completed.

(주)

(1) T/T(Telegraphic Transfer): 전신환/ 접두사 'tel-'은 far, distant의 의미이며, 모음 앞에 쓴다. telegraph: 전신/ telegram: 전보
cf. M/T(Mail Transfer): 우편환/ D/D(Demand Draft): 송금수표

(2) settle: 끝내다. settle accounts: 계산을 끝내다, 대차를 상쇄하다, 결산하다, 청산하다.

(3) account: 결제, 계산, 계정, 거래/ charge account: 외상거래

제 2 장 거래선 선정

거래처 소개의뢰 서신은 수신자의 호의(예: 요구하는 정보 제공)를 구하는 서신이므로 문의사항이 가능한 적고 수신자가 답하기 쉬워야 하며, 상대방을 알게 된 경로, 자사 소개(역사, 업종, 취급상품 및 규모 등), 거래처 소개의뢰의 취지와 희망사항, 자사의 신용조회처, 협조요청 등의 순서로 열거되어야 한다.

거래처 소개 의뢰서신에 대한 회신은 업체를 직접 소개하거나 직접 문의할 수 있도록 업체명을 제시하고 그 회사에 대한 자사의 긍정적 또는 부정적 평가와 지속적인 협조를 약속하는 내용으로 작성되어야 한다.

(Model Letter 1) 뉴욕 상업회의소에 스포츠용품 수입업체 소개의뢰

June 20, 2015

New York Chamber of Commerce
99 Church St.
New York, N.Y. 10007
U.S.A.

Gentlemen:

We are well-established exporters of all kinds of Sporting Goods and have close connections with the leading manufacturers here.

We shall be grateful if you would introduce to us some reliable importers who are interested in this line of business.

For any information concerning our credit standing and

reputation, Korea Exchange Bank, Seoul will provide you with the necessary information.

We thank you very much for your attention and look forward to your reply soon.

Sincerely,

(주) 수신인이 널리 알려진 기관인 경우에는 상대방을 알게 된 경로를 생략할 수 있다. 문단 구성: 자사소개 - 희망사항(소개의뢰) - 자사 신용조회처 - 협조요청

(1) chamber: 회의소, 회의실, 방/ commerce: 상업, 무역, 통상/ Chamber of Commerce: 상업회의소/ Korea Chamber of Commerce and Industry (KCCI): 대한상공회의소

(2) well-established: 기반이 확고한, 튼튼한(well-founded), 명성이 높은
cf. long-established: 설립한지가 오래된, 전통 있는

(3) We are exporters *of* all kinds of sporting goods. of 뒤에 상품이 오면 '~~을 취급하는(=handling)'으로 해석하는 것이 자연스럽다.

(4) goods(=merchandise, articles, commodities, items, products): 상품, 제품, 물품, 물건, 화물/ sporting goods(=sports goods): 스포츠 상품/ cotton goods: 면직물/ silk goods: 견직물/ woolen goods: 모직물/ spot goods: 현물/ future goods: 선물/ made-up goods: 완제품/ sundry goods(=sundries), miscellaneous goods, fancy goods, general merchandise, notions: 잡화, 장신구/ goods truck: 화물트럭

(5) connections: 거래관계(=business relations, business connections), 거래, 거래처(=client, patron, customer), (사람과 사람의)사이/ overseas connections: 해외거래처
- have connections with A: A와 거래관계를 가지고 있다, A와 거래관계가 있다.

(6) leading n. 지도 a. 선도하는, 지도적인, 주요한(=first class, first

rated, prominent, influential, chief, prime, primary, A1, major, main, well-known, principle), 일류의, 굴지의, 우수한, 훌륭한

- They are a leading company. 그 회사는 선도(지도)적인 회사이다 (중견기업이다).

(7) manufacturer(=maker): 제조업자(상품을 제작, 조립하는 업자)

(8) here: 서신의 수신자가 여러 지역에 서신을 보냈다면 문장에서 here가 어디인지 알 수 없으므로 서두(letter head)의 발신회사를 확인하여야 한다. here 대신에 특정 국가, 도시 등 구체적인 지명(예: in Korea)을 표시하는 것이 수신자의 시간을 절약하게 함으로 예의이고 명료한 표현이다.

(9) We shall be grateful *if you will(would) introduce* to us ~~ : ~~해 주시면 감사하겠습니다.

- shall은 '단정적인' 의미를 주므로 어조를 부드럽고, 정중하게 하고 또한 '소개해주시면'이라는 가정적 조건이 있으므로 should를 사용하고 조건절 if you will introduce ~~에서 will을 would로 대체하는 것이 좋다.

=We shall be grateful *for your introducing* to us ~~.

=We will(would) appreciate *it* if you will introduce to us ~~.

: appreciate는 타동사이므로 다음에 목적어가 와야 하나 if절은 목적어가 될 수 있는 명사절이 아니라 부사절이므로 가목적어 it를 수반하였다. if나 when 등이 이끄는 시간과 조건의 부사절에서는 현재형이 미래를 대신하고, 명사절이나 형용사절에서는 미래를 쓴다.

=We will *appreciate your introducing* to us ~~.

=We shall *be obliged if you will(would) introduce* to us ~~.

=We shall *be obliged for your introducing* to us ~~.

: oblige는 항상 'be + p.p' 형태로 사용된다.

cf. be obliged to(=must, be driven to, be bound to, be compelled to, be impelled to, be forced to): 부득이 ~~하게 하다.

(10) introduce A to B(사람): A를 B에게 소개하다. introduce는 3형식 동사로서 introduce B A와 같이 4형식으로 사용하지 않고, 목적어 A가 길면 introduce *to* B(사람) A로 쓴다.

(11) who are interested in this line of business. 'be interested'는 확언적이고 단정적인 경우에 사용한다. 'may be interested'는 현재의 추측으로서 '관심이 있을지 모르는'의 의미이며, 'might be interested'는 불확실성, 희박한 가능성을 나타낸다.

(12) line: 종목, 품목, (신용의)한도, 거래처, 항로, 상거래, 직업/ line of business: 영업종목/ line of credit: 신용공여한도

- have *lines*(=connections) in your market. 귀사의 시장에 거래처가 있다.
- Competition on this *line* is very keen(severe, sharp). 이 품목에 대한 경쟁이 치열(심)하다.
- If you are interested in this *line*, please give us your limit price. 이 품종에 관심이 있으면 귀사의 지정가격을 알려주시오.
- We are engaged in the exporting *line*. 당사는 수출업에 종사하고 있다.
- We prefer the Europe *line*. 당사는 구주항로를 선택한다.

(13) For (any information concerning) our credit standing and reputation,: 괄호 내의 의미를 괄호 밖의 'For'가 내포하고 있으므로 내용이 중복됨으로 괄호 내의 단어를 삭제하는 것이 문장을 간결하게 한다.

(14) concerning(=as to, for, about, regarding, as respects, as regards, with(in) regard to, in regard of, referring to, with(in) reference to, in respect of): 원래 분사구문을 이끌었던 분사가 전치사화 된 것으로 현재분사형 전치사라고 한다. 그 이외에도 notwithstanding, considering, excepting 등이 있다.

- as for: as far as ~~ are concerned(~~이 관계되는 한, ~~에 관하여는, ~~에 관하여, ~~에 관한)의 의미이지만 문두에만 사용할 수 있다. As for you, you are nothing but common thieves. 당신들로 말하면 순전히 그저 도둑놈들이다.

(15) standing n. 지속, 지위, 신분, 명성, 평판 a. 상임의/ credit standing (=credit status, credit condition, credit position, credit state):

신용상태. standing만으로도 신용상태로 해석하기도 한다. financial standing: 재정상태. 신용상태로 해석하는 경우도 많다. business standing: 영업상태/ standing auditor: 상임감사/ men of high(good) standing: 신분이 높은 사람

(16) Korea Exchange Bank(KEB): 한국외환은행/ The Bank of Korea (BOK): 한국은행/ The Export-Import Bank of Korea(THE KOREA EXIM BANK): 한국수출입은행/ The Korea Development Bank(KDB): 한국산업은행

(17) provide A(사물) for B(사람)(=provide B with A): B(사람)에게 A(사물)를 제공하다.

- The tree *provides* us *with* fruit. =The tree *provides* fruit *for* us.

(18) information: 정보, 통지, 소식, 자료, 참고사용. 단수로만 사용되며 복수로 사용되는 경우에는 다음과 같이 표현한다.

- a lot of(much, large amount of) information: 많은 정보
- three pieces of information: 자료 3가지
- all kinds of information: 각종 정보
- information from various sources: 다양한 정보통으로부터 온 정보

(19) look forward to: (좋은 일을 기대하고) 기다리다. to 뒤에는 동사원형이 아니라 동명사 또는 명사가 온다. forward v. 발송하다. ad. 앞으로. a. 앞의

- We *forwarded* our booklet with details of our range of wrist watches.(동사)/ We look *forward* to your reply soon.(부사)/ *forward* exchange rate: 선물환율(형용사)

cf. 서신의 마지막 문장은 현재형보다 현재진행형을 쓰는 것이 현대식 표현이다. 현재형은 과학적 사실이나 반복적인 행위에 사용하며, 현재진행형은 지속되는 것이 아니라 곧 끝난다는 의미를 갖기 때문이다.

① We *look forward to* your reply soon.(○)

→ We *are looking forward to* your reply soon.(better)

② *Looking forward to* hear from you soon, we are(×)
→ We *are looking forward to* hearing from you soon.(○)

(Model Letter 2) 앞 서신에 대한 회신

June 30, 2015

Haesung Ind. Co., Ltd
C.P.O. Box 7917
Seoul, Korea

Dear Mr. Ryu,

In reply to your letter of June 20, we have arranged to insert your announcement in the next issue of our bulletin, a copy of which will be sent to you upon publication.

We also suggest you contact the following firms who may be interested in the import of your goods:

Wilson & Co., Inc.
50 Liberty St.,
New York, N.Y. 10005

Ambassador International
35 East 25th St.,
New York, N.Y. 10035

While these firms have been long-established and enjoy a good reputation as the leading importers of Sporting Goods, we, of course, assume no responsibility for them.

They will give you their references from whom you will be able to obtain information about their standing.

We are happy to recommend these firms and shall be pleased to supply further information if you require.

Sincerely,

(주) 추천회사를 소개하고 그들에 대한 자사의 평가와 책임 없음과 지속적인 협조지원을 통지하는 서신/ 문단 구성 : 상대방 서신 환기 및 당사가 할 일 - 회사추천 - 추천회사에 대한 당사의 평가와 책임 없음 - 신용조회처 제공 - 지속적인 협조

(1) In reply(=answer/response) to your letter of ~: ~일자 귀사의 서신에 대한 회신으로

(2) arrange to: ~하기로 정하다, 결정하다. We have arrange to insert your announcement. 귀사의 광고를 넣기로 하였다.

(3) next issue: 다음 호/ May issue: 5월 호

(4) bulletin: 회보, 사보

(5) copy

① (서류의) ~부, ~통/ a copy of ~~ : ~~ 1부

- 선하증권 2통: B/L in duplicate = in two copies = in two folds
- 서신이나 서류의 통수(通數) 표시

B/L 1통 : a B/L	2통 : B/L in duplicate
3통 : B/L in triplicate	4통 : B/L in quadruplicate
5통 : B/L in quintuplicate	6통 : B/L in sextuplicate
7통 : B/L in septuplicate	8통 : B/L in octuplicate
9통 : B/L in nonaplicate	10통 : B/L in decuplicate

② 부본(副本). 부(副)는 '버금' 또는 '원본(original)의 등사'의 의미이다. 부본은 원본의 내용이 모두 포함되어 있으며 원본 발행 시 발행인이 추가로 발행한 참조용 서류를 말한다. 원본과 부본은 'original' 표시와 서명

의 유무에 따라 구분된다. 원본은 'original' 표시와 서명이 있다. 부본은 'copy'라는 표시가 있거나 아무런 표시가 없으며 서명의 유무에 관계없다. 원산지증명서 발급 시 원본 1통과 여러 통의 부본이 발행되는데 원본은 무늬가 바탕에 깔린 안전용지가 사용되고, 부본은 흰색종이가 사용된다.

③ 복사본, 사본. 사(寫)는 '베끼다', '그리다', '본뜨다'의 의미이며, 사본(寫本)은 원본을 놓고 사진을 찍은 사진판 서류를 말한다. 우리나라 사람이 흔히 쓰는 카피(복사본, 사본)의 의미에 딱 맞는 영어는 'carbon copy, photostatic copy' 또는 'photocopy'이다. 신용장이 "copy of courier's receipt(특사배달 수취증 부본)"의 제시를 요구하는 경우 사본(photocopy courier's receipt) 제시는 하자가 된다.

(6) contact: 연락하다.

- We also suggest you *contact* the following firms who may be interested in the import of your goods. you 앞에 to you that가 생략되었고, contact 앞에는 should가 생략되었다. request, require, suggest, recommend, insist, order, demand, advise, propose, ask 등과 같이 요구, 제안, 추천, 충고, 주장 등을 나타내는 동사가 that절을 이끌 때 절 안의 동사는 'should 동사원형 또는 동사원형' 형태로 사용된다.

(7) while =although: ~~이지만, ~~하지만

(8) firm: 회사, 상사/ company: 회사, 상사/ concern: 회사, 상회, 재벌/ house: 상사, 상점/ establishment, organization: 조직, 조합, 협회/ steamship company: 선박회사, 해운회사/ incorporation: 주식회사(미국)/ corporation: 주식회사, 공사/ joint stock company, joint stock corporation도 주식회사의 의미로 사용된다.

- 일반적으로 주식회사라고 하면 incorporated company(미국), limited company(영국), 또는 corporation로 표현한다. 이들이 회사명 뒤에 오면 순서를 바꿔 쓰고 company 뒤에 커마를 한다. 즉, ABC Company, Incorporated(미국), ABC Company, Limited(영국), ABC Corporation으로 쓴다. 다시 이들을 약자로 쓰면 ABC Co., Inc./ ABC Co., Ltd./

ABC Corp.가 된다. 주식회사를 독어로는 ABC A.G.(=Aktiengesellschaft) 또는 ABC G.m.b.H.(=Geseleschaft mit beschraenkter), 불어로는 ABC S.A.(=Socie'te' anonyme)로 표기한다.

cf. incorporated(=limited) a. 주식회사의. 법인(法人)을 의미한다. 주식회사를 대표하는 유한책임회사 즉, 주주들이 채권자에 대하여 자신이 출자한 지분 범위 내에서만 책임지는 회사를 말한다. ABC Inc.라고 하면 ABC라는 단체가 법인(corporation)이라는 의미이다.

(9) enjoy(have) a good reputation: 좋은 평판을 받다(누리다). enjoy an unfavorable reputation: 좋지 못한 평판을 받다. reputable position (=good repute, good reputation): 호평을 받음, 평이 좋음/ repute (=prestige, fame, renown, name, good reputation) n. 평판, 명성 a. 평판이 좋은 v. 평판하다.

- enjoy good credit: 평이 좋다.

  =be of good repute: 평이 좋다, 좋은 평판을 누리다, 우수한 명성을 얻고 있다.

  =be in high repute

  =enjoy(=have) an *excellent* reputation.: excellent 대신에 outstanding, splendid, super, wonderful, good 등을 사용할 수 있다.

  =have a good reputation *for*: 좋은 평판을 얻게 된 이유를 설명할 때에는 for를 쓴다.

(10) *as* the leading importers of Sporting Goods: as는 자격, 신분을 나타내며 '~~로서'의 의미를 갖는다.

(11) be happy to 부정사: '~~합니다.'

=be pleased to 부정사 = be pleased at(with) 명사 = be pleased that 주어 + 동사.

- be pleased to inform: '기꺼이 통지하겠습니다'의 뜻이지만 '통지합니다'의 정도로 해석하며, be glad to inform과 같은 뜻이지만 보다 정중하고 뜻이 강하다. 공식적인 표현은 다음과 같으나 지나치게 형식적이라 무역서신에는 잘 사용하지 않는다.

  a. We *have the pleasure of(to) offering(offer)* you that ~~: ~~

을 청약하고 싶다.

b. We *take pleasure in offering* you the following goods. 당사는 귀사에게 다음의 상품을 청약합니다.

=We *are pleased to offer* the following goods.

(12) We shall be pleased to supply further information if you require. 필자가 최선을 다하지 못한 것이 있는 느낌을 주므로 다음과 같이 전환하는 것이 좋다. This information would be of help to you.

- We shall be pleased to ~~: '기꺼이 ~~을 하다'. 상대방에게 부탁할 때 의례적으로 사용하는 표현이며 정중하고 조심스럽게 표현하고자 하는 경우에는 shall, will 대신에 should, would를 사용한다. 번역할 때는 생략하는 경우가 많으나 영작할 때는 필요에 따라 많이 사용한다.

(Model Letter 3) 뉴욕 상업회의소에 멀티미디어 스피커 특약점 또는 대리점 소개 의뢰

SM Company, Inc.
45th Floor, Korea Trade Center
159 Samsung-Dong, Kangnam-ku, Seoul, Korea 135-729

January 5, 2015

International Trade Dept
New York Chamber of Commerce
1555 Third Avenue
New York, NY 10128
U. S. A.

Gentlemen:

We are a well-established firm which produces multimedia

speakers for the computer. We have about 20 years experience in this line of business and enjoy a high reputation in Korea for providing high-quality products.

Now we are interested in extending our business to overseas markets and wish to establish business relations with qualified firms in your country. We would appreciate it if you would introduce to us reliable distributors or agents who are interested in marketing our products in your area.

Should you require any references regarding our standing and reputation, we would like to recommend that you contact the following bank:

Korea Exchange Bank, Kangnam Branch
157-37, Samsung-Dong, Kangnam-Ku
Seoul, Korea 135-090

We look forward to your kind cooperation.

Very truly yours,

(주) 문단 구성: 자사소개 - 자사의 희망사항 - 신용조회처 제공 - 협조요청

(1) line of business: 영업품목
(2) *for* providing high-quality products: for는 이유를 나타냄
(3) *extend* A *to* B: A를 B까지 확장하다, A를 B에게 베풀다, (기간)A를 B까지 연장하다.
   - *extend* the L/C *to(till, until)* ~~: 신용장 유효기간을 ~~까지 연장하다.
   - *extend* the L/C *for* ~~: 신용장 유효기간을 ~~동안 연장하다.

- Thank you for hospitality you *extended to* us. 당사에 베풀어준 호의에 감사합니다.
- Please *extend* the expiry date on your letter of credit *to* the end of May. 귀사의 신용장 유효기일을 5월말까지 연장해 주십시오.

(4) qualified a. 적임의, 적당한, 자격 있는

(5) distributor: 수출업자와 특약판매협정(distributor agreement)을 체결하여 특약판매할인가격으로 직수입하여 재고를 가지고 판매하는 특약수입판매점(상인)을 말하며, 대리인(agent)과는 달리 본인거래를 하며 독점특약점(exclusive distributor)과 비독점특약점(no-exclusive distributor)으로 구분된다.

(6) market vt. 팔다, 시장에 내 놓다. n. 시황/ marketable: 잘 팔리는, 판매 가능한, 시장에 내놓을 수 있는/ marketability: 팔릴 가능성, 시장성

(7) Should you require ~~: 만약 ~~이 필요하다면. if를 생략하고 주어와 동사가 도치된 문장으로서 '만일 ~~이면'으로 해석하고, 자칫하면 일어날지도 모르는 일과 가능성이 적은 미래의 일에 사용하는 표현이다.

① 현재나 미래에 관하여 사실에 반(反)함을 알면서 하는 가정
- If I were you: Were I you

② 과거에 관하여 사실에 반(反)함을 알면서 하는 가정
- If I had much money: Had I much money
- If I had been staying there: Had I been staying there
- If he had seen me: Had he seen me

③ 가능성이 적은 미래의 일
- If ~~ should의 형식 : '만일 ~~이면', 자칫하면 일어날지도 모르는 일에 사용

  If they should leave me =Should they leave me
- If ~~ were to (do)의 형식 : '만일(가령) ~~라 (가정)한다면', 가능성 여하에 관계없이 순수하게 가정하는 경우에 사용

  If I were to live in Paris =Were I to live in Paris

(8) our standing: standing은 business standing, credit standing, financial standing을 말하며 당사의 영업상태, 신용상태 및 재정상태를 말한다.

(9) would(should) like to: '~~하고 싶어 하다(=want)'의 뜻으로 완곡히 말할 때 흔히 사용한다.

(10) We look forward to your *kind* cooperation. kind는 '친절한, 정성어린, 인정 있는' 등 좋은 의미로 사용되나 때로는 본래의 의미와는 달리 매우 우스운 해석이 될 수 있으므로 본래의 의미로 사용되는 경우가 아니면 사용하지 않는 것이 좋다. kindly는 '꼭, 부디'의 의미이며 kind와 같이 사용에 유의하여야 한다.

① Your *kind(valued)* order of May 20 has been accepted. 형용사 kind(valued)는 의미가 없으므로 삭제하는 것이 좋으며, 더 좋은 표현은 다음과 같다. Thank you for your order of May 20.

② Will you *kindly* let us know your address? 귀사의 주소를 알려 주십시오. kindly는 생략하는 것이 좋다.

(Model Letter 4) 앞 서신에 대한 회신

New York Chamber of Commerce
1555 Third Avenue
New York, NY 10128 U. S. A

January 30, 2015

SM Company, Inc.
45th Floor, Korea Trade Center
159 Samsung-Dong, Kangnam-ku,
Seoul, korea 135-729

Gentlemen:

In compliance with your request of January 5, we are pleased to recommend that you contact the following firm which may be interested in establishing a business relationship with your firm.

ABBA Co., Inc.
1156 5th Avenue
New York, NY 10017 U. S. A

Although we understand the above concern is of good repute, we do not assume any responsibility for their credit. We advise that you contact them directly and pursue all normal due diligence as you deem necessary.

We hope this arrangement will be helpful to you and assure you of our cooperation at all times.

Very truly yours,

(주) 문단 구성: 상대방 서신 상기 및 회사 추천 - 추천회사의 평판과 당사의 책임 없음 - 지속적인 협조 약속

(1) in compliance with: ~~에 따라서, ~~에 응하여

(2) establish (a) business relationship(relation) with ~~: ~~와 거래관계를 개설하다.

(3) of repute(=reputable): of 뒤에 추상명사가 오면 형용사의 뜻으로 한정용법으로나 서술용법으로나 두루 사용된다. 그 밖의 전치사(in, with, by 등) 뒤에 추상명사가 오면 부사의 뜻을 갖는다.

* 전치사 of + 추상명사 = 형용사

- *of good repute* =highly reputable =be in high repute
- *of* + *help* =helpful/ be *of help* to A(=help A): A에게 도움이 되다.
  We wish to be *of help* to you. 당사는 귀사에 도움이 되기를 원합니다.
- of + *service* =serviceable: 도움이 되는, 편리한, 쓸모 있는/ be *of service* to A(=serve A): A에게 도움(소용)이 되다. ~~에게 도움을 주다.

We shall be glad to be *of service* to you. 기꺼이 귀사를 도와 드리겠습니다. Can I be *of service* to you? 무엇을 도와 드릴까요? 도와 드릴 일 없습니까?

- *of interest* =interesting/ be *of interest* to A. A의 관심사가 되다. Your goods may be *of interest* to us. 귀사의 상품은 당사의 관심사가 될 수도 있다. 귀사의 상품은 당사에게 흥미를 일으킬 수도 있다.
- *of* + *value* =valuable
- *of* + *importance* =important

* 전치사(in, with, by) + 추상명사 = 부사

with care =carefully/ by accident =accidently/ on purpose =purposely/ with ease =easily

(4) assume: 떠맡다, 책임지다. assume no risk. 위험을 부담하지 않다.

(5) advise: '통지하다'의 의미 외에도 함축적인 의미가 불쾌한 '충고하다'의 의미가 있으므로 대신에 함축적인 의미가 중립적인 inform, notify 또는 tell을 사용하는 것이 좋다.

(6) directly: direct와 같이 '직접으로', '직행으로'의 의미이나 directly는 부사로서 '하자마자 즉시'라는 의미로도 사용되며, direct는 부사이면서 형용사로도 사용된다.

(7) pursue: 수행하다, 추격하다.

(8) all normal due diligence: 모든 통상의(일반적인) 당연히 해야 할 노력(의무)

(9) deem(=think): 생각하다. deem necessary: 필요하다고 생각하다.

(10) arrangement: '조치'의 의미로서 pursue all normal due diligence를 의미한다.

(11) assure: 보증하다, 확실히 하다, 안심시키다(=promise, guarantee).

- *assure* A *of* B: A에게 B를 보증(보장, 확약)하다.
- *assure* you(=to promise(guarantee) you) *that* ~~: 귀사에 확약(보장, 보증)하다, (틀림없이) ~~하겠나이다.

=We *are sure* that ~(=We assure(trust) that ~): ~함을 확신한다, 보증하다, 믿다.

=You *may rest assured that* ~: ~하리라는 것 안심하십시오,
=*Rest assured that* ~
cf. 내용에 약간의 불안이 있으면 believe(믿는다), trust(기대한다, 자신을 가지고 생각한다), hope(희망한다, 생각한다)를 사용하여야 하며, assure(rest assure, be assured) 또는 guarantee를 사용하면 확약한 일이 잘되지 않으면 상대방이 확약한 것으로 생각하여 claim을 제기할 수도 있다.

(12) at all times: 항상. always로 대체하여 assure 앞으로 옮기면 더 좋은 문장이 된다. We *assure* you *of* our cooperation *at all times*.
=We *always assure* you *of* our cooperation.

(Model Letter 5) 런던 상업회의소에 면제품 수입업체 소개의뢰

June 20, 2015

London Chamber of Commerce
London, England

Gentlemen:

We are long-established exporters of all kinds of cotton goods and have wide and close connections with the leading manufacturers here.

As we are now desirous of extending our business to your market, we shall be much obliged if you will introduce to us some reliable firms in your city who are interested in this line of business.

As to our credit standing, Korea Exchange Bank, Seoul, will supply necessary information.

We thank you for your attention, and earnestly await your reply.

Sincerely,

(주) 문단 구성: 자사소개 - 희망사항(수입업자 소개 의뢰) - 신용조회처 제공 - 협조요청

(1) be desirous of(=be desirous to 부정사, wish to 부정사): ~~을 열망하다, 갈망하다. We *are desirous to* open an account with you. 당사는 귀사와 거래개설을 열망한다.

cf. desire, wish, want는 실현되기가 쉽지 않는 것을 바라는 소원을 말하며, hope는 실현될 것으로 생각하는 것을 바라는 소원(갈망, 소망)을 말함으로 상황에 맞게 사용하여야 하며 이들 중 desire가 가장 의미가 강하다.

(2) earnestly: 열심히, 진지하게, 진심으로

- We *earnestly* await your reply. earnestly는 자사가 정말로 열심히 회신을 기다린다는 것보다는 상대방에게 과장된 느낌을 주므로 삭제하는 것이 좋다.

(3) await는 wait for로 대체하는 것이 현대식 표현이다. await는 목적어가 필요한 동사이며 바로 뒤에 목적어가 와야 하며, wait보다 의미의 강도가 약하며 '다른 것을 하면서 그것을 기다린다'는 의미이다. wait는 목적어가 필요 없는 동사이나 목적어를 수반하면 뒤에 for가 와야 하며, '아주 직접적으로 아무것도 하지 않고 그것만 기다린다'는 의미이다.

- It will have to wait. 그것이 실현되려면 시간이 걸린다.

(Model Letter 6) 뉴욕 상업회의소에 광학제품 수업업체에 자사 소개의뢰

June 10, 2015

International Trade Dept
New York Chamber of Commerce
1555 Third Avenue
New York, NY 10128
U. S. A

Gentlemen:

We are pleased to introduce ourselves to you as one of the most reputable companies of Korean optical goods of various kinds who have been engaged in the sale of this line at home and abroad for these 15 years; particularly, we have been enjoying a good sale of our binoculars in the European countries under the name of "Coney" brand, and are now desirous of extending our market to your district.

The enclosed catalog shows only a part of our goods, but you will probably find an outline of our merchandise. We are always ready to send you our quality sample on your demand.

We shall appreciate it very much if you will kindly introduce us to the relative importers by announcing our desire in your publication and also send us some lists of the interested parties.

As for our business standing, we are allowed to mention the Hanvit Bank, Seoul Office, 18, 2-ka Ulchiro, Chung-ku, Seoul.

We solicit your close cooperation with us in this matter and eagerly await your kind reply.

Sincerely,

(주) 문단 구성: 자사 소개 및 희망사항(시장 확장) - 상품목록 송부 - 요구사항(수입업자들에게 자사소개 및 수입업자 목록 요청) - 자사의 신용조회처 제공 - 협조요청

(1) We are pleased to ~ ourselves ~~ kinds *who have been engaged in the sale of this line at home and abroad for these 15 years.* 이탤릭체 부분은 앞의 ourselves를 수식한다.

(2) optical goods: 광학제품

(3) be engaged in: ~~에 종사하다(=employ oneself in). 일시적으로 어떤 일에 종사하고 있는 상태를 나타낼 때 사용하며, in 뒤에는 동명사 또는 직업 등을 나타내는 명사가 오고, 동명사가 올 때에는 in을 생략하기도 한다.

- We *are engaged in* the sale of this line. 당사는 이 품목의 판매에 종사한다.
- They *are engaged (in)* selling books. 그들은 책 판매에 종사한다.

(4) for these 15 years: 요 15년. 15 years가 복수이므로 these를 사용하였다. 시간을 나타내는 명사가 복수명사라도 these와 함께 this를 사용하기도 한다. these days: 요즘/ this day: 오늘/ this(these) ten minutes: 이 10분간

(5) sale: 판매, 염가판매, (복수)매상액/ good sale(=fine sale): 왕성한 판매 ↔ poor sale

① 주어(상품) + *have(find, enjoy, meet, command) a ready(good, prompt, speedy) sale*: (상품이) 잘(빨리) 팔리다, 날개 돋치듯 팔리다.

- The goods *have a ready sale.*
- 주어(상품) *command a good(high) price*: 좋은 값으로(고가로) 팔리다.

② 주어(사람) + *find(a ready good, prompt, speedy) sale of(for)* (상품): 누가 (상품)을 잘(빨리) 팔다.

- We *find a ready sale of* the goods.
  =We *enjoy a good sale of* the goods.

(6) binocular: 쌍안경

(7) extended our market to your *district*. 우리의 시장을 귀사의 지역까지 확장하였다. district 대신에 비슷한 의미로 market, area, territory를 사용하기도 하지만 특정 지명을 표시하는 것이 구체적인 표현이라 더 좋다.

(8) You will find(=see, note, learn, observe) ~: '귀사는 ~을 아시게 될 것이다.'

- You will probably find an outline of our merchandise. 귀사는 아마 당사 제품의 윤곽을 알 것이다.

cf. please see (to it) that ~: 주의하다, ~하도록 하다, 꼭 되도록 조치를 취하다.

(9) be ready to 부정사: ~할 준비가 되어 있다(be prepared to), 기꺼이 ~하다(be willing to), 막 ~하려고 하다(be about to).

(10) quality n. 품질, 성질, 양질(fitness), 우수성(excellence), 재능 a. 양질의, 질 좋은, 상류사회의/ quality sample: 품질견본. 견본은 품질을 결정하는 요소로서 가장 중요하므로 품질견본(quality sample)이라고도 한다. quality goods: 양질의 상품/ the best and finest quality: 가장 우수하고 최상의 품질

(11) We shall appreciate it very much if you will *kindly* introduce us to the relative importers by announcing our desire in your publication. kindly는 '꼭, 부디'의 의미이나 원래의 의미와는 달리 사용될 수 있으므로 생략하는 것이 좋다.

(12) by announcing our desire in your publication(=by inserting our desire into your trade bulletin). 귀사의 간행물에 당사가 바라는 것을 알림으로써

(13) some lists of the interested parties: 몇 부의 이해관계자(당사자) 일

람표(목록, 명부)

(14) be allowed to(=can, may, wish to, be permitted to): ~하는 것을 허용(허가)받다.

- Smoking is not allowed. 금연입니다.
- You allowed us to mention 목적어 =We are allowed (by you) to mention 목적어

(15) solicit: 간청하다, 강요하다.

(16) We *eagerly await* your *kind* reply.: eagerly는 '간절히', kind는 '정성어린'의 의미로 사용되었으나 eagerly는 과장된 느낌을 주고, kind는 본래의 의미와는 달리 해석되어 우스꽝스러운 해석이 될 수 있으므로 삭제하는 것이 좋다. wait는 강도가 약하므로 wait for로 전환하는 것이 좋다. 전체 문장을 We wait for your reply.로 전환하는 것이 더 좋은 표현이다.

제 3 장 신용조회

신용조회 서신은 상대방을 알게 된 동기, 신용조회 대상 회사명 및 주소, 신용조회 이유(희망사항), 상대방이 제공하는 정보의 극비취급 약속, 상대방에 대한 감사 및 협조당부 등의 내용으로 구성되어야 한다.

(Model Letter 1) Bank of America에 모자 판매대리점 신청회사에 대한 신용조회

April 25, 2015

Manager, Foreign Exchange Department
Bank of America
Liberty St., New York
N.Y. 10005
U.S.A.

Gentlemen:

The ABC Trading Company, Phoenix, which has offered to represent us in marketing our Korean Hats in Phoenix, has referred us to you for particulars as to their credit standing.

We would be grateful if you would inform us whether you consider this company a reliable firm, and whether we would be justified in sending them our consignments to a sizable amount.

Any information with which you may supply us will be

treated in absolute confidence.

Please accept our sincere appreciation for the trouble that this request may cause you.

Very truly yours,

DEF Company

(주) 문단 구성: 상대방을 알게 된 경로 - 희망사항(신용조회) - 제공정보 극비취급 약속 - 감사

(1) represent v. 대표(대리)하다, 대리점을 맡다, 대리점이 되다. representative a. 전형적인, 대리의 n. 대표자, 대리인(점)/ representation: 대표, 대리
- We have not yet represented in Seoul. 당사는 아직까지 서울에는 대리되지 않았다. 즉, 대리점이 없다.

(2) particulars: 상세, 명세, 상세한 내용

(3) justify: 정당함을 증명하다.
- be justified in ~ing: ~해도 무방하다, ~하는 것은 당연(정당)하다.

(4) consignment n. (대리점이 맡은)위탁품, 판매위탁(품), 위탁판매, 적송(품), 선적(품)(=shipment)

(5) sizable(=big, heavy, considerable, substantial, quantity, large, actual): 상당히 큰, 꽤 큰/ to a sizable amount: 상당한 금액의(까지)

(6) appreciation n. 감사, 인식, 지식/ letter of appreciation: 감사장/ appreciative a. 감사의, 알고 있는. 뒤에 of가 따라 온다.
- We *are* deeply *appreciative of* its value. 당사는 그것의 진가를 잘 알고 있다.

(7) if you would inform us *whether* you consider this company a reliable firm. whether 절은 '~~인지 아닌지'의 뜻으로 간접의문문을 이끌고 주로 see, ask, learn, doubt, know 등의 동사와 함께 쓰이며, 아직 판단하지 않은 사실을 나타낸다. 반면에 that 절은 이미 판단한 사

실을 나타낸다.

- I decided that they were mistaken. 그는 그들이 틀렸다고 판단했다.

(8) confidence n. 자신, 신용, 비밀/ in confidence: 비밀리에/ with confidence: 자신 있게/ treat(=keep, hold, deal, use): 취급하다.

- We treat A *in strict(absolute) confidence.* A를 극비로 취급하다.
  =We treat A *as strictly(absolutely) confidential.*
  =A is treated as *strictly confidential.*
  =We treat A as *private and confidential.*
  =We consider A *as absolutely confidential.*
  =We keep A *in strict secrecy.*

(Model Letter 2) 앞 서신에 대한 회신

April 30, 2015

Manager
DEF Company
321 Samsung-Dong, Kangnam-Ku
Seoul, Korea

Gentlemen:

ABC Co.,Ltd.
Liberty St, New York, N.Y.10005, U.S.A.

The above firm has been engaged in importing hats for more than twenty years and has sufficient capital for their requirements. As far as we knew, all their obligations have been paid promptly.

We believe that because of their steady and sincere way of conducting business, they can enjoy a good reputation among the leading wholesalers in our district.

Please note that this information is furnished without any responsibility on our part and should be treated in strict confidence.

Yours truly,

Bank of America

(주) 문단 구성: 신용조회 대상회사에 대한 자사의 평가 - 신용조회 대상회사의 평판 - 제공하는 정보에 대한 당사의 무책임 및 극비 취급 요청

(1) specific: 구체적인, 특정한, 상세한/ requirements: 필요(품), 필요조건, 요구(물)/ specific requirements: 구체적인 요구사항(필요조건)
- sufficient capital for their requirements: 그들의 요구사항에 필요한(대리점 맡는 것에 필요한) 충분한 자본금. for는 용도와 필요함을 나타내는 전치사

(2) as far as(=as(so) long as): ~~하는 한, ~~까지. 조건이나 때를 나타내며, so long as는 다소 문어적이다. as far as we knew: 당사가 알았던 한

(3) steady a. 확고한, 고정된, 안정한, 견고한, 불변의/ steady customers: 고정고객, 꾸준한 고객

(4) conduct business: (업무, 영업, 거래를)집행하다, 처리하다. conduct exporting business: 수출업무를 처리(이행)하다.

(5) wholesaler: 도매업자/ retailer: 소매업자

(6) please note: ~을 유념하시오, ~를 잘 들으시오, 주의(유의)하시오, 주목하십시오.

(7) on our part =on our side: 우리 측에서

(Model Letter 3) 파키스탄 국립은행에 거래제의 회사에 대한 신용조회

March 20, 2015

National Bank of Pakistan
19-A, Abbot Road
Lahore-6, Pakistan

Dear Sirs,

The following firm has recently proposed to open an account with us and given us your name as a bank reference:

Naz Enterprises
401, Uni Centre, Chundrigar Road
CPO BOX 13336 Karachi 74000
Pakistan

We shall be obliged if you would favor us with detailed information of the financial status and general reputation and your candid opinion for the firm in question.

Any information you may give us will be welcome, and will, of course, be treated as strictly confidential.

We enclose a self-addressed envelope for your reply and look forward to your favorable reply.

Yours faithfully,

(주) 문단 구성: 상대방을 알게 된 경로 - 신용조회 - 제공정보 극비 취급 약속 - 협조 요청

(1) *propose to* open an account =*offer to* open an account with

- open an account with: ~~와 거래하다, 거래관계를 시작하다, 거래관계를 트다.

  = have an account with/ enter into business relations(connections) with/ build up business relations(connections) with/ start business relations(connections) with/ establish a (business) relations(relationship, connections) with: business는 생략되기도 함./ be in business relations(connections) with/ form a connection with/ do business with

cf. close an account with: ~와 거래를 끊다. shut the books: 거래를 중지하다.

(2) detailed a. 상세한, 정밀한/ detailed information: 상세한 내용(정보)/ detail n. 세부, 항목/ details(pl): 상세, 명세(서), 상세한 내용(=particulars, descriptions, specifications)

- in all details(=in all aspects, in all respects): 모든 면에서, 어느 면에서나/ in some aspects: 어떤 점에서

(3) status: 상태, 지위, 자격/ financial status(standing, condition, position): 재정상태/ status report(=credit report): 신용보고

(4) candid: 솔직한(frank), 정직한(honest), 공평한(impartial), 거리낌 없는(outspoken)

(5) in question(=being talked about): 문제의, 당해의, 논의 중인

(6) a self-addressed envelope: 발신회사의 주소가 기재된 회신용 봉투. 신용조회 의뢰 시 상대방의 수고를 덜기 위하여 회신용 봉투에 주소를 기재하고 우표를 부착하여 동봉하는 것이 좋다./ a stamped, self-addressed envelope: 우표가 부착되고 주소가 기재된 봉투

(Model Letter 4) Bank of America에 거래제의 회사에 대한 신용조회

March 25, 2015

Manager, Business Department
Bank of America
Liberty St., New York
N.Y. 10005
U.S.A.

Dear Sir,

Your bank has been referred to us by Chosun Exporters, Limited in their recent proposal to enter into business relations with us.

Should their business standing turn out unquestionable, we are prepared to accept their proposal. We should, therefore, be much obliged if you would give us such information as you may have or can secure for us regarding their financial standing and reliability.

We are particularly interested to know in what line they are mainly engaged and if possible, your candid opinion on their financial responsibility, their mode of doing business and their general reputation they enjoy in your community.

Any expense to be incurred in connection with this inquiry, please charge to our account.

Your prompt attention would be much appreciated, and we

assure you that your information will be treated, as usual, in strict confidence.

Sincerely,

(주) 문단 구성: 상대방을 알게 된 경로 - 당사의 희망사항 - 신용조회 - 조회 관련 비용 자사부담 - 제공정보 극비취급

(1) Your bank has been referred to by ABC. 귀행이 ABC에 의하여 신용조회처로 제공되었습니다.

① We refer you to A. 귀사가 A에게 조회하십시오. 귀사가 A에 조회하기 바랍니다.

=You may refer to A. =Please refer to A.

② They refer us to your bank. 당사는 귀 은행을 신용조회처로 제공받았습니다.

=Your bank has been referred to us. =We have been referred to your bank.

(2) Should their business standing turn out unquestionable: 가정법 미래로서 문장이 도치됨.

= If their business standing should turn out unquestionable,

• turn out unquestionable =prove to be unquestionable

(3) turn out(=to prove (to be)): 결과가 ~~이 되다.

(4) be interested to do A: A를 하고 싶다. We are particularly interested to know ~: 당사는 ~를 알고 싶다.

cf. be interested in A: A에 흥미(관심을)를 가지고 있다, A에 관계하고 있다.

(5) responsibility n. 책임, 능력, 지급능력(solvency)/ financial ability: 재정적 능력, 지급능력/ financial responsibility(=financial ability, financial reliability, solvency): 재정적 책임, 지급능력 ↔ insolvency: 지급불능

(6) their general reputation they *enjoy* in your community. enjoy는

have(가지다)의 의미

(7) community: 지역사회, 독립사회, 사회, 집단. society 보다 한층 한정된 특수사회(회사) 또는 공동체를 의미한다.

(8) any expense: 제경비, 모든 지출/ expense: 지출, 경비, 지출금(pl), 제경비, 돈이 많이 드는 일, 손실, 희생

cf. expenditure: 정상적으로 지출할 예정으로 있었던 경비, 지출을 의미하는 경우가 많음. current expenditure: 경상비/ extraordinary expenditure: 임시비

(9) their mode of doing business: 영업하는 태도(방식)

(10) incur: 초래하다, (위험, 손해 따위를)가져오다, (비난, 벌 따위를)받다.

(11) charge: 청구하다, (대금, 요금을) 부과하다, ~의 차변에 기입하다(debit). free of charge: 무료

- Please charge(debit) these purchases to our account. 본 구매품에 대하여 당사의 계정에 청구하십시오.

(12) as usual(=as per usual, usually, as a rule, more often than not, as a whole, generally, in general, in most cases): 종전(거래조건)대로, 평소처럼, 평소와 같이, 전과 다름없이(=as is common or has happened before). 상관습상 또는 양당사자 간의 거래 전례상으로 되어 있는 조건대로라는 뜻.

(Model Letter 5) 독점대리점 신청회사에 관한 신용조회에 대한 은행의 회신

October 10, 2015

Gentlemen:

Samson, Inc., 48 Wabash Avenue, about whom you inquired in your letter of October 2, have been our desirable depositors for fifteen years. During that time we have opened numerous letters of credit on their behalf to Europe, to South America, and recently to the Orient for the sum in some cases exceeded $ 500,000. Thus far, however, we have had no serious trouble in financing their transactions.

Mr. David P. Samson, the president and Mr. Samuel H. Levi, the treasurer of the company are known for their financial responsibility and good moral character. Among members of the Board of Directors we notice Franklin W. Doe, Isaac H Bowman and others, who are prominent in the financial circle of Chicago.

This company was organized in 1988 with a capital of one million dollars and it is now increased to two million dollars. Their balance sheet published in July this year, indicates in round figures current assets of $5,595,000, current debts of $5,088,000, and a net worth of $500,000. Net profit on semi-annual sales of roughly 148 million dollars appeared at approximately three million dollars.

From these facts and figures and from our own experience with the company, we have a very high regard for the business ability and financial responsibility of the Samson, Inc.

We trust that this information would be of help to you and that you will appoint them your sole agent.

Sincerely,

(주) 문단 구성: 상대방 서신 상기 및 신용조회 대상회사에 대한 자행의 거래 경험 - 신용조회 대상회사에 대한 금융계의 평판 - 신용조회 대상회사의 자본금 및 순이익 증가 - 신용조회 대상회사에 대한 자행의 호평 - 신용조회 대상회사 대리점 지정 동의

(1) open letter of credit to A: A 앞으로 신용장을 개설하다.

(2) on behalf of: ~를 위하여, ~의 이익을 위하여

(3) sum: 총액(totality), 금액(amount)/ for the sum in some cases exceeded $500,000: 몇몇의 경우에는 50만 달러를 초과하는 금액에 대해

- 5,595,000: five million, five hundred (and) ninety five thousand. hundred는 단수로 쓰고 뒤의 and는 미국의 경우 생략하고 영국의 경우 넣는다. hundred 또는 thousand 등이 막연한 다수를 나타낼 때는 뒤에 's'가 붙는다. hundreds(thousands, millions) of books: 수백(수천, 수백만)권의 책/ 특정한 수를 나타내는 경우에는 형용사적 용법이든 명사적 용법이든 뒤에 's'가 붙지 않는다. 단, million의 명사적 용법에는 뒤에 's'가 붙기도 한다. five hundred: 5백/ five hundred people: 5백 명의 사람들/ five million(s): 5백만 / five million dollars: 5백만 달러

(4) thus far: 여태까지는(여기까지는). 보통 동사의 완료형과 함께 쓰임.

(5) finance: 융자하다. We have no serious trouble in financing their transactions(=have no serious trouble to finance their transactions). 당사는 그들의 거래에 융자하는데 어떤 심각한 어려움이 없다.

(6) treasurer: 회계담당자, 재무관

(7) be known for: 알려져 있다, 유명하다. They *are known for* their financial responsibility. 그들은 그들의 재정적 책임으로 유명하다(잘 알려져 있다.). for는 이유를 나타내는 전치사로서 '~~ 때문에'

(8) good moral character: 훌륭한 도덕적 품격(인격), 상도덕/ character: (도덕적)성격, 특성/ moral obligation: 도덕적 채무

(9) Board of Directs: 이사회

(10) balance sheet(=B/S) published: 공개된 대차대조표

(11) round

① 약, 대략/ 500 as a round figure: (우수리를 떼어버리고) 약 500/ a round guess: 거의 정확한 추측

② 꼭, 우수리 없는/ a round dozen: 꼭 한 타스

③ 꽤 많은, 상당한, 큰/ at a round price: 비싸게/ in round figure: 개산(概算)으로, 어림셈으로, 대략(approximately, roughly)

(12) asset(단수): 유용한 물건, 성질, 재산의 한 항목/ assets(복수): (법적) 자산, 재산목록, 유산/ a culture asset: 문화재

(13) net worth: 순자산(=net assets). 총자산(total assets)에서 총부채 (total liability)를 차감한 것/ worth: 자산, 가치(=value)

(14) semi-annual: 년 2회의, 반년마다의

(15) have a (very) high(=great) regard for ~: ~을 (매우 높게) 크게 존경하다.

(16) appoints A to be B(=appoints A as B): A를 B로 임명하다.

- appoint them your sole agent: 그들을 귀사의 총(독점판매)대리점으로 지정하다. them 뒤에 자격이나 신분을 나타내는 as 또는 to be 가 생략됨.
- sole agent: 판매권을 독점한 총판매대리점을 말하며 총대리점 또는 독점판매대리점(sole(exclusive) selling agent, exclusive and sole selling agent)이라고도 한다. 반면에 독점적(배타적) 권리가 없는 대리점을 non-exclusive agent라고 한다.
- 체약대리상은 principals를 대리하여 자신이 계약에 서명하여 계약을 체결하며, 계약체결 시 *on behalf of our principals, on behalf of Messrs. ~~ Co., Ltd., 또는 as agents for Messrs ~~Co., Ltd.* 등과 같이 자신이 '~~회사의 대리인'이라는 표시를 한다.
- 중개대리상은 본인의 대리권이 없으며 오파나 계약서에 자신의 이름을 일체 쓰지 않는다.

(Model Letter 6) 동업자 신용조회처에 수입거래제의 회사에 관한 신용조회

March 2, 2015

ABC Company, Inc.
45th Floor, International Trade Center
Hong Kong

Dear Sirs,

Audio Importers Co., Ltd. in Hong Kong has sent a request for supplies of our products on D/A terms, and given us the name of your branch office in the same locality as a reference in regard to their financial stability.

We should be greatly obliged if you would favor us with your confidential opinion as to their financial standing and the scope of their transactions.

Any information you may give us will be treated as strictly confidential.

We thank you for your assistance.

Sincerely,

(주) 문단 구성: 상대방을 알게 된 경로 - 신용조회 - 제공정보 극비취급 - 협조요청

(1) D/A(=Documents against Acceptance) terms: 인수도 조건
- D/P(=Documents against Payment): 지급도 조건

(2) locality: 장소, 위치, 현장/ in the same locality: 동일한 지역에 있는

(3) financial stability: 재정적 안정성

(4) favor n. 호의, 친절, 부탁 v. 제공하다, 호의를 보이다, 은혜를 베풀다.

- favor(=supply, provide, furnish) A with B: A에게 B를 제공하다(공급하다), 알려주다. give A B: A에게 B를 제공하다.

(5) confidential a. 기밀의, 비밀의, 은밀한, 내밀한(secret)/ confidential opinions: 혼자만이 가지고 있는 견해/ a confidential price list: 내시(內示)가격표

(6) scope: (활동의)범위, 규모(크기), 영역, 여지(=range)

(7) We thank you for your *assistance*. assistance는 지나치게 필자의 무능함을 암시함으로 attention 또는 cooperation으로 바꾸는 것이 좋다.

제 4 장 거래제의와 조회

불특정다수에게 광고형식으로 거래를 제의하는 방법은 간행물에 의한 방법과 동일한 내용의 글을 미리 여러 장 인쇄해 두었다가 상대방의 주소와 발신일자만을 타자하여 발송하는 동문서장(form letter) 또는 권유장(circular letter)에 의한 방법이 있다. 그러나 개별로 서신을 작성하여 발송하는 방법이 가장 효과적이다.

거래제의장(letter of business proposal)은 권유장(circular letter)이라고도 하며, 자사를 소개하는 첫 서신이므로 상대방의 구매욕구를 유발시킬 수 있도록 개성과 진실성이 있고 호감이 가도록 작성되어야 한다.

거재제의장은 상대방을 알게 된 경위, 자사의 업종, 취급상품, 거래국가, 자국 내에서의 지위, 경험, 생산규모, 영업규모, 거래조건(특히 결제 및 가격조건 등), 신용조회처 등의 내용을 다음의 순서대로 기술하여야 한다.

① 해당 시장은 처음이며 상대회사를 통하여 시장을 개척하고 싶다는 점을 강조한다.

② 생산량이나 연간 매출액 등으로 자사의 규모를 설명한다.

③ 품질의 우수성과 경쟁적인 가격을 제시할 수 있음을 설명한다.

④ 거래가 성사되면 상호이익이 된다는 점을 강조한다.

거래제의장의 작성에 흔히 IDCA와 AIDA 공식이 널리 활용하고 있다. IDCA는 Interest(흥미), Desire(욕망), Conviction(확신), Action(행동)을 의미하며, AIDA는 Attention(주의집중), Interest(관심유도), Desire(욕망), Action(행동)을 의미한다.

상대방으로부터 거래제의장을 받은 경우 우선 제반사항에 대한 조건을 검토한 후 상대방 회사에 대한 신용조회를 실시하여 거래수락 여부를 결정하고, 상대방에게 거래제의에 대한 감사, 지속적인 거래를 위한 경쟁적인 가격 및 품질 요구, 상호협조에 대한 기원 등의 내용을 회신으로 보내야 한다.

조회(inquiry)란 거래제의장을 받은 거래상대방으로부터 오는 거래에 대한 문의를 말하며 거래조회(trade inquiry)라고도 한다.

조회에 대한 회신은 다음과 같이 작성한다.

① 조회에 대한 감사와 조회내용을 기술하여 상대방의 기억을 새롭게 한다.
② 자사의 상품 및 그 특징을 설명하는 경우에는 과장하지 않고 간결하게 작성한다.
③ 조속한 주문이 유리한 경우에는 그 점을 강조한다.
④ 상품목록이나 가격표를 보내는 경우에는 필요한 사항이 있으면 서신으로 보충하여 설명한다.
⑤ 견본이 수배되지 않는 경우에는 별봉으로 즉시 송부한다고 언급한다.
⑥ 조속한 주문을 기대하고, 가까운 시일 내에 직접 만나서 상담하기를 희망한다고 말한다.

제 1 절 주문권유

(Model Letter 1) 리라이언스 고체타이어 주문 권유

3rd May, 2015

The Sungho Trading Co.
C.P.O. Box 2734
Seoul, Korea

Dear Sirs,

Reports from all over the world confirm what we had known before we put the now famous “Reliance” solid tire on the market - that it is the fulfillment of every car owner’s dream.

(Interest)

You are, of course, well aware of the weaknesses of the ordinary air-filled tire-punctures, split outer covers under sudden stress and a tendency to skid on wet road surfaces, to mention some only of the motorist's chief complaints. Our "Reliance" tire enables you to offer your customers a tire that is beyond criticism in those vital qualities of road-holding and reliability.(Desire)

We could tell you a great deal more about these tires, but prefer you to read the enclosed copies of reports from racing drivers, test drivers and motor dealers and manufacturers. (Conviction)

You are already aware of our terms of dealing, but to encourage you to lay in a stock of the new solid "Reliance", we are prepared to allow you a special discount of 3% on any order received by the end of this month.(Action)

Sincerely,

(주) 문단 구성: IDCA 공식을 적용한 서신/ 자사제품 소개(흥미) - 자사제품의 우수성 소개(구매욕구 유발) - 자사제품의 우수성 증명(확신) - 특별할인으로 주문권유(행동)

(1) reports ① 평판, 소문/ idle reports: 쓸데없는 소문 ② 보고(서), 보도, 기사/ the weather report: 기상통보

(2) all over the world(=throughout the world): 온 세계에, 전 세계 도처에서

(3) confirm: (정당함을)확인하다, 확실히 하다, 확증하다.

- This report confirms my suspicious. 이 보고로 나의 의심이 정당했음을 알았다.

(4) put A on the market: 판매하려고 A를 내놓다, A를 판매하다.

(5) solid tire: (속이 비지 않은)통 타이어, 고체 타이어/ air-filled tire: 공기 타이어

(6) it is the fulfillment of every car owner's dream. it는 "Reliance" solid tire를 의미함.

(7) split: 찢어지기/ cover: 덮게, 커버/ split outer covers: 찢어지는 외피

(8) stress: 압력, 중압, 압박, 무게, 힘

(9) tendency: 경향

- The market is on the upward tendency. 가격이 상승 경향이다.

(10) skid v. (옆으로)미끄러지다. n. 미끄러짐

(11) to mention some only of the motorist's chief complaints. (자가용)자동차 운전(여행)자들의 주요 불만사항들 중 단지 몇 가지만 말하자면. 독립부정사로서 문장전체를 수식한다.

(12) beyond criticism: 흠이 없는, 비난이 없는

(13) those vital qualities: 이제 말한(그러한) 주요한 성질들

(14) road-holding: 노면보존 성능(주행 안정성)/ hold(hug) the road: (자동차의 타이어가)노면에 밀착하여 달리다.

(15) reliability: 신뢰도, 고장 없이 운행할 수 있는 능력의 척도/ reliability trial: (자동차 등의)장거리 시험

(16) a great deal: 상당한 수, 많은/ a great deal more: 훨씬 더 많은 것. more는 명사로서 '더 많은 것'/ a great deal of: 아주 많은. 불가산명사에만 사용. a great deal of trouble(or money): 아주 많은 수고(돈)

(17) prefer: ~~을 더 좋아하다(like better), ~~을 낫게 생각하다.

- We *prefer* you to 부정사: 우리는 당신이 ~~하면 좋겠다.

(18) copies of reports: 몇 부의 보고서들

(19) terms of dealing = terms of transaction: 거래조건

(20) encourage: 권장하다.

- encourage + 목적어 + to 부정사: (목적어가) ~~하도록 용기(기운)를 북돋우다. He *encouraged me to apply* for the job. 그는 나를 고무하여 그 일에 지원하도록 하였다.

(21) lay in: 비축하다, 간직하다.

- *lay in a stock of* flour(상품)
  =*keep(=have)* flour(상품: 목적어) *in stock*: 밀가루(상품: 목적어)의 재고(재고품이)가 있다, 밀가루(상품을)를 창고에 쌓아 놓고 있다, 밀가루(상품을)를 사드리다.
- to encourage you to *lay in a stock of* the new solid "Reliance"
  =to encourage you to *keep(have)* the new solid "Reliance" *in stock*.

(22) stock n. 재고(품), 저장(품), 사들인 물건 a. 수중의, 재고의, 주식의 v. 사들이다, 구입하다. in stock: 비축되어, 재고로/ out of stock: 품절되어

- We are *out of stock of* A(상품). A(상품)는 품절이다.
  =We are *out of* A(상품). =A(상품) are *out of stock*. =A(상품) are *not in stock*.
- bankrupt stock: 파산회사의 주식/ My stock rises(falls). 주가가 오르다(내리다)./ have a good stock of information: 풍부한 정보를 갖고 있다, 소식통이다. take stock: 재고조사를 하다, 전체적으로(처음부터) 잘 평가(감정)하다.

(23) be prepared to(=be ready to) 부정사: ~할 용의(각오)가 있다.

(24) on any order received *by* the end of this month. by는 '~까지'의 뜻으로 동작, 상태가 완료되는 시점을 나타낸다. Finish this work *by* the end of the week. 주말까지는 이 일을 마쳐라.

(Model Letter 2) 한국산 상품의 주문 권유

August 23, 2015

Messrs. Jims Co.
432 Broadway
New York 12, N.Y.

Gentlemen:

Through the New York Chamber of Commerce, we learned that you are one of the leading importers of Korean goods, and we have the pleasure of introducing ourselves with the hope that we may be of some service to you.

Our staff members are well trained from the start. Some of them have had many years of experience both at home and abroad, and others are experts in technical fields. As to the principal goods we handle and our terms of transaction, please refer to the Catalog No.34 sent to you separately. We are prepared to send you our samples and price list upon your request.

Our connections with the leading makers of various Korean goods are both intimate and extensive, enabling us to secure quality goods at competitive prices for any order you may entrust us with.

Regarding our credit standing, please refer to The Export-Import Bank of Korea, Seoul. If you grant us an opportunity of serving you, we shall be glad to demonstrate the standard of our service.

May we expect to hear from you promptly.

Sincerely,

(주) 상품목록을 제공하는 권유장/ 문단 구성: 상대방을 알게 된 경로 - 자사 소개 및 상품목록 송부 - 자사가 할 수 있는 일 - 신용조회처 - 협조 요청

(1) staff: 직원, 사원, 점원(집합적 의미)

(2) Some of them have had many years of experience. 그들 중의 몇몇은 수년의 경험을 해 왔다.

- He is 25 years old. 25 years가 앞에서 old를 수식한다.

(3) principal: 으뜸가는, 주요한, 제1의(=chief)/ principal goods: 주 상품

(4) separately: 별봉으로, 별편으로(=under separate cover, by separate post(mail), by another mail(post))

(5) prices(pl): 가격표(price list), 정가표/ list price: 가격표에 기재된 가격 / confidential price: 내시(內示) 가격표

(6) 견본을 의미하는 단어는 sample, pattern, swatch, specimen 등이 있다.

a. sample: 대량에서 취한 일부분으로서 그 대량의 품질을 대표하며 원료품(raw materials)에서 반제조품(semi-manufactures), 제조품(manufactures)에 이르기까지 모든 상품에 사용한다.

b. pattern: 보통 직물류에 사용함. pattern card: 견본 천을 붙인 카드/ pattern piece: 견본필

c. swatch, cutting: 직물류, 가죽의 견본(조각)/ color swatches: 색상별 천조각

d. specimen: 전체의 한 예로서 보이는 것으로서 동물, 식물, 광물, 기타의 표본에 사용. specimen page: 서적의 견본 페이지/ specimen of signature: 서명견본

e. shipping sample(=shipment sample, advance sample): 선적견본, 선발견본

(7) connections: (사람과 사람)사이, 관계. 본문에서는 거래관계의 의미.

(8) Our connections ~ and extensive, *enabling* us to secure ~ you may entrust us with. =Our connections ~ and extensive *and enable* us to secure quality goods at competitive prices for any order you may entrust us with.

(9) quality goods: 양질의 상품

(10) competitive(=reasonable, proper, attractive, moderate, inexpensive, good) price: 싼 가격 v. compete: 경쟁하다.

* '싸다'와 '비싸다'의 단어

a. *cheap*: '값이 헐하고 이득이 되어서', 가치가 있는 경우와 값싸고 품질도 나빠 '싸구려'인 경우 모두에 사용.

  • as cheap as dirt: 대단히 싼, 헐값의(=dirt cheap: 구어체)/ cheap and nasty: 값이 싸고 질이 나쁜

b. *low*: 사무적, 객관적으로 '가격이 낮다'는 것을 의미함으로 느낌이 좋지 않다.

c. *inexpensive*: cheap의 '싸구려' 뜻을 피하기 위한 사교적인 표현으로서 cheap보다 자주 사용함.

d. cheap과 low를 대신하여 competitive(경쟁력 있는), reasonable(합리적인, 이치에 맞는, 타당한), attractive(매력적인), proper(적절한), moderate(적당한), good(적당한), inexpensive(비싸지 않은), fair(적정한), right(이치에 맞는) 등이 많이 사용된다. 그러나 이들이 항상 가격이 저렴하다는 것만을 의미하지 않으며 문맥에 따라 비싸다는 의미로도 사용될 수 있음에 유의하여야 함. 특히 competitive, reasonable, attractive가 품질과 관련되어 사용된 경우 '품질이 우수하다는' 의미이다.

e. '비싼, 고가의' 의미 단어: expensive, high, dear, stiff

f. rock-bottom price(=the lowest price, bottom price): 최저가격/ favorable price: 좋은 가격/ ceiling(=maximum, highest) price: 최고가격/ limit price: 지정가격

  • Your price is not *attractive* enough so that we may not introduce the local market. 가격이 비싸지 않다.

- Your prices are on the *high side.* 가격이 비싼 편이다.
- Your prices are *rather* stiff. 귀사의 가격이 꽤 높은 편이다.

(11) demonstrate: (상품을)실물선전하다, (모형, 실험 등)설명(명시)하다, 실제로 보여주다.

(12) May we expect to hear from you promptly. May + 주어 + 동사의 문형으로서 문장 끝에 물음표가 아니라 마침표가 오면 '부탁(기원, 바람)'을 나타낸다. May you succeed! 당신이 성공하기를!
cf. Will you (please) 또는 you will (please)로서 부탁을 나타내기도 한다.
- Will you please quote your rate for freight. 운임을 견적해 주세요.

cf. You will please do your best to hasten shipment. 선적을 서두르는데 최선을 다해주십시오.

(13) hear from(=receive a letter from): ~로부터 서신을 받다.

(Model Letter 3) 공장확장과 신기계 도입 통지와 수입거래 재개 권유

May 10, 2015

Dear Sirs,

We regret to note that you have not entrusted us with your orders for some times, and we hope that you have no reason to be dissatisfied with the execution of your past orders.

You may be interested to hear that our factory has recently been extended and new machinery introduced. We are confident that these changes will lead to an improvement in both the quantity and the quality of our product.

From the catalogue enclosed you will observe that our terms and prices are even more favourable than before.

We should be please to supply you with samples, and feel sure that they would convince you that our claims are not without foundation.

We look forward to a renewal of your custom.

Yours faithfully,

(주) 문단 구성: 주문 중단 유감 - 공장 확장과 신 기계 도입 - 상품목록 동봉 - 견본제공으로 거래조건과 가격이 이전보다 좋다는 것을 확신시킴 - 주문재개 요청

(1) We regret to note that ~: ~을 통지함에 있어서 유감스럽다, 유감스럽게도 ~에 주목하다.

(2) entrust A with B: A에게 B를 맡기다. *entrust us with* orders: 당사에 주문하다.

(3) execution of orders: 주문의 수행(이행)/ execute 이행하다.

(4) new machinery introduced. introduced 앞에 has been이 생략됨. 문장 전후가 분명한 경우에는 문장을 간결하고 명료하게 하기 위하여 반복 어구를 생략한다.

- I want to become a doctor and my brother *(wants to become)* a teacher.

(5) machinery: 기계류(=machines). clothing, furniture, baggage, jewelry, stationery, scenery, merchandise 등은 집합적 물질명사로서 구체적 물건이 아니라 종류를 나타냄으로 셀 수 없으며(불가산명사) the, a, an을 붙일 수 없고 항상 단수형으로 사용함.

(6) improvement: (시황의)호전(好轉), (가격의)향상(向上), 개선, 개량, 진보

(7) lead to(=lead into): 타동사로 쓰이면 '~를 ~하게 하다.', 자동사로 쓰이

면 '~로 통하다, ~을 야기하다(=cause).' *lead to* an improvement: 향상(개선)을 초래하다.

(8) observe: 알다, 깨닫다(=find, see, note, learn).

(9) *even* more favourable than before: 이전보다 훨씬(더욱) 더 좋다(유리하다). even은 'still, far, much, yet, a lot' 등과 같이 비교급을 강조하며 '더욱(=still)'의 의미를 갖는다. 본문에서 even은 more를 수식하고, more는 favorable을 수식한다. before는 부사, 전치사 또는 접속사로만 사용되며 본문에서는 명사 상당구(예: last night)로서 than의 목적어이며 '이전'으로 해석함.

(10) claims: 손해배상청구(액), 클레임, 주장

- Claims are not without foundation. 주장(claims)이 근거(foundation)가 없지 않다.

(11) renewal: 연장, 갱신, (거래의)재개

(12) custom: 애호, 단골, 보살펴 줌, 관습, 관행/ renewal of your custom: 애호의 연장 즉, 주문의 재개를 의미한다. cf. customs: 관세, 세관

제 2 절 수출거래 조회, 제의 및 회신

(Model Letter 1) 면제품 수출거래 제의

5th July, 2015

The Daehan Trading Co., Ltd
35 9Ga, Jongro-Gu
Seoul 220, Korea

Gentlemen:

Your name and address have been given us by The Chamber of Commerce of your city as leading importers of cotton goods and we are writing you with a view to open an account with you.

We have been doing business for over thirty years as exporters of cotton goods and have extensive and close connections with A1 cotton goods makers in this country. We have, up to the present, been exporting various kinds of cotton goods, especially underwears, to England, Sweden, Germany, and have been enjoying a good reputation because of the excellent quality, quick delivery and competitive prices of our goods.

It is our custom to trade on an irrevocable letter of credit, under which we draw a draft at 30 d/s.

As to our standing, we wish to refer you to Korea Exchange Bank, Head Office. We will supply you, upon request, with any other information that you may require.

We look forward to your favorable reply.

Yours very truly,

(주) 문단 구성: 상대방을 알게 된 경로 및 수출거래제의 - 자사소개 - 결제조건 - 신용조회처 - 협조요청

(1) Your name and address were given through A. 귀사의 이름과 주소를 A를 통하여 알았다.
=Your name and address have been recommended to us by A.
=From(Through) A, we have learned that ~~
=Through the courtesy of A, we have learned that ~~
cf. through the courtesy of A: A의 호의로

(2) with a view to 부정사(=with a(the) view of ~~ing): ~을 바라고, ~을 노리고, ~을 예상(기대)하여, ~할 목적으로/ *with a view to open* an account with ~: ~와 거래관계를 맺기를 기대하면서

(3) do business: 거래하다.

(4) A1 Cotton goods: 일류의 면제품(excellent cotton goods)

(5) up to ~: ~에 이르기까지(시간, 수량, 지위, 정도 따위)/ up to the present(=up to now, till now, so far forth): 현재(지금)까지/ up to date: 현재까지, 최신식의, 지금 유행하는

(6) *various kinds of* cotton goods: 다양한 종류의 면제품

 * *various kinds of* 복수명사(A): 다양한 종류의 A
 =*a variety of* 복수명사(A) =*a wide range of* 복수명사(A)

 * *all kinds(or sorts) of* 복수명사(A): 모든 종류의 A
 =*a full range of* 복수명사(A) =*a full set of* 복수명사(A)

 • We are sending you *a full range of* samples of our goods. 당사는 당사 상품의 견본을 모두 갖추어 보냅니다.

(7) underwear: 내의, 속옷

(8) custom to trade: 거래관습/ trade on A: A조건(A에 의거하여)으로 거래하다.

(9) draw a draft at 30 d/s: 일람 후 30일 출급 환어음을 발행하다.

 • draw a draft on(지급인 A) at(지급방법 B) for(금액 C) under(조건 D) with(운송서류 E): E를 첨부하여, D에 의거하여, C금액에 대하여, B지급방법으로, A를 지급인으로 하여, 환어음을 발행하다.

 • negotiate the draft through ~: ~에 환어음을 네고(매도)하다. honor(pay, accept, protect, reimburse) a draft: (환어음을)결제하다(지급하다, 인수하다, (인수하여)지급하다, 상환하다.)/ dishonor a draft: 환어음을 부도내다. renew(=alter, modify, change, amend, revise) a draft: 환어음을 정정하다.

 • *with* documents attached: 서류를 첨부하여. with는 부대상황을 나타냄.

(Model Letter 2) 앞 서신에 대한 회신

15th July, 2015

The Dusan Trading Co., Ltd.
840 Jungang-Dong, Jung-Gu
Pusan, Korea

Gentlemen:

We thank you for your letter of 5th July, 2015, in which you offered to open an account with us.

To our regret, we are not in a position to accept your kind proposal at present, as we have some regular sources of supply in your country, and moreover, the market here is somewhat dull.

However, we shall keep your name in our file, and when times take a favourable turn, we will write to you again for your help.

Yours very truly,

(주) 거절서신의 경우 거절에 따른 수신자의 감정악화를 고려하여 거절사유를 설명하여 상대방의 충격을 완화시켜 자사의 좋은 이미지 유지에 노력해야 한다./ 문단 구성: 상대방 서신 상기 - 거래제의 거절 및 이유 - 추후 연락

(1) to our regret: 유감스럽게도. 'to one's + 감정을 나타내는 추상명사': '(감정)하게도'의 의미로서 어떤 사실을 발견하고서 느끼는 주어의 감정을 표현하며 감정의 깊이를 더해주고 강하게 한다. to my sorrow: 슬프게도/ To our disappointment, he failed. 우리가 실망스럽게도 그는 실

패했다.

- To her delight, he returned safely.

=She was delighted that he returned safely. 그녀가 놀랍게도 그는 무사히 돌아왔다.

(2) regular: 정규적, 상비적, 일정한, 정식의/ regular sources of supply: 정규 공급처(통상 공급처)/ regular customer: 상고객(常顧客)/ regular employee: 정식 직원/ temporary employee: 임시 직원

(3) dull(dullness): 침체한(불경기, 경기 후퇴)

=slack(slack), slumberous(slumber), bearish(bearishness), lower(lower), inactive(inactivity), bad(badness), stagnant(stagnation), depressed (depression), recessive(recession),

- The market becomes *dull.* 시황이 나빠지고 있다(나쁘다), 시장이 침체되고 있다.

cf. bullish(bullishness) 호황기의, 경기상승의(호황기, 호황), 활발한

=active(activity), brisk(briskness), animated(animateness or animation), lively(liveliness), good(goodness)

- The market is enjoying an upward trend. 시황이 상승추세이다, 시장이 활황을 보이고 있다. =The market is good. =Market conditions are good.

(4) turn: 방향전환/ take a favorable turn: 나아지다.

- When times take a favourable turn: 시황이 호황국면으로 돌아서면, 시황이 상승할 때
- take a turn for the better: 차차 나아지다.
- His illness took a favorable turn. 그의 병은 차차 나아지고 있다.

(5) We will write to you again *for your help. help*가 필자의 지나친 저자세를 나타냄으로 'for your help' 전체를 삭제하거나 'for your favor (또는 attention)'으로 전환해야 한다.

(Model Letter 3) 나일론 제품 위탁판매조건 수출거래 제의

May 5, 2015

The Samdo Ind., Co.
38 Hongje-Dong, Seodaemun-Gu
Seoul 120, Korea.

Dear Sirs,

We are anxious to extend the market for our nylon manufactures, which at present enjoy only a limited sale in Korea.

We are therefore writing to suggest that you allow us to send a representative selection of our manufactures 'on consignment'. We would allow you commission of 8% on gross proceeds and expect to receive your accounts sales, with payments, at the end of each three-monthly period following the month of delivery.

In accepting our proposal you assume no risks since we ourselves would meet all expenses connected with the return of any goods unsold. On the other hand, the arrangement would enable you to offer your customers an attractive range of modern manufactures at very reasonable prices.

If you are interested in our proposal, we suggest a formal agreement.

Sincerely,

(주) 문단 구성: 희망사항 - 위탁판매조건의 선정품 송부 희망 및 거래조건 - 거래수락 요청 - 약정서 제의

(1) Ind.(=Industrial) a. 공업의, 산업의

- Ind., Co.: 공업회사/ The Samdo Ind., Co.: 삼도산업

(2) be anxious to 부정사: ~을 갈망하다.

=be anxious for 명사 =be anxious that 주어 + 동사

: anxious는 관심이 많거나 의심하거나 걱정이 있는 경우에 사용하고 wish보다 격식을 차리고 의미가 강하므로 무역서신에서는 가능한 desirous(세차게 열심히 바라다)를 사용하는 것이 좋다.

(3) nylon manufactures: 나일론 제품

- Our nylon manufactures enjoy only a limited sale in Korea. 우리의 나일론 제품은 한국에서 단지 소량으로 팔린다.
- enjoy(=have, command, meet, find): 팔리다. enjoy a good(fine, ready, prompt, speedy) sale: 잘 팔리다. limited a 얼마 안 되는, 한정된/ a limited sale: 소량의 판매/ limit: 한도/ limit prices(=limits): 지정가격, 지시가격, 한도가격. 매매교섭에서 매수인이 살 수 있는 최고가격 또는 매도인이 팔 수 있는 최저가격/ at(within) your limits: 지정가격으로(이내로)

(4) We are therefore writing to *suggest* that ~: suggest는 3형식 동사이므로 뒤에 you가 아니라 to you가 생략됨.

(5) representative: 대표하는, 대표적인/ selection: 고른 것, 선택/ a representative selection: 대표적인 선정품/ a representative selection of our manufactures: 당사의 제품 중에서 대표적으로 선정한 품목

(6) manufactures(pl)(=manufactured goods, goods, products): 제품/ nylon manufactures: 나일론제품(=nylons)

(7) consignment n. 위탁, 위탁판매, 위탁품/ consign v. 위탁판매하다.

- on consignment: 위탁판매조건으로 =on a consignment basis, on the basis of consignment

cf. on a X basis(=on X): X방식(조건)으로

(8) gross a. 큰, 전체의, 총계의(=total)/ gross proceeds: 비용이나 수수료

를 공제하지 않은 전체 판매대금 즉, 총매출액

(9) accounts sales(=A/S)

① (위탁판매의)매출계산서 즉, 총매출액(gross proceeds)에서 수수료와 비용을 공제하고 화주가 받을 실수령 금액에 대한 계산서

② 외상거래, 외상판매.

(10) at the end of(=at the close of): ~의 끝(하순)에, ~이 끝날 무렵/ at the beginning of: ~~의 초에, 최초에, 맨 처음(상순)에/ in the middle of: ~~의 중간(도중)에, 중순에

(11) following a. 다음에 계속하는, 다음(이하)의

- 형용사 following 앞에 the가 붙으면 '다음에 말하는 사항, 아래의 뜻'의 의미로 명사로 사용된다. The following is a summary of the Dean's speech. 다음은 학장 연설의 요약이다.

cf. as followings(x), as following(x), as in the following(o): 아래와 같이

(12) assume no risks(responsibility): 위험(책임)을 부담하지 않다.

(13) meet(=pay): 지급하다, (빚, 셈을)치르다, 충족시키다. meet a bill of exchange: 환어음을 지급하다.

(14) on the other hand: '반면에', '또 한편으로는 ~', 단독으로 쓰기도 하나, on the one hand와 상관적으로 사용되어 '한편으로는 ~, 다른 한편으로는 ~'의 뜻을 나타냄

(15) arrangement: 조치, 협정, 타협, 장치, 준비, 설비. 본문의 arrangement는 accepting our proposal을 의미한다.

(16) range: 종류(=kind)/ a range of: 폭넓은, 일련의, 갖가지의/ an attractive range of modern manufactures: 인기가 있는 현대적인 제품의 종류

(17) If you are interested in our proposal: 관심이 있다면

- 'if + 현재시제'로서, 주절이 현재이면 말하는 사실이 언제나 일어나는 일이라는 것을 말한다. 어떤 상황이 일어나면 그 결과는 항상 같다는 의미이다. 어떠한 사실을 가정하는 가정법이 아니고 당연한 사실을 언급한다.

(18) formal agreement: 정식협정서. 본문에서는 실제 거래에 사용할 위탁판매계약서(consignment agreement)를 말함.

(Model Letter 4) 앞 서신에 대한 회신

May 25, 2015

Messrs. Samson & Co., Ltd.
Ushfield House, Liverpool
United Kingdom

Dear Sirs,

We thank you for your letter of 5th May and accept with pleasure your proposal to send us a representative selection of your nylons on a consignment basis. We find your suggested terms satisfactory and shall be glad to receive your formal agreement for signature.

We have been in the textile market here for the past fifteen years and believe that with our reputation and connections we can serve you well. Our showrooms, situated in the centre of the town, also offer admirable facilities for display. With these advantages we do not expect to have any difficulty in selling your consignment at good prices and hope that in handling this, your first transaction with us, we shall not in any way disappoint you.

Sincerely,

(주) 앞 서신에 대한 회신/ 문단 구성: 상대방 서신 상기 및 거래수락 - 자사 소개

(1) your nylons = your nylon manufactures: 귀사의 나일론 제품

(2) find(=see, note, learn, observe): 인지하다, ~임을 알다.

- find your suggested terms satisfactory: terms는 find의 목적어, satisfactory는 목적보어.

(3) for signature: 서명용

(4) be in the market for(=wish to buy, be ready to buy) 상품(X): 상품(X)을 사려고 하다.

- We have *been in the* textile *market here for* the past fifteen years. 원 문장은 'We have *been in the market for* textile here for the past fifteen years.'이었으나 'for textile here for the past fifteen years'의 연속되는 for의 발음이 부드럽지 못하여 본문 형식으로 작성됨.

(5) textile: (보통 pl)직물, 옷감 a. 직물의/ textile fabrics: 직물

(6) admirable facilities =excellent facilities

(7) at good prices: 좋은 가격으로, 높은 가격으로

(8) We hope that *in handling this*, your first transaction with us, we shall not in any way disappoint you. =We hope that we shall not in any way disappoint you *in handling this*, your first transaction with us.

(Model Letter 5) 전자제품 수출거래 제의

May 20, 2015

Gentlemen:

Your name has been recommended to us by the New York Chamber of Commerce as one of the reliable and large importers of Electronic Appliances. We are, therefore, writing you with a keen desire to enter into business connections with you.

In introducing ourselves to you, we are pleased to say that

for a good many years we have been engaged in shipping Electronic Appliances of all description to all over the world enjoying a good reputation.

Because of our excellent organization for conducting export business and close connections with the best sources of supply, we may say that should you favorably consider our proposal and favor us with inquires for your specific requirements, we are in a position to reply.

Our terms and conditions are as follows:

1. Price in US dollar, CIF New York for net delivered quantity.
2. Irrevocable Letter of Credit to be opened by cable providing for drafts 90 d/s, immediately on conclusion of business
3. Goods to be A1 quality and public surveyor's certificate for quality, made out at time of shipment, to be accepted as final.
4. Packing in single carton box for export, each containing one piece.
5. Shipping invoice to be made out on net shipping quantity, and net delivered quantity to be certified by a public surveyor's certificate.

We are sending you separately a copy of our complete catalog in which we trust you will find some that would suit for your trade.

Yours truly,

(주) 문단 구성: 상대방을 알게 된 경로 및 희망사항 - 자사소개 - 거래권유 - 거래조건 - 상품목록 송부

(1) Your name has been recommended to us by the New York Chamber of Commerce as one of the reliable and large importers of Electronic Appliances. =Through the New York Chamber of Commerce, we learned that you are one of the reliable and large importers of Electronic Appliances.

(2) appliances: 기계, 기구, 공구/ electronic appliances: 전자제품, 전기기구/ medical appliance: 의료기구/ home appliance: 가전제품/ office appliance: 사무용품

(3) *In* introduc*ing* ourselves to you: 'in ~ing'은 '~ 하는데 있어서, ~할 때'
• in reading a book: 책을 읽고 있을 때/ on ~ing: '~ 하자마자

(4) good: 충분한(thorough, satisfying), 풍부한, 상당한/ a good many: 꽤(어지간히) 많은/ for a good many years: 충분히(꽤) 많은 해 동안/ a great many: 대단히 많은, 매우 다수의

(5) ship to ~: ~로 선적하다, 보내다.

(6) description: 단수인 경우에는 지정 품목(사항), 종목(=article, line, commodity, item), 종류(kind), 등급(class), 복수(descriptions)인 경우 세목, 명세(서), 설명(서)(details, specifications, particulars)의 의미로 사용됨.

(7) In introducing ourselves to you, we are pleased to say that for a good many years we have been engaged in shipping Electronic Appliances of *all description* to all over the world *enjoying a good reputation.* 'enjoying a good reputation'은 'all description(모든 종목)'을 수식한다.

(8) sources of supply: 공급처(선)/ regular sources of supply: 정규공급처/ current sources of supply: 현재공급처

(9) should you favorably consider our proposal: 귀사가 당사의 제의를 호의적으로 생각한다면 =if you should favorably consider our proposal

(10) be in a position to 부정사(=can, be able to, have capacity to): ~~할 수 있다.

- We can(or can not) do와 We are able(or unable) to do는 간결한 표현이며, We are in a position to do와 We are not in a position to do는 어조가 부드러운 표현이다.

(11) 'as follows:'에서 follow는 인칭에 관계없이 s가 붙는 비인칭동사이며 반드시 colon(:)을 해야 한다(=as below, as under, as detailed (given, listed, mentioned, shown, stated) below, set forth below (hereunder)).

(12) 가격조건의 표시: @US$ 100 per piece CIF New York

(13) provide for(=stipulate): (계약서, 조항 등에) 규정하다. providing for는 Irrevocable Letter of Credit를 수식함.

(14) draft 90 d/s(=draft at 90 days after sight): 일람 후 90일 출급 환어음

(15) conclusion n. 체결 conclude v. 체결하다.

(16) A1 goods: 일급품

(17) surveyor: 감정인/ public surveyor: 공인감정인(=recognized surveyor)/ public surveyor's certificate: 공인감정인 증명서

(18) make out(=write out): 작성하다.

(19) accept A(사람, 사물) as B: (사람이) A(사람, 사물)를 B로 인정하다. B에는 명사 또는 형용사가 온다.

- We *accepted* him *as* a member. 우리는 그를 회원으로 인정하였다. as 대신에 for를 쓸 수도 있다.
- We *accepted* her *for* a friend. 우리는 그녀를 친구로 받아들였다.

(20) final: 최종적인, 결정적인, 확정적인

(21) Packing in single carton box for export, each *containing* one piece. =Packing in single carton box for export and each box *contains* one piece.

cf. each *containing* one piece: each box 앞에 with가 생략되었으며 'with + 명사 + 형용사' 형식으로서 '~인채로' 해석.

(22) shipping invoice: 선적송장

• proforma invoice: 견적송장. proforma는 pro-forma로도 쓰며 라틴어 'pro forma'를 말하며 '형식상의', '견적의', '가짜의' 의미. pro forma account sales(invoice): 견적매출계산서(송장)

(23) We *are sending* you separately a copy of our complete catalog. 현재진행형으로서 가까운 미래를 나타낸다. 무역서신에서는 'You-Attitude' 자세가 바람직하므로 좋은 표현은 다음과 같다. You will receive a copy of our complete catalog separately.

(24) complete(full) catalog: 완전(전체) 카타로그(상품목록). 전자제품, 섬유 등의 거래에 사용됨.

• loose-leaf a. 낱장으로 된, 뺐다 끼웠다 할 수 있는/ loose-leaf binder(ledger): 루우스-리이프식으로 철하는 표지(원장)/ loose-leaf catalog: 루우스-리이프식 카타로그(상품목록)

(25) suit v. 맞다, 어울리다. n. 소송/ suit(=be suitable, be fit) for your trade: 귀사의 거래에 어울리다(맞다).

(Model Letter 6) 천연고무 수출거래 제의

October 10, 2015

Gentlemen:

Through the courtesy of Messrs, CMC, we acquired your name and address as one of the importers of natural rubber in Korea. In this respect, we would like to offer our RSS-1 for your consideration.

We have the liberty to introduce ourselves as a KITA-registered exporter dealing primarily in natural rubber and latex. Aside from this, we are also acting as a local sole distributor of various imported agricultural and industrial machinery for Japan, Germany and Korea.

Enclosed is a sample of our RSS-1 for your examination and below is our best quotation:

Article: RSS-1
Price: US$1.50/Kg CFR any Korea port
Validity: Good until October 31, 2015
Origin: Philippines
Term: Irrevocable and transferable L/C at sight

We hope that you will be interested in our products and place an order with us in the near future.

We look forward to your view and comments.

Very truly yours,

(주) 문단 구성: 상대방을 알게 된 경로 및 제품 제시 - 자사 소개 - 견본송부 및 가격제시 - 주문권유 - 협조요청

(1) natural rubber: 천연고무

(2) have(=take) the liberty(=opportunity) to 부정사(of ~ing): 실례를 무렵 쓰고 ~하다, 마음대로 ~하다, 실례지만 ~하다. 상투적인 표현이라 신선함을 주지 못하므로 'would like to 부정사'로 전환하는 것이 좋다.

(3) KITA(=Korea International Trade Association): 한국무역협회
  • KITA-registered exporter: 한국무역협회에 등록된 수출업자

(4) deal primarily in: 주로 ~을 취급하다(다루다).

(5) latex: 유액(=milky liquid), (특히 고무나무의) 유액

(6) aside from: ~을 제외하고, ~이외에, ~은 별문제로 하고

(7) act as: ~로서의 직무를(기능을) 다하다, 역할을 하다.

- We are also *acting as* a local sole distributor of various imported agricultural and industrial machinery for Japan, Germany and Korea. 당사는 또한 다양한 수입 농업용 및 산업용 기계류를 취급하는 일본, 독일 그리고 한국을 위한 국내 독점특약판매점으로서 활동(역할)을 하고 있다.

(8) quotation: 견적, 가격

(9) good(=valid, effective): 유효한

- Validity: Good until October 31, 2015. 확정청약을 의미함
  =The offer is good until October 31, 2015.

(10) 'you will *be interested* in our products': 'be interested ~'는 상태동사로서 행동감이 없으므로 행동동사 'show'를 사용하여 'you will *show* interest in our products'로 변경하면 생동감을 줄 수 있다.

(11) You will place an order with us in the near future.
=You will place an order *for our products* with us in the near future.

(12) view and comments: 견해와 의견(논평, 비평)/ for your comments: 귀사의 비평을 위하여, 귀사의 의견을 묻기 위하여

(Model Letter 7) 재봉틀 수출거래 조회에 대한 회신

October 20, 2015

Dear Sirs,

In response to your request of October 10, we are sending you separately representative model sample of sewing machines recently made in our factory.

We have been continuously receiving orders from the Pacific coast for last two years, so we are confident that they will command a ready sale also in your country

Beside we welcome your specific inquires for any our lines and assure you that we will make every effort to meet your requirements.

We hope you will favor us with a share of your business at an early date.

Yours faithfully,

(주) 문단 구성: 상대방 서신 상기 및 견본 송부 - 자사 및 제품 소개 - 조회요청 및 협조지원 - 주문요청

(1) sewing n. 재봉, 재봉업, 바느질, 봉제 a. 재봉(용)의/ sewing machines: 재봉기계/ representative model sample of sewing machines recently made: 최근에 만들어진 재봉틀 중에서 대표모델의 견본

(2) beside: ~곁에, 게다가, ~위에. 부사로 사용되는 경우 besides와 동일한 의미

- He was standing just *beside* me. 그는 바로 내 곁에 서있었다.
- There are many others, *besides* me. 나 이외에도 다른 많은 사람들이 있다.

(3) make every effort(=endeavor, do one's best): 최선을 다하다.

(4) a share of(=a part of): 일부분

(5) at an early date보다는 'soon'이 현대식 표현이다.

제 3 절 수입거래 조회, 제의 및 회신

(Model Letter 1) 가죽손가방 독점판매 수입거래 조회

May 11, 2015

The Sungdo Trading Co., Ltd.
15 3Ga Eulji-Ro, Jung-Gu
Seoul 100-023 Korea

Gentlemen:

We contacted The Korean Embassy in U.A.E., which introduced you as one of the well-known exporters of leather handbags in Korea, and we would like to build up a business relationship with you.

As we have been involved in this line of business for years, we have well-organized selling networks mainly in big department stores in our country. So far, we have been handling a prestigious line of products imported to the U.A.E., and it is time for us to think about a market differentiation according to the price ranges to meet the different tastes of our customers.

Therefore, we are asking you to supply us with your middle-class of hand bags, and please let us know if you can grant us to sell your products exclusively in U.A.E.

As regards the terms of payments, we always open an irrevocable Letter of Credit at Sight through the issuing bank, The British Bank of the Middle East, and you may refer our business ability and credit standing to the said bank.

We shall be glad if you send us your quotation on the products together with some samples soon.

Expecting your early reply, we remain

Yours very truly,

(주) 문단 구성: 상대방을 알게 된 경로와 수입거래문의 - 자사소개와 제품의 가격차별화 - 독점수입거래 제의 - 결제조건과 신용조회처 제공 - 견적서와 견본 요청 - 협조 요청

(1) contact: 연락하다, 교신하다, 접촉하다.
=get in(into) touch with: ~와 연락이 닿다, ~와 접촉하다.
↔ loose touch with: ~와의 접촉(연락, 관계)이 끊어지다.
cf. be put in touch with: ~와 연락을 취하다.
- We like to *be put in touch with* a good company. 좋은 회사와 연락을 취하고 싶다.
- come into(in) contact with: ~와 접촉하다. be in contact with: ~와 접촉하고 있다. cf. be out of contact with: ~와 접촉하고 있지 않다. keep in touch with: ~와 계속해서 접촉하다, 서신왕래를 하다. come in touch with: ~와 접촉(연락, 관계)하게 되다(하다, 하고 있다). be in (out of) touch with: ~와 접촉(연락, 관계)하고 있다(있지 않다).

(2) U.A.E.(=United Arab Emirates): 아랍 에미레이트 연맹

(3) build up: (사업관계 등을)형성하다. build up a business relationship with ~: ~와 거래관계를 개설하다.

(4) involve v. ~에 열중하다, 몰입하다, 포함하다, 수반하다, 의미하다. be involved in: ~에 열중(몰두)하다, 몰입하다.

(5) selling network: 판매망

(6) prestigious a. 명성 있는, 고급의, 품위 있는/ prestigious line(=item): 고급 품목

(7) market differentiation: 시장차별화/ It is time for us to think about a *market differentiation.* 시장차별화를 고려할 때이다.

- 'It is time that 가정법 과거': '~~해야 할 때이다'
  =*It is time (that)* we should think about a market differentiation.
  =*It is time (that)* we thought about a market differentiation.

(8) range: ~대, 종류(kind)/ *according* to the price *ranges*: 가격대(폭)에 따라

cf. according to: 주로 '~에 따르면'의 뜻으로 사용되나, '~에 일치하는(in a way that agrees with)'의 의미도 있다. 어떤 정보 제공자, 제삼자 또는 책 등에서 온 것을 나타내기 때문에 I나 You와는 함께 쓰지 못하며 또한 opinion이나 view와 같은 단어와 같이 쓰지 못한다.

- *According* to me, the rents are too high.(×)
- *According* to his opinion, the socialists are going to win.(×)
- In his opinion(그가 생각하기에는), the socialists are going to win.(○)

cf. *according as*: ~~에 따라서. as 뒤에는 절이 온다.

(9) meet: 충족시키다(=satisfy), (주문, 요구, 필요, 의무 등)응하다. to *meet* the different tastes of our customers: 우리 고객들의 다양한 취향을 충족시키기 위하여

(10) grant: 허락하다, 승인하다, 허가하다.

- grant(=give, accord, make, allow) a discount: 할인해 주다. grant 사람 a (~ percent) discount의 형식으로 사용/ *Make a 15 percent discount* for cash. 현금 지불이면 15퍼센트 할인해 주다.

(11) exclusively: 독점적으로(=solely)/ exclusively selling agent: 독점판매대리점

(12) as regard<u>s</u>: s에 유의하여야 함. ~에 관하여(=pertaining to, respecting, *re*): *re*는 라틴어 전치사

(13) We open an irrevocable Letter of Credit at sight *through* the issuing bank. 우리는 발행은행에 하나의 취소불능 일람불 신용장을 개설한다. through: '~에서, 통(경유)하여'로 해석함.

(14) quotation: 인용, 견적(서), 시세(표), 가격(표)(price, price list), 가격제시, (제시된)가격. 제시된 가격이란 매도인이 매수인에게 제시한 가격을 말하며, 판매확약을 나타내는 offer와는 달리 판매할 용의가 있는 가격을 말한다.

- quote v. (가격을)견적하다, 제시하다, 책정하다. quote(=tell, give) a price: 가격을 제시하다.

(15) Expecting your early reply, we remain,

=We remain expecting your early reply.

=We are expecting your early reply. 귀사의 조속한 회신을 기대하면서 조아립니다.

: 간결한 표현이지만 가볍고 성의가 없어 보인다. 서신의 마지막 문장이 분사구문으로 끝나는 것은 구식표현이므로 We expect your early reply.로 변경하는 것이 좋다.

(Model Letter 2) 앞 서신에 대한 회신

May 20, 2015

Gentlemen:

Thank you very much for your letter of 11th May, and we are in a position to comply with your requests with a desire of doing business together as we have never had our business transactions in your country.

As you had requested, we have sent you our latest catalogues illustrating all kinds of products including detailed packing specifications, and we also presume that you received our samples dispatched by air parcel.

The products, especially second grade in price, will call your attention for their reasonable prices and good quality.

The prices quoted in the price list are based on CIF Dubai, which, we believe, will assure you a good profit.

We perfectly agree with your payment terms and please rush to issue your irrevocable Letter of Credit in our favor through the issuing bank mentioned in your letter.

Upon receipt of your order, we will execute our shipment in good condition and we trust that a fruitful business result will come out soon.

Sincerely,

(주) 문단 구성: 상대방 서신 상기와 거래제의 - 상품목록과 견본 송부 - 제품 소개 - 가격조건 - 신용장 개설요청 - 주문요청

(1) comply with: 따르다, 부응하다.

(2) 현재완료 'have + 과거분사'가 경험을 나타낼 때에는 '이전에 ~한 적이 있다'의 뜻이며, 보통 ever, never, often, once 등이 같이 쓰인다.
cf. have never + 과거분사: '이전에 ~한 적이 없다.'
- We *have never had* our business transactions. 당사는 거래한 적이 없다. had는 done의 대동사이며, business transactions는 business와 transactions가 동일한 의미(중복)이므로 어느 하나를 삭제하는 것이 좋다. We *have never done* our business. 당사는 거래한 적이 없다.

(3) illustrating a. 도해로 설명하고 있는, 도해가 되어있는

(4) detailed packing specifications: 상세한 포장명세(서). 포장명세는 제품의 포장방법, 포장 수량, 박스 당 용적, 컨테이너 당 수량 등에 대한

사항을 말하며, 가격표나 오퍼를 제시할 때 명시하여 수입상이 이를 근거로 주문하게 한다.

(5) dispatch(=forward, send): 보내다, 발송하다. samples dispatched: 송부된 견본.

(6) The products, especially second grade in price, will call your attention *for* their reasonable prices and good quality. for는 '~때문에, ~이유로' 해석.

- call your attention = attract your attention

(7) base n. 기초, 근거 v. ~에 근거를 두다.

- base A on B: A의 근거를 B에 두다. be based on(upon)(=be founded on): ~에 근거하다, ~에 의거하다. base on의 수동태이며, based 대신에 built, placed, founded, rooted 등을 넣어 이런 형태로 사용할 수 있다.
- They *based* their theory *on* dream.
  =Their theory *was based on* dream. 그들의 이론은 꿈에 근거하고 있다.

(8) CIF(Cost, Insurance and Freight): 운임.보험료 포함가격

(9) a good profit(=a fruitful profit): 많은 수익/ fruitful: 수익이 많은, 효과적인/ a fruitful(=good) business result: 수익이 많이 나는 결과

(10) agree with 사람: ~와 동의하다(개인적인 동의, 단순한 의견의 공모), ~와 같은 의견이다. I *agree with* you that he is untrustworthy.

- agree to: (제안, 조건)을 승낙하다. I *agree to* the proposal.
- agree on: ~~에 대하여 의견을 같이하다(공식적인 동의). We *agree on* a compromise. 절충안에 합의하다.

(11) rush(=expedite, speed up): 서둘러 ~하다. rush in: 쇄도하다. rush of orders: 주문의 쇄도

(12) execute(=accomplish, fill, carry out, fulfill, complete, perform): 이행하다, 수행하다, 집행하다, 완수하다, 수요에 응하다, 처리하다. execute shipment: 선적을 이행하다.

(13) in good condition: 양호한 상태로, 완전한 상태로, 무사히(safely)

=in perfect condition

=in good order and condition: order와 condition 중 어느 하나만 써도 되며 강조의 의미로 또는 관용적으로 두 개를 쓰기도 한다.

- in order: 순서를 따라, 차례대로, 정연히, 바람직한, 건강하여/ in good(bad) order: 순조롭게(순조롭지 못하게), 고장 없이(고장 나서)/ in damaged condition: 파손(손상)된 상태로

(14) come out: 나타나다, 발생하다.

(Model Letter 3) 남성용 면셔츠 수입거래 조회

OPTORG & CO., INC
90 South Street, New York, N.Y. 10005 U.S.A.

August 5, 2015

Kangnam Trading Co., Ltd
C.P.O. Box 4545,
Seoul, Korea

Dear Mr. Song

Having heard from The Korea International Trade Association in New York that your company is a leading firm specializing in Cotton Goods, we wish to purchase Men's Cotton Shirts from you. We would appreciate receiving your best CIF New York with earliest delivery schedule.

We would also like to have two samples with Color Swatches by air mail. If your goods are satisfactory in quality and delivery, we will place an order of 500 dozen on a trial basis and can make repeat orders with you in the near future.

We look forward to your early reply.

Yours very truly,

Optorg & CO., Inc.

(주) 문단 구성: 상대방을 알게 된 경로와 가격조건 요청 - 견본요구 및 주문 희망 - 협조요청

(1) specialize in ~: ~을 전문적으로 하다, 전공하다, 전업으로 하다.

(2) We would *appreciate receiving* your best CIF New York.
=We would *appreciate it if we would receive* your best CIF New York.
• your best CIF New York =your best CIF New York quotation: 귀사 최상의 CIF New York 가격

(3) *with* earliest delivery schedule: with는 '~와, ~와 함께'

(4) two samples with Color Swatches
=two samples *(of Men's Cotton Shirts)* with Color Swatches

(5) Swatch: 천 조각, (직물, 가죽 등의)견본(조각)

(6) We will *place an order of* 500 dozen on a trial basis.
=We will *place an order for* Men's Cotton Shirts of 500 dozen with you on a trial basis.

(7) 500 dozen: 숫자 뒤의 dozen은 단수, many와 some 뒤의 dozen은 복수(many dozens, some dozens)를 쓴다.

(Model Letter 4) 앞 서신에 대한 회신

Kangnam Trading Co., Inc
C.P.O. Box 4545, Seoul, Korea

August 25, 2015

Messrs. Optorg & Co., Inc.
90 South St., New York
N.Y. 10005
U.S.A.

Gentlemen:

Thank you for your letter of August 5 along with your purchasing proposal.

As requested, we have already dispatched the samples and Color Swatches by speed post. From the enclosed price list you will find that our prices are exceptionally low and this sacrifice is entirely due to our recognition of the necessity for price cutting in order to develop our sales in your market.

Since the market is now slow and prices are generally low, you are very fortunate buying at this time. European buyers, however, seem to be picking up in activity. Therefore, we advise you to buy the goods before the recovery reaches a peak.

Consequently, we can not keep the prices effective more than two weeks from the date of this letter and we wish to receive your order by return mail.

We hope that this will meet your immediate approval.

Yours truly,

Kangnam Trading Co., Ltd

(주) 문단 구성: 상대방 서신 상기 - 견본송부 및 가격표 동봉(낮은 가격) - 구매권유 - 가격조건 제시 및 주문권유 - 승낙 기대

(1) along with: ~와 함께(=in company with), ~과 동시에(=at the same time as ~), ~와 더불어. together with 또는 단순히 with로 대체할 수 있다.
- *along with* your purchasing proposal: 귀사의 구매제의서가 첨부된

(2) as requested: 요청받은 대로

(3) exceptionally: 대단히, 유별나게

(4) sacrifice(=dumping): 싸게 파는 것/ sacrifice sale: 투매, 손해를 무릅쓰고 내던져 버리는 듯 싸게 파는 것

(5) due to: be 동사는 물론 일반동사 뒤에도 쓴다.

① *due to* 명사: ~때문에, ~으로 기인한(=caused by, because of, thanks to, owing to, by reason of, on account of)
- His sudden death *was due to* heart disease. 그의 갑작스런 죽음은 심장병 때문이었다.
- She arrived late *due to* the snow. 그는 눈 때문에 늦게 도착하였다.

② due to 부정사(=be scheduled to): ~할 예정인, ~하기로 되어있는
- They *are due to* arrive here soon. 그들은 곧 여기에 오기로 되어 있다.

cf. The train *is due (in) at* two. 기차는 2시에 도착할 예정이다.

(6) fortunate: 운이 좋은, 행운의, 복 받은
- You are very *fortunate buying* at this time. 귀사가 이번에 살 수 있으면 다행이다.

=You are very *fortunate if you can buy* at this time.

(7) price cutting: 가격 깎기, 가격할인/ cutting price: 할인 가격

(8) pick up: 속도를 가하다, 속력을 내다.

- European buyers *seem to* be picking up in activity.
  =*It seems that* European buyers are picking up in activity. 유럽의 매수인들은 활동력이 회복되고 있는 것 같다.
- He *seems* to be ill.
  =*It seems that* he is ill.

(9) by return (of) mail: 회신편으로(영국), (우편에서) 받는 즉시로, 지급으로, (회신으로)빨리

(10) reach(=amount to, come (up) to): ~달하다, ~이상이다.

- reach a peak: 최상에 달하다.

(11) We *advise* you to buy the goods before the recovery reaches a peak. advise(통지하다, 조언하다)는 상대방을 얕잡아보는 어감을 주므로 대신에 recommend(권하다)를 사용하는 것이 더 좋은 어감을 준다.

(12) keep the prices effective

- keep + 목적어 + 목적보어(명사 또는 형용사): '(어떤 상태로) 유지하다, ~로 두다'

(Model Letter 5) 손목시계 위탁판매품 수입거래 조회

April 8, 2015

Dear Sirs,

Some years ago we bought from you a consignment of wrist watches in stainless steel case, with unbreakable glass. We are interested to know whether you are still making watches of this type and if so, should be glad to have particulars, including prices for quantities of not less than two gross. We should require delivery within four weeks of order.

Yours truly,

(주)

(1) consignment: 위탁판매(품)(consignment goods), 위탁화물, 적송품

(2) stainless: 녹슬지 않는/ a consignment of wrist watches in *stainless* steel case: 녹슬지 않는 강철케이스로 된 손목시계의 위탁판매품

(3) particulars: 명세(서)

(4) not less than ~: ~이상의, 적어도(at least)/ Write a short story of *not less than* 5,000 and not more than 10,000 words on any subject. 주제에 상관없이 5천 단어 이상, 1만 단어 이하의 짧은 글을 쓰시오.

- *Not less than* one hundred people were present. 적어도 100명 이상의 사람들이 참석했다.

(5) gross: 단수 및 복수 동일형. 12 dozen = 144pieces

(Model Letter 6) 앞 서신에 대한 회신

April 18, 2015

Dear Sirs,

Thank you for your inquiry of the 8th of April.

We are still making watches of the type referred to and welcome the prospect of your renewed custom. Owing to the increased demand for them, we can now offer these watches in a wider ranger than you placed your last order.

For quantities of not less than two gross of each type our prices CIF Manchester are from £90 per dozen for the "Popular" to £240 per dozen for the "Aristocrat". These prices are subject to a trade discount of 40% on the EX Works cost.

The enclosed booklet contains details of all our watches and will enable you to make a suitable selection. For all types we can promise delivery well within the period of four weeks mentioned in your letter.

Yours truly,

(주)

(1) renewed custom: 재개되는 애호(거래)

(2) in a wider ranger: 더 넓은(많은) 종류로

(3) EX Work(EXW): 공장인도조건

- EX: '~로부터(from, out of)'의 의미인 라틴어로서 어두에 사용되지만 상업적으로는 '~에서 인도' 또는 '~에서 매도'라는 의미로 사용되며 뒤에 인도장소가 표시된다.

(4) make a suitable selection: 맞는 것을 선정하다.

(5) For all types we can promise *delivery well within the period of four weeks* mentioned in your letter. well은 within을 수식한다. 4주내에 충분한 즉, 4주의 기간 내에 충분히 할 수 있는 인도. task *well within* his power: 그의 힘으로 충분히 할 수 있는 일

(Model Letter 7) 전기기계제품 수입거래 제의에 대한 회신

June 20, 2015

PUFS Exporting Co., Ltd.
55-1 Uamdong Nam-ku
Busan, Korea

Gentlemen:

Thank you very much for your letter of June 10, proposing to do business with us in Electric Machinery.

From your letter we are glad to learned that you are specially interested in shipping Electric Machinery, and in these lines we may say that we are specialists.

We are prepared to accept your proposal so long as your goods prove suitable for our market in price and quality. Will you be good enough to us a copy of your latest catalogue and a price-list?

As to the settlement of account, we are agreeable to your terms.

We thank you for your courtesy in making the proposal and hope we may soon be able to work with you to our mutual advantage.

Yours truly,

(주) 문단구성: 상대방 서신 상기 - 당사 소개 - 상품목록과 가격표 요청 - 결제 조건 - 거래희망

(1) specialists: 전문가

(2) are prepared to 부정사: ~할 준비가 되어 있다. ~할 용의가 있다.

(3) suitable for our market: 시장에 맞는, 적합한

(4) the latest catalogue(=the most up-to-date catalogue): 가장 최신의 카탈로그

(5) settlement of account =payment

(6) We are agreeable to your terms. 당사는 귀사의 조건에 동의한다.

(7) to our mutual *advantage* =to our mutual *benefit*

(Model Letter 8) 앞 서신에 대한 회신

June 30, 2015

Thunderbird Importing Co., Ltd.
Arizona, U.S.A.

Gentlemen:

We acknowledge with thanks your letter of June 20, in which you expressed your willingness to open an account with us.

As requested, we have sent you separately one set of our complete catalogue and enclose herewith our price-list giving our lowest possible prices.

Before starting actual business, however, we should like to know if you would fall in with our general terms and conditions which we are enclosing. If you have no objection to any of the clauses, you are requested to sign it and return the duplicate to us, keeping the original with you.

We congratulate ourselves upon having opened relations with you and look forward to doing business for a long time.

Yours truly,

(주) 문단구성: 상대방 서신 상기 - 상품목록 및 가격표 송부 - 일반거래조건협정서 - 거래희망

(1) fall in with: 찬성하다, 동의하다(=accept, agree to).

(2) duplicate: 부본/ make out in duplicate: 정부 2통을 작성하다.

(Model Letter 9) 가정용 전자제품 수입거래 조회

May 25, 2015

Gentleman:

It is a great pleasure to know you through the introduction of one of our close business friends in Japan. We understand that you are one of the leading suppliers of home Electric Appliance in Korea.

We are a long established and well-organized corporation in Hong Kong. Our group is running a business in different kinds of direction with mainly import & export, distribution of some products for local market, shipping & transportation and some long-term investments.

Our affiliated company, Everich Shipping Ltd., is a reputed shipping company in Hong Kong with around 100 staffs. It has also regional offices in Busan and Inchon for handling its frequency shipments. For the last few years, our group has tendered an investment in Chungdo, China for holding a recreation centre, called "Chungdo Foreign Investors Activity Centre" which includes hotel rooms, office units, business services centre, restaurants & karaoke, etc..

For the business of local market, we are one of the leading importers of home electric appliances in Hong Kong. Our current sources of supply are England and Europe. Although we have already steady customers in local market, in view of our good relationship with China, we are extending this business to the China market. In these circumstances, we would like to seek for the new source in Asia, such as Korea and Japan.

Consequently, we would be most grateful if you could offer us your best quotation and send us samples of 4 main colours so that we could arrange checking whether they will be suitable for our market.

Thank you for your kind attention. We are looking forward to your favorable reply.

Very truly yours,

(주) 문단 구성: 상대방을 알게 된 경로 - 자사 및 자사그룹 소개 - 자사그룹의 영업 및 투자업종 소개 - 수입거래문의 - 가격조건 및 견본 요구 - 협조 요청

(1) business friends: 동업자

(2) home Electric Appliance: 가정용 전기기구

(3) run a business: 사업을 경영하다.

(4) in different kinds of direction *with* ~: ~으로서(with) 다양한 종류의 방향으로

(5) distribution: 판매, 유통

(6) shipping & transportation: 선적과 운송

(7) affiliated company: 자회사, 방계회사, 계열회사

(8) reputed shipping company: 유명한 선박회사

(9) tender an investment(=invest): 투자하다.

(10) Foreign Investors Activity Centre: 외국인 투자자 활동 센터

- *It is called* "Chungdo Foreign Investors Acitivity Centre".
  =*We call it* "Chungdo Foreign Investers Activity Centre"

(11) current sources of supply: 현재의 공급선(처)/ source 자체만으로

도 공급원(=source of supply)의 의미로 사용되기도 함.

(12) steady customers: 고정고객

(13) local: 현지의, 그(이) 지방의

(14) seek for(after): 구하다, 찾다(=make a search (for), look (for)).

(15) arrange v. 배열하다, 가지런히 하다, 조정하다.

(Model Letter 10) 전기면도기 수입거래 조회에 대한 회신

September 30, 2015

Gentlemen:

Thank you for your inquiry of September 20 concerning Electric Shavers.

We have sent you a sample of Electric Shaver Model No. ES-123 by air parcel post, and quote you on both FOB Busan and CIF New York as follows:

10 Electric Shavers			
Model No. ES-123	:	US $ 400	
10 spare parts	:	US $ 50	
		US $ 450	FOB Busan
ocean freight	:	US $ 55	
marine insurance	:	US $ 25	
		US $ 530	CIF New York

Shipment for the captioned item would be made within a fortnight upon receipt of your documentary L/C and minimum order quantity acceptable is 10 units. Payment will be made by sight draft under an L/C issued by the Bank of America, New York. The question of discount will be discussed later when we have your specific order.

If you are interested, we shall be glad to cable our offer upon receipt of your request. Your favorable reply will be appreciated.

Very truly yours,

(주) 문단 구성: 상대방 서신 상기 - 견본송부 및 견적제시 - 결제조건 - 회신 요청

(1) Electronic Shavers: 전기면도기/ razor: 면도칼

(2) *quote* you on FOB Busan. FOB Busan 조건의 가격을 제시하다. quote 뒤에 의미상으로 a price가 생략됨. on은 조건을 나타내는 전치사.

(3) 면도기(shaver)의 수량단위는 unit를 사용함
  - @U$40 per unit FOB Busan: FOB Busan 가격 개당 U$40

(4) spare: 여분의, 예의의/ spare parts: 예비 부품

(5) freight: 운임/ ocean freight: 해상운임/ freight paid(=freight prepaid): 운임지급/ freight collect: 운임추심, 운임후불

(6) caption n. 표제 a. 제목위에 언급한, 표제의 v. 제목을 달다. the captioned item(=the above-mentioned item): 표제(주제)의 품목. captioned는 구식표현이므로 단순히 above로 대체하는 것이 좋다.

(7) minimum order (quantity) acceptable: 최소인수가능 주문량/ maximum order (quantity) acceptable: 주문에 응할 수 있는 최대량

(8) fortnight: 2주일간

(9) documentary L/C: 화환신용장

(10) The question of discount will be discussed *later* when we *have* your specific order. later는 부사로서 '뒤에', '나중에', have는 receive의 대동사로 사용됨. 이런 문장은 잘 쓰지 않고 명료한 문법적 표현은 다음과 같다. The question of discount will be discussed *in the future* when we *have* your specific order.

제 4 절 일반통지

(Model Letter 1) 지점개설 통지

April 10, 2015

Hansung Trading Co., Inc.
I.P.O. Box 2234
Seoul, Korea

Dear Sir,

Owing to the large increase in the volume of our trade (with) Korea, we have decided to open a branch in Seoul with Mr. Semir Haddad in charge.

Although we feel that we have provided you with an efficient service in the past, the establishment of a branch in your country will result in your orders and enquiries being dealt with more promptly. The new branch will open on 1st May and from that date all orders and enquiries should be sent to A.M. McDonald & Co., Inc., Seoul Branch, 18 4Ga Jongro-Gu Seoul, instead of to our London office.

We take this opportunity to express our thanks for your custom in the past and hope the new arrangement will lead to still higher standards in the service we provide.

Sincerely,

(주) 문단 구성: 지점개설 통지 - 새로운 지점 개설의 이점 - 높은 수준의 업무 제공

(1) owing to(=because of, on account of) ~: ~ 때문에

(2) volume: 부피, (서적의)권, (대)량/ trade volume: 무역량

(3) our trade *with* Korea: 당사의 한국과의 거래

- trade with ~: ~와 거래하다. trade A for B(=bater A for B): A와 B를 바꾸다. trade in: ~~ 장사를 하다. He trade in books. 그는 책장사를 하다.

(4) We have *decided to* open a branch in Seoul. decide는 to 부정사만을 목적어로 취하며, 절로 전환하면 다음과 같다. We have *decided that* we will open a branch in Seoul.

(5) open(=institute, establish): 개설하다, 설치하다.

(6) *with* Mr. Semir Haddad *in charge*. 'Semir Haddad씨가 담당하는(책임지는)': 전명구로서 with는 부대상황을 나타내는 전치사로서 '~인 채로' 해석. in charge는 형용사구

- be in charge of(=have(take) charge of, be responsible for): ~을 담당하다, 책임지다, 떠맡다. the teacher in charge: 담임교사
- charge a price: ~의 값(대금)을 청구하다. at your charge(account): 귀사의 비용으로

(7) efficient service: 능숙한 업무

(8) result in: '~을 초래하다(=give rise to), ~~의 결과를 낳다(=bring about), 결과가 ~이 되다(=lead to)'.

- result from: ~~에서 유래하다, ~~의 결과로서 일어나다.
- The establishment of a branch in your country will *result in* your orders being dealt with more promptly. =Your orders dealt with more promptly will *result from* the establishment of a branch in your country.

(9) deal with(=treat): 취급하다, 다루다, 처리하다.

- *deal with* A(회사, 사람) in B(상품): A를 상대로 B를 거래(장사)하다.

(10) take(=have, seize) an opportunity to 부정사
=take(=have, seize) an opportunity for(of) ~ing: ~할 기회를 갖다, 실례를 무릅쓰고 ~하다, 기회를 잡다. 상투적인 표현이라 신선하지 못

하므로 전체를 would로 대체하는 것이 좋다.

(11) for your custom in the past: 과거에 귀사가 보살펴 준 것(주문)에 대하여

(12) arrangement: 조치, 협정, 배열. 본문에서는 새로운 지점의 개설을 의미함.

(13) lead to: 결국 (~이)되다, ~에 이르다, ~을 가져오다, (결과 따위가) ~되다(=result in).

(14) *still higher* standards: 훨씬 더 높은 수준. still은 even, far, much, yet, a lot 등과 같이 비교급 수식어로서 higher를 수식함.

(Model Letter 2) 회사이전 통지

May 20, 2015

Dear Sirs,

We are pleased to be able to tell you that we have today moved to much larger and more convenient premises at:

777 Namsan-dong, Dongrae-gu, Busan, Korea
Telephone Number 051-640-3154

Our new premises are both larger and much more modern than those we occupied at Uam-dong, and include a buyer`s lounge and office facilities to visiting buyers.

We hope to have the opportunity of welcoming you at Namsan-dong in the near future.

Yours faithfully,

(주) 문단 구성: 자사 이전 및 주소 통지 - 새로운 장소의 편리성 - 이전장소 방문 기대

(1) We are pleased to *be able to* tell you that ~: '*be able to*'는 의미가 없으므로 삭제하여야 함.

(2) premises: 건물, 장소, 토지, 구내. 복수(pl)로 사용하고, 전제(前提)의 의미로 사용되는 경우에는 단수로 사용한다.

- more convenient premises *at*: at는 위치, 지점, 번지를 나타내는 전치사/ We live *at* Uamdong 55-1.(번지)/ We live *in* Jongro (Haeundae, Korea).(동네, 국가). in은 도시와 같이 광범위한 지역 안의 한 지점에 살 때, at은 딱 그 지점에서 산다는 것을 의미한다. 한 단어에 at 또는 in이 사용될 수 있으며 단지 어감의 차이가 있다.

(3) occupy: (시간, 공간을)차지하다, (방, 좌석을)사용하다, 거주하다. those we *occupied* at: those는 건물(premises)의 의미.

(4) facility: (편의)시설. 용이 함, 설비, 편의/ office *facilities* to visiting buyers: 방문 매수인을 위한 사무시설/ admirable *facilities* for display: 전시를 위한 훌륭한 시설

(5) have the opportunity of ~: 상투적인 표현이므로 'We hope to have the opportunity of welcoming'을 'We *hope to welcome the opportunity of ~*' 또는 'We *welcome the opportunity of ~*'로 전환하는 것이 좋다.

제 5 장 일반거래조건

제 1 절 일반거래조건의 협정

조회장에 대한 회신을 받은 상대방이 거래제의를 수락하면 거래가 성립된다. 그러나 동일한 거래조건으로 반복하여 거래하는 경우, 개개의 무역거래를 성립시키기 전에 거래방법의 일관성 유지와 장래에 발생할지도 모르는 무역 분쟁이나 클레임의 예방과 원만한 해결을 위하여 무역거래의 일반적인 기준이 될 제반조건을 협정하여 문서화한다. 이러한 문서를 일반거래조건협정서(Agreement on General Terms and Conditions of Business: Master Contract)라고 하며, 수입업자의 주문서(purchase order)나 수출업자가 작성하는 계약서(sales note)는 일반거래조건협정서를 기준으로 작성된다.

일반거래조건은 모든 거래에 공통적으로 적용되는 사항 즉, 당사자 간의 거래형태, 불가항력, 무역조건, 클레임 제기기한, 중재, 준거법 등을 말하며, 일반적으로 매매계약서의 이면에 인쇄되므로 이면조항 또는 인쇄조항이라고도 한다.

일반적으로 매거래시마다 약정하여야 하는 사항 즉, 상품명, 품질, 규격, 수량, 가격, 선적 등을 개별거래조항이라고 하며, 일반적으로 계약서의 표면에 타이핑되므로 표면조항 또는 타이프조항이라고도 한다.

무역거래의 형태는 본인 대 본인 거래(principals to principals), 본인 대 대리인 거래(principals to agents) 그리고 대리인 대 대리인 거래(agents to agents)로 구분된다. 본인 대 대리인 거래(principals to agents)는 대리점협정서(Agency Agreement)를 근거로 이루어진다.

제 2 절 대리점 협정

1. 대리점의 종류

대리점은 체약대리점, 중개대리점 및 지급보증대리점으로 분류되며, 모두 본인 대 대리인 거래를 한다. 대리점의 변형으로서 본인 대 본인 거래를 하는 특약판매점이 있다.

1) 체약대리점

체약대리점은 본인과 대리점협정을 체결하고 계약서, 오파 등에 *On behalf of our principals*, Messers. ABC Co., Ltd., *On behalf of* Messers. ABC Co., Ltd., *As agents for* Messers. ABC Co., Ltd. 등과 같이 자신이 누구(본인)의 대리인이라는 것을 표시하고 서명하여 계약체결 또는 오파발행을 할 수 있는 자 즉, 본인을 대리하여 거래할 수 있는 자를 말한다.

체약대리점협정서에는 대리권의 범위에 관한 약정이 가장 중요하며, 본인이 특정회사를 판매대리점으로 임명한다는 'Principals *appoint* ABC Co., Ltd *to be its agent.*' 또는 'Principals *name* ABC Co., Ltd. *as its agents* for sale' 등의 문언이 표시된다.

체약대리점의 종류는 배타적 판매대리점(Exclusive(or Sole) Selling Agents), 비배타적 판매대리점(Non-Exclusive Selling Agents) 및 Semi-Exclusive Agent가 있다.

배타적 판매대리점은 총판매대리점이라고도 하며 특정지역, 특정상품에 대하여 본인을 독점적으로 대리할 권리를 갖는 대리점을 말하며, 특약이 없는 한 본인과 직접거래(principals to principals transaction)를 할 수 없다. 반면에 독점적 권리가 없는 대리점을 비배타적 판매대리점이라고 한다. Semi-Exclusive Agent는 제한된 특정(사람, 회사)의 거래에 대하여 대리점의 독점권을 무시하고 본인의 직접거래를 인정하는 대리점을 말하며, 대리점 수수료 문제가 발생하나 수수료는 지급하지 않는 것이 일반적이다.

2) 중개대리점

중개대리점은 본인과 고객과의 중간에서 거래가 성립되도록 단순히 알선 또는 중개하는 대리점을 말하며 진정한 의미의 대리권이 없다. 본인을 대리하여 어떠한 보증, 대리, 약속, 계약, 협정 등을 할 수 없고 또한 본인을 구속하는 행위를 할 수 없으므로 오파나 계약서에 일체 자신의 이름을 명시하지 않는다. 그러므로 중개대리점협정서(Agency Agreement)에는 '대리점은 본인의 수권 없이 어떠한 계약서, 협정서 또는 기타의 어떠한 서류에 서명하지 않는다'는 문언과 본인이 판매를 위하여 주문을 요청(간청)하는 대리인을 임명한다는 문언(*agents to solicit orders for sales*)이 표시된다.

3) 지급보증대리점

지급보증대리점(del credere agent)은 본인의 대금회수를 보증하는 대리점을 말한다. 본인과 대리점계약과 동시에 지급보증계약(del credere agreement)을 체결하여야 가능하다. 본인은 대리인에게 판매수수료 이외에 지급보증수수료(del credere commission)를 지급하여야 한다.

4) 특약판매점

특약판매협정은 판매권협정이라고도 한다. 특약판매점(distributor)은 본인과 특약판매협정(Distributorship Agreement)을 체결하고 본인 대 본인 거래 즉, 자신이 매수인으로서 자신의 명의와 계산으로 본인인 수출상으로부터 수입하여 제3자에게 전매하는 자를 말하며, 독점특약판매점(exclusive or sole distributor)과 비독점특약판매점(non-exclusive distributor)으로 구분된다. 수출상의 법적 대표자 또는 대리인이 아니므로 수출상의 명의로 또는 대리로 계약체결 등을 할 수 없으며, 수출상과 거래하면서 그의 해외판매를 촉진하는 역할을 한다는 점에서 대리점과 동일하다.

2. 대리점협정의 주요 내용

(1) 거래형태: 본인 대 대리인 거래
(2) 대리점의 종류: 체약대리점(독점대리점 또는 비독점대리점) 또는 중개대리점
(3) 판매대상 지역 및 상품, 거래금지대상자 및 외상거래금지대상자
(4) 판매가격: 지가위탁 또는 시가위탁, 초과가격의 분배
(5) 경업금지: 본인의 상품판매에 방해가 되거나 경쟁하는 행위, 유사품의 판매 또는 본인의 상품과 동종의 상품을 취급하는 타사의 대리업 금지
(6) 대리인이 받은 주문에 대한 본인의 수락 또는 거절 권리 및 그 주문에 대한 본인의 직접 이행 및 대금회수.
(7) 본인의 송장제공 및 대금수취시점 통보의무와 대리인의 수주량 기장 및 관련 장부 사본 제공
(8) 수수료(commission) 대상거래, 요율 및 지급시기, 분쟁의 해결방법. 대리점 업무에 필요한 비용은 대리점이 부담하는 것이 원칙이다.
(9) 대리점이 본인거래를 하고자 하는 경우 가격할인을 허용하나 수수료는 지급하지 않는다.
(10) 대리인의 본인 명의 신용저당, 보증, 대금회수 금지
(11) 분쟁해결방법 및 준거법

(Model Letter 1) 독점대리점 요청

March 2, 2015

Dear Sir,

We are a large motorcycle retail chain, with outlets throughout the UK, and are interested in the heavy touring motorcycle displayed on your stand at Milan Trade Fair recently.

As you are probably aware, there is an increasing demand in this country for machines of this type due to increasing traffic congestion, environmental problems and the acceptance of the motorcycle as a common means of transport, rather than just a teenage phase. And sales of larger machines have increased by more than 70 percent in the last two years.

We are looking for a supplier who will offer us a sole agency to retail heavy machines. At present we represent a number of manufacturers, but only sell machines up to the 600cc, which would not compete with the 750cc, 1000cc and 1200cc models you make.

We operate on a 10% commission basis on net list prices, with an additional 3% del credere commission if required, and we think you could expect an annual turnover of more than £2,000,000. With an advertising allowance we would probably double this figure.

Our customers usually settle with us direct, and we pay our principals by bill of exchange on a quarterly basis.

You can be sure that our organization will offer you first class representation and excellent sales to guarantee the success of your products in this country.

We look forward to hearing that you are interested in our proposal.

Yours faithfully,

(주)

(1) motorcycle: 모터사이클(자동 2륜차의 총칭)

(2) heavy touring motorcycle: 고성능 여행용 모터사이클
  - heavy a. (주로 명사 앞에 씀)기계 · 차량 · 무기가 크고 강력한, 무거운, 튼튼한, 고성능

(3) chain: (상점 · 호텔 등의)체인, 사슬, 쇠줄, 목걸이, 일련, 띠(처럼 이어진 것)/ retail chain: 소매점 체인
  - We are a large motorcycle *retail chain.*
    = We are a large *retail chain of* motorcycle.

(4) outlets: 판매망, 매출창고, (특정 회사 또는 특정 유형의 상품을 취급하는)직판점(전문매장), (특히 美)(특정 상표 상품의) 할인점, 아울렛/ The business has 34 retail *outlets* in this state alone. 그 사업체는 이 주에만도 34개의 직판점을 두고 있다. the Nike outlet in the *outlet* mall. 할인 전문 쇼핑센터에 있는 나이키 할인점

(5) traffic congestion: 교통 혼잡[정체]

(6) acceptance: 수용, 받아드림

(7) menas of transportation: 차량의 수단

(8) teenage phase: 10대의 측(국)면

(9) sole agency: 독점대리점

(10) operate: 일하다, 움직이다, 운영하다, 경영하다(=manager, run).

(11) list prices: (카탈로그, 가격표 등의) 표시 가격, 정가/ net price: 실제 판매가격

(12) del credere commission: 지급보증수수료

(13) turnover: (기업의)총매상고, 매출량[액]/ an annual turn over of $75 million: 7500만 달러의 연간 매출액

(14) allowance: (특정 목적을 위한)비용 할인, 수당, 충당금, 용돈, 허용량, (세금)공제액/ advertising allowance: 상품이나 서비스의 공급원이나 대행업자가 광고대행사에 지불하는 비용/ with an advertising allowance: 한 번의 광고비용으로

(15) settle with: 지불하다, 부채를 갚다, 해결을 보다, 청산(결제)하다. I

have a debt to *settle with* him. 그에게 청산해야 할 빚이 있다.
(16) representation: 대리, 대표

(Model Letter 2) 앞 서신에 대한 회신

March 20, 2015

Dear Mr. Glough,

We were pleased to receive your letter of March 1 and to see that you were interested in the machines we produce.

The United States, like Great Britain, has also experienced an increase in motorcycle sales, and like you we think that there is a vast market to be tapped for the heavy touring motorcycle.

With regard to your offer, I should tell you straight-away that we never use sole agencies anywhere in the world, but rely on merchants buying our products on their own account, then retailing them at market prices in their country. We, of course, offer a 30% trade discount off net list prices and a further 5% quantity discount for sales above $ 100,000. We have found sole agencies tend to be rather restrictive both for ourselves and our customers.

As far as advertising is concerned, you will be pleased to hear that we have arranged for an extensive campaign which begins next month and features our heavy machines. We are sending dealers throughout Europe brochures, leaflets, and posters to hand to their customers, and this will be followed up by television advertising in May.

Our terms of payment are 60 d/s bills, documents against acceptance if the customer can provide references.

Once again, thank you for writing to us, and please contact us if you have any more inquiries.

Yours truly,

(주)

(1) tap: (토지, 광산 등을) 개척(개발)하다, (가볍게)톡톡 두드리다, 타진하다. a vast market to be *tapped*: 개척되어야 할 방대한 시장/ *tap* the market of Asia: 아시아의 시장을 개척하다.

(2) straight-away: 솔직히, 직선적으로

(3) on one's own account: 자기부담(비용)으로, 자기 책임아래

- on their own account, *then retailing* them at market prices in their country.

  = on their own account *and then retail* them at market prices in their country.

(4) trade discount: 동업자 할인/ quantity discount: 수량할인

(5) We have found sole agencies *tend to* be rather restrictive both for ourselves and our customers. 원형부정사 *tend to*가 보어

(6) campaign: 캠페인, 운동(선전)/ advertising campaign: 광고 캠페인/ sales campaign: 판매촉진운동

(7) feature v. 특징을 이루다, 특별히 포함하다, 특징으로 삼다, ~을 특색으로 하다.

(8) throughout Europe: 유럽 전체에 걸쳐서, 유럽도처에

(9) *this* will be followed up by television advertising in May. *this*는 campaign을 말함.

(10) terms: 절대복수(상시복수)형으로 사용되며 항상 복수동사가 온다.

(Model Form 1) 일반거래조건협정서

Memorandum of General Terms and Conditions of Business

This memorandum entered into between Wilson & Co., New York, hereafter called the Buyers, and 3A Ind. Co., Ltd., Seoul, hereafter called the Sellers, witness as follows:

1. Business

All business entered into between the parties shall be done as Principals to Principals.

2. Quality

All shipments shall be conformed to samples in regard to description, quality and state.

3. Prices

Unless otherwise specified in cables, letters or telexes, all prices by Sellers or Buyers shall be quoted in US Dollars on the basis of CIF, New York.

4. Quantity

Any order shall be accepted so long as the quantity exceeds 1,000 dozen.

5. Delivery

(a) Shipment

All the goods sold shall be shipped within the time stipulated in each contract. The date of bills of lading shall be taken as the conclusive proof of the date of shipment. Unless specially arranged, the port of shipment shall be at Sellers' option. Sellers shall not be responsible for late shipment caused by the delay of arrival of a letter of credit.

(b) Force Majeure

Sellers shall not be responsible for any delay in shipment directly or indirectly due to force majeure, such as fires, earthquakes, tempests, strikes, lockouts, wars, riots, civil commotions, hostilities, blockades, requisition of vessels, embargoes, and any other causes beyond the control of Sellers. In the event of any of these accidents or contingencies which prevent shipment within the stipulated time, Sellers shall inform Buyers of its occurrence or existence and furnish a certificate substantiated by the Korea Chamber of Commerce and Industry.

6. Payment

Draft(s) shall be drawn at sight, documents attached, for the full invoice amount under an irrevocable credit which shall be established within 10 days after the conclusion of the contract. Business against D/P draft should be subject to Sellers' previous consent in each case.

7. Insurance

Sellers shall effect marine insurance on all shipments on ICC(B) including War Risks for 110% of the invoice amount. Risks of theft, pilferage and non-delivery or any other additional insurance if required, shall be covered by Sellers for account of buyers. Insurance Policies or Certificate shall be made out in

US currency, and claims payable in New York.

8. Firm Offer

Unless otherwise stipulated, all firm offers shall be valid for 72 hours from the time dispatched, excluding Sunday and national holidays.

9. Order

Except in cases where firm offers are accepted, no orders shall be binding until acceptance is cabled by Sellers. All orders shall be confirmed in writing, and orders thus confirmed shall not be canceled unless by mutual consent.

10. Marking and Numbering

In the absence of any special instructions, proper export wooden case packing is to be carried out, each case bearing the mark 'WS' in triangle with port mark, running case numbers and the country of origin.

11. Claims

Buyers' claims, if any, shall be made by cable or telex within 20 days after arrival of the goods at destination. Certificates by recognized surveyors shall be sent by mail without delay. All claims which can not be amicably settled between Sellers and Buyers shall be settled by Arbitration in Seoul, in accordance with the rules of the Korean Commercial Arbitration Board, whose award shall be final and binding upon Sellers and Buyers.

Please acknowledge by signing and returning the separate

sheet, retaining the original for you.

Buyers Sellers

(주)

(1) memorandum: 협정서, 정관, (조합의)규약
(2) enter into(=make) an memorandum with ~: ~와 협정하다.
(3) hereafter *called* the Buyers = hereafter *referred to as* the Buyers
(4) witness v. 입증하다, 보이다, ~의 증거로 되다.
(5) 본문 1의 Business는 거래의 형태(type of business)를 말함.
(6) All *business* entered into between the parties shall be *done* as Principals to Principals.
  • do business with: ~와 거래하다.
(7) principal n. 본인, 원금, 교장 a. 주요한, 으뜸가는
  • *as* principals *to* principals: 본인 대 본인으로서, 즉 자기의 명의와 계산으로 거래하는 당사자로서 =*as (between)* Principals(본인 간의) =*on a* principal to principal *basis*
(8) shipments: 한번 선적되는 상품 즉, 적송품(積送品)의 복수
  • All shipments shall be *conformed to samples* in regard to description, quality and state. 품질의 결정방법으로서 견본매매를 의미함. description, quality and state: 종목, 품질 그리고 상태
(9) otherwise: 다른 방법으로, 달리, 그렇지 않으면, 다른 점에서는
  • *Unless otherwise* specified: 달리 명기가 없으면, 다른 규정이 없는 한. unless는 종속접속사로서 부사절을 수반하고 '~하지 않으면(=if not), ~하는 경우 외에는(=except when ~)'의 의미/ *Unless otherwise* prearranged: 미리 이와 다르게 협정되지 아니하는 한/ *Unless otherwise* specified in cables, letters or telexes: 원문장은 *Unless it is otherwise* specified in cables, letters or telexes이며 it는 상황을 나타냄/ *Unless* specially arranged =*Unless it is* specially arranged

(10) 본문 4의 Quantity는 최저주문수량(minimum order quantity acceptable)을 규정함.

(11) stipulate v. (계약서, 조항 등에) 규정하다, 약정의 조건으로 요구하다.

(12) conclusive proof(evidence): (법)확증

(13) option n. 선택권, 선택/ The port of shipment shall be at Seller's *option*. 선적항은 매도인이 선택한다.

(14) Force Majeure: 천재, 천재지변, 불가항력/ Acts of God: 천재(天災)/ accident beyond control: 불가항력적 사고

(15) tempests: 폭풍우/ strikes: 파업/ lockouts: 공장폐쇄/ riots: 폭동/ civil commotions: 시민의 소요/ hostilities(pl): 적대행위, 교전(상태)/ blockades: (항구 등의)봉쇄/ requisition: 징발/ embargoes: 금수조치, 수출금지, (선박의)입출항금지, 선박억류. gold embargo: 금 수출금지

(16) in the event of 명사 = In the event that 주어 + 동사: '~의 경우에는'

(17) contingency: n. (어떤 사건에 수반되는) 부수적인 사건, 우발적 사건, 우연한 사건, 만일의 사태/ contingent a. 우발적, 임시의, ~에 부수하는(to), ~에 따르는(upon)

(18) *inform(advise, notify, apprise, tell)* A *of* B: A에게 B를 알려주다, ~라는 사실을 통지하다.

- I *informed* him *of* her success. =I *informed* him *that* she had been successful. 그에게 그녀의 성공을 알렸다.

(19) substantiate v. 입증하다, 구체화하다, 실체화하다.

(20) Draft(s) shall be drawn at sight, *documents attached*,: documents attached는 독립분사구문(동시상황)이며 원문장은 as documents are attached이며 as와 are(being)가 생략됨.

- School being over, I practiced on the piano.(독립분사구문) 학교가 파하자 나는 피아노를 연습했다.

(21) cover: ~을 조건으로(on) 보험에 들다(부보하다), 충당하다, 보상하다, 지급하다, 결제하다, 열거하다, 해당하다, 보호하다(protect), (경비를)부담하다, 씌우다, 포함하다, (어음의)지불금을 준비하다, 보증하다.

① 보험에 들다, 부보하다.

- cover(arrange for, contract, take out) the insurance
  =insure(effect, make) insurance
- Sellers shall *effect* marine insurance *on* all shipments *on(against)* ICC(B). 매도인은 ICC(B) 조건으로(*on* 또는 *against*) 모든 선적품에 대하여(*on*) 해상보험에 가입하여야(*effect*) 한다.
- War risk shall be *covered* for account of buyer. 전쟁위험은 매수인의 비용부담으로 부보되어야 한다.
- They have *covered(insured)* their building(부보대상) *for* 금액 *against* fire(위험) *with* 보험회사.
  =They have their building *insured for* 금액 *against* fire(위험) *by* 보험회사.
  =They have their building *covered for* 금액 *against* fire(위험) *in* 보험회사.
- cover note: 보험승낙서

② 보증하다.

- A is *covered* by B(=B *covers* A). B가 A를 보증하다.

③ 결제하다.

- to *cover*(=covering) ~: ~에 대한 대금결제를 위한, ~에 대한(대하여)
- to *cover ourselves for* ~: ~에 대한 대금회수를 위해/ to *cover ourselves for* this account: 본 계산을 결제하기 위해, 이 대금 회수를 위해/ to *cover ourselves for* this shipment: 본 적하에 대한 대금을 회수하기 위하여

(22) 100% of invoice cost(=full invoice value): 송장금액의 전액

(22) theft: 도난/ pilferage: 좀도둑, 발하(拔貨)/ non-delivery: 불착

- Theft, Pilferage and Non-Delivery: 간략하게 도난불착이라고 하며 TPND 또는 T.P.&N.D.로 표현함.

(23) account: 계정, 계산, 비용부담. 추상명사로서 단수로 사용하며 a/c로 쓰기도 한다.

- for account of: ~를 위하여, ~의 셈(계산, 비용)으로/ on one's own

account: 자기 자신의(이익을) 위해, 자기 자신의 비용으로.

(24) *proper* export wooden case packing: 상관행을 고려한 수출용 목상자 포장

(25) claim: 청구보험금, 배상, 청구, 배상청구, 지급청구(보험금)/ claimer (=claimant): 청구자/ claimee: 피청구자

- make(raise) a claim: 청구하다.
- claims payable in New York: 보험금 지급지가 뉴욕으로. 부대사항을 나타내는 분사구문으로서 claims 앞에 with가 생략됨. with + 명사 + 보어(형용사, 분사, 부사어구, 전치사구) 형식은 부대상황을 나타내며 부대상황의 with는 생략할 수 있으며, '~~한 상태로, ~~하고, ~~한 채, ~~하면서'로 해석함.
- proper export wooden case packing is to be carried out, *each case bearing the mark* 'WS' in triangle with port mark: with + 명사(case) + 형용사(bearing) 형식으로 each case 앞에 with가 생략됨.
- He lags a sofa, *(with)* his arms folded.

(26) make(=file): ~을 신청하다, ~을 제기하다(고소 따위를).

- Buyers' claims, if any, shall be made by cable or telex within 20 days. =Buyers' claims, if *(there are)* any claims, shall be made by cable or telex within 20 days.

(27) valid(=effective, good, open, available, be(keep) in force: 유효한/ become effective, come into effective(force), take effect, bring ~ into force(effect): 효력을 발생하다, ~을 실시하다.

(28) Except in cases where firm offers are accepted: 확정청약이 승낙되는 경우를 제외하고

(29) binding a. 구속력이 있는

(30) mutual a. 상호의

(31) port mark: 항구(양륙항) 표시

(32) running(=serial, consecutive): 연속되는

(33) recognized: 알려진, 공개된(public)/ recognized surveyor: 공인감정인

(34) Claims shall be amicably settled. 클레임은 화해로 해결된다. 매매당사자간의 직접적인 분쟁해결방법은 waiver of claim(청구권의 포기), compromise(타협), amicable settlement(화해)가 있으며, 제3자의 개입에 의한 방법은 intercession(알선), conciliation(mediation) (조정), arbitration(중재), litigation(소송)이 있다.

(35) award: 판정

(36) in accordance with: ~에 따라/ *in accordance with* your request: 귀사의 요청에 따라서, 귀사의 요청으로 =*according to* your request ('귀사의 요청에 의하면'의 뜻도 있음.) =*in compliance with* your request =*as requested*

- be in accordance with: ~와 일치하다, 동일하다. =be according to, conform to, be in conformity with(to), be equal to, come up to, be as per, correspond with, be up to, match

(37) whose award shall be final: award는 중재판정을 말하며 의미상으로 완전한 문장은 다음과 같다. whose award shall be final *for all claims.*

(38) acknowledge: 수락하다(accept), (정식으로)승인하다, 인정하다, 확인하다, ~을 받았음을 알리다.

- acknowledge(=accept) order: 주문을 수락하다.

(39) separate a. 분리된, 갈라진 v. 하나인 것을 떼어내다. the separate sheet(=the duplicate): 부본

(40) sheet: ~~장(매), 한 장의 종이, (서적, 인쇄물, 서신, 신문 따위의) 1장/ two sheets of paper: 종이 2장/ a sheet of glass(iron): 판유리(철판) 1장

(41) Please acknowledge by signing and returning the separate sheet, *retaining* the original for you. =Please acknowledge by signing and returning the separate sheet *and retain* the original for you.

(Model Form 2) 총대리점협정서

Agency Agreement

Suitable for exclusive and sole agents representing manufacturers overseas

This agreement made on November 13, 2015 (by and) between ABC Co., Ltd., whose registered office is situate(d) at 55, 2-ka Chungmu-dong, Chung-ku, Busan, Korea (hereinafter called "the Principal") of the one part and DEF Co., Ltd., whose registered office at 2041, Utah Ave. South, Seattle, W.A. 98134, U.S.A. (hereinafter called "the Agent") of the other part.

WHEREBY IT IS AGREED as follows:

1. The Principal appoints the Agent as from November 15, 2015 to be its sole Agent in Washington State (hereinafter called "the area") for the sale of handbags manufactured by the Principal and such other goods and merchandise (all of which are hereinafter referred to as "the goods") as may hereafter be mutually agreed between them.

2. The Agent will during the term of 3 years (and thereafter until determined by either party giving three months' previous notice in writing) diligently and faithfully serve the Principal as its Agent and will endeavor to extend the sale of the goods of the Principal within the area and will not do anything that may prevent such sale or interfere with the development of the Principal's trade in the area.

3. The Principal will from time to time furnish the Agent with a statement of the minimum prices at which the goods are respectively to be sold and the Agent shall not sell below such minimum price but shall endeavor in each case to obtain the best price obtainable.

4. The Agent shall not sell any of the goods to any person, company, or firm residing outside the area, nor shall he knowingly sell any of the goods to any person, company, or firm residing within the area with a view to their exportation to any other country or area without the consent in writing of the Principal.

5. The Agent shall not during the continuance of the Agency hereby constituted sell goods of a similar class or such as would or might compete or interfere with the sale of the Principal's goods either on his own account or on behalf of any other person, company, firm, or whomsoever.

6. Upon receipt by the Agent of any order for the goods the Agent will immediately transmit such order to the Principal who (if such order is accepted by the Principal) will execute the same by supplying the goods direct to the Customer.

7. Upon the execution of any such order the Principal shall forward to the Agent a duplicate copy of the invoice sent with the goods to the customer and in like manner shall from time to time inform the Agent when payment is made by the customer to the Principal.

8. The Agent shall duly keep an account of all orders obtained by him and shall every three months send in a copy of such account to the Principal.

9. The Principal shall allow the Agent the following commissions (based on F.O.B. Busan values)

 3% for leather handbag for university student

 4% for leather handbag for lady

in respect of all orders obtained direct by the Agent in the area which have been accepted and executed by the Principal. The said commission shall be payable every three months on the amounts actually received by the Principal from the customers.

10. The Agent shall be entitled to commission on the terms and conditions mentioned in the last preceding clause on all export orders received by the Principal through Export Merchants, Indent House, Branch Buying offices of customers, and Head Offices of customers situate in Busan for export into the area.

Export orders in this clause mentioned shall not include orders received by the Principals from and sold delivered to customers outside the area although such goods may subsequently be exported by such customers into the area, excepting where there is conclusive evidence that such orders are resultant from work done by the Agent with the customers.

11. Should any dispute arise as to the amount of commission payable by the Principal to the Agent, the same shall be settled by the Auditors for the time being of the Principal whose certificate shall be final and binding on both the Principal and

the Agent.

12. The Agent shall not in any way pledge the credit of the Principal.

13. The Agent shall not give any warranty in respect of the goods without the authority in writing of the Principal.

14. The Agent shall not without the authority of the Principal collect any moneys from customers.

15. The Agent shall not give credit to or deal with any person, company or firm which the Principal shall from time to time direct him not to give credit to or deal with.

16. The Principal shall have the right to refuse to execute or accept any order obtained by the Agent or any part thereof and the Agent shall not be entitled to any commission in respect of any such refused order or part thereof so refused.

17. All questions of difference whatsoever which may at any time hereafter arise between the parties hereto or their respective representatives touching these presents or the subject matter thereof or arising out of or in relation thereto respectively and whether as to construction or otherwise shall be referred to arbitration in Busan in accordance with the provision of the Arbitration Act of Korea.

18. This Agreement shall in all respects be interpreted in accordance with the Laws of Korea.

AS WITNESS the hands of the parties hereto on the day and year first hereinbefore written

(Signatures)

(주)

(1) exclusive and sole agents: 배타적이고 독점적인(유일한) 대리점
- exclusive selling(buying) agent: 독점판매(구매)대리점/ exclusive(sole) agent(s) in Korea: 한국에 하나만 있는 총대리점/ non-exclusive agent(s) in Korea: 한국에 대리점이 여러 개 있는 경우의 대리점
- agents: 직역은 '대리인들'이지만 하나의 대리점을 운영하고 있는 복수의 사람들을 의미함으로서 복수로 사용됨. agency: 대리권(업), 대리점 / representative: '대리점'으로 번역하기도 함.

(2) represent vt. ~을 대표하다. He represents A Co. 그는 A회사를 대표한다. 그는 A회사의 대리인이다.

(3) make an agreement: 약정을 체결하다. 약정서를 작성하다.

(4) be situate(ed) at ~: ~에 위치하다. whose registered office at 2041.: at 앞에 'is situate'가 생략됨

(5) as from ~(=on and after ~, as of ~): ~~부터

(6) and *such* other goods and merchandise (all of which are hereinafter referred to as "the goods") *as* may hereafter be mutually agreed between them. 'such ~~ as' 용법으로서, such는 '~~와 같은'의 뜻으로 other goods and merchandise를 수식한다. such 앞에는 the sale of가 생략됨.

(7) merchandise: (집합)상품을 의미하며 단수로 사용됨.

(8) mutually: 공동(공통)으로, 서로, 상호간에/ *mutually* agreed: mutually는 그 의미가 'agreed'의 내용에 포함되어 있으므로 삭제하여야 하며, 그렇게 하면 문장도 간결해진다. 이와 유사한 표현들은 다음과 같으며 문장에서 괄호 속의 단어는 생략되어야 한다. cooperate *(together)*, repeat *(again)*, *(basic)* fundamentals, *(exactly)* identical

(9) and thereafter *until determined* by either party giving three months' previous notice in writing. until과 determined 사이에 'the term'이 생략됨.
(10) serve: 일하다, 도우다. serve as ~: ~로서의 역할을 하다(=to fulfill the purpose of ~). *serve* the Principal *as* its Agent: 대리인으로서 본인을 위하여 일하다.
(11) interfere with: 지장을 초래하다, 방해하다.
(12) development of trade: 거래의 확장, 성장, 진척, 발전
(13) statement of the minimum prices: 판매최저가격 일람표. 지가위탁을 의미함.
(14) in each case: 각 거래(건)에 있어서
(15) reside: 거주하다, 주재하다. 사람이 살고 있는 장소를 의미할 때는 live와 같이 사용된다. The students *residing* abroad are not subject to tax. 해외에 살고 있는 학생들은 면세된다.
(16) knowingly: 알고서, 고의로
(17) constitute: 선정하다, 임명하다, 지명하다(=appoint). The Agent shall not *during the continuance of the Agency hereby constituted* sell goods: hereby constituted가 the Agency를 수식함. 이탤릭체 부분의 해석은 '이것에 의하여 지명된 대리업을 지속하는 동안'/ The Agent shall not sell goods of a similar class or *such as* would or might compete or interfere with the sale of the Principal's goods. '대리인은 유사한 종류(class)의 상품 또는 본인의 상품판매와 경쟁하거나 할 수 있는 또는 상품판매를 방해하거나 할 수 있는 그러한 것을 판매하지 못한다.' such as에서 as는 관계대명사, such는 명사로서 as의 선행사이며 '그런 것'으로 해석하고 sell의 목적어이다.
(18) compete with ~: ~와 경쟁하다.
(19) on behalf of ~: ~를 위하여, ~의 이익을 위하여
(20) whomsoever(=whomever): 대명사로서 '어느 누구든지'
(21) transmit A to B: A를 B에게 전달하다.
(22) the same은 the order를 받는 대명사

(23) a duplicate copy of the invoice: 송장 부본 1장/ duplicate n 원본(original)에 대한 부본(copy) v. 복사하다, 두 배로 하다.

(24) in like manner: 또한, 마찬가지로

(25) account: 장부, 거래, 계산(서), 계정

- keep an account of ~: ~을 장부에 기록하다, 기장하다. *keep an account of* one's expenses: 지출을 기록하다.

(26) send in(=submit) ~ to: ~에게 (서류를)제출하다, 보내다, (명함을)전하다. *send in* an account: 계산서를 송부하다.

(27) every three months

- every + 기수 + days(months, years): '~일(월, 년)마다'. every 다음에 서수가 와도 같은 의미이나 기수 다음에는 복수명사, 서수 다음에는 단수명사가 온다. The faculty conference is held *every three* month. =The faculty conference is held *every third* month. 교수회의는 3개월마다 열린다. Take the medicine *every other day*. 격일로 약을 드시오.

(28) a copy of such account: 이러한 기록의 복사 1부

(29) be entitled to: ~에 자격이 있다, 권한이 있다.

(30) on the terms and conditions: on은 '~을 조건으로'/ *on* all export orders for the goods: on은 ~~에 대하여(관하여)(=against)/ based *on* FOB Busan values: FOB Busan 가격을 기초(근거)로

(31) the last preceding clause: 마지막 전 조항. 직전 조항을 의미함

(32) Export Merchants: 수출전문상(영국)/ Indent House: 위탁매입상/ indent: 위탁주문 cf. order: 직접주문

(33) sold delivered: 인도되어 판매된. delivered를 부사적으로 해석한다. cf. sell cheap(dear): 싸게(비싸게) 팔다. 'cheap'은 부사

(34) principal place of business: 주 영업장소

(35) be resultant from ~: ~ 결과로서 생기는

(36) *the same* shall be settled by the Auditors: the same은 dispute를 의미함.

(37) auditors: 감사, 회계감사관

(38) pledge v. 저당 잡히다, 담보로 넣다.
(39) give a warranty: 보증하다. warranty n. (제품의)품질보증서
(40) collect moneys: 대금을 징수하다.
(41) give credit to: 믿다, 인정하다, 외상거래를 하다.
(42) whatsoever(=whatever)/ I have no plans *whatever*. 나는 어떤 계획도 없다.
(43) hereto ad. '여기에, 이것에, 이 문서에, 이것에 관하여, 여기까지'/ 무역서신에서 hereto, hereby, herewith는 '지금, 이 기회에'의 의미이나 고어이므로 사용하지 않는 것이 바람직하다. 본문에서 hereto는 to this agreement의 의미.
(44) touch: ~~에 관계하다. touching: 전치사로서 '~에 관한(=concerning)' =as touching(고문에 사용)
(45) these presents(pl): 본 서류, 본문, 본 증서,
(46) thereto: 거기에, 그것에/ the subject matter *thereto*: 이 증서에 관한 주요 내용(주제)
(47) whether: 양보를 나타내는 부사절을 나타내며, (고어)대명사로 사용되는 경우 '둘 중의 하나(어느 쪽이든)', '~할 때나 ~할 때나'의 의미를 갖는다. *Whether* sick or well, he is always cheerful. 아플 때나 건강할 때나 그는 항상 명랑하다. *All questions of difference* whatsoever *which ~ or arising ~* and *whether* as to construction or otherwise shall be referred to arbitration. 주어는 All questions이며, which 이하의 절, arising 및 whether이하가 수식한다.
(48) construction: 해석, 의미
(49) hands: 서명/ write a good *hands*: 글씨를 잘 쓰다.
(50) hereinbefore ad. (서류 따위에서) 위에, 상기에/ hereinbefore 뒤에 are 또는 to be가 생략됨.

(Model Form 3) 위탁판매협정서

CONSIGNMENT AGREEMENT

This Agreement, made and entered into this (day, month, year)by and between (company name), a corporation duly organized and existing under the laws of the Republic of Korea, having its principal office at (address) [hereinafter referred to as "Company"] and (company name), a corporation duly organized and existing under the laws of (country name), having its principal office at (address) [hereinafter referred to as "Consignee"].

NOW, therefore, the parties hereto mutually covenant and agree as follows:

Article 1. Appointment

1.1 The Company hereby appoints the Consignee as its exclusive(or non-exclusive) Consignee in the territory specified as follows [hereinafter referred to as "Territory"], for the sale of the products as specified as follows [hereinafter referred to as "Products"]. Territory and Products may be amended by mutual written consent of the parties.

Item No.	Specification	Etc.

Article 2. Order and Contract

2.1 Consignee may receive orders and buying offers from customers in Territory and may conclude sales contract on Products on behalf of Company with any person, firm or

company within Territory.
2.2 Consignee shall execute any sales contract with customer only by using a sales contract form which is specified by Company. Consignee shall not modify, amend or alter such specified form by and reason whatsoever without a prior written consent of Company.

Article 3. Price
3.1 Price for each item of Products to be sold to customers in Territory shall be provided as follows.

Quantity	Amount

3.2 Notwithstanding provisions of the preceding paragraph 3.1, Company may change any price of Products and, in such case, Company shall inform Consignee of such change along with the valid period of the new price of Products from time to time.

Article 4. Competitive Business
Consignee shall not deal as agent, distributor or representative, or in any other manner, with any goods or equipment competitive or likely to compete with Products during the life of this Agreement.

Article 5. Independent Business
Consignee shall at all times be independent of Company. In the event that Consignee invests or expends any amount for advertisement or business operation or newly employs persons in order to carry out this Agreement, Company in not responsible for such Consignee's expenditure thereon even if

this Agreement has been terminated or canceled for any reason whatsoever.

Article 6. Minimum Transaction

6.1 The following minimum sales of Products shall be guaranteed by Consignee under this Agreement.

	Contract Year	Contract Term	Quantity	Amount
◎	First Contract Year			
◎	Second Contract Year			
◎	Third Contract Year			

6.2 If Consignee fails to attain the said minimum sales in any one period, Company is entitled to terminate this Agreement prematurely by giving [thirty(30)] days notice.

6.3 The above minimum sales shall be calculated on the total sales amount of Products for which Consignee has effectively received the payment from its customers and, in addition, of Products for which Company has directly shipped and received the payment in its direct transaction with clients in Territory.

Article 7. Consignee's Services

7.1 During the life of this Agreement, Consignee shall render following services, and bear all costs and expenses incurred arising from such services

(a) To keep Products bailed by Company hereunder in the custody of Consignee or other custody approved by Company at the place agreed between the parties hereto;

(b) To have a showroom where Products shall be displayed to potential customers;

(c) To make contracts as much as possible with customers by

using the sales contract form stipulated in the paragraph 2.1 of Article 2 hereon behalf of Company;

(d) To collect whole money from customers under contracts above mentioned and to remit such money to Company, provided that remittance for the money collected in each month shall be made within ten(10) days from the last day of such each month;

(e) To give Company marketing information and report as stipulated herein or as instructed by Company hereunder from time to time;

(f) To render services as stipulated herein or as instructed by Company hereunder from time to time.

7.2 During the life of this Agreement, Company shall furnish Consignee with Products. The quantity, items etc. of Products so furnished and time when Company delivers Products to Consignee shall decided upon by Company at its sole discretion but after negotiation with Consignee on them.

Article 8. Maintenance

8.1 Consignee shall take care of any after-sales service for the customers wit the most careful attention. Consignee shall inform Company of any mechanical or operation trouble with Products as soon as Consignee receives a notice of such trouble from any customer, and shall take any necessary action to be mutually agreed. Company and Consignee shall discuss how Company and/or Consignee shall bear any cost necessitated for such action on a case-by-case basis.

8.2 Consignee shall keep sufficient parts, tools and equipment for the maintenance service of Products to customers. During the warranty period provide in each sales contract between Company and customer, Consignee shall repair any defective Products within the scope of Consignee's technical capability.

Article 9. Technical Training
Consignee shall at its own expense send personnel of its own choice in a number to be agreed upon by the parties hereto to Company for the purpose of being thoroughly trained in the installation, operation repair and maintenance of Products installed in Territory. Company shall train the personnel dispatched by Consignee for a period not to exceed (20) days.

Article 10. Title
The absolute title to all Products consigned to Consignee by Company shall remain in Company until such time that Products have been effectively delivered to customers.

Article 11. Insurance
During the period when Products are in the custody of Consignee or other custody as stipulated in (a) of the paragraph 7.1 of Article 7, Consignee shall keep them in sale and in good conditions. Consignee agree to keep Products insured in the name and for the benefit of Company against loss by fire, theft or otherwise with extended coverage. Any policy of such insurance shall be delivered to Company and Consignee shall bear all premiums thereof.

Article 12. Commission
12.1 In consideration of Consignee's services hereunder, Company shall pay Consignee within [one(1)] month after the close of

each calendar quarter commissions at the rate of (   ) percent on all sales amount which are or become consummated, collected and fully paid for by Consignee or customer during such calendar quarter. Company reserves the right to deduct from any commission due any amount which may be owed by Consignee to Company.

12.2 Company needs not to pay Consignee any commission in case when payment for Products shipped to customers is made between Company and customers under a separate sales contract between them.

Article 13. Expenses and Import Duty

13.1 Consignee shall bear all expenses incurred for unloading charge, storage, transportation and handing of Products in Territory.

13.2 Company shall remit to Consignee the amount for import duty immediately after the amount is fixed.

13.3 Unless otherwise provide herein, no other payment than the above shall be made by Company without any written consent of Company to do so.

Article 14. Sales Promotion

Consignee shall diligently and adequately advertise and promote the sales of Products at its cost throughout Territory. Company may furnish without or with charge to Consignee reasonable quantity of advertising materials.

Article 15. Information and Report

Both Company and Consignee shall periodically and/or on the request of either party furnish information and market reports each other to promote the sales of Product as much as possible. Consignee shall give Company such report as inventory, market conditions and other activities of Consignee.

Article 16. Industrial Property Right

16.1 Consignee shall not register in Territory any patent, utility model, trademark, design or copyright in Products.

16.2 Consignee shall not use Company's signature, monogram, name or any other mark that is now or may henceforth be owned by Company, or similar to them.

Article 17. Confidentiality

The technical and/or commercial information given by Company will be supplied and disclosed to Consignee in confidence. Except where such confidential information otherwise becomes public knowledge, Consignee shall not disclose such confidential information or otherwise use it except for such disclose to employees and buyers as may be necessary in connection with sale and use of Products. The obligations of this Article shall survive termination of this Agreement for the period of [five(5)] years after termination.

Article 18. Term

This Agreement shall be effective as of the date first written above and shall remain in effect for a period of [three (3)] years from the effective date. Upon expiration of the said term, this Agreement shall be automatically renewed, unless no later than (   ) days prior to the date on which this Agreement would otherwise be extended a party gives written notice of termination to the other party hereto.

Article 19. Termination

19.1 If Consignee fails to fully, adequately and in timely manner perform any of its responsibilities or obligations set forth herein, and such failure is not corrected within [thirty(30)] days after written notice thereof is given by Company, then Company shall have the right to immediately terminate this Agreement by giving written notice thereof to Consignee.

19.2 Company shall have the right by written notice to Consignee to immediately terminate this Agreement and all of Consignee's rights and responsibilities hereunder if (i) Consignee shall voluntarily or involuntarily enter into or acquiesce in any dissolution, liquidation, bankruptcy or similar insolvency or winding-up proceedings, or (ii) in the event of the appointment of a receiver for any of the assets of Consignee, the making of an assignment for the benefit of the creditors of Consignee, or the taking of any similar action such as requesting a creditor's assignment or composition of creditors, or (iii) if the present owners of Consignee (or of the corporation which controls Consignee) shall no longer own or control more than fifty percent (50%) of the shares of Consignee (or of the corporation which controls Consignee).

Article 20. Rights and Obligations after Termination

20.1 Upon termination of this Agreement, Consignee shall notify its customers in Territory to the effect that this Agreement has terminated.

20.2 In case Consignee holds a stock of Products at the time of termination hereof, Consignee shall ship back whole of Products stocked to Company.

Article 21. Force Majeure
Neither party shall be liable to the other party for failure to perform parts or whole of this Agreement and/or each individual contract when such failure is due to strikes, labor trouble, riots, storms, fires, explosions, floods, inevitable accidents, war (declared or undeclared), embargoes, blockades, legal restrictions, insurrections, Act of Gods or any other cause similar thereto which is beyond the control of the party.

Article 22. Assignment
This Agreement shall not be assignable by either Consignee or Company without the other party's written consent.

Article 23. Settlement of Dispute and Governing Law
23.1 This Agreement shall be interpreted and governed by the laws of (   ).
23.2 All disputes, controversies, or differences which may arise between the parties, out of or in relation to or in connection with this Contract, or for the breach thereof, shall be finally settled by arbitration in Seoul, Korea in accordance with the Arbitration Rules of the Korean Commercial Arbitration Board. The award rendered by the arbitrator(s) shall be final and binding upon both parties concerned.

Article 24. Miscellaneous Provisions
24.1 This Agreement constitutes the entire understanding of Company and the Agent with respect to the subject matter hereof.
24.2 No amendment, modification or alteration of any terms of this Agreement shall be binding on either party unless the

same shall be made in writing, dated subsequent to the date hereof and executed by or on behalf of the parties hereto.

24.3 All waivers hereunder shall be in writing, and the failure of any party at any time to require the other party's performance of any obligations under this Agreement shall not affect the right subsequently to require performance of the obligation. Any waiver of any breach of any provision of this Agreement shall not be construed as a waiver of any continuing or succeeding breach of such provision or a waiver or modification of the provision.

24.4 For the purposes of communication, this Agreement may be translated into another language, but this Agreement, which is executed in the English language, shall be the only binding version.

IN WITNESS WHEREOF, the parties hereto have authorized this Agreement to be executed by their respective duly authorized officers.

	Company	Consignee
By	( )	( )
Address	( )	( )
Title	( )	( )
Name	( )	( )

제 6 장 청약과 승낙

무역계약은 청약과 승낙에 의하여 성립된다.

청약(offer)이란 일정한 조건(품질, 수량, 선적, 결제 등의 조건)으로 매매계약을 체결하고 싶다는 청약자(offeror)의 일방적이며 확정적인 의사표시(proposal)를 말하며, 피청약자(offeree)의 절대적이며 무조건의 승낙(absolute and unconditional acceptance)이 있으면 즉시 일정한 내용의 계약을 성립시킨다.

1인 또는 그 이상의 특정한 자에게 통지된 계약체결의 제의 이외의 거래에 대한 제의는 제의자가 반대의사를 명확히 표시하지 아니하는 한, 단순히 청약을 행하기 위한 유인으로 간주된다. 예를 들어, 신문광고, 상점 주인이 어떤 가격으로 상품을 진열하는 경우, 가격표 제공 등의 행위는 청약이 아니라 청약의 유인(invitation to make offer) 또는 예비적 교섭(preliminary negotiation)이라고 한다.

청약의 종류는 매도청약과 매수청약, 반대청약, 확정청약과 불확정청약, 최종확인조건부청약, 선착순판매조건청약, 반품허용조건부청약, 점검후판매조건청약 등이 있다.

승낙(承諾, acceptance)은 피청약자가 청약자의 청약을 수락하여 계약을 성립시키고자 하는 의사표시를 말한다. 승낙은 피청약자가 청약에 응하여 합의를 성립시킬 의사를 가지고 청약에 대하여 행하는 의사표시이므로 청약의 내용과 완전 일치해야 한다. 즉, 승낙은 절대적이고 무조건적이어야 한다.

조건부 승낙은 반대청약(counter offer)이다. 즉, 일정한 조건을 첨부한 승낙, 청약의 내용을 변경한 승낙 및 청약이 지정한 승낙방법·시기 등에 따르지 않은 승낙은 계약성립의 요건으로서 효력이 발생하지 않는다.

승낙의 효력발생시기는 발신주의(dispatch theory, mailbox rule), 도달주의 및 요지주의 원칙이 있다.

(Model Letter 1) 나일론 스타킹 매도 확정청약

July 20, 2015

Samjin Moolsan Co., Ltd.
P.O. BOX International 567
Seoul, Korea

Gentlemen:

In accordance with your letter of July 15, 2015, we have today cabled you the following firm offer as per enclosed Confirmation of Cable, subject to your reply reaching us by July 30.

Two Hundred(200) Dozen Ladies Nylon Stockings
at U$5.00 per dozen C.I.F. New York
Shipment: During August
Payment: Draft at 30 d/s under an Irrevocable L/C

This is the best offer we can make at present and we trust that you will accept this offer without loss of time.

Yours very truly,

Wilson & Co., Inc.

Inc. 1 Confirmation of Cable

(주) 문단 구성: 상대방 서신 상기 및 확정청약 타전 통보 - 확정청약 - 승낙 요청

(1) cable: 타전하다, 전보를 치다.

(2) 확정청약의 표현

① We offer (you) firm subject to your reply (being) received (here) by the May 15, 2015.

② We are pleased to offer you subject to your reply reaching us by the end of May.

③ We take pleasure in offering you subject to reply here by the 15th of this month.

④ We make a firm offer subject to immediate acceptance by you.

(3) as per: ~에 따라, ~에 의해서, ~와 같이, ~대로. 매우 진부한 표현이므로 according to, as indicated in, following, in conformity with(to) 등으로 변경하는 것이 좋다.

- as per 뒤에는 관사를 사용하지 않는다. as per contract: 계약서대로/ as per enclosed account: 동봉 계산서대로/ as per usual: 평상시와 같이

(4) enclosed confirmation of cable: 동봉된 전보확인서

(5) stockings, trousers, glasses, pants, shoes, pincers 등과 같이 짝을 이루는 명사는 항상 복수형을 쓰며, 동사도 복수동사를 받는다. pincers(pl): 펜치, 못뽑이, 족집게

(6) without loss of time: 지체 없이, 바로, 즉시, 즉각, 신속히 =without delay, as soon as possible, at once, with good speed, without wasting time, right away, immediately, promptly, instantly

(7) at U$5.00 *per* dozen C.I.F. New York: per 대신에 a를 사용할 수 있다.

(Model Letter 2) 앞 서신의 전보문

Wilson & Co., Inc.
50 Liberty St., New York
N.Y. 10005, U.S.A.

CABLE ADDRESS
WILCO NEW YORK

CONFIRMATION OF CABLE

DATE: July 20, 2015

TO: SAMJIN SEOUL

YOURS FIFTEENTH OFFER FIRM SUBJECT REPLY HERE BY JULY THIRTIETH LNS TWO HUNDRED DOZEN AT FIVE TOTAL ONE THOUSAND AUGUST SHIPMENT PAYMENT LC WILCO

(주)

(1) cable address: 전신주소(전신약호)/ WILCO: Wilson & Co., Inc.의 전신주소

(2) YOURS FIFTEENTH OFFER: 15일자 서신에 대한 전신회신이므로 FIFTEENTH라고 하면 상대방은 자신이 보낸 15일자 전신을 생각하게 함으로 혼돈을 줄 수 있으므로 반드시 서신임을 표시하여야 한다. REUR 15TH LETTER OFFER(Regarding your letter of July 14, we offer ~)로 표현하는 것이 명료하다.

(3) LNS = Ladies Nylon Stockings

(4) cable 전문의 마지막에 있는 'WILCO'를 'answer back'이라고 한다. answer back code는 텔렉스에서 송신가입자의 호출에 대하여, 수신단말장치에서 자동적으로 송신가입자에게 보내지는 수신가입자 표시부호를 말한다.

(5) 상기 전보문을 보통문으로 전환하면 다음과 같다. In reply to your letter of July 15, we offer you firm subject to your reply

(being) received (here) by the 30th July, 200 dozen of LNS @ U$ 5 totalling U$1,000 for August shipment on the payment by LC. 수동태의 *being*은 생략할 수 있다.

(Model Letter 3) T-shirts의 가격조건에 대한 반대청약

July 27, 2015

Wilson & Co., Inc.
50 Liberty St., New York
N.Y. 10005, U.S.A.

Gentlemen:

We have received with thanks your firm offer for four hundred(400) dozen T-shirts, for which we have just cabled you our counter offer as follows:

YOURS TWENTIETH ACCEPTABLE IF NINE DOLLARS FIFTY CENTS PER DOZEN TOTAL 3800 DOLLARS PLS CABLE REPLY SAMJIN

You must remember that competition in this line is very keen and that your competitors are offering lower prices than yours.

We are looking forward to your confirmation.

Yours very truly,

Samjin Moolsan Co., Ltd.

(주) 문단 구성: 상대방 청약 상기 및 반대청약 타전 - 반대청약조건 제시 - 반대청약 이유(타사의 낮은 가격) - 반대청약 확인 요청

(1) set forth v. 설명하다, 진열하다, 보이다(=display, show).

(2) keen a. 치열한, 첨예한, 경쟁이 심한(=severe, sharp)

(3) 상기 전보문을 보통문으로 전환하면 다음과 같다. Your offer of July 20 is acceptable if the unit price is U$9.50 per dozen totalling U$3,800. Please reply by cable to Samjin Moolsan.

(Model Letter 4) 앞 서신에 대한 회신

August 4, 2015

Samjin Moolsan Co., Ltd.
P.O. BOX International 567
Seoul, Korea

Gentlemen:

We appreciate your counter offer of July 27, 2015 for price and are pleased to confirm the following cable we have just dispatched:

YOUR COUNTER OFFER TWENTY SEVENTH ACCEPTED WILCO

Please note, however, that we have specially accepted your request solely because we wish to make this the forerunner of many future orders from you.

We hope you will send us your formal order by return, which we will execute with our best attention.

Sincerely,

(주) 문단 구성: 상대방 반대청약 상기 및 회신 - 반대청약 수락 및 미래 주문 기대 - 공식주문 권유

(1) 상기 전보문을 보통문으로 전환하면 다음과 같다. Your counter offer of July 27 has been accepted by Wilson & Co., Inc..

(2) solely: 오직, 단지, 다만

(3) forerunner: 전조, 선두주자

(4) make: 생각하다(think).

- We wish to *make* this the forerunner of many future orders from you. 당사는 이번 주문을 귀사로부터 오는 장래의 많은 주문의 전조로 생각하고 싶다.(make + 목적어 + 목적보어 형식)

(5) formal order: 공식(정식) 주문

(Model Letter 5) 여행용 가방 매도 확정청약

April 10, 2015

Gentlemen:

We offer you firm subject to your reply reaching here by April 30 as follows:

Article: Travel Bags
Quality: 1.0 mm p.u. thickness and Nylon Zipper used.
Details as per our sample No. 20 dated March 29.
Quantity: 3,000 pcs
Shipment: during May
Insurance: To be covered on ICC(C) Clause including TPND for 10% over invoice amount.
Payment: Draft at sight under irrevocable letter of credit

This is the best offer we can make and this kind of offer

cannot be repeated in the future. Now large orders are rushing in from your country and the market here is the best strong. Under the circumstances, there is every indication that the price will rise soon.

We advise you, therefore, to accept this offer without loss of time.

Very truly yours,

(주) 문단 구성: 확정청약 - 청약조건 - 청약 및 가격상승 - 승낙 요청/ 청약조건으로서 가장 중요한 가격조건이 없음.

(1) p.u.(=polyurethane): 폴리우레탄(합성수지의 하나)

(2) 1.0 mm p.u. thickness and Nylon Zipper *used.* used 앞에 are가 생략됨. A and B are *used.* A와 B가 사용되다.

(3) *Details* as per our sample No. 20 dated March 29. Details는 Details of quality를 말하며 '품질의 상세한 내용은 3월29일자 당사의 견본 20호와 같습니다.'

(4) PCs: pieces

(5) 10% over invoice amount(=110% of invoice amount): 송장금액의 110%

(6) every indication: 여러 가지 암시(징조, 표시)

(Model Letter 6) 앞 서신에 대한 회신

April 25, 2015

Gentlemen:

We are glad to accept your offer of April 10 for 3,000 pieces Travel Bags at US$8.50 per piece CIF Hong Kong for May shipment.

To confirm this purchase, we are sending you herewith our Purchase Note No. 135.

In order to cover this purchase, we have arranged with our bankers for an Irrevocable Letter of Credit to be opened in your favor.

Since this transaction is very important to both of us, we would like you to give it your best attention.

Your very truly,

Encl. Purchase Note

(주) 문단 구성: 상대방 청약 상기 및 승낙 - 구매서 송부 - 신용장 개설통지 - 거래요청

(1) purchase note: 매약서(買約書), 구매계약서

(2) cover: 결제하다.

(Model Letter 7) 반대청약의 승낙요청

New York, June 24, 2015

The Seoul Trading Co., Ltd.

Gentlemen:

We have received your cable of June 20, offering 100 cases of Fancy Grade 'Star' Brand Canned Crab Meat @US$29.05 per case CIF New York via Panama.

We have approached our prospective customers with this offer, but to our regret we have been unable to interest them.

In view of the quotation now ruling in the market, it seems that your prices are a little high. Competition in this line is keen, as our regular suppliers are offering somewhat lower prices.

We have, therefore, cabled you a counter offer on the above, at US$29.00 per case, subject to your reply reaching here in 3 days.

As this is the first chance to do business with you, we would advise you to accept this offer immediately.

Your very truly,

(주) 문단 구성: 상대방 청약 상기 - 승낙거절 - 승낙거절이유(상대방 가격의 높음과 품목의 경쟁 치열) - 반대청약 - 반대청약 승낙요청

(1) fancy grade: 상급, (원예학)우량품
 - fancy: 주상품의(과일 등), 특선의(통조림 등)/ fancy fruit: 최고급 과일/ fancy price: 터무니 없는 가격/ fancy shop: 장신구 가계/ grade: 품질, 등급

(2) crab meat: 게의 살

(3) interest: ~에 흥미를 일으키게 하다, ~의 관심을 끌다.

(4) ruling a. 평균의(시세의), 일반적인/ ruling price: 일반적인 시세

(5) We would *advise* you to accept this offer immediately. advise는 '충고(조언)하다'의 뜻이 아니라 '권하다'의 의미로 사용되었으므로 suggest, recommend, offer 등으로 대체하는 것이 좋다.

(Model Letter 8) 반대청약 승낙

September 15, 2015

Gentlemen:

We regret that the prices we quoted were not low enough to meet your requirements. In fact, the prices have been carefully calculated, and we have shaded our prices where no margin of profit is left, and you have to understand there is no room for negotiation for those prices.

However, considering our long term business with other products, we have reconsidered our prices and completed the internal procedures required for finalizing the best competitive prices on the condition that you can meet our minimum order requirements suggested in our last offer.

Your limit prices can not even cover the manufacturing costs, and we may not be able to maintain the quality without increasing prices for your next order.

We hope to be favoured with your early order.

Very truly yours,

(주) 문단 구성: 당사 가격의 저렴함 강조 - 가격인하 - 차기주문 가격인상 - 주문권유

(1) low *enough to* meet your requirements. 귀사의 요구조건을 충족시킬 정도로 충분히 낮은. enough to 이하가 low를 수식함.

(2) shade v. ~~의 값을 조금 내리다(인하하다, 깎아 주다.).
- *shade the prices*: 가격을 인하하다.
- We have *shaded our prices where* no margin of profit is left. 우리는 한 푼의 이윤이 없는데도 가격을 깎았다. where는 범위와 대조를 나타내는 종속접속사로서 부사절을 이끌며 whereas, while의 의미로서 '~~하는데', '~~한데도', '~~인데'로 해석한다.

cf. We have *shaded our prices to the point of* no margin of profit at all. 우리는 전혀 이윤이 없는 지점까지 우리의 가격을 깎았다.

(3) margin: 여유, 원가와 매도가격의 차액, 이익/ fair margin: 상당한 이익/ good margin: 많은 이익/ sufficient margin: 충분한 이익/ reasonable margin: 합당한 이익/ small margin: 근소한 이익

(4) room: 여지, 공간, 장소. '여지'의 뜻으로 사용되는 경우 앞에 관사를 부치지 않는다. There is plenty of *room* for improvement. 개선의 여지가 충분히 있다.

(5) internal procedures: 내부 절차

(6) finalize v. 완결하다, 성립시키다, 최종으로 결정짓다, 결말을 짓다(내다).

(7) the best competitive prices: 가장 싼 가격으로

(8) on the condition that: ~~하는 조건으로

(9) However, considering ~~ with other products, we have *reconsidered*

our prices and completed the internal procedures required for finalizing the best competitive prices on the condition ~~ in our last offer. 이탤릭체 부분은 수신자가 관심이 없는 내용이므로 삭제하여 단순히 다음과 같이 작성하여야 한다.
'However, considering ~~ with other products, we have offered the best competitive prices on the condition ~~ in our last offer.' 또는 'However, considering ~~ with other products, we have accepted your counter offer on the condition ~~ in our last offer.'

(10) maintain the quality: 품질을 유지하다.

(11) even은 부사로서 cover를 수식하며 예외적인 일을 강조할 때 사용하며 '~조차(도)', '~라도', '~까지'의 뜻이며 only와 유사하다. Your limit prices can not *even* cover the manufacturing costs. 귀사의 지정 가격은 제조비용을 충당조차도 할 수 없다.

(12) be favoured with: ~의 혜택을 받다.

(Model Form 1) 한국산 인삼 확인조건부 청약

To London Trade Promotion
London, WC 1 R 4 TN

Gentlemen:

We are pleased to offer you the following goods on the terms and conditions set forth hereunder:

Description	Quantity	Unit Price	Amount
KOREAN GINSENG STRIP 2015 crop 1st grade, inspected and passed by our government authorities	3,000 lbs.	CFR London @US$ 3.00 per 1b. FOB Busan @US$ 2.50 per 1b.	US$ 9,000.00 US$ 7,500.00

1. Terms of Payment: By irrevocable letter of credit in our favor
2. Shipment: June/July
3. Packing: Export standard white cloth bales in pressed condition
4. Origin: The Republic of Korea
5. Validity: This offer is valid until June 5.
6. Remarks: The offer is subject to our final confirmation.

We are hoping to be favoured with your order.

Very truly yours,

(주)

(1) promotion: 촉진, 진흥, 조성, 증진/ sales promotion: 판매촉진

(2) set forth(=display, show) v. 설명하다, 보이다, 진열하다.

(3) strip: (천, 널빤지 등) 가늘고 긴 조각, 한 조각/ a strip of board: 널빤지 한 토막/ a strip of cloth: 한 토막의 천

(4) crop: 재배, 경작/ 2015 crop: 2015년산

(5) bale: 포대형태의 용기(예: 쌀 포대), 더미, 마포, 마대(면화, 면사, 원면 등의 포장에 사용)/ a bale of cotton: 면화 한 꾸러미

(6) in pressed condition: 압축된 상태로/ Export standard white cloth bales *in pressed condition.* 압축된 수출용 표준 흰천마포(마대)

- proper export packing(=export standard packing): 적합한 수출용 포장. 수출자가 수출포장의 상관행적 특성을 고려한 포장

cf. abstract packing: 추상포장. 포장이 불가능한 상품의 포장으로서 상품에 채택되는 장비적 조치를 말한다.

(7) The offer is subject to our final confirmation. 청약은 당사의 최종 확인을 조건으로 합니다. 확인조건부청약을 말한다.

(Model Form 2) 컬러텔레비전 매도청약

OFFER SHEET

4th April, 2015

Hansung Trading Co., Ltd.
Seoul, Korea

Dear Sirs,

We are pleased to submit you the following offer under our usual terms and conditions:

Article: Color TV Set, Model ACT-505
Quantity: 100 Sets
Price: @£100.50 stg. per Set FOB London
Shipment: Within 30 days after receipt of L/C
Destination: Busan, Korea
Packing: Export Standard Packing
Payment: By irrevocable & confirmed letter of credit in favour of London Corporation, London
Country of Origin: The United Kingdom
Inspection: Maker's inspection to be final
Insurance: To be effected by buyer
Validity: April 11, 2015

Remarks: The market here is strong owing to the influx of orders from abroad.

Sincerely,

(주)

(1) usual a. 보통의, 통상의, 일상의, 평상의, 통례의/ usual terms and conditions: 통상의 조건. 과거의 예로 보아서 정상적이고(normal) 보통인(common) 조건
- The *usual* X-Mas days rush of orders kept us working overtime. 통례적인 크리스마스 주문쇄도로 우리는 계속해서 시간외 작업을 했다.

(2) stg.: 영국 화폐 sterling의 약자로서 단순히 s.로 표시하기도 한다. £는 영국의 화폐단위 pound를 나타낸다. pound 이하 단위는 penny이며, penny의 복수는 pence

(3) influx(=rush in): 쇄도

제 7 장 주문과 확인

통상적인 무역거래에서는 매도청약(selling offer)이 일반적이지만, 특수한 경우에는 매수인이 먼저 구매하겠다는 청약을 하게 되는데 이를 주문(order)이라고 한다.

주문은 매수인이 구매하려는 물품의 내역과 거래조건을 명시하여 구매의사를 밝히는 것이므로 매입청약(buying offer)과 동일한 성격을 갖는다. 매도인이 주문을 수락하는 경우에는 수락의 표시로서 매약서(賣約書: sales note)를 보내며, 이를 주문의 확인(acknowledgement of order)이라고 한다.

주문은 청약이 수락되면 당사자가 서신으로 이를 확인하는 과정에서 매수인이 매도인의 매약서(賣約書: sales note)의 내용을 확인하고 그 내용대로 작성하여 매도인에게 송부하는 매약서(買約書: purchase note)에 의하여 또는 매도인의 상품목록이나 가격표 등을 기초로 이루어질 수 있으며, 계속적인 거래관계를 유지하는 당사자 간에는 청약(offer)없이 이루어지기도 한다.

주문서는 권유장(sales letter)과는 달리 배부할 일상적인 서신(routine correspondence) 형태로 인쇄된 주문양식(printed order form)이 사용되며, 매도인 또한 주문접수 통지를 인쇄양식에 의하는 경우가 많다.

인쇄된 주문양식을 사용하는 경우 다음과 같은 이점이 있다.

① 양식에는 일련번호가 기재되어 있으므로 추후 참조하기가 용이하다.
② 주문에 관한 중요한 내용을 빠뜨릴 위험을 방지할 수 있다.
③ 주문에 관한 일반거래조건을 후면에 인쇄함으로써 미래에 발생할 수 있는 분쟁을 대비할 수 있다.

서신에 의한 주문의 경우에는 서신이 주문에 관한 정확성과 명료성을 유지하며 분쟁 유발 시 정당화할 수 있는 조건을 구비하고 다음의 사항이 포괄되어야 한다.

① 품명, 수량, 가격, 상품목록의 참조번호 등의 상세한 내용
② 인도조건, 장소, 일자, 수송방법 및 운임의 선지급 또는 후지급
③ 지급조건

(Model Letter 1) 손목시계 주문

April 30, 2015

Precision Instrument Co.
80 East 46th St., N
New York, N.Y.
U.S.A.

Dear Sirs,

Thank you for your letter of 22nd April forwarding booklet with details of your range of wrist watches.

We are very interested in the different types of watches you offer and have decided to place a trial order for the following, on the terms stated in your letter, but only if you can guarantee despatches in time to reach by the end of this month.

1 gross "Popular" Watches @ £90 per dozen
1 gross "Regent" Watches @ £150 per dozen
1 gross "Aristocrat" Watches @ £240 per dozen

We place this order on the clear understanding that the consignment is despatched in time to reach us by 31st May, and reserve the right to cancel it and to refuse delivery after this date.

We suggest payment by bill of exchange drawn on us at 30 days after sight. Please say whether this is agreeable to you.

Yours faithfully,

(주) 문단구성: 상대방 편지 상기 - 다양한 종류의 시계에 관심 - 주문과 인도 조건 제시 - 결제방식 및 동의 요청

(1) forward v. 발송하다. ad. 앞으로 a. 앞의/ your letter of 22nd April *forwarding* booklet with details of your range of wrist watches. 각종 손목시계 명세서와 함께 소책자를 보내는 귀사의 4월22일자 서신

(2) trial order: 시험주문, 시험 삼아 처음으로 해 보는 주문

(3) despatch: 발송, 급송(추상명사)

(4) *in time to reach* by the end of this month. 이 달 말까지 도착하는 데 시간 맞춰(늦지 않게)

(5) Gross: 12×12 = 144개/ Small Gross: 12×10 = 120개/ Great Gross: 12×12×12 = 1,728개

(6) on the clear understanding that ~: ~라는 명백한 조건으로

(7) reserve the right to 부정사: ~할 권리를 유보하다.

(Model Letter 2) 옷걸이 주문

May 30, 2015

LG Trading Co., Ltd.
Room 603 Bando Building
Seoul, Korea

Gentleman:

We appreciate your having sent us samples of Coat Hangers with Price List No. 68 and your cable of May 24 which has enabled us to confirm our order in detail as per the enclosed Order Sheet No. 5533.

Enclosed are also two copies of cables, one of May 22 and the other of May 24 exchanged between us.

We have instructed our bankers, The Chase Manhattan Bank, to open and send by cable an L/C for $13,500 in your favor, which should reach you in a day or two through their correspondent bank in Seoul.

If this trial order proves to be satisfactory, repeat orders for larger quantities may follow as we have been supplying our customers with coat hangers every month.

Your very truly,

Templeton Trading Co.

Encls: Order Sheet No. 5533
2 copies of cables

(주) 문단 구성: 견본 및 가격표 접수통지 - 교환 전신사본 동봉 - 신용장 개설 - 반복주문 예상

(1) your cable of May 24 which has enabled us to confirm our order. 당사가 당사의 주문을 확인할 수 있게 한 5월 24일자 귀사의 전신

(2) We have *instructed* our bankers, The Chase Manhattan Bank,

to open and send by cable an L/C for $13,500 in your favor,
=We have *arranged with* our bankers, The Chase Manhattan Bank *for* an L/C to be opened and sent by cable for $13,500 in your favor,

(3) in a day or two: 하루나 이틀 후에, 양일 중에.
- in은 현재를 기준으로 하여 '(어떤 기간이)지나면'이라는 뜻을 나타내는 경우에 사용하며, '후에', '있으면'으로 해석한다. 반면에 within은 '이내에'로 해석함. *in* a few minutes 몇 분 후/ The pain pass off *in* 24 hours. 24시간 후에(after)/ The pain pass off *within* 24 hours. 24시간 내로(이내에). 24시간이 넘지 않음.

(Model Letter 3) 컴퓨터 주문

JOHNSONS & CO., LTD

January 17, 2015

Dae Han Trading Co., Inc.
Seoul, Korea

Gentlemen:

We have received your letter of January 7 accepting our offer for computers and monitors, and thank you very much for two Agreements on General terms and Condition of Business both signed by yourselves.

We are happy to give you an order for total of 700 Computers and Monitors each, and enclosed Order sheet No. 5812 in which you will find details of the goods ordered and other terms. Please note that the goods are to be shipped in conformity with the specifications.

When we checked the enclosed Agreements, we were agreeable to them in every respect. We, therefore, write our signature on them and return one of them to you with this letter.

We shall be obliged if you would notify us shipment is ready.

Very truly yours,

(주) 명세서매매 서신/ 문단 구성: 상대방의 승낙 및 일반거래조건협정서 상기 - 주문서 동봉 - 일반거래조건협정서 서명 및 반송 - 선적통지 요청

(1) accepting our offer: offer는 buying offer를 말함.

(2) shipping specifications: 적하명세(서)

(3) write our signature on: ~에 서명하다.

(4) if you would notify us shipment is ready. us 뒤에 의미상으로 the time when이 생략됨

(Model Letter 4) 벽지 주문

July 15, 2015

Gentlemen:

We wish to place an order with you for the following items:

Wallcoverings	Item No. JT-188 480 rolls
	Item No. JT-172 rolls
Packing	: Export standard packing
Payment	: Draft(s) at 90 days after sight under Irrevocable letter(s) of credit

Delivery : Within 45 days after the date of this letter
Price : According to your proforma invoice of June 15
Trade terms : CIF our port(s)
Insurance : To be effected subject to ICC (A) by you

An irrevocable L/C will be opened through a prime bank here according to the terms and conditions in your previous letter.

Very truly yours,

(주)

(1) Trade terms: CIF our port(s). our port(s)는 수입항을 의미하나 국명과 항구 명을 표시하는 것이 구체적인 표현이다. (Ex) CIF Korean Ports
(2) roll: 둘둘만 종이, 통, 두루마리

(Model Letter 5) 서신형식 **Max Coffee** 주문서

February 10, 2015

Messieurs Kraft & Sheeny Inc
244 Market Street
San Francisco, Calif.

Gentlemen:

Please enter the following order for March shipment by any liner available bound for Busan.

Quantity	Number	Descriptions	Unit Price	Amount
20 cases	45	Max Coffee, 24 cans per c/s	$ 1.00 per lb.can	$ 480.00
30 bxs.	144	Carnation Instant Dry Milk, 10 oz per c/s, 20 c/s per bx	50 cents per c/s	$ 300.00
20 bxs.	255	Roeding's Dried Figs, 12oz per c/s, 24 c/s per bx	60 cents per c/s	$ 288.00
		Total Amount Export discount 5% Balance C.I.F. Busan		$ 1,068.00 $ 53.40 $ 1,014.60

The goods are described in your Catalogue No. 55.

It is our understanding that the shipment will be invoiced to us, subject to the export discount of five percent for cash. We have instructed the Bank of Seoul to open a Confirmed Letter of Credit No. 55641 for $1,014.60 in your favor, under which you may draw on them at sight with full set of shipping documents.

Yours very truly,

Bando Tradings Co., Ltd

Encl: LC

(주) 반도통상이 Kraft & Sweeny Inc.에게 coffee 등의 주문을 위해 보낸 서신형식의 주문서(letter order)/ 문단 구성: 주문수락 요청 - 주문내역 - 신용장 발행

(1) enter(=book) v. 주문을 기장하다. enter the order: 주문을 입력하다 (수락하다, 장부에 기록하다), 주문서를 정식으로 제출하다. 일정한 서식

에 기재된 주문서를 order blank, order form, order sheet라고 하며, 서신에 기재된 주문서를 order letter라고 한다.

(2) liner: 정기선/ tramper: 부정기선

(3) by any liner available: 이용 가능한 정기선 편으로

- available: 이용할 수 있는(이용 가능한), 쓸모 있는, (법)유효한, 입수할 수 있는, 실제로 직접 이용하거나 손에 넣을 수 있는 상황인 경우에만 사용가능하다. available assets: (회계)이용가능 자산/ available energy: (물리)유효 에너지

a. The manual will be *available* by June 6. 6월 6일까지는 사용설명서를 이용할 수 있다(출간되거나 입수하게 되는 상황).

b. Please ship the goods by first *available* vessel. 첫 번째 이용 가능한 선편에 선적해 주십시오.

c. This apartment will be *available* by next month. 이 아파트는 다음 달까지 입주할 수 있다.

cf. useful: 입수가능 여부에 관계없이 이용가치가 있거나 유용한 것일 때 사용함.

(4) be bound *for* Busan: 부산행. for는 to의 의미로서 '~로 가는, ~행'으로 해석

(5) case(c/s)와 box(bx)는 수량단위/ per lb.can: lb.는 Pound의 약자이며 1 pound들이 '깡통 당'/ per c/s: '상자 당'/ oz: ounce/ number: catalogue에 표시되어 있는 상품번호(item No.). 20c/s per bx: 박스당 24 상자

(6) carnation a. 갈색의

(7) fig: 무화과(열매 또는 나무)/ dried figs: 건조시킨 무화과 열매(가루)

(8) balance: 정산한 금액, 수지, 차감잔액/ on (the) balance: 차감(差減)(공제, 정산)하면, 모든 것을 고려하여 보면, 결국은

(9) invoice v. 송장에 기록하다, ~의 송장을 기록하다. be invoiced to~: ~앞으로 청구되다.

(10) the export discount of five percent for cash. 현금지급에 대하여 5%의 수출가격 할인

(11) instruct(=arrange with): 지시하다, 조치하다, 협정하다.

* 신용장 개설신청 관련 표현

① instruct A to B: A가 B하도록 지시하다.

a. We have already *instructed* the Bank of Seoul *to amend* the letter of credit by cable.(조건 변경하도록 지시하다.)

b. We have *instructed* the Bank of Seoul *to open* a Letter of Credit for $1,014.60 in your favor.(개설하도록 지시하다.)

c. We have *instructed* the Bank of Seoul *to open and send* by cable an L/C for $13,500.00 covering for our order No. 850 in your favor.(개설하여 보내도록 지시하다.)

② arranged with A for(about) B: B에 대하여 A와 조치하다(협정하다).

a. I *arrange with* the grocer *for* regular deliveries. 식료품점에서 정기적인 배달을 해 주도록 하다.

b. We have *arranged with* the Bank of City *for(about)* an Irrevocable Letter of Credit in your favor for U.S. $55,000. 당사는 귀사를 수익자로 하는 금액 U.S. $55,000의 취소불능신용장에 대하여 시티은행과 협정하였다.

c. In order to cover this purchase, we have *arranged with* our bankers *for* an Irrevocable Letter of Credit to be opened in your favor. 이 구매를 충당하기 위하여, 당사는 귀사를 수익자로 취소불능신용장이 개설되도록 당사의 거래은행에 지시하였다.

③ ask(=request, demand, solicit, beg) A to B
=ask A for B-ing: A가 B하도록 요청하다, 부탁하다.

a. You are requested to announce one month before shipment so we can *ask* our customer *to open* necessary letter of credit.

b. We have *asked* the Sanwa Bank Ltd., Osaka branch, here to open an irrevocable and documentary credit for US$280,000 in your favor.

(12) under which you may draw on them at sight. 신용장하에서 귀사는 그들 앞으로 일람불어음을 발행할 수 있다. draw 뒤에 a draft가 생략됨.

(13) with full set of shipping documents: 선적서류 완전 1조를 첨부하여/ full set: 전통. 선하증권의 경우 발행된 원본 전체 즉, 통상적으로 3통을 말한다.

(Model Letter 6) 드라이버 주문확인

June 20, 2015

Mr. Robert D. Mollis
MRB Electronic Services Limited
Romsey, Hampshire S05 8XQ
U.K

Dear Mr. Mollis,

We thank you very much for your order by facsimile of 10th June for 100 pieces of Electric Screwdrivers Model No. D-532, D-533 and D-534, and we are glad to book it except the second item which is out of stock at present.

The required time of shipment is so near that we suggest two solutions. One is that we recommend D-633 as a very good substitute for D-533. Though it is a different model, D-633 is the same in bit torque as D-533, and can be applied to the same screw sizes. We offer it at the same price. If you are good enough to accept this, please fax your immediate acceptance and we will ship all the three items in August. The other is that we may ship D-532 and D-534 in August and D-533 separately in September, if you would rather wait for D-533.

We are sorry for the inconvenience you have been put to, but you may be aware that it is due to the growing popularity of electric tools which are gradually superseding pneumatic ones in the tool market.

We await your instructions by telex or facsimile and assure you that if you accept either of the two suggestions, we shall execute this order in the most satisfactory manner.

Yours faithfully,

(주) 문단 구성: 주문 감사 및 수락 - 대체품 제시와 선적시기 - 주문품의 인기로 선적지연 - 제시안 수락 요구

(1) screw 나사(못), 나사 조이기/ screwdriver 나사 돌리개

(2) book(=register, arrange, reserve): 장부에 기장하다, 예약하다, (예약자의)이름을 기입하다.

(3) The required time of shipment is *so* near *that* we suggest two solutions. 요구된 선적시기가 너무 가까워 당사는 2개의 해결책을 제안한다. 'so ~ that 절은 ~너무 ~해서 ~하다'로 해석.

(4) substitute: 대체품(=substitutes goods)

(5) bit: 날

(6) torque: 드라이버 앞머리에 붙은 날(bit)의 죄이는 힘(회전력)

(7) apply: 사용하다.

(8) be good(kind) enough to 동사
=be so kind(good) as to 동사
=kindly 동사: 부디 ~해 주십시오, 아무쪼록 ~해주십시오, ~친절하게도 (고맙게도) ~하다.

- Please *be good enough to advise* us. 아무쪼록 통지해 주십시오. 현대적 표현은 Please tell(or inform) us. 구어에서는 kind 대신에 good을 쓴다.
- *Be kind enough to send* us the sample. 미안하지만 그 견품을 당사에 보내 주십시오.
- If you *are good enough to accept* this. 고맙게도 이것을 받아주신다면
- please fax your immediate acceptance *and* we will ship all the three items in August. and는 '그러면'으로 해석

(9) would rather 동사: 오히려(차라리) ~한 쪽이 좋을 듯하다.
- If you *would rather wait* for D-533. 둘 중 하나를 선호한다는 의미

cf. had better 동사: 이유를 제시하고 충고하는 경우에 사용함.

(10) put(give) A to inconvenience: A에게 폐를 끼치다, 불편을 주다
=cause(occasion) inconvenience to A
- the inconvenience you have been put(given) to: 귀사에게 끼친 폐

(11) supersede: 대체하다, 바꾸다, 대신하다.

(12) pneumatic: 공기작용에 의한

(13) manner: (일의)방식, 태도, 방법/ in a manner 어느 정도, 어떤 의미로는, ~식으로/ in the most satisfactory manner 가장 만족할 정도로

(Model Letter 7) 주문확인과 선적통지

March 10, 2015

Bando Trading Co., Ltd.
645 3ka Ulchiro, Chungk
Seoul, Korea.

Gentlemen:

We wish to acknowledge with thanks your order of February 25.

We will pack the goods carefully and ship them by the m/s "President Wilson", leaving San Francisco for Busan on June 25. As usual we shall draw a draft at sight for $1,014.60 under the Confirmed LC issued by the Bank of Korea.

We do highly appreciate your business and shall be glad to serve you again.

Yours very truly,

Kraft & Sweeny Inc.

(주) 주문에 대한 수락 회신/ 문단 구성: 상대방 주문 상기 - 선적통지와 결제 조건 - 감사

(1) m/s, m.s.(=motor ship): 동력선(디젤엔진을 갖춘 선박)
- s/s, s.s.(=steam ship): 증기선(증기의 힘으로 움직이는 선박)

(2) ship: 보내다(forward, send).

(3) *leave* Busan(=*sail from* Busan): 부산을 출항하는
leave for Busan(=*sail for* Busan): 부산으로 출항하는
leave Busan for Hong Kong: 부산을 떠나 홍콩으로 가는
=*clear(sail) for* Hong Kong *from* Busan
=*sail from* Busan *to* Hong Kong

(4) highly: 크게, 대단히, 매우. 비유적으로 사용되어 '높게'의 의미/ I speak *highly* of him. 나는 그를 높이 산다.
- highly와 같은 관계를 나타내는 것으로는 deep/deeply, dear/dearly, late/lately 등이 있다.

• high는 장소나 위치가 '높게'의 뜻. The birds fly *high*. 새가 높이 날다.

(Model Letter 8) 서신형식 고무벨트 구매서와 승낙확인 요청

September 10, 2015

Subject: Endless Rubber Belt

Gentlemen:

We have the pleasure in informing you that our customer has accepted the following offer in full and you may, therefore, commence production. Attached is our purchase order No. S/SP/MBS-SPC.

<table>
<tr><th>No</th><th>Descriptions</th><th>Q'ty</th><th>Price</th><th>Amount</th></tr>
<tr><td rowspan="5">MBK-0948</td><td>MBK brand Endless Rubber Belt</td><td></td><td>FOB Kobe</td><td></td></tr>
<tr><td>150 mm</td><td>50 pcs</td><td>US$10.00/piece</td><td>US$500.~~</td></tr>
<tr><td>180 mm</td><td>100 pcs</td><td>US$12.50/piece</td><td>US$1,250.~~</td></tr>
<tr><td>200 mm</td><td>100 pcs</td><td>US$15.00/piece</td><td>US$1,500.~~</td></tr>
<tr><td colspan="4">Total: 250 pcs of Endless Rubber Belt FOB US$ 3,250.~~
Delivery: October, 2015
Payment: by L/C at sight</td></tr>
</table>

Please confirm your acceptance and advise us of estimated delivery date in order to make necessary arrangement for import. And also you are requested to announce one month before shipment so we can ask our customer to open necessary letter of credit.

Yours very truly,

Affiliated Machinery Ltd.

Encl: S/SP/MBS-SPC

(주) 문단 구성: 승낙통지 및 구매서 첨부 - 승낙확인과 인도일자 요청

(1) endless: 순환하는, 끊임없는, 이음새가 없는/ endless rubber belt: (이음매가 없는)고무벨트

(2) in full: 전부, 빠짐없이

(3) commence: 시작하다, 개시하다(=start, set up). *commence* production: 생산을 개시하다.

(4) MBK-0948: 상품목록(catalogue)의 상품번호

(5) estimate: 견적, 견적서(estimate sheet), 개산(槪算), 평가, 예측/ estimated delivery date: 대략적인(예상된) 선적일자/ approximate(rough) *estimate*: 개산 견적, 개략(槪略) 견적/ preliminary *estimate*: 예비 견적

(6) make necessary arrangement for ~: ~에 필요한 준비를 하다.

(7) announce one month before shipment: 선적 1달 전에 알리다. announce 뒤에 목적어 'the shipment'가 의미상으로 생략되었고 the shipment는 delivery date를 의미한다.

(8) so we can ask our customer to open necessary letter of credit. 당사가 당사의 고객이 필요한 신용장을 개설하도록 요청할 수 있도록. so 뒤에 that가 생략됨.

(9) affiliated a. 소속된, 연계된/ affiliated company: 계열(자매)회사, 자회사

(Model Form 1) SALES NOTE

Seoul Mercantile Corporation
50 1-Ka Myungdong Jung-ku
Seoul, Korea

April 15, 2015

Cable Address "SEOULMER"
Telex Call No.: Tk1234

SALES NOTES NO. 145

Messrs. AP. Gordon & Co., Ltd.
Auckland, New Zealand

We are pleased to confirm having sold to you the following goods on the terms and conditions set forth below:

Commodity: Canned Beer, "STAR" Brand of Korean origin.
Quality: Same as above
Quantity: 8,800 cans in 400 cartons, each containing 22 cans: each can containing 350cc, net.
Price: N.Z. $2.45 per carton, CIF Auckland.
Total Amounts: N.Z. $980.00
Packing: Packed in export carton
Payment: By a Confirmed Irrevocable Letter of Credit available against a sight draft
Shipment: By May 15, 2015

Shipping Mark: A.P.G.
Auckland
C/# 001-400
Made in Korea

Insurance: Institute All Risks including Institute War and S.R. & C.C. Clauses.

Remarks: Your cable of April 9 & ours of the same date.

SEOUL MERCANTILE CORPORATION
(Signature)

Export Manager

(주) 상표(통명)매매에 관한 매약서(賣約書)

(1) We are pleased to confirm having sold to you the following goods. 다음의 물품을 귀사에 판매함을 확인합니다.

(2) set forth below(=under mentioned as follows, stated below): 아래에 명시(규정)한

(3) Same as above: 상동. 품질조건(terms of quality)이 “STAR” Brand로서 품질의 결정방법을 brand에 의하는 상표(통명)매매(sales by brand)를 말한다.

(4) 8,800 cans in 400 cartons, each containing 22 cans: *each* can containing 350cc, net. each는 each carton을 의미함.

(5) cc: cubic centimeter(s). cubic은 ‘입방의, 세제곱의’의 뜻으로 부피를 나타냄.

(6) N.Z. $2.45: New Zealand Dollar 2.45

(7) available against a sight draft: 일람불환어음과 교환으로(against) 사

용할 수 있는

(8) A.P.G.: 수입상인 AP. Gordon & Co., Ltd.의 머리글자. Auckland: 수입항/ Made in Korea: 한국이 원산국
- C/#: 화번(case number)의 약호로서 C/N 또는 C/No.으로 표시한다. 생사(raw sill)나 견연사(spun)처럼 bale(곤, 포) 단위로 포장할 때에는 B/N(B/No: Bale Number)으로 표시한다. C/# 001-400: 카톤상자가 1번에서 400번까지 있음.

(9) Institute All Risks, including Institute War and S.R.&C.C. Clauses. 협회 전쟁 및 동맹파업·폭동·소요 약관을 포함하는 협회전위험담보약관
- All Risks(A/R): 전위험담보약관을 말하며 AAR(Against All Risks)이라고도 한다.
- War and SRCC(War, Strikes, Riots and Civil Commotions)는 추가약관(additional clauses)을 말함.

(10) Your cable of June 9 & *ours* of the same date. ours는 our cable

(Model Form 2) PURCHASE NOTE

September 20, 2015

PURCHASE NOTE NO. 350

Samsung Moolsan Co., Ltd.

This is to confirm the purchase of the following goods on the terms and conditions stated below:

Article: Samsung IC Radio
Quantity: 1,000 sets Model No. 2. @£2.15, CIF Calcutta
1,000 sets Model No. 3. @£3.23, CIF Calcutta

Shipment: During October
Terms: Draft at 90 d/s under an Irrevocable L/C
Insurance: W.A. including risks of Theft and Pilferage and Non Delivery for 10% over the invoice amount, claims to be payable in Calcutta.
Packing: 25 sets each to be packed in an export carton case
Marks and Numbers:

AR
CALCUTTA
C/# 1-80
MADE IN KOREA

Remarks: Unless otherwise expressly stated, this contract is subject to agreement previously exchanged.

Yours faithfully,

A. RICHARDS & CO., LTD.

(주) 구매확인 - 구매조건

(1) purchase note(=purchasing order note)의 내용은 서문을 제외하고 sales note의 내용과 동일한 것이 원칙이다.
(2) article(=name of commodity): 품목
(3) IC(Integrated Circuit): 집적회로
(4) W.A.(=with average): 협회분손담보약관으로서 Theft and Pilferage and Non Delivery(=TPND: 절도.발하.불착) 위험은 담보하지 않음.
(5) claims: 청구보험금/ for 10% over the invoice amount, *claims* to be payable in Calcutta. 송장금액에 10%를 가산한 금액을 보험금액으로 한다는 의미. claims 앞에 부대사항의 with가 생략됨.
(6) 25 sets each to be packed in an export carton case. each는

Model No. 2와 No. 3 각각을 말한다.

(7) marks and numbers: 하인과 하번

(8) agreement =general agreement(=memorandum of agreement)

• This contract is subject to *agreement* previously exchanged.

이 계약서는 이전에 교환한 일반거래조건협정서(general agreement)에 따른다.

제 8 장 신용장

신용장거래의 당사자는 신용장 발행의뢰인(applicant for the credit), 발행은행(issuing Bank), 수익자(beneficiary), 통지은행(advising bank), 확인은행(confirming bank), 매입은행(negotiating bank), 지급은행(paying bank), 인수은행(accepting bank), 연지급 확약은행(deferred payment undertaking bank), 결제은행(settling bank), 양도은행(transferring bank) 등이다.

신용장의 종류는 대금지급시기, 발행방식, 지급거절시 상환청구가능여부 등에 의하여 우편신용장과 전신신용장, 취소가능신용장과 취소불능신용장, 확인신용장과 미확인신용장, 상환청구가능신용장과 상환청구불능신용장, 매입신용장과 지급신용장, 일람출급신용장과 기한부신용장, 선지급신용장, 회전신용장, 구상무역신용장, 양도가능신용장과 양도불능신용장 등이 있다.

(Model Letter 1) 신용장 개설통지

October 10, 2015

Dear Sirs,

Many thanks for your quotation of 30th September. We have now decided to place the enclosed order with you.

We have asked the Sanwa Bank Ltd., Osaka branch, here to open an irrevocable and documentary credit for US$280,000 in your favor and this will remain valid until December 15, 2015. This credit will be confirmed by the Llyod's Bank of London and they will accept your draft on them at sixty days after sight for your invoice amount.

The following documents should be attached to your draft:
Two bills of lading
Three commercial invoices
One insurance policy

Our forwarding agent will dispatch necessary shipping instructions regarding the shipping marks and packing methods.

Please inform us by cable as soon as the goods have been shipped.

Sincerely yours,

(주) 문단 구성: 상대방 견적서 상기 및 당사 주문 - 신용장 개설 및 조건 - 환어음 첨부서류 - 선적지시 사항 - 선적통지 요청

(1) irrevocable credit: 취소불능신용장/ revocable credit: 취소가능신용장
(2) documentary credit: 화환신용장/ clean credit: 무담보신용장
(3) remain valid: 유효한, 효력을 갖는(=remain(be) effective, be valid (open, good, available), be(keep, hold, remain) in force)
(4) confirm: 확인하다. 신용장의 확인이란 개설은행의 지급확약에 제3의 은행이 독립적으로 지급확약을 추가하는 것을 말한다.
(5) forwarding agent: 운송주선업자, 운송대리인, 통관대리인
(6) shipping instructions: 선적지시서(사항)
(7) Please *inform us* by cable as soon as the goods have been shipped. 의미상으로 us 뒤에 of shipment가 생략됨.

(Model Letter 2) 신용장 개설통지

April 20, 2015

Mr. K. D. Hong
President
TELEPIA CO., LTD
Fax: 82+3447+7864

Thank you very much for your fax of April 6, 2015.

Your Sales Note No. 777 has been received. Having found it correct, we enclose the duplicate duly signed by us today.

We have arranged with the Bank of City for an Irrevocable Letter of Credit in your favor for U.S.$55,000. The advising bank, Korea Exchange Bank, in your city, will send you the L/C which you will receive within a few days.

This special order is very important for our company. We are very glad that we wind up first contract so promptly. We would like to ask you to ship them as soon as possible and pay your close attention to the packing of the goods.

When you have completed the shipment, please let us know by fax or E-mail unitra@trade.com.

Sincerely,

(주) 문단 구성: 상대방 매약서 상기 - 매약서 서명 후 부본 동봉 - 신용장 개설 - 조기선적 및 포장 유의 요청 - 선적통지 요청

(1) Having found it correct: (경험에 의하여) ~~가 ~~하다는 것을 알다. (find + 목적어 + 보어 형식)
 - We *found* it difficult to study hard. 우리는 열심히 공부하는 것이 어렵다는 것을 알았다.

(2) duplicate: 부본, 두 장. 여기서는 부본의 의미

(3) arranged with A for B: B에 대하여 A와 협정하다.

(4) within a few days: 수일 내에, 며칠 내에. 구체적인 일수를 확정하지 않은 의미.

(5) wind up: ~을 끝내다, 결말을 짓다(=conclude), 계약 등을 체결하다.

(6) pay(give) your close attention to: ~에 신중을 기하다.

(7) When you *have completed* the shipment. 때를 나타내는 부사절에서는 현재완료가 미래완료를 대신한다.
 - please let us *know* by fax or E-mail unitra@trade.com. know 뒤에 의미상으로 the shipment가 생략됨

(Model Letter 3) 신용장 개설통지

June 5, 2015

Dear Sirs,

We are pleased to inform you that we have instructed our bankers, the Bank of Tokyo, Ltd., Nagoya, to open an irrevocable letter of credit for US$85,000 covering for our order No. 850 in your favor.

Our order No. 850 of May 25 is for one hundred units of your Minicomputer Model MC-650, which is to be delivered to Nagoya by August 25.

The credit will be advised in due course by our banker's correspondents in Los Angeles, who deliver the L/C to you within a week. The validity of the credit is until September 20, 2015.

The documents required are:
Full set of clean on board ocean B/L
Commercial Invoices in five copies
The Insurance Policy
Packing List in three copies
Certificate of Origin

We will cover your shipment by paying your sight draft and trust that you will execute our order in complete satisfaction.

Yours sincerely,

(주) 문단 구성: 신용장 개설 - 주문품과 인도일자 통지 - 신용장 통지은행 및 유효기일 통지 - 제시 서류 - 주문이행 요청

(1) in due course: 당연한 순서를 밟아서, 적절한 절차에 의해, 때가 되면, 적절한 시기에, 머지않아, 불원간(=in due time, in due course of time, at the right and proper time),

(2) clean on board ocean B/L: 무사고 본선적재 해양선하증권. 즉 clean B/L, on board B/L 및 ocean B/L을 말한다. 화물이 외관상 양호한 상태로 대양을 항해하는 선박에 적재 완료된 후 발행되는 선하증권을 말한다. dirty B/L, received B/L 또는 local B/L은 수리 거절된다.

(3) in complete(full) satisfaction: 완전히(충분히) 만족스럽게

(Model Letter 4) 전신신용장 개설독촉

November 26, 2015

Gentlemen:

The letter of credit covering your order No. 523 has not yet reached us in spite of our repeated requests. The shipment is stipulated by you as December 10, and now only 15 days are left for it. Therefore please open your letter of credit immediately by cable. If you have open it already, please inform us of the L/C number.

We would like to obtain it as soon as possible so that we can be in time for the shipment stipulated.

Yours truly,

(주) 문단 구성: 신용장 미착 통지 - 조속하게 신용장 수취 희망

(1) be in time for: ~~에 시간을 맞추다, 시간을 엄수하다.

- so that we can *be in time for* the shipment stipulated. 규정된 선적시기에 맞출 수 있도록 하기 위하여

(Model Letter 5) 신용장의 선적기일 및 유효기일 변경요청

May 25, 2015

America International Co., Inc.
350 Fifth Avenue, New York
N.Y. 10018, U.S.A.

Gentlemen:

We have received the L/C No. 78910 for US$100,000 issued by the Bank of America, New York, dated May 15.

However, we regret to inform you that we shall not be able to ship your order No.17 under your credit No.78910 within the stipulated date due to the strike at our factory.

Under these circumstances, we would like to request you to extend your credit by cable as follow:
Shipping date: August 20, 2015
Expiry date: August 31, 2015

Your prompt attention to this matter would be highly appreciated.

Yours very truly,

Seoul Trading Co., Ltd.
Minho Kang
Min-ho Kang
General Manager

(주) 문단 구성: 신용장 접수 확인 - 파업으로 규정된 기간 내에 선적불가 - 신용장 기일연장 요청 - 협조요청

(1) expiry date: 신용장 유효기일

(Model Form 1) 취소불능 화환신용장 발행신청서

취소불능화환신용장발행신청서

(APPLICATION FOR IRREVOCABLE DOCUMENTARY CREDIT)
ABC BANK OF KOREA

AT SIGHT L/C 및 내국수입 USANCE
지 급 보 증 용

Cable Address:
Mailing Address:
Telex Number:

To:
Dear Sirs:

We request you to establish by ☐ cable ☐ air mail an Irrevocable Credit on the following terms and conditions

Advising Bank
Cable Address
Credit Number
Applicant
Beneficiary
Amount
Expiry Date
Tenor of Draft At Sight For % of invoice value
Documents(please indicate by placing x Mark in applicable box)

☐ full set of clean on board ocean bills of lading, made out to the order of the ABC Bank of Korea Ltd.. marked "Freight____________________" and "Notify accountee"

☐ Marine Insurance policy or certificate in duplicate, endorsed in blank for % of the invoice value. Insurance polices or certificates must expressly stipulate that claims are payable in the currency of the drafts and policies or certificates must also indicate a claim settling agent in Korea. Insurance must include: Institute Cargo Clauses: ______________________________

☐ Signed commercial invoice in

☐ Packing list in

☐ Other document(s) (if any)

Commodity Description

Name of Commodity	Quantity	Unit Price	Amount
Country of Origin			

Shipment from to Latest
Partial shipments are Transhipment is
Documents must be presented within days after the date of issuance of B/L or other transportation documents.
Special condition(s): All banking charges including postage, advising and payment commission outside Korea are for account of Shipment by

위와 같이 신용장발행은 신청함에 있어서 위 기재사항이 수입허가(승인)사항과 틀림없음을 확인하고 따로 제출한 수입거래약정서의 각 조항에 따를 것을 확약하며 아울러 위 수입화물에 관한 모든 권리를 귀행에 양도하겠습니다.

인감대조

Except so far as otherwise expressly stated, this credit is subject to the: Uniform Customs and Practice for Documentary Credits: (2007 Revision) International Chamber of Commerce, Publication NO. 600	신청인 ㊞ 주 소

지급보증확인	Checked By	Approved By

계	대 리	차 장	부 점 장

(Model Form 2) IRREVOCABLE LETTER OF CREDIT

THE ABC BANK CO., LTD
Los Angeles, Ca., USA

February 1, 2015

Boboonet Trading Co., Ltd
5-1 Myong-dong Chung-ku, Seoul, Korea

Gentlemen:

We hereby establish this irrevocable credit No. 8035 in your favor for account of Pinnacle Corporation, 200 Spring Street, Los Angeles, California for a sum or sums not exceeding a total of US$50,000,000 (US$Fifty Million Only) available by your draft(s) drawn on us at 90 days after sight accompanied by the following documents:

(1) Full set of clean on board ocean bills of lading issued to order of shipper, endorsed in blank, marked “Freight Prepaid” and “notify: Pinnacle Corporation, 200 Spring Street, Los Angeles, California” and dated not later than March 31, 2015.
(2) Signed Commercial Invoice in triplicate.
(3) Packing List in triplicate.
(4) Marine Insurance Policy in duplicate, endorsed in blank for 110% of the full invoice value subject to ICC (A).

Evidencing shipment of 10 units of office computers from

Inchon to Los Angeles.

Partial shipments are permitted. Transshipment is not permitted.

All drafts drawn hereunder must state the number, date, and name of establishing bank of this credit. The amount and date of payment/ acceptance/ negotiation of each draft must be endorsed on the reverse thereof.

This credit is subject to Uniform Customs and Practice for Documentary Credit, 2007 Revision, International Chamber of Commerce Publication No. 600.

We engage with the drawers, endorsers and bona fide holders of drafts drawn under and in compliance with the terms of this credit that such drafts shall be duly honored on due presentation to the drawee bank on or before April 10, 2015.

Very truly yours,

(주)

(1) establish(=open, arrange, furnish) an L/C in one's favor: ~를 수익자로 하여 신용장을 개설하다.
   - *establish* an L/C *to cover* A: A에 대하여 신용장을 개설하다.
   - *establish* an L/C *for* A(금액): 금액 ~~의 신용장을 개설하다.
   - *establish* an L/C *until*: ~~까지 유효한 신용장을 개설하다.

(2) account: 비용, 계정, 거래, 결제/ for account of ~: ~를 위하여, ~~의 비용(계정)으로
   - War risk shall be covered *for account of* buyer. 전쟁위험은 매수인의 비용으로 부보되어야 한다.

(3) sum: 금액, 총액, 합계/ a sum of fifty won: 일금 50원정

- for a sum *or sums* not exceeding a total of ~: '~ 금액을 최고한도'로 한다는 의미로서 short drawing(신용장 금액보다 적은 금액의 환어음을 발행하는 경우)을 허용한다는 것이다. *or sums*는 분할선적이 이루어져 여러 차례 환어음을 발행하는 경우를 반영한 문언이다.

=(up) to an(the) aggregate amount ~

=for maximum total of ~

: 만일 금액이 정액 즉, for U$1,000와 같이 표시되면 short drawing을 허용하지 않는다는 의미

(4) accompany: (일, 현상 등이) 동반되다(딸리다), (사람과)동반하다, 동행하다.

- Strong winds *accompanied* by heavy rain. 폭우를 동반한 강한 바람
- He *accompanied* his wife on the trip. 그 여행에는 그가 그의 아내를 동행했다.

(5) by your draft(s): 괄호 안의 (s)는 or sums와 같은 취지이며 draft or drafts라는 뜻이다.

(6) endorsed in blank(=blank endorsed): 백지배서가 된. 백지배서란 피배서인을 기재하지 않고 배서인의 이름만을 표시하는 배서방식을 말한다.

(7) *Evidencing* shipment of 10 units of office computers from Inchon to Los Angeles. *evidencing*은 상기의 서류 (1) - (4) 전체를 수식한다.

(8) partial shipment: 분할선적/ transshipment: 환적

(9) Uniform Customs and Practice for Documentary Credits: 화환신용장에 관한 통일관습 및 관행 즉, 신용장통일규칙

(10) bona fide holder: 선의의 소지인. 환어음이 문면상 완전하고 정규의 것으로 인정하고 소지하고 있는 자를 말한다.

- bona fide: 라틴어로서 '선의의'라는 의미의 부사 또는 형용사
  =in good faith =without dishonesty, fraud, or deceit =genuine(ly) =sincere(ly))
- bona fide purchaser(third party): 선의의 매수인(제 3자)

- mala fide holder: 악의의 소지인. mala fide는 라틴어로서 '악의의' 라는 의미의 부사 또는 형용사 =in bad faith =with intent to deceive

(11) on due presentation: 정히 제시되면

(Model Form 3) SWIFT M/T(Message Type) 700 Issue of Documentary Credit

M: 필수사항(main), O:선택사항(option)

M/O	Tag	Field Name
M	27	Sequence of Total(총량: 개설된 신용장의 순서)
M	40A	Form of Documentary Credit(화환신용장 형태)
M	20	Documentary Credit Number(화환신용장 번호)
O	23	Reference to Pre-Advice(예비통지)
O	31C	Date of Issue(개설일자)
M	31D	Date and Place of Expiry(유효기일 및 장소)
O	51a	Applicant Bank(개설은행)
M	50	Applicant(개설의뢰인)
M	59	Beneficiary(수익자)
M	32B	Currency Code, Amount(통화 코드, 금액)
O	39A	Percentage Credit Amount Tolerance(신용장 금액 허용한도)
O	39B	Maximum Credit Amount(신용장 최대금액)
O	39C	Additional Amounts Covered(추가 금액)
M	41a	Available with … By …(활용 방법)
O	42C	Draft at…(환어음의 종류)
O	42a	Drawee(환어음 지급인)
O	42M	Mixed Payment Details(혼합지급 내역)
O	42P	Deferred Payment Details(연지급 내역)
O	43P	Partial Shipment(분할 선적)
O	43T	Transshipment(환적)
O	44A	Loading on Board/Dispatch/Taking in Charge at/from (적재지/발송지/수탁지)

O	44B	For Transportation to···(운송 구간)
O	44C	Latest Date of Shipment(최종선적일)
O	44D	Shipment Period(선적기간)
O	45A	Description of Goods and/or Services(상품 및/혹은 용역명세)
O	46A	Documents Required(구비서류)
O	47A	Additional Conditions(추가조건)
O	71B	Charges(수수료)
O	48	Period for Presentation(제시기간)
M	49	Confirmation instructions(확인 지시사항)
O	53a	Reimbursement Bank(상환은행)
O	78	instructions to the Paying/Accepting/Negotiating Bank (지급/인수/매입은행에 대한 지시사항)
O	57a	"Advise Through" Bank(통지은행)
O	72	Sender to Receiver Information(수취인 정보 송부자)

(Model Form 4) SWIFT LETTER OF CREDIT

0/01/07-17:36:10 GBTWOUT-1039-000001

Possible Duplicate Delivery
Network : SWIFT
Session Holder : GEBATWTPAXXXP
Session : 3372
Sequence : 097094
Delivery Status : Network Ack
: Possible Duplicate Delivery
-------------------- Instance Type and Transmission -------------------
Original received from APPLI
Priority/Delivery: Normal
Message Output Reference: 1630
070129FRTPDBUBTOUT5507000001

Swift INPUT : FIN 700 Issue of a Documentary Credit

Sender : GERATWTPXX
FORTIS BANK, TAIPEI BRANCH(FORMERLY OENERAIE BANK TAIPEI TW)

Receiver : KOEXKRSEXXX
KOREA EXCHANGE BANK
SEOUL KR

27: sequence of total
1/1
40A: Form of Documentary Credit
IRREVOCABLE

20: Documentary Credit Number
FAJC71M001326

31C: Date of Issue
070129

40E: Applicable Rules
UCP LATEST VERSION

31D: Date and Place of Expiry
070315 In Beneficiary's Country

50: Applicant
POU CHEN CORPORATION
14P NO. 78-2 SEC. 3 TAICHUNG KANG
ROAD. TAICHUNG TAIWAN R.O.C

59: Beneficiary - Name & Address
LEE ENGINEERING
NO. 350-16 SAMI AK-DONG. SASANG-GU.
BUSAN. KOREA

32B: Currency Code, Amount
Currency: USD (US DOLLAR)
Amount: $134.782.55

39B: Maximum Credit Amount
NOT EXCEEDING

41D: Available With ....By............. Name & Addr
ANY BANK
BY NEGOTIATION

42C: Drafts at...
SIGHT

42D: Drawee - Name & Address
FORTIS BANK, TAIPEI BRANCH

43P: Partial Shipments
PARTIAL SHIPMENTS ARE ALLOWED

43T: Transhipment
TRANSSHIPMENTS ARE ALLOWED

44E: Port of Loading/Airport of Dep.
PORT OF KOREA

44F: Port of Discharge/Airport of Dest.
TAICHUNG PORT

44C: Latest Date of Shipment
070228

45A: Description of Goods &/or Services
AIRBAG DYEING MACHINE 1 SET
(AS PER P/I: X7042006121901)
FOB KOREA

46A: Documents Required
(ACCOMPANIED BY THE FOLLOWING DOCUMENTS AS INDICATED)
+ SIGNED COMMERCIAL INVOICE IN 3 COPIES INDICATING NUMBER OF THIS CREDIT.
+ 2/3 SET OF CLEAN ON BOARD OCEAN BILLS OF LADING MADE OUT TO ORDER OF POU CHEN CORPORATION NOTIFY BUYER, AND MARKED 'FREIGHT COLLECT'
+ PACKING LIST IN 2 COPIES
+ BENEFICIARY's CERTIFICATE STATING THAT ONE COMPLETE SET OF NON-NEGOTIABLE DOCUMENTS INCLUDING 1/3 SET OF ORIGINAL B/L HAS BEEN FORWARDED DIRECTLY TO THE APPLICANT BY REGISTERED AIRMAIL AFTER SHIPMENT.

47A: Additional Conditions
+ ALL BANKING CHARGES OUTSIDE TAIWAN AND INCLUDING REIMBURSEMENT CHARGES, TELEX CHARGES, IF ANY, ARE FOR ACCOUNT OF BENEFICIARY.
+ INVOICE PLEASE SHOW REF:TB-X7-070109-01.
+ A HANDLING CHARGES FOR USD50.00 OR EQUIVALENT WILL BE ASSESSED FOR EACH SET OF DOCUMENTS CONTAINING

DISCREPANCY(IES) PRESENTED UNDER THIS DOCUMENTARY CREDIT. THESE CHARGES ARE FOR ACCOUNT OF BENEFICIARY AND WILL BE DEDUCTED AT TIME OF PAYMENT.

+ WITHOUT PREJUDICE TO ANY NOTICE TO REFUSE DOCUMENTS GIVEN PURSUANT TO ARTICLE 16 OF THE UCP 600.

IN THE EVENT OF DISCREPANCY(IES), IF WE DECIDE, AT OUR ABSOLUTE DISCRETION TO CONTACT THE APPLICANT FOR WAIVER AND SUCH WAIVER IS RECEIVED AND PROVIDED WE CONCUR WITH SUCH WAIVER PAYMENT/ ACCEPTANCE/DEFERRED PAYMENT WILL BE EFFECTED AND DOCUMENTS WILL BE IMMEDIATELY RELEASED.

Release will occur despite any prior notice under article 16 of the UCP 600 that documents are held at the disposal of the presenter. Any fees associated with discrepancy notification, payment refusal/rejection and/or payment will be deducted from the proceeds. This condition is not to be construed to mean that documents with discrepancies will be honoured by us.

IN THE EVENT OF OUR PAYMENT DESPITE IDSCREPANCY(IES), IT MUST NOT BE CONSTRUED AS WAIVER OF DISCREPANCY (IES), SIMILAR OR OTHERWISE, ON FUTURE DRAWINGS.

48 Period for presentation.

DOCUMENTS MUST BE PRESENTED WITHIN 15 DAYS AFTER ISSUANCE OF THE TRANSPORT DOCUMENT BUT WITHIN THE VALIDITY OF THIS CREDIT

49 Confirmation Instructions

WITHOUT

78: Instr to payg / Acceptg / Negotg bank

+ ALL DOCUMENTS ARE TO BE DESPATCHED IN ON LOT BY COURIER TO US AT ROOM 502. 5F. WORLDWIDE HOUSE. 131. MIN 5HENG FAST ROAD, SECTION 3. TAIPEI. TAIWAN

+ UPON RECEIPT OF DOCUMENETS COMPLYING WITH THE TERMS AND CONDITIONS OF THIS CREDIT, WE SHALL COVER YOU IN ACCORDANCE WITH YOUR REIMBURSEMENT INSTRUCTIONS.

57A: 'Advise Through' Bank - RIC

BUSBKR2P

BUSAN BANK

BUSAN KR

72: Sender to Receiver information

/TEIE/

* End of Message

(Model Form 5) SWIFT LETTER OF CREDIT

BUSAN BANK

ADVISING DEPARTMENT/BRANCH: INTERNATIONAL BUSINESS OPERATION TEAM(BUSAN)

TEL. (051)469-0182, SWIFT: BUSBKR2P, TELEX: K53392

ADVICE OF DOCUMENTARY CREDIT	PAGE: 01
CREDIT NUMBER: 6BS0B2/0033/1	ADVICE NUMBER: A320160231297
DATE OF ISSUE: 2015/02/23	DATE OF ADVICE: 2015/02/24
BENEFICIARY:	ISSUING BANK: INTERNATIONAL COMMERCIAL BANK OF CHINA, 138 CHUNG SHAN NORTH ROAD KAOHSIUNG, TAIWAN
AMOUNT: USD/15,600.00	EXPIRY DATE: 2015/03/25

DEAR SIRS(S),

WE ARE PLEASED TO INFORM YOU, WITHOUT ANY RESPONSIBILITY ON OUR PART, THAT WE RECEIVED A TELEGRAPHIC MESSAGE FROM CORRESPONDENT READING AS FOLLOWS.

DOC ID: 915120080223A0011

FROM: INTERNATIONAL COMMERCIAL BANK OF CHINA, 138
CHUNG SHAN
NORTH ROAD
KAOHSIUNG

TO: BUSAN BANK, INTERNATIONAL BUSINESS OPERATION TEAM(PUSAN)

DATE: 2015-02-23

:: MT700 ISSUE OF A DOCUMENTARY CREDIT

:27: SEQUENCE OF TOTAL

: : 1/1

:40A: FORM OF DOCUMENTARY CREDIT

: : IRREVOCABLE

:20: DOCUMENTARY CREDIT NUMBER
: : OBSOB2/0033/1
:31C: DATE OF ISSUE
: : 080223
:31D: DATE AND PLACE OF EXPIRY
: : 080325 BENEFICIARY's COUNTRY
:50: APPLICANT
: : SUCCESS ASIA LTD.
: : SUIT 802, ST JAMES COURT ST
: : DENIS STREET, PORT LOUIS
: : MAURITIUS
:59: BENEFICIARY
XXXXXXXXXX
: : BUSAN, KOREA
:32B: CURRENCY CODE, AMOUNT
: : USD15600,00
:41D: AVAILABLE WITH. . .BY. . .
: : WITH ANY BANK
: : BY NEGOTIATION
:42C: DRAFTS AT . . .
: : AT SIGHT FOR 100 PCT OF INVOICE VALUE
:42D: DRAWEE
: : THE INTERNATIONAL COMMERCIAL BANK OF CHINA, KANG SHAN BRANCH
:43P: PARTIAL SHIPMENT
: : NOT ALLOWED
:43T: TRANSSHIPMENT
: : ALLOWED
:44A: LOADING ON BOARD/DISPATCH/TAKING IN CHARGE AT/FROM

: : KOREAN PORT
:44B: FOR TRANSPORTATION TO. . .
: : ZHONGSHAN WAIMWO, CHINA
:44O: LATEST DATE OF SHIPMENT
: : 080310
:45A: DESCRIPTION OF GOODS AND/OR SERVICES
: : 80 DRUMS OF MINERAL OIL B-500 AT USD195/DRUM
: : CIF ZHONGSHAN
:46A: DOCUMENTS REQUIRED
: :1) SIGNED COMMERCIAL INVOICE IN TRIPLICATE INDICATING NUMBER OF THIS CREDIT
: :2) NON-NEGOTIABLE CLEAN ON BOARD OCEAN BILLS OF LADING, MARKED “FREIGHT PREPAID” MADE OUT TO ORDER OF THE INTERNATIONAL COMMERCIAL BANK OF CHINA, KANG SHAN BRANCH KAOHSIUNG TAIWAN
: AND NOTIFY CHERN TAY TECHNOLOGY CO.,LTD. NO.12 JINSAN AVENUE
: EAST, SANJIAO TOWN, ZHONGSHAN CITY, GUANDONG,
: TEL:86-760-5541516 FAX:86-760-5541515
: AND SUCCESS ASIA LTD. TAIWAN OFFICE:NO.88 CHUNG SHAN S.RD.
: LU-CHU, KAOHSIUNG TAIWAN. TEL:07-6967111 FAX:07-6363604
: :3) PACKING LIST IN TRIPLICATE
: :4) BENEFICIARY's CERTIFICATE STATING THAT THEY HAVE FORWARDED FULL SET OF ORIGINAL B/L AND ONE COMPLETE SET OF NON-NEGOTIABLE DOCUMENTS DIRECT TO THE APPLICANT's TAIWAN OFFICE (ADD:NO.88 CHUNG SHAN S.RD. LU-CHU HSIANG, KAOHSIUNG TAIWAN.) BY COURIER SERVICE WITHIN 3 DAYS AFTER THE SHIPMENT EFFECTED
: 5) TEST REPORT IN ONE ORIGINAL

:47A: ADDITIONAL CONDITIONS

: 1) A DISCREPANCY FEE OF USD50 OR EQUIVALENCE WILL BE IMPOSED ON EACH SET OF DOCUMENTS PRESENTED FOR NEGOTIATION UNDER THIS CREDIT WHIT DISCREPANCY

: 2) IF DOCUMENTS PRESENTED UNDER THIS L/C ARE FOUND TO BE DISCREPANT, WE SHALL GIVE ITS NOTICE OF REFUSAL AND SHALL HOLD DOCUMENTS AT YOUR DISPOSAL SUBJECT TO THE FOLLOWING CONDITION: IF WE HAVE NOT RECEIVED YOUR DISPOSAL INSTRUCTIONS FOR THE DISCREPANT DOCUMENTS PRIOR TO RECEIPT OF THE APPLICANT's WAIVER OF DISCREPANCIES, WE SHALL RELEASE THE DOCUMENTS TO THE APPLICANT WITHOUT NOTICE TO YOU.

:71B: CHARGES

::ALL BANKING CHARGES OUTSIDE OF THIS COUNTRY ARE FOR BENEFICIARY's ACCOUNT

:48: PERIOD FOR PRESENTATION

: : DOCUMENT(S) MUST BE PRESENTED FOR NEGOTIATION WITHIN 15 DAYS AFTER THE DATE OF SHIPMENT BUT NOT LATER THAN THE VALIDITY OF THIS CREDIT

:49: CONFIRMATION INSTRUCTIONS

: : WITHOUT

:78: INSTRUCTIONS TO THE PAYING/ACCEPTING/NEGOTIATING BANK

: : DOCUMENTS MUST BE SENT TO THE ISSUING BANK AT ADD. 138. CHUNG SHAN NORTH ROAD, KANG SHAN, KAOHSIUNG HSIEN, TAIWAN VIA COURIER SERVICE, AFTER RECEIPT OF DOCUMENTS IN STRICT COMPLIANCE WITH THE CREDIT, WE SHALL REMIT THE PROCEEDS ACCORDING TO YOUR INSTRUCTIONS

:57D: “ADVISE THROUGH” BANK

: : DAEYEON-DONG BRANCH
:72: SENDER TO RECEIVER INFORMATION
: THIS CREDIT IS SUBJECT TO THE UNIFORM CUSTOMS AND PRACTICE FOR DOCUMENTARY CREDIT 2006 REVISION ICC PUBLICATION 600
---------------- END OF MESSAGE ----------------

<table>
<tr><td>WE RESERVE THE RIGHT TO MAKE SUCH AMENDMENTS TO THIS ADVICE AS MAY BE NECESSARY UPON RECEIPT OF CABLE CONFIRMATION AND ASSUME NO RESPONSIBILITY FOR ANY ERRORS AND/OR OMISSIONS IN THE TRANSMISSION AND/OR TRANSLATION OF THE CABLE. THE AMOUNT OF EACH DRAFT MUST BE ENDORSED ON THE RESERVE OF THIS CREDIT BY NEGOTIATING BANK.</td><td>YOUR FAITHFULLY

AUTHORIZED
SIGNATURE</td></tr>
<tr><td colspan="2">N.B.: IN CASE OF DIFFICULTIES, PLEASE CONSULTS US BEFORE COMMUNICATING WITH YOUR CUSTOMERS.</td></tr>
</table>

(Model Sentences 1) 신용장 사용 문구

45A: descriptions of goods and/or services
paints materials
according to profoma invoice No. 1234 dated 28/03/2015
shipping terms CIF Puan, Korea

46 A: documents required

(1) signed invoice in 10 original showing separately F.O.B value, freight charges, insurance premium, and C.I.F. value

(2) manually signed commercial invoice in 3 copies indicating this L/C No. and contract No. (Photocopy and carbon copy not acceptable as original)

(3) full set of clean on board ocean bill of lading made out to the order of Industrial Bank of Korea marked “freight collect” and “notify applicant”

(4) 2/3 set of clean on board ocean bill of lading made out to order of shipper blank endorsed marked “freight collect” and “notify applicant” indicating L/C No. and invoice No.

(5) marine insurance policy or certificate in duplicate for full invoice value plus 10 percent stating claims payable in Bangkok covering all risks.

(6) marine insurance policy or certificate in duplicate for 110 PCT of invoice value, blank endorsed, stipulating claims payable in Busan city covering Institute cargo clause A, Institute strike clauses and Institute war clauses.

(7) weight memo/packing list in 3 copies indicating quantity/gross and net weight of each package and packing conditions as provided for in the L/C.

(8) certificate of Korean Origin in 1 original

(9) beneficiary’s certificate certifying that 1/3 set of B/L, certificate of origin and health certificate have been sent after shipment, and the relative postal receipt required.

47A: additional conditions

(1) a discrepancy fee of USD 80.00(or equivalent) should be deducted from the amount claimed or will be deducted from

the proceeds of any drawing, if documents are presented with any discrepancy(ies). Notwithstanding any instructions to the contrary, this charge shall be for account of beneficiary. In addition, the payment of the relative cable expense, if any, shall also be for account of beneficiary.

(2) draft drawn under this credit must be endorsed and contain the clause, drawn under Industrial Bank of Korea, Seoul, Letter of Credit No. M123456789 dated 2015-04-24.

(3) T.T. Reimbursement: unacceptable

(4) one set of original shipping documents(including 1/3 of bill of lading, invoice, packing list) to be airmailed to the applicant and beneficiary's certificate of this effect is required.

(5) This credit is subject to Uniform Customs and Practice for Documentary Credits(2006 Revision) ICC Publication No. 600.

(6) reimbursements under this letter of credit is subject to ICC Uniform Rules for Bank to Bank Reimbursement under Documentary Credits URR 525

(7) This L/C covers 95 PCT of invoice value. The remaining payment of the balance of invoice value is to be made between buyer and seller under their agreement, apart from this credit.

(8) delivery to be made by reefer carrier only and fishing vessel not allowed.

(9) charter party B/L is acceptable

(10) Third party B/L and documents acceptable

(11) allowance 10 PCT more or less in quantity and value is acceptable

(12) all documents must indicate this L/C No.

(13) an extra copy of all shipping documents is required for

issuing bank's file.
(14) stale B/L acceptable
(15) This L/C is not transferable.
(16) payment or negotiation under reserve, guarantee or indemnity is not allowed.

48; period of presentation
Documents must be presented within 16 days after the date of shipment but within validity of the credit.

71B: charges
All banking commissions and charges outside Korea, plus reimbursing charges, are for account of beneficiary.

78: Instructions to Pay/Accpt/Nego Bank
(1) all documents must be forwarded directly to us in one lot by courier or registered airmail.
(2) In reimbursement: upon receipt of documents and drafts in compliance with terms and conditions of this credit, we shall remit the proceeds to you in accordance with your instructions.
(3) Upon receipt of the drafts and documents in order, we will remit the proceeds to your account with the bank designated by you.
(4) At maturity date, we shall remit the proceeds as designated.
(5) The amount of each drawing must be endorsed on the reverse hereof.

제 9 장 선적

수출업자는 물품선적 후 선적일자, 선박명, 선적량, 도착예정일 등을 수입업자의 물품인수준비를 위하여 전신으로 통지하여야(shipping notice) 한다. 일반적으로 전신으로 선적통지 후 항공우편으로 모든 선적서류의 사본 1장을 송부한다. 선적통지에 의하여 수입업자는 수입물품의 도착시기를 알 수 있으므로 수입결제자금, 하역, 통관 등을 준비하게 된다. 선적통지는 계약에 관한 매도인의 상의도상의 의무이다.

(Model Letter 1) 선복예약

Reserve Space

February 25, 2015

Kyung Gi Shipping Co., Ltd.
Suwon, Korea.

Dear sir,

We are obliged for the arrangements you promised us by telephone this morning to reserve space for two tons on the S/S "Arirang" which is expected to sail from Busan on the 12th March.

The goods are 20 cases of our Cotton Goods destined to New York, which will be warehoused by the 8th March by our shipping agents, HanJin Shipping Co., Ltd.

We'd learn that some advance in freight rate is inevitable due to the shortage of freight space with the approach of seasonal active transaction, but we are grateful for your doing best to give us your special rate down to $35.00 per ton.

Should there happen any change in the shipping schedule, please let us know of it without delay.

Yours faithfully,

(주) 문단 구성: 선복예약 통화 상기 - 선적품 내역 - 특별운임 감사 - 선적일정 변경 시 통지요청

(1) space(=ship's space, freight space, cargo space): 선복
- reserve(=secure, book) space: 선복을 예약하다.

(2) arrangements you promised us: 귀사가 당사에 약속한 협정

(3) destined to ~: ~행(行)/ be destined for ~: ~로 가기로 되어 있는

(4) warehouse v. 입고(入庫)하다. n. 창고

(5) shipping agent: 선적대리점, 선적대행업자

(6) learn from ~: ~에게 들어서 알다. *learn(=note, find, see) from A that ~*: A로부터 들어서 that 이하를 알다(알게 되다).

(7) advance n. 선금, 선대 v. 선급(선대)하다(=pay in advance, make advance). advance(d) freight: 선급운임/ some advance in freight rate: 운임율 약간의 인상

(8) inevitable: 필연적인, 피할 수 없는, 지당한

(9) due to the shortage of freight space: 선복 부족 때문에

(10) with the approach of seasonal active transaction: 계절적인 활발한 거래가 다가옴으로써

(11) your doing best to give us your special rate down to $35.00 per ton: 톤당 35달러로 낮춘 특별운임을 당사에 주기 위하여 귀사가 최선의 노력을 다하는 것.

(12) Should *there* happen any change in the shipping schedule: there는 유도부사(허사)이므로 If there should happen any change in the shipping schedule로 전환할 수 있다. happen은 is, comes 등으로 대체가능하다.

(13) please let us know of it. '그 사실을 알려달라는 뜻'의 공손한 표현

(Model Letter 2) 선박회사에 운임 및 운항스케줄 문의

July 30, 2015

Gentlemen:

We are ready for shipment from Singapore to Busan for two 40 cft container of TV Sets.

Will you please quote your rate for freight and send us details of your sailings and the time usually taken for the voyage.

We understand that S.S. "Everlad Lines" is due to sail on the 30th August, but we should like an earlier sailing if possible.

Yours faithfully,

(주) 문단 구성: 선적품 내역 - 운임 및 운항 스케줄 요청 - 조기 출항선박 문의

(1) *Will* you please quote your rate for freight. Will로 시작되고 문장의 끝에 ?가 아니고 period가 오면 '부탁'을 나타낸다. *quote* your rate for freight. 귀사의 운임율을 제시하다.

- *Will you please* let us hear on these two points. 이러한 2가지 점에 관하여 알려주시기 바랍니다.
- You *will please do* your best to hasten shipment. 선적을 서두

르는데 최선을 다해주십시오.

(2) sailing: 출항

(3) time taken for the voyage: 항해에 소요되는 시간

(Model Letter 3) 선적 및 운송서류 사본 송부통지

February 10, 2015

Gentlemen:

We are pleased to inform you that your order No. AM-258 of 2500 units of Model PB-180 has been shipped on board the M/S "Heisei Maru" of JPN Line which is scheduled to leave Yokohama, Japan on February 23, and is due to arrive at San Francisco on March 15.

You will find enclosed copies of the transport documents covering your order as follows:

Commercial Invoice	1
Bill of Lading	1
Marine Insurance Policy	1
Packing List	1
Certificate of Origin	1

Please note that we have drawn a draft on your bank at 30 d/s for this invoice amount, under Letter of Credit M-8747072 through the Bank of Tokyo, Marunouchi office. We ask you to accept it upon presentation.

We trust that the goods will reach you in good condition and give you full satisfaction. We look forward to receiving your repeat orders in the near future.

Your very truly,

(주) 문단 구성: 상대방 주문 상기 및 선적통지 - 운송서류 동봉 - 환어음 지급 요청 - 상품의 안전한 도착 및 반복주문 기대

(1) repeat orders: 반복주문

(Model Letter 4) 주문품 선적통지

May 2, 2015

Gentlemen:

Your order No. 123 has been shipped on the Arirang for Los Angeles, and we have had the shipping company make arrangement for transhipment at Kobe for the final destination, Osaka.

As requested by you, special devices have been used to keep the temperature in transit (including Siberia) within the specified range. You should receive the 4 shipping advices from our freight forwarder soon.

The ETA at Osaka is May 20, and we hope that the goods will reach you safe and in good condition.

Very truly yours,

(주) 문단 구성: 선적통지 - 특별장치로 온도유지 통지 - 도착예정시기 및 무사히 도착 희망

(1) make arrangement for: ~를 수배하다, 조치하다.

- We *have had* the shipping company *make* arrangement for transhipment. had가 사역동사로 사용되었으므로 make 앞에 to가 생략됨

(2) devices: 장치

(3) in transit: 수송 중에, 운송 중에(=during voyage)

(4) shipping advice: 선적안내, 선적통지

(5) 4 shipping advices

=the 4 pieces of shipping advice: advice는 단수, 복수 모두로 사용 가능하다.

(6) ETA(Estimate Time of Arrival): 추정도착시간

- ETA(Estimate Time of Departure): 추정출발시간

(7) safe(=safely) ad. 안전하게, 틀림없이/ safe and in good condition: 무사하고 양호한 상태

(Model Letter 5) 앨범 선적통지

June 5, 2015

Dear Sirs,

The Albums which you ordered on May 27 under your order No.345 will be shipped to you by s.s. “Dragons” sailing from Busan, Korea on June 20 and due to arrive at Hong Kong on June 25.

The bill of lading, commercial invoice, and certificate of insurance together with our draft drawn at sixty days sight, have been negotiated through the Seoul Bank Ltd., and should reach you within a few days. The enclosed copy of the invoice will give you advance information of the consignment.

We hope you will like the goods and that they will reach you promptly. We hope, too, to have the pleasure of dealing with your further orders.

Yours faithfully,

(주) 문단 구성: 상대방 주문 상기 및 선적통지 - 화환어음 매입은행 통지 및 송장사본 동봉 - 신속도착 및 추가주문 기대

(Model Letter 6) 항공운송 선적통지

October 15, 2015

Gentlemen:

We thank you very much for your order of October 10 and are pleased to inform you that dispatch will be made by Jumbo Jet, No. 56 flight of Far-East Asia Line, due to leave Los Angeles at 10:00 AM on 15th, arrive at Seoul at 11:00 PM on 16th, together with the necessary documents.

Our bank has confirmed receipt of your letter of credit and we enclose a copy of our invoice.

Very truly yours,

(주) 문단 구성: 상대방 주문 상기 및 선적통지 - 신용장 수취 확인 및 송장사본 동봉

(Model Letter 7) 컬러텔레비전 선적 독촉

August 12, 2015

Dear Sirs,

We wish to call your attention to our order No. 8900 for 150 units of color television, which was acknowledged by you on July 5. Since then, however, we have had no word from you regarding the shipment of our order.

We need the goods urgently so that we can hand over them to our customers in time for the next sales season. Needless to say, we would lose much of our chance of selling them in our market if their shipment is delayed any longer.

Please ship them and give us shipping advice by August 30 at the latest. Otherwise, we shall have to cancel the order in spite of our eagerness to materialize an initial business with you.

Yours truly,

(주) 문단 구성: 상대방 주문 확인 상기 - 즉시 선적 요청 - 선적통지 요청

(Model Letter 8) 앞 서신에 대한 회신

August 20, 2015

Gentlemen:

Referring to your letter of August 12, we regret very much the delayed shipment of your order.

On August 15, we have shipped the whole quantity of your order by M/V "Korean Glory". The shipment will reach you within a few days.

We are very sorry to say that shipment was delayed owing to a late arrival at our factory of some important parts caused by a strike of employees.

Please accept our profound apologies for the inconvenience the delayed shipment has caused you. We hope you will profit by the sale of our products in your country.

Yours truly,

(주) 문단 구성: 상대방 서신 상기 및 지적 유감표시 - 선적통지 - 지적사유 - 사과

(1) be sorry to(=feel sorry to, regret to): ~하게 되어 유감스럽다. We regret that(=To one's regret, we ~): ~을 유감스럽게 생각하다.

(Model Letter 9) 수출금지로 인한 선적지연 통지

October 10, 2015

Dear Sirs,

We are very sorry to inform you of a delay in executing your order No. 885 of September 23 for ten(10) super computers.

As you may know, our government has recently put an embargo on the export of various super computers to the developing countries and we have to obtain a special export licence to execute your order.

We think the delay will not be more than two months, and we will give your order special priority as soon as we receive permission to make shipment.

We have already manufactured your goods and are now ready for shipment. At any rate, please accept our deep apologies for the inconvenience you have been put to.

Yours sincerely,

(주) 문단 구성: 상대방 주문 상기 및 이행 지연 - 지연사유(특별 수출승인) - 지연기간 - 선적준비 완료 통지 및 사과

(1) embargo: (선박의)출항(입항)금지, 수출(통상)금지/ under an embargo: 수출(출항)금지 중
- put(=lay, place) an embargo on ~: ~의 수출을 금지하다, ~을 금지(방해)하다, ~의 입출항을 금지하다(=lay ~ under an embargo).

(2) make shipment(=effect shipment, ship): 선적하다.
- make shipment of A: A를 선적하다.
- make up the shipments: 선적품을 제조(조달)하다.

(Model Letter 10) 잡화 선적통지와 환어음 지급요청

May 10, 2015

Messrs. Henderson Bros.,
Singapore.

Dear Sirs,

We have the pleasure to enclose the invoice and B/L for 500 Cases Sundry Goods shipped by S.S. "Chunilho", in execution of your order of 20th April. We trust the goods will reach you in due course and give you entire satisfaction.

As instructed, we have drawn upon you for the net amount of U$ 500 at sight through the Korea Exchange Bank, and would ask you to give our draft your kind protection as usual.

We trust this purchase will bring you a good profit, and result in your further orders.

Your very truly,

Korea Trading Co., Ltd.

(주) 문단 구성: 상대방 주문 상기 및 선적통지 - 환어음 지급 요청 - 추가주문 기대

(1) Sundry Goods(=Sundries): 잡화

(2) in (the) execution of ~: ~을 수행하기 위하여, 수행 중에. in이 때(시간)를 나타낼 때는 '~동안(중)에, ~에'로 해석하고, 목적을 나타낼 때에는 '~을 위하여, ~을 위해'로 해석한다. in (the) execution of one's duties: 직무수행 중에

(3) reach (us, here): (당사에, 여기에) 도착하다. reach는 타동사이므로 목적어로 us가 직접 오지만, arrive (at us, here)는 자동사이므로 전치사 at 또는 in이 따라와야 한다.

(4) as (you) instructed: 귀사께서 지시한 대로(=as directed). as + 과거분사: '~대로, ~에 따라'

- as (you) requested: 귀사께서 요청하신 대로 =in accordance with your request =according to your request =complying with your request

(5) draw upon: upon 앞에 a draft가 생략됨

(6) protection: (어음의)인수, 지급, 인수지급/ protection of a draft: 어음의 인수지급.

- protect v. (어음을)인수지급하다. protect a draft: 어음을 인수하여 만기에 지급하다.

(Model Letter 11) 컴퓨터 선적통지와 환어음 지급요청

May 5, 2015

Dear Sirs,

We are pleased to inform you that your order No. 665 for 1,000 personal computers PC-8500 has been shipped today by M/S "Wilson", due to arrive at London on May 28.

Marks:

LE
London
C/#1-10

Nos. of Case: 10 (ten)
Weight of Each Case: 860kg
Measurement of Each Case: 1.8m×1.2m×1.8m

The commercial invoices(3), and insurance policy(1), together with clean on board ocean Bills of Lading(2), have been sent with sight bill(2) through the Hanvit Bank, Seoul under your L/C. We ask you to honor the draft on presentation.

We hope that the goods will reach you in good condition and give you perfect satisfaction.

Sincerely,

(주) 문단 구성: 상대방 주문확인 및 선적통지 - 하인 - 서류제시 및 지급요청 - 물품 무사히 도착 희망

(1) arrive at(in, on) ~: arrive는 자동사이므로 전치사가 따라오며, 선박이나 항공기의 도착장소를 지정할 때에는 항상 at를 쓴다.

(2) weight of each case: 각 상자의 중량/ measurement of each case: 각 상자의 용적

(3) honor the draft on presentation: 제시 시에 환어음을 지급하다.

(4) give you perfect satisfaction: 귀사에게 완전한 만족을 주다.

제10장 클레임

클레임의 해결방법은 화해(amicable settlement), 조정(mediation), 간여(intercession), 중재(arbitration) 및 소송(litigation)이 있다.

(Model Letter 1) 견본과 상이한 품질의 면제품에 대한 클레임

WILSON & CO., LTD.
50 Liberty Street, New York,
N.Y, 10005, U.S.A.

October 5, 2015

Haesung Ind. Co., Ltd,
C.P.O. Box 7917
Seoul, Korea

Gentlemen:

Five Bales of Cotton Goods for our order No. 100 per M/S "Island Container" V-23 have reached us, but we regret to inform you that their quality is inferior to the samples on which we placed the order.

Enclosed find sample from the goods we received. You will admit that your shipments do not come up to the quality of the sample.

We hope that you will correct the matters at once and let us know by return mail.

Yours very truly,

(주) 문단 구성: 주문품 수령 및 저급품 불만 - 견본 동봉으로 상이한 품질 확인 - 즉시 조정 및 회신 요청

(1) bale: 섬, 가마니, 고리, 짐짝, 곤(梱), 면화 1고리의 중량 v. 꾸리다(고리, 가마니로), 포장하다. a bale of cotton: 면화일곤/ bale number: 짐짝번호, 포장물 번호/ bale package: 곤포(梱包)

(2) inferior: (질이) 열등한/ inferior(=bad, poor) goods: 저질 상품
 • be inferior to(=be below) ~: ~보다 못하다, ~~보다 열등한

(3) come up to: ~와 합치하다, 일치하다.

(4) correct the matter: 문제를 조정하다, 수정하다.

(Model Letter 2) 앞 서신에 대한 회신

October 15, 2015

Gentlemen:

We are very sorry to learn from your letter of October 5, 2015 that our shipment of your order No. 100 was inferior in quality.

Upon tracing our records, we find that our shipping clerk shipped sample No. 5 Cotton Goods instead of those of sample No. 10 for which your order was given.

We are very sorry for this carelessness on our part. In order to adjust your claim at this time, we would like either to send you the right goods as soon as possible or to give you a special allowance of 20% off the invoice amount.

Please accept our apologies for the inconvenience we have caused you and let us know which of above two adjustments is preferable to you.

Yours very truly,

(주) 문단 구성: 상대방 서신 확인 및 저급품 인정 - 저급품 선적 원인 - 조정안 - 사과 수용 및 조정안 선택 요청

(1) trace one's record: ~의 기록을 조사하다.

(2) on one's part(=at one's end, at the end of one, on the part of one): ~측에서(는)

(3) claim n. 요구, 손해배상청구 v. 요구하다(on), 배상청구하다. claimant: 클레임제기인, (손해배상)청구인/ claimee: (손해배상의)피청구인/ raise a claim: 클레임을 제기하다. claim on(against) A for B: A에게 손해배상(B)을 청구하다, 요구하다.

(4) allowance: 가격 할인, 인하(=discount, reduction, deduction, concession), (정기적으로 지급하는)수당, 급여, 공제, 승인, (허가)한도, (화폐, 중량의) 허용 오차
- 5% *off* the invoice amount: 송장금액에서 5% 할인
- a 5% discount(=a discount of 5%): 5% 할인
- grant A a 5% discount(=allow A a reduction of 5%): A에게 5%의 할인을 해주다.
- grant you a 5% discount *off* the invoice amount: 귀사에게 송장금액에서 5% 할인하다. *off*는 '~에서'로 해석한다. off the invoice amount: 송장금액에서

(5) accept A apologies for B: B에 대하여 A의 사과를 받다.
- Please accept our thanks for ~: ~에 대하여 감사드립니다.

(Model Letter 3) 쌍안경 포장파손에 대한 클레임

April 4, 2015

Gentlemen:

We received the shipment of the 1,000 sets of Binoculars shipped by "Moon Star V-35," but deeply regret to inform you that 3 cartons of your shipment were damaged.

They are carton Nos. 3, 18 and 31. The cases were broken and the protection cover torn of, but the contents were fortunately safe except for some packages slightly damaged.

It is our opinion that the cases used for export were not sufficiently strong to protect these kinds of merchandise.

We hope we don't receive any complaints from our customers after their delivery to retail stores, because we are afraid the mechanism of binoculars will become unfit earlier than the expiration of our guarantee-period.

We trust that there will be no repetition of the trouble.

Very truly yours,

(주) 문단 구성: 선적품 포장상자 일부 파손 - 내용물 이상 없음 - 파손이유 - 보장기간 이전에 쌍안경 부적합 염려 - 반복적인 손상 없음을 기대

(1) be afraid that ~: ~을 걱정하다, ~을 염려하다. that 이하에는 바라고 싶지 않은 내용이 온다.

- I *am afraid that* he will die. 그가 죽을까봐 걱정이다.

- I *am afraid that* I cannot help you. '안됐습니다만 도와 드릴 수 없습니다.' I am afraid는 I am sorry의 의미.

(Model Letter 4) 견본과 상이한 재질의 코트에 대한 클레임

October 2, 2015

Gentlemen:

The goods that you shipped to us in accordance with our order of September 10 arrived today, and are not satisfactory. The material of the coats does not seem to be the same as that of the sample.

Such goods are really of no use to us, but if you wish us to keep them we will do so to oblige you; only in that case we naturally expect you to make us a special allowance of 10% at least. If you prefer to dispose of them elsewhere, let us have shipping instructions.

We shall appreciate your prompt attention to the adjustment of this claim.

Yours very truly,

SMITH & CO., INC.

(주) 문단 구성: 주문품의 상이한 재질 불만 - 특별할인으로 수락용의 - 신속한 해결 요청

(1) We will do so to *oblige* you. 당사는 귀사의 부탁을 들어주기 위하여 그렇게 할 것입니다.

- They refused to *oblige* the photographers (by posing with her sons). 그들은 (아들들과 포즈를 취해 달라는) 사진사들의 부탁을 들어주는 것을 거절했다.
- We'd be happy to *oblige*. 기꺼이 해 드리겠습니다.

(2) We naturally expect you to make us a special allowance of 10% at least. naturally는 문수식 부사이다. 문수식 부사는 2가지로 구분할 수 있다. unfortunately, happily, evidently 등과 같이 보통 문두나 문미 오지만, 문중에도 올 수 있으며 이런 경우에는 (,)를 앞뒤에 찍는다. naturally, rightly, foolishly 등은 사람의 의견을 나타내는 것으로 동사 앞에 온다.

(Model Letter 5) 저급품에 대한 클레임과 손해배상청구

September 15, 2015

Gentlemen:

Five hundred(500) bales of cotton goods per M/S "Arirang" reached us, but we regret to inform you that their quality is inferior to the samples though the bales themselves show no trace of damage.

We filed our claim for the inferior quality with the America President Lines, Ltd., Seoul General Agent as we considered this was due to the rough handling by them. However, an investigation made by the licensed INTECO surveyor has revealed the fact that the deterioration is attributable to the coarse raw cotten. For further details, please refer to the surveyor's report enclosed.

Accordingly, we are compelled to claim on you to make up for the deterioration amounting to US$4,800 specified in the surveyor's report.

Your prompt settlement of this claim will be appreciated.

Very truly yours,

Enc. Surveyor's Report

(주) 문단 구성: 저급품 도착 - 클레임 원인 제시 - 보상 청구 - 신속한 해결 요청

(1) trace of damage: 파손의 흔적

(2) file: 제기하다.

- *file* A *with* B: A(신청, 항의 등을)를 B에게 제출(제기)하다. We *filed* our claim for the inferior quality *with* ~: ~에게 불량 품질에 대한 클레임을 제기하였다.

(3) surveyor: 감정인/ the licensed INTECO surveyor: 공인된 인테코 검정인(감정인)

(4) deterioration: 변질, 변색(discoloration)

(5) be attributable to ~: ~에 원인이 있다, ~ 때문이다, ~의 탓으로 돌리다.

(6) coarse a. 조악한, 조잡한, 열등한

(7) be compelled to: ~할 수밖에 없다, 어쩔 수 없이 ~하다, ~할 의무가 있다, 필연적으로 하게 되어 있다. =be impelled to, be obliged to, be bound to, be driven to, be forced to, can not help ~ing, can not choose but to do, have no choice but to, must

(8) *make up for*: ~의 벌충을 하다. claim on you to *make up for*: ~을 벌충(축이 나거나 모자라는 것을 보태어 채움.)하도록 귀사에 요구하다.

제11장 무역서류

1. 환어음(BILL OF EXCHANGE)

BILL OF EXCHANGE

No. 1234　　　　Busan, Korea April 20, 2015
FOR US$100,000
AT X X X X X SIGHT OF THIS **FIRST** BILL OF EXCHANGE (**SECOND** OF THE SAME TENOR AND DATE BEING UNPAID) PAY TO Seoul Bank Busan or Order THE SUM OF US Dollars One Hundred Thousand Only
VALUE RECEIVED AND CHARGE THE SAME TO ACCOUNT OF ABC Co., Ltd. Seattle, WA., U.S.A.
DRAWN UNDER Bank of America, Seattle, WA., U.S.A. L/C No. 5678 Dated April 5, 2015

TO Bank of America,
Seattle, WA.,
U.S.A.

Haemin Yoo, Chairman
PUFS Co., Ltd.
551-1 Uam-dong, Busan,
South Korea

BILL OF EXCHANGE

No. 1234　　　　Busan, Korea April 20, 2015
FOR US$100,000
AT X X X X X SIGHT OF THIS **SECOND** BILL OF EXCHANGE (**FIRST** OF THE SAME TENOR AND DATE BEING UNPAID) PAY TO Seoul Bank Busan or Order THE SUM OF US Dollars One Hundred Thousand Only
VALUE RECEIVED AND CHARGE THE SAME TO ACCOUNT OF ABC Co., Ltd. Seattle, WA., U.S.A.
DRAWN UNDER Bank of America, Seattle, WA., U.S.A. L/C No. 5678
Dated April 5, 2015

TO Bank of America,
Seattle, WA.,
U.S.A.

Haemin Yoo, Chairman
PUFS Co., Ltd.
551-1 Uam-dong, Busan,
South Korea

2. 선하증권(BILL OF LADING)

<table>
<tr><td colspan="6">Shipper</td><td colspan="3" rowspan="4">K.S. LINE
Korea Shipping Corporation
COMBINED TRANSPORT BILL OF LADING
RECEIVED in good apparent good order and condition except as otherwise noted the number of Containers or other packages or units enumerated below for transportation from the place of delivery subject to the terms hereof. One of the original Bills of Lading must be surrendered duly endorsed in exchange for the Goods of delivery Order. On Presentation of this document (duly endorsed) to the Carrier by or on behalf of the Holder, the rights and liabilities arising in accordance with the terms hereof shall (without prejudice to any rule of common law or statute rendering them binding on the Merchant) become binding in all respects between the Carrier and the Holder as though the contract evidenced hereby had been made between them.
IN WITNESS whereof the number of original Bills of Lading stated below have been signed, one of which being accomplished, the other(s) to be void.</td></tr>
<tr><td colspan="6">Consignee</td></tr>
<tr><td colspan="6">Notify Party</td></tr>
<tr><td colspan="2">Pre-Carriage by</td><td colspan="4">Place of Receipt</td></tr>
<tr><td colspan="2">Ocean Vessel
Voy. No.</td><td colspan="4">Port of Loading</td><td colspan="3">B/L No.</td></tr>
<tr><td colspan="2">Port of Discharge</td><td colspan="4">Place of Delivery</td><td colspan="3">Final destination (for the Merchants reference)</td></tr>
<tr><td colspan="2">Container No.</td><td colspan="2">Seal No:
Marks & Nos.</td><td colspan="2">No. of Container P'kgs.</td><td>Kind of packages: Description of Goods</td><td>Gross Weight</td><td>Measurement</td></tr>
<tr><td colspan="9">Total Number of Containers or Packages (in words)</td></tr>
<tr><td>Freight & Charges</td><td colspan="2">Revenue Tons</td><td colspan="2">Rate</td><td colspan="2">Per</td><td>Prepaid</td><td>Collect</td></tr>
<tr><td colspan="3">Freight Prepaid at</td><td colspan="4">Freight Payable at</td><td colspan="2">Place of Issue</td></tr>
<tr><td colspan="3">Total Prepaid</td><td colspan="4">No. of Original B/L</td><td colspan="2">Date of Issue</td></tr>
<tr><td colspan="5">Laden on Board the Veseel
Date
By</td><td colspan="4">KOREA SHIPPING CORPORATION
By
as Agents for the Master</td></tr>
</table>

3. 보험증권(INSURANCE POLICY)

<table>
<tr><td colspan="3">THE MARINE INSURANCE CO., LTD
MARINE CARGO INSURANCE POLICY</td></tr>
<tr><td colspan="3">Assured</td></tr>
<tr><td colspan="2">Policy No.</td><td>Ref. No.</td></tr>
<tr><td colspan="2">Claims, if any, payable at/in</td><td>Amount insured hereunder</td></tr>
<tr><td colspan="2">Survey should be approved by</td><td rowspan="5">Conditions and warranties</td></tr>
<tr><td>Local Vessel or Conveyance</td><td>From(interior port or place of loading)</td></tr>
<tr><td>Ship or Vessel</td><td>Sailing on or about</td></tr>
<tr><td>at and from</td><td>transhipped at</td></tr>
<tr><td>arrived at</td><td>thence to</td></tr>
<tr><td colspan="3">Subject-matter Insured

Subject to the following Clauses as per back hereof
Institute Cargo Clauses specified above
Institute replacement Clause(applying to machinery)
In-Deck Clause

Marks and Numbers as per Invoice No. specified above</td></tr>
<tr><td colspan="2">Place and Date signed in</td><td>Numbers of Policies issued</td></tr>
<tr><td colspan="2">*</td><td>**</td></tr>
</table>

* IMPORTANT

PROCEDURE IN THE EVENT OF LOSS OR DAMAGE FOR WHICH UNDERWRITERS MAY BE LIABLE

LIABILITY OF CARRIERS, BAILEES OR OTHER THIRD PARTIES

It is the duty of the Assured and their Agent, in all cases, to take such measures as may be reasonable for the purpose of averting or minimizing a loss and to ensure that all rights against Carriers, Bailees or other third parties are properly preserved and exercised. In particular, the Assured or their Agents are required;

1. To claim immediately on the Carriers, Port Authorities or other Bailees for any missing packages.
2. In no circumstances, except under written protest, to give clean receipts where goods are in doubtful condition.
3. When delivery is made by Container, to ensure that the Container and its seals are examined immediately by their responsible official.
   If the Container is delivered damaged or with seals broken or missing or with seals other than as stated in the shipping documents, to clause the delivery receipt accordingly and retain all defective or irregular seals for subsequent identification.
4. To apply immediately for survey by Carriers' or other Bailees' Representatives if any loss or damage be apparent and claim on the carriers or other Bailees for any actual loss or damage found at such survey.
5. To give notice in writing to the Carriers or other Bailees within 3 days of delivery if the loss or damage found at such survey.

NOTE: The Consignees or their Agent are recommended to make themselves familiar with the Regulation of the Port Authorities at the port of discharge.

INSTRUCTIONS FOR SURVEY

In the event of loss or damage which may involve a claim under this insurance, immediate notice of such loss or damage should be given to and a Survey Report obtained from this Company's Office or Agents specified in this Policy or Certificate.

DOCUMENTATION OF CLAIMS

To enable claims to be dealt with promptly, the Assured or their Agents are advised to submit all available supporting documents without delay, including when applicable;

1. Original policy or certificate of insurance.
2. Original or Certified copy of shipping invoices, together with shipping specification and/or weight notes.
3. Original or certified copy of Bill of Lading and/or other contract of carriage.
4. Survey report or other documentary evidence to show the extent of the loss or damage.
5. Landing account and weight notes at port of discharge and final destination.
6. Correspondence exchanged with the Carriers and other Parties regarding their liability for the loss or damage.

In the event of loss or damage arising under this policy, no claims will be admitted unless a survey has been held with the approval of this company's office or Agents specified in this policy.

** Condition

Notwithstanding anything contained herein or attached to the contrary, this insurance is understood and agreed to be subject to English law and practice only as to liability for and settlement of any and all claims.

This insurance does not cover any loss or damage to the property which at the time of the happening of such loss or damages is insured by or would but for the existence of this Policy be insured by any fire or other insurance policy or policies except in respect of any excess beyond the amount which would have been payable under the fire or other insurance policy or policies had this insurance not been effected.

We, THE MARINE INSURANCE CO., LTD. hereby agree, in consideration of the payment to us by or on behalf of the assured of the premium as arranged, to insure against loss damage liability or expense to the extent and in the manner herein provided.

In witness whereof, I the Undersigned of THE MARINE INSURANCE CO., LTD. on behalf of the said Company have subscribed My Name in the place specified as above to the policies, the issued numbers thereof being specified as above, of the same tenor and date, one of which being accomplished, the others to be void, as of the date specified as above

For THE MARINE INSURANCE CO., LTD.

AUTHORIZED SIGNATORY

4. 상업송장(COMMERCIAL INVOICE)

<table>
<tr><th colspan="6">COMMERCIAL INVOICE</th></tr>
<tr><td colspan="3" rowspan="2">① Shipper/Exporter</td><td colspan="3">⑧ No. & date of invoice</td></tr>
<tr><td colspan="3">⑨ No. & date of L/C</td></tr>
<tr><td colspan="3" rowspan="2">② For account & risk of Messers.</td><td colspan="3">⑩ L/C issuing bank</td></tr>
<tr><td colspan="3" rowspan="2">⑪ Remarks :</td></tr>
<tr><td colspan="3">③ Notify party</td></tr>
<tr><td>④ Port of loading</td><td colspan="2">⑤ Final destination</td><td colspan="3"></td></tr>
<tr><td>⑥ Carrier</td><td colspan="2">⑦ Sailing on or about</td><td colspan="3"></td></tr>
<tr><td>⑫ Marks & numbers of Pkgs.</td><td>⑬ Description of Goods</td><td colspan="2">⑭ Quantity/unit</td><td>⑮ Unit-price</td><td>⑯ Amount</td></tr>
<tr><td colspan="6">⑰ P.O. Box :
Cable address :
Telex code :
Telephone No. :

⑱ Signed by ____________________
Manager</td></tr>
</table>

5. 캐나다 세관용 송장(CANADA CUSTOMS INVOICE)

CANADA CUSTOMS INVOICE
FACTURE DES DOUANES CANADIENNES

page of
de

1. Vendor (Name and Address/Vendeur (Nom et Adresse)

2. Date of Direct Shipment to Canada/Date d' expédition directe vers le Canada

3. Other References(include Purchaser's Order No.)
Autres références(inclure le n。 de commande de l'acheteur)

4. Consignee (Name and Address)/Destinataire(Nom et adresse)

5. Purchaser's Name and Address (If other than Consignee)
Nom et adresse de l'acheteur(S'il diffère du destinataire)

6. Country of Transhipment/Pays de transbordement

7. Country of Origin of Goods Pays d'origine des machandises

IF SHIPMENT INCLUDES GOODS OF DIFFERENT ORIGINS ENTER ORIGINS AGAINST ITEMS IN 12 SL LEXPEDITION COMPREND DES MARCHANDISES D'ORIGINES DIFFERENTES PRECISER LEUR PROVENANCE EN 12

8. Transportation Give Mode and Place of Direct Shipment to Canada
Transport Préciser mode et point d'expédition directe vers le Canada

9. Conditions of Sale and Terms of Payment
(i.e. Sale, Consignment Shipment, Leased Goods, etc.)
Conditions de vente et modalites de paiement
(P. ex. vente, expédition en consignation, location de marchandises, etc.)

10. Currency of Settlement/Devises du paiement

11. No. of Pkgs Nore de colis	12. Specification of Commodities(Kind of Packages, Marks and Numbers, General Description and Characteristics, i.e. Grade, Quality) Désignation des articles(Nature des colis, marques et numèros, description générale et caractéristiques. p ex classe, qualité)	13. Quantity (State Unit) Quantité (Préciser l'unité)	Setting Price/Prix de vente — 14. Unit Price Prix unitaire	15. Total

18. If any of fields 1 to 17 are included on an attached commercial invoice, check this box
Si les renseignements des zones 1 à 17 figurent sur la facture commerciale. cocher cette boite
Commercial Invoice No. / N。 de la facture commerciale ________________ ☐

16.Total Weight/Poids Total

Net	Gross/Brut

17. Invoice Total
Total de la facture

19. Exporter's Name and Address (if other than Vendor)
Nom et adresse de l'exportateur(S'il diffère du vendeur)

20. Originator (Name and Address)/Expéditeur d'origine(Nom et adresse)

21. Departmental Ruling(if applicable)/Décision du Ministère(S'il y a lieu)

22. If fields 23 to 25 are not applicable, check this box
Si les zones 23 à 25 sont sans objet. cocher cette boite ☐

23. If included in field 17 indicate amount
Si compris dans le total à la zone 17, préciser

(i) Transportation charges, expenses and insurance from the place of direct shipment to Canada
Les frais de transport, dépenses et assurances à partir du point d'expédition directe vers le Canada
$________________

(ii) Costs for construction, erection and assembly incurred after importation into Canada
Les coûts de construction, d'érection et d'assemblage après importation au Canada
$________________

(iii) Export packing
Le coût de l'emballage d'exportation
$________________

24. If not included in field 17 indicate amount.
Si non compris dans le total à la zone 17, préciser

(i) Transportation charges, expenses and insurance to the place of direct shipment to Canada
Les frais de transport, dépenses et assurances jusqu'au point d'expédition directe vers le Canada
$________________

(ii) Amounts for commissions other than buying commissions
Les commissions autres que cellas versées pour l'achat
$________________

(iii) Export packing
Le coût de l'emballage d'exportation
$________________

25. Check (if applicable)
Cocher (S'il y a lieu)

(i) Royalty payments or subsequent proceeds are paid or payable by the purchaser
Des redevances ou produits ont été ou seront versés par l'acheteur ☐

(ii) The Purchaser has supplied goods or services for use in the production of these goods
L'acheteur a foumi des marchandises ou des services pour la production des marchandises ☐

DEPARTMENT OF NATIONAL REVENUE-CUSTOMS AND EXCISE   MINISTERE DU REVENU NATIONAL-DOUANES ET ACCISE

6. 포장명세서(PACKING LIST)

PACKING LIST

① Seller	⑦ Invoice No. and date
② Consignee	⑧ Buyer(if other than consignee)
	⑨ Other references
③ Departure date	
④ Vessel/flight ⑤ From	
⑥ To	

⑩Shipping Marks	⑪No.&kind of packages	⑫Goods description	⑬Quantity or net weight	⑭Gross Weight	⑮ Measurement

Signed by
⑯

7. 원산지 증명서(CERTIFICATE OF ORIGIN)

<table>
<tr><td>1. Seller</td><td rowspan="2">ORIGINAL
CERTIFICATE OF ORIGIN
issued by
THE KOREA CHAMBER OF COMMERCE & INDUSTRY
Seoul, Republic of Korea

원 산 지 증 명 서
대한상공회의소</td></tr>
<tr><td rowspan="2">2. Consignee</td></tr>
<tr><td>4. Buyer (if other than conssignee)</td></tr>
<tr><td rowspan="2">3. Particulars of Transport (where required)</td><td>5. Country of Origin</td></tr>
<tr><td>6. Invoice Number and Date</td></tr>
<tr><td colspan="2">7. Shipping Marks 8. Number and Kind of Packages; Description of Goods 9. Gross Weight or Other Quantity</td></tr>
<tr><td colspan="2">10. Other Information
The Korea Chamber of Commerce & Industry hereby certifies, on the basis of relevant invoice and other documents, that the above mentioned goods originate in the country shown in column 5.

THE KOREA CHAMBER OF COMMERCE & INDUSTRY</td></tr>
</table>

8. 일반특혜관세 원산지증명서(GLOBAL SYSTEM OF TRADE PREFERENCES CERTIFICATE OF ORIGIN)

<table>
<tr><td colspan="3">1. Goods consigned from (Exporter's business name, address, country)</td><td colspan="4" rowspan="2">Reference No

GLOBAL SYSTEM OF TRADE PREFERENCES
CERTIFICATE OF ORIGIN
(Combined Declaration and Certificate)

issued in ____________
(Country)
See Notes overleaf</td></tr>
<tr><td colspan="3">2. Goods consigned to (consignee's name, address, country)</td></tr>
<tr><td colspan="3">3. Means of transport and route(as for as known)

FROM :
TO :
BY :
ON BOARD DATE :</td><td colspan="4">4. For official use</td></tr>
<tr><td>5. Tariff Item num-ber</td><td>6. marks and numbers of package</td><td>7.Number and kind of packages ; description of goods</td><td>8. Origin criterion (see notes overleaf)</td><td>9. Gross weight or other quantity</td><td colspan="2">10. Number and date of invoice</td></tr>
<tr><td colspan="3">11. Declaration by the exporter
The undersigned hereby declares that the above details
and statements are correct; that all the goods were
produced in ______________

and that they comply with the origin requirements specified for those goods in the Global System of Trade Preferences for goods exported to ________

____
Place and date, signature of authorized Signatory</td><td colspan="4">12. Certification
It is hereby certified, on the basis of control carried out, that the declaration by the exporter is correct

____
Place and date, signature and stamp of certifying authority</td></tr>
</table>

9. 검사증명서(CERTIFICATE OF INSPECTION)

CERTIFICATE OF INSPECTION

As per P/O No. Cat. No.________

shipped by Sailed on/about 날 짜

To 회 사 명

This is to certify that our Quality Controller attended for inspection of the captioned shipment at ____________ on ____________ and samples taken at random from this shipment were inspected and appeared to be such as to warrant the issue of this Authorization.

The Issue of this Certificate of Inspection to ship these goods does not imply that the goods are in accordance with the contract and does not in anyway relieve the sellers of their responsibility to supply the goods to be shipped herewith in entire accordance with the contract.

Yours very truly,

Merchandise inspected by:

회 사 명

Quality Controller

____

Authorized Signature

PART 03

국제무역규칙과 무역실무용어

제 1 장 국제무역규칙

제 1 절 INCOTERMS 2010®

The global economy has given businesses broader access than ever before to markets all over the world. Goods are sold in more countries, in larger quantities, and in greater variety. But as the volume and complexity of global sales increase, so do possibilities for misunderstandings and costly disputes when sale contracts are not adequately drafted.

The Incoterms® rules, the ICC rules on the use of domestic and international trade terms, facilitate the conduct of global trade. Reference to an Incoterms® 2010 rule in a sale contract clearly defines the parties' respective obligations and reduces the risk of legal complications.

Since the creation of the Incoterms rules by ICC in 1936, this globally accepted contractual standard has been regularly updated to keep pace with the development of international trade. The Incoterms® 2010 rules take account of the continued spread of customs-free zones, the increased use of electronic communications in business transactions, heightened concern about security in the movement of goods and changes in transport practices. Incoterms® 2010 updates and consolidates the 'delivered' rules, reducing the total number of rules from 13 to 11, and offers a simpler and clearer presentation of all the rules. Incoterms® 2010 is also the first version of the Incoterms rules to make all references to buyers and sellers gender-neutral.

The broad expertise of ICC's Commission on Commercial Law and Practice, whose membership is drawn from all parts of the world and all trade sectors, ensures that the Incoterms® 2010 rules respond to business needs everywhere.

1. How to use the Incoterms 2010® rules

The Incoterms® rules explain a set of three-letter trade terms reflecting business-to-business practice in contracts for the sale of goods. The Incoterms rules describe mainly the tasks, costs and risks involved in the delivery of goods from sellers to buyers.

1) Incorporate the Incoterms® 2010 rules into your contract of sale

If you want the Incoterms® 2010 rules to apply to your contract, you should make this clear in the contract, through such words as "[the chosen Incoterms rule including the named place, followed by] Incoterms® 2010".

2) Choose the appropriate Incoterms rule

The chosen Incoterms rule needs to be appropriate to the goods, to the means of their transport, and above all to whether the parties intend to put additional obligations, for example such as the obligation to organize carriage or insurance, on the seller or on the buyer. The Guidance Note to each Incoterms rule contains information that is particularly helpful when making this choice. Whichever Incoterms rule is chosen, the parties should be aware that the interpretation of their contract may well be influenced by customs particular to the port or place being used.

3) Specify your place or port as precisely as possible

The chosen Incoterms rule can work only if the parties name a place or port, and will work best if parties specify the place or port as precisely as possible.

A good example of such precision would be:

"FCA 38 Cours Alvert 1er, Paris, France Incoterms 2010"

Under the Incoterms rules Ex Works (EXW), Free Carrier (FCA), Delivered at Terminal (DAT), Delivery at Place (DAP), Delivery Duty Paid (DDP), Free Alongside Ship (FAS), and Free on Board (FOB), the named place is the place where delivery takes place and where risk passes from the seller to the buyer. Under the Incoterms rules Carriage Paid to (CPT), Carriage and Insurance Paid to (CIP), Cost and Freight (CFR) and Cost, Insurance and Freight (CIF), the named place differs from the place of delivery. Under these four Incoterms rules, the named place is the place of destination to which carriage is paid. Indications as to place or destination can helpfully be further specified by stating a precise point in that place or destination in order to avoid doubt or argument.

4) Remember that Incoterms rules do not give you a complete contract of sale

Incoterms rules do say which party to the sale contract has obligation to make carriage or insurance arrangements, when the seller delivers the goods to the buyer, and which costs each party is responsible for. Incoterms rules, however, say nothing about the price to be paid or the method of its payment. Neither do they deal with the transfer of ownership of the goods, or the consequences of a breach of contract. These matters are normally dealt with through express terms in the contract of sale or in the law governing that contract. The parties should be aware that mandatory local law may override any aspect of the sale contract, including the chosen Incoterms rule.

5) Main features of the Incoterms® 2010 rules

(1) Two new Incoterms rules – DAT and DAP – have replaced the Incoterms 2000 rules DAF, DES, DEQ and DDU

The number of Incoterms rules has been reduced from 13 to 11. This has been achieved by substituting two new rules that may be used irrespective of the agreed mode of transport - DAT, Delivered at Terminal, and DAP, Delivered at place - for the Incoterms 2000 rules DAF, DES, DEQ and DDU.

Under both new rules, delivery occurs at a named destination: in DAT, at the buyer's disposal unloaded from the arriving vehicle (as under the former DEQ rule); in DAP, likewise at the buyer's disposal, but ready for unloading (as under the former DAF, DES and DDU rules).

The new rules make the Incoterms 2000 rules DES and DEQ superfluous. The named terminal in DAT may well be in a port, and DAT can therefore safely be used in cases where the Incoterms 2000 rule DEQ once was. Likewise, the arriving " vehicle" under DAP may well be a ship and the named place of destination may well be a port: consequently, DAP can safely be used in cases where the Incoterms 2000 rule DES once was. These new rules, like their predecessors, are "delivered", with the seller bearing all the costs (other than those related to import clearance, where applicable) and risks involved in bringing the goods to the named place of destination.

(2) Classification of the 11 Incoterms 2010® rules

The 11 Incoterms® 2010 rules are presented in two distinct classes:

RULES FOR ANY MODE OR MODES OF TRANSPORT	
EXW	EX WORKS
FCA	FREE CARRIER
CPT	CARRIAGE PAID TO
CIP	CARRIAGE AND INSURANCE PAID TO
DAT	DELIVERED AT TERMINAL
DAP	DELIVERED AT PLACE
DDP	DELIVERED DUTY PAID

RULES FOR SEA AND INLAND WATERWAY TRANSPORT	
FAS	FREE ALONGSIDE SHIP
FOB	FREE ON BOARD
CFR	COST AND FREIGHT
CIF	COST INSURANCE AND FREIGHT

The first class includes the seven Incoterms® 2010 rules that can be used irrespective of the mode of transport selected and irrespective of whether one or more than one mode of transport is employed. EXW, FCA, CPT, CIP, DAT, DAP and DDP belong to this class. They can be used even when there is no maritime transport at all. It is important to remember, however, that these rules can be used in cases where a ship is used for part of the carriage.

In the second class of Incoterms® 2010 rules, the point of delivery and the place to which the goods are carried to the buyer are both ports, hence the label "sea and inland waterway" rules. FAS, FOB, CFR and CIF belong to this class. Under the last three Incoterms rules, all mention of the ship's rail as the point of delivery has been omitted in preference for the goods being delivered when they are "on board" the vessel. This more closely reflects modern commercial reality and avoids the rather dated image of the risk swinging to and fro across an imaginary perpendicular line.

(3) Rules for domestic and international trade

Incoterms rules have traditionally been used in international sale contracts where goods pass across national borders. In various areas of the world, however, trade blocs, like the European Union, have made border formalities between different countries less significant. Consequently, the subtitle of the Incoterms® 2010 rules formally recognizes that they are available for application to both international and domestic sale contracts. As a result, the Incoterms® 2010 rules clearly state in a number of places that the obligation to comply with export/import formalities exists only where applicable.

Two developments have persuaded ICC that a movement in this direction is timely. Firstly, traders commonly use Incoterms rules for purely domestic sale contracts. The second reason is the greater willingness in the United States to use Incoterms rules in domestic trade rather than the former Uniform Commercial Code shipment and delivery terms.

(4) Guidance Notes

Before each Incoterms® 2010 rule you will find a Guidance Note. The Guidance Notes explain the fundamentals of each Incoterms rules, such as when it should be used, when risk passes, and how costs are allocated between seller and buyer. The Guidance Notes are not part of the actual Incoterms® 2010 rules, but are intended to help the users accurately and efficiently steer towards the appropriate Incoterms rules for a particular transaction.

(5) Electronic Communication

Previous versions of Incoterms rules have specified those documents that could be replaced by EDI messages. Articles A1/B1 of the Incoterms® 2010 rules, however, now give electronic means of communication the same effect as paper communication, as long as the parties so agree or where customary. This formulation facilitates the evolution of new electronic procedures throughout the lifetime of the Incoterms 2010® rules.

(6) Insurance cover

The Incoterms® 2010 rules are the first version of the Incoterms rules since the revision of the Institute Cargo Clauses and take account of alterations made to those clauses. The Incoterms® 2010 rules place informations duties relating to insurance in articles A3/B3, which deal with contracts of carriage and insurance. These provisions have been moved from the more generic articles found in articles A10/B10 of the Incoterms 2000 rules. The language in articles A3/B3 relating to insurance has also been altered with a view to clarifying the parties' obligations in this regard.

(7) Security-related clearances and information required for such clearances

There is heightened concern nowadays about security in the movement of goods, requiring verification that the goods do not pose a threat to life or property for reasons other than their inherent nature. Therefore, the Incoterms® 2010 rules have allocated obligations between the buyer and seller to obtain or to render assistance in obtaining security-related clearances, such as chain-of-custody information, in articles A2/B2 and A10/B10 of various Incoterms rules.

(8) Terminal handling charges

Under Incoterms rules CPT, CIP, CFR, CIF, DAT, DAP, and DDP, the seller must make arrangements for the carriage of the goods to the agreed destination. While the freight is paid by the seller, it is actually paid for by the buyer as freight costs are normally included by the seller in the total selling price. The carriage costs will sometimes include the costs of handling and moving the goods within port or container terminal facilities and the carrier or terminal operator may well change these costs to the buyer who receives the goods. In these circumstances, the buyer will want to avoid paying for the same service twice: once to the seller as part of the total selling price and once independently to the carrier or the terminal operator. The Incoterms® 2010 rules seek to avoid this happening by clearly allocating such costs in articles A6/B6 of the relevant Incoterms rules.

(9) String sales

In the sale of commodities, as opposed to the sale of manufactured goods, cargo is frequently sold several times during transit "down a string". When this happens, a seller in the middle of the string does not "ship" the goods because these have already been shipped by the first seller in the string. The seller in the middle of the string therefore performs its obligations towards its buyer not by shipping the goods, but by "procuring" goods that have been shipped. For clarification purposes, Incoterms® 2010 rules include the obligation to "procure goods shopped" as an alternative to the obligation to ship goods in the relevant Incoterms rules.

(10) Variants of Incoterms rules

Sometimes the parties want to alter an Incoterms rule. The Incoterms® 2010 rules do not prohibit such alteration, but there are dangers in so doing. In order to avoid any unwelcome surprises, the parties would need to make the intended effect of such alterations extremely clear in their contract. Thus, for example, if the allocation of costs in the Incoterms® 2010 rules is altered in the contract, the parties should also clearly state whether they intend to vary the point at which the risk passes from seller to buyer.

(11) Status of this introduction

This introduction gives general information on the use and interpretation of the Incoterms® 2010 rules, but does not form part of those rules.

(12) Explanation of terms used in the Incoterms® 2010 rules

As in the Incoterms 2000 rules, the seller's and buyer's obligations are presented in mirror fashion, reflecting under column A the seller's obligations and under colum B the buyer's obligations. These obligations can be carried out personally by the seller or the buyer or sometimes, subject to terms in the contract or the applicable law, through intermediaries such as carries, freight forwarders or other persons nominated by the seller or the buyer for a specific purpose.

The text of the Incoterms® 2010 rules is meant to be self-explanatory. However, in order to assist users the following text sets out guidance as to the sense in which selected terms are used throughout the document.

Carrier: For the Incoterms® 2010 rules, the carrier is the party with whom carriage is contracted.

Customs formalities: These are requirements to be met in order to comply with any applicable customs regulations and may include documentary, security, information or physical inspection obligations.

Delivery: This concept has multiple meanings in trade law and practice, but in the Incoterms® 2010 rules, it is used to indicate where the risk of loss of or damage to the goods passes from the seller to the buyer.

Delivery document: This phase is now used as the heading to article A8. It means a document used to prove that delivery has occurred. For many of the Incoterms® 2010 rules, the delivery document is a transport document or corresponding electronic recode. However, with EXW, FCA, FAS and FOB, the delivery document may simply be a receipt. A delivery document may also have other functions, for example as part of the mechanism for payment.

Electronic recode or procedure: A set of information constituted of one or more electronic messages and, where applicable, being functionally equivalent with the corresponding paper document.

Packaging: This word is used for different purposes:

1. The packaging of the goods to comply with any requirements under the contract of sale.
2. The packaging of the goods so that they are fit for transportation.
3. The stowage of the packaged goods within a container or other means of transport.

In the Incoterms® 2010 rules, packaging means both the first and second of the above. The Incoterms® 2010 rules do not deal with the parties' obligations for stowage within a container and therefore, where relevant, the parties should deal with this in the sale contract.

2. RULES FOR ANY MODE OR MODES OF TRANSPORT

1) EXW

(EX WORKS insert named place of delivery)

This rule may be used irrespective of the mode of transport selected and may also be used where more than one mode of transport is employed. It is suitable for domestic trade.

“Ex Works” means that the seller delivers when it places the goods at the disposal of the buyer at the seller's premises or at another named place (i.e., works, factory, warehouse, ets.). The seller does not need to load the goods on any collecting vehicle, nor does it need to clear the goods for export, where such clearance is applicable.

The parties are well advised to specify as clearly as possible the point within the named place of delivery, as the costs and risks to that point are for the account of the seller. The buyer bears all costs and risks involved in taking the goods from the agreed point, if any, at the named place of delivery.

EXW represents the minimum obligation for the seller. The rule should be used with care as:

a) the seller has no obligation to the buyer to load the goods, even though in practice the seller may be in a better position to do so. If the seller does load the goods, it does so at the buyer's risk and expense. In cases where the seller is in a better position to load the goods. FCA, which obliges the seller to do so at its owe risk and expense, is usually more appropriate.

b) A buyer who buys from a seller on an EXW basis for export needs to be aware that the seller has no obligation to provide only such assistance as the buyer may require to effect that export: the seller is not bound to organize the export clearance. Buyers are therefore well advised not to use EXW if they cannot directly or indirectly obtain export clearance.

c) The buyer has limited obligation to provide to the seller any information regarding the export of the goods. However, the seller may need this information for, e.g., taxation or reporting purposes.

2) FCA

(FREE CARRIER insert named place of delivery)

This rule may be used irrespective of the mode of transport selected and may also be used where more than one mode of transport is employed.

"Free Carrier" means that the seller delivers the goods to the carrier or another person nominated by the buyer at the seller's premises or another named place. The parties are well advised to specify as clearly as possible the point within the named place of delivery, as the risk passes to the buyer at that points.

If the parties intend to deliver the goods at the seller's premises, they should identify the address of those premises as the named place of delivery. If, on the other hand, the parties intend the goods to be delivered at another place, they must identify a different specific place of delivery.

FCA requires the seller to clear the goods for export, where applicable. However, the seller has no obligation to clear the goods for import, pay any import duty or carry out any import customs formalities.

3) CPT

(CARRIAGE PAID TO insert named place of destination)

This rule may be used irrespective of the mode of transport selected and may also be used where more than one mode of transport is employed.

"Carriage Paid to" means that the seller delivers the goods to the carrier or another person nominated by the seller at an agreed place (if any such place is agreed between the parties) and that the seller must contract for and pay the costs of carriage necessary to bring the goods to the named place of destination.

When CPT, CIP, CFR or CIF are used, the seller fulfills its obligation to deliver when it hands the goods over to the carrier and not when the goods reach the place of destination.

This rule has two critical points, because risk passes and

costs are transferred at different places. The parties are well advised to identify as precisely as possible in the contract both the place of delivery, where the risk passes to the buyer, and the named place of destination to which the seller must contract for the carriage. If several carriers are used for the carriage to the agreed destination and the parties do not agree on a specific point of delivery, the default position is that risk passes when the goods have been delivered to the first carrier at a point entirely of the seller's choosing and over which the buyer has no control. Should the parties wish the risk to pass at a later stage (e.g., at an ocean port or airport), they need to specify this in their contract of sale.

The parties are also well advised to identify as precisely as possible the point within the agreed place of destination, as the costs to that point are for the account of the seller. The seller is advised to procure contracts of carriage that match this choice precisely. If the seller incurs costs under its contract of carriage related to unloading at the named place of destination, the seller is not entitled to recover such costs from the buyer unless otherwise agreed between the parties.

CPT requires the seller to clear the goods for export, where applicable. However, the seller has no obligation to clear the goods for import, pay any import duty or carry out any import customs formalities.

4) CIP

(CARRIAGE AND INSURANCE PAID TO insert named place of destination)

This rule may used irrespective of the mode of transport selected and may also be used where more than one mode of transport is employed.

"Carriage and Insurance Paid to" means that the seller delivers the goods to the carrier or another person nominated by the seller at an agreed place (if any such place is agreed between the parties) and that the seller must contract for and pay the costs of carriage necessary to bring the goods to the named place of destination.

The seller also contracts for insurance cover against the buyer's risk of loss of or damage to the goods during the carriage. The buyer should note that under CIP the seller is required to obtain insurance only on minimum cover. Should the buyer wish to have more insurance protection, it will need either to agree as much expressly with the seller or to make its own extra insurance arrangements.

When CPT, CIP, CFR or CIF are used, the seller fulfills its obligation to deliver when it hands the goods over to the carrier and not when the goods reach the place of destination.

This rule has two critical paints, because risk passes and costs are transferred at different places. The parties are well advised to identify as precisely as possible in the contract both the place of delivery, where the risk passes to the buyer, and the named place of destination to which the seller must contract for carriage. If several carriers are used for the carriage to the agreed destination and the parties do not agree on a specific point of delivery, the default position is that risk passes when the goods have been delivered to the first carrier at a point entirely of the seller's choosing and over which the buyer has no control. Should the parties wish the risk to pass at a later stage (e.g., at an ocean port or an airport), they need to specify this in their contract of sale.

The parties are also well advised to identify as precisely as possible the point within the agreed place of destination, as the costs to that point are for the account of the seller. The seller is advised to procure contracts of carriage that match this choice precisely. If the seller incurs costs under its contract of carriage related to unloading at the named place of destination, the seller is not entitled to recover such costs from the buyer unless otherwise agreed between the parties.

CIP requires the seller to clear the goods for export, where applicable. However, the sellers has no obligation to clear the goods for import, pay any import duty or carry out any import customs formalities.

5) DAT

(DELIVERED AT TERMINAL insert named terminal at port or place of destination)

This rule may be used irrespective of the mode of transport selected and may also be used where more than one mode of transport is employed.

"Delivered at Terminal" means that the seller delivers when the goods, once unloaded from the arriving means of transport, are placed at the disposal of the buyer at a named terminal at the named port or place of destination. "Terminal" includes any place, whether covered or not, such as a quay, warehouse, container yard or road, rail or air cargo terminal. The seller bears all risks involved in bringing the goods to and unloading them at the terminal at the named port or place of destination.

The parties are well advised to specify as clearly as possible the terminal and, if possible, a specific point within the terminal at the agreed port or place of destination, as the risks to that point are for the account of the seller. The seller is advised to procure a contract of carriage that matches this choice precisely.

Moreover, if the parties intend the seller to bear the risks and costs involved in transporting and handling the goods from the terminal to another place, then the DAP or DDP rules should be used.

DAT requires the seller to clear the goods for export, where applicable. However, the seller has no obligation to clear the goods for import, pay any import duty or carry out any import customs formalities.

6) DAP

(DELIVERED AT PLACE insert named place of destination)

This rule may be used irrespective of the mode of transport selected and may also be used where more than one mode of transport is employed.

"Delivered at Place" means that the seller delivers when the goods are placed at the disposal of the buyer on the arriving means of transport ready for unloading at the named place of destination. The seller bears all risks involved in bringing the goods to the named place.

The parties are well advised to specify as clearly as possible the point within the agreed place of destination, as the risks to that point are for the account of the seller. The seller is advised to procure contracts of carriage that match this choice precisely. If the seller incurs costs under its contract of carriage related to unloading at the place of destination, the seller is not entitled to recover such costs from the buyer unless otherwise agreed between the parties.

DAP requires the seller to clear the goods for export, where applicable. However, the seller has no obligation to clear the goods for import, pay any import duty or carry out any import customs formalities. If the parties wish the seller to clear the goods for import, pay any import duty and carry out any import customs formalities, the DDP term should be used.

7) DDP

(DELIVERED DUTY PAID insert named place of destination)

This rule may be used irrespective of the mode of transport selected and may also be used where more than one mode of transport is employed.

"Delivered Duty Paid" means that the seller delivers the goods when the goods are placed at the disposal of the buyer, cleared for import on the arriving means of transport ready for unloading at the named place of destination. The seller bears all the costs and risks involved in bringing goods not only for export but also for import, to pay any duty for both export and import and to carry out all customs formalities.

DDP represents the maximum obligation for the seller.

The parties are well advised to specify as clearly as possible the point within the agreed place of destination, as the costs and risks to that point are for the account of the seller. The seller is advised to procure contracts of carriage that match this choice precisely. If the seller incurs costs under its contract of carriage related to unloading at the place of destination, the seller is not entitled to recover such costs from the buyer unless otherwise agreed between the parties.

The parties are well advised not to use DDP if the seller is unable directly or indirectly to obtain import clearance.

If the parties wish the buyer to bear all risks and costs of import clearance, the DAP rule should be used.

Any VAT or other taxes payable upon import are for the seller's account unless expressly agreed otherwise in the sale contract.

3. RULES FOR SEA AND INLAND WATERWAY TRANSPORT

1) FAS

(FREE ALONGSIDE SHIP insert named port of ship of shipment)

This rule is to be used only for sea or inland waterway transport.

"Free Alongside Ship" means that the seller delivers when the goods are placed alongside the vessel (e.g., on a quay or a barge) nominated by the buyer at the named port of shipment. The risk of loss of or damage to the goods passes when the goods are alongside the ship, and the buyer bears all costs from that moment onwards.

The parties are well advised to specify as clearly as possible the loading point at the named port of shipment, as the costs and risks to that point are for the account of the seller and these costs and associated handling charges may vary according to the practice of the port.

The seller is required either to deliver the goods alongside the ship or to procure goods already so delivered for shipment. The reference to "procure" here caters for multiple sales down a chain ('string sales'), particularly common in the commodity trades.

Where the goods are in containers, it is typical for the seller to hand the goods over to the carrier at a terminal and not alongside the vessel. In such situations, the FAS rule would be inappropriate, and the FCA rule should be used.

FAS requires the seller to clear the goods for export, where applicable. However, the seller has no obligation to clear the goods for import, pay any import duty or carry out any import customs formalities.

2) FOB

(FREE ON BOARD insert named port of shipment)

This rule is to be used only for sea or inland waterway transport.

"Free on Board" means that the seller delivers the goods on board the vessel nominated by the buyer at the named port of shipment or procures the goods already so delivered. The risk of loss of or damage to the goods passes when the goods are on board the vessel, and the buyer bears all costs from that moment onwards.

The seller is required either to deliver the goods on board the vessel or to procure goods already so delivered for shipment. The reference to "procure" here caters for multiple sales down a chain ('string sales'), particularly common in the commodity trades.

FOB may not be appropriate where goods are handed over to the carrier before they are on board the vessel, for example goods in containers, which are typically delivered at a terminal. In such situations, the FCA rule should be used.

FOB requires the seller to clear the goods for export, where applicable. However, the seller has no obligation to clear the goods for import, pay any import duty or carry out any import customs formalities.

3) CFR

(COST AND FREIGHT insert named port of destination)

This rule is to be used only for sea or inland waterway transport.

"Cost and Freight" means that the seller delivers the goods on board the vessel or procures the goods already so delivered. The risk of loss of or damage to the goods passes when the goods are on board the vessel. The seller must contract for and pay the costs and freight necessary to bring the goods to the named port of destination.

When CPT, CIP, CFR or CIF are used, the seller fulfills its obligation to deliver when it hands the goods over to the carrier in the manner specified in the chosen rule and not when the goods reach the place of destination.

This rule has two critical points, because risk passes and costs are transferred at different places. While the contract will always specify a destination port, it might not specify the port of shipment, which is where risk passes to the buyer. If the shipment port is of particular interest to the buyer, the parties are well advised to identify it as precisely as possible in the contract.

The parties are well advised to identify as precisely as possible the point at the agreed port of destination, as the costs to that point are for the account of the seller. The seller is advised to procure contracts of carriage that match this choice precisely. If the seller incurs costs under its contract of carriage related to unloading at the specified point at the port of destination, the seller is not entitled to recover such costs from the buyer unless otherwise agreed between the parties.

CFR may not be appropriate where goods are handed over to the carrier before they are on board the vessel, for example goods in containers, which are typically delivered at a terminal. In such circumstances, the CPT rule should be used.

CFR requires the seller to clear the goods for export, where applicable. However, the seller has no obligation to clear the goods for import, pay any import duty or carry out any import customs formalities.

4) CIF

(COST INSURANCE AND FREIGHT insert named port of destination)

This rule is to be used only for sea or inland waterway transport.

"Cost, Insurance and Freight" means that the seller delivers the goods on board the vessel or procures the goods already so delivered. The risk of loss of or damage to the goods passes when the goods are on board the vessel. The seller must contract for and pay the costs and freight necessary to bring the goods to the named port of destination.

The seller also contracts for insurance cover against the buyer's risk of loss of or damage to the goods during the carriage. The buyer should note that under CIF the seller is required to obtain insurance only on minimum cover. Should the buyer wish to have more insurance protection, it will need either to agree as much expressly with the seller or to make its own extra insurance arrangements.

When CPT, CIP, CFR, or CIF are used, the seller fulfills its obligation to deliver when it hands the goods over to the carrier in the manner specified in the chosen rule and not when the goods reach the place of destination.

This rule has two critical points, because risk passes and costs are transferred at different places. While the contract will always specify a destination port, it might not specify the port of shipment, which is where risk passes to the buyer. If the shipment port is of particular interest to the buyer, the parties are well advised to identify it as precisely as possible in the contract.

The parties are well advised to identify as precisely as possible the point at the agreed port of destination, as the costs to that point are for the account of the seller. The seller is advised to procure contracts of carriage that match this choice precisely. If the seller incurs costs under its contract of carriage related to unloading at the specified point at the port of destination, the seller is not entitled to recover such costs from the buyer unless otherwise agreed between the parties.

The seller is required either to deliver the goods on board the vessel or to procure goods already so delivered for shipment to the destination. In addition the seller is required either to make a contract of carriage or to procure such a contract. The reference to "procure" here caters for multiple sales down a chain ('string sales'), particularly common in the commodity trades.

CIF may not be appropriate where goods are handed over to the carrier before they are on board the vessel, for example goods in containers, which are typically delivered at a terminal. In such circumstances, the CIP rule should be used.

CIF requires the seller to clear the goods for export, where applicable. However, the seller has no obligation to clear the goods for import, pay any import duty or carry out any import customs formalities.

제 2 절 UCP

Uniform Customs and Practice for Documentary Credits

Credit refers to the trust that allows the creditor to provide resources to the second party or lender in a deferred payment period. Credit is a risk, therefore, creditors must manage that risk by seeking guarantees. If you have a small business that needs financing through a bank, your collateral can be a property you own, the business itself, financial investments or other facilities. The value of your loan is based on the value of your collateral. Lenders are more enthusiastic to offer loans to those with equity, especially loans for large amounts of individuals with higher than desirable credit scores.

The rules implemented in the international trade system is more complex and its practices are subject to global standard. The International Chamber of Commerce (ICC) sets the international rules and policies concerning each sector of private enterprise. If you work in the international trade setting, you must be very familiar with the letter of credit and its rules on issuance and use and the latest version of Uniform Customs and Practice for Documentary Credits or UCP600. This is the latest version of the rules that govern letters of credit transactions internationally. It is critical to have the letters of credit issued everyday to be subject to the latest version of UCP. This sets the general principle that lenders like banks deal with documents and not goods or services to which the documents may relate. The latest version of UCP is also very important for students studying international trading in a university program. Whether you work in the international trade setting or a student who wants to know more about letters of credit, there are many procedural publications available to help you maximize your knowledge about UCP.

Commercial letters of credit are the lifeblood of the international trade system and, for more than 70 years, the International Chamber of Commerce (ICC) has established the rules governing *documentary credits* worldwide. By a unanimous vote of 91 to 0, the ICC Banking Commission on October 25, 2006 approved UCP 600, ICC's revised rules on *documentary credits* and how to use a letter of credit. UCP 600 entered into force on July 1, 2007 and contains substantive changes to the existing rules that all international business professionals need to know.

The Uniform Customs and Practice for Documentary Credits (UCP), developed by ICC, are rules used by letter of credit practitioners the world over. But most practitioners know very little about the UCP's creation and how they have developed over the years. The Complete UCP traces the history of the rules from their inception more than 70 years ago through their latest revision, the *UCP 600 rules*, which came into effect on July 1, 2007.

제 3 절 ISBP

International Standard Banking Practice for the Examination of Documents under Documentary Credits subject to UCP 600(ISBP)

ISBP is the short and well-known name of the ICC publication No: 645; International Standard Banking Practice for the Examination of Documents under Documentary Letters of Credit. ISBP was approved by ICC banking commission in October 2002. After this approval, ISBP became an official ICC document.

UCP rules are written in a general manner. They are not detailed enough to cover the day-to-day practice. ISBP was prepared in order to fill the gap between general principals of UCP and the daily practice. UCP 500 was the latest version of the rules, which were governing the documentary letters of credit at the time of ISBP was being prepared. So first ISBP was constituted with the aim of explaining UCP 500 rules more explicitly. Another aim of the drafting commission of the ISBP was to achieve internationally accepted standards for examination of documents under documentary letters of credit. In order to succeed on this aim commission asked various ICC national committees and members to send checklists on how documents were examined in their organizations. After 14 meetings and 4 different drafts, the ISBP was finally put into its final shape

Since the approval of International Standard Banking Practice (ISBP) by the ICC Banking Commission in 2002, ICC Publication 645 has become an invaluable aid to banks, corporates, logistics specialists and insurance companies alike, on a global basis. Participants in ICC seminars and workshops have indicated that rejection rates have dropped due to the application of the 200 practices that are detailed in ISBP.

However, there have also been comments that although the ISBP Publication 645 was approved by the Banking Commission its application had no relationship with UCP 500. With the approval of UCP 600 in October 2006, it has become necessary to provide an updated version of the ISBP. It is emphasized that this is an updated version as opposed to a revision of ICC Publication 645. Where it was felt appropriate, paragraphs that appeared in Publication 645 and that have now been covered in effectively the same text in UCP 600 have been removed from this updated version of ISBP.

As a means of creating a relationship between the UCP and ISBP, the introduction to UCP 600, states: "'During the revision process, notice was taken of the considerable work that had been completed in creating the *International Standard Banking Practice for the Examination of Documents under Documentary Credits* (ISBP), ICC Publication 645. This publication has evolved into a necessary companion to the UCP for determining compliance of documents with the terms of letters of credit. It is the expectation of the Drafting Group and the Banking Commission that the application of the principles contained in the ISBP, including subsequent revisions thereof, will continue during the time UCP 600 is in force. At the time UCP 600 is implemented, there will be an updated version of the ISBP to bring its contents in line with the substance and style of the new rules.'"

The international standard banking practices documented in this publication are consistent with UCP 600 and the Opinions and Decisions of the ICC Banking Commission. This document does not amend UCP 600. It explains how the practices articulated in UCP 600 are applied by documentary practitioners. This publication and the UCP should be read in their entirety and not in isolation. It is, of course, recognized that the law in some countries may compel a different practice than those stated here.

No single publication can anticipate all the terms or the

documents that may be used in connection with documentary credits or their interpretation under UCP 600 and the standard practice it reflects. However, the Task Force that prepared Publication 645 endeavored to cover terms commonly seen on a day-to-day basis and the documents most often presented under documentary credits. The Drafting Group have reviewed and updated this publication to conform with UCP 600.

It should be noted that any term in a documentary credit which modifies or excludes the applicability of a provision of UCP 600 may also have an impact on international standard banking practice. Therefore, in considering the practices described in this publication, parties must take into account any term in a documentary credit that expressly modifies or excludes a rule contained in UCP 600. This principle is implicit throughout this publication. Where examples are given, these are solely for the purpose of illustration and are not exhaustive.

This publication reflects international standard banking practice for all parties to a documentary credit. Since applicants' obligations, rights and remedies depend upon their undertaking with the issuing bank, the performance of the underlying transaction and the timeliness of any objection under applicable law and practice, applicants should not assume that they may rely on these provisions in order to excuse their obligations to reimburse the issuing bank. The incorporation of this publication into the terms of a documentary credit should be discouraged, as the requirement to follow agreed practices is implicit in UCP 600.

The ISBP, which was revised in 2007 as ISBP 681, is credited with dramatically reducing the number of discrepancies between banks dealing with documentary credits. The ISBP addresses a range of subjects, for example, typing errors, mathematical calculations, drafts and how they are drawn, description of the goods in invoices and signing of bills of lading, among others.

In light of comments from users, the banking commission has decided to both update and expand the current ISBP to take in a range of new topics - such as transfer, amendments, etc., that are not covered in ISBP 681. The new revision will relate to ICC's latest revision of the UCP, UCP 600.

제 2 장 무역실무 영문용어

[A]

abandonment 위부
abstract packing 추상포장
acceptance commission 인수수수료
accepting bank 인수은행
account current 청산계정, 청산결제, 교호계산
account sales 판매계산서
accountee 계산당사자, 채무자
acknowledgement of order 주문승낙서
acknowledgement theory 요지주의
active improvement trade 수탁가공무역
actual delivery 현실적 인도
actual total loss 현실전손
advance payment credit(packing credit, red clause credit)
선지급(선대) 신용장
advising bank 통지은행
agency agreement 대리점약정(서)
agreement of foreign exchange transaction 외국환거래약정서
agreement on general terms and conditions of business
일반거래조건협정서
air cargo agent 항공화물운송대리점
Air WayBill(AWB) 항공화물운송장
All Risks(A/R, Against All Risks, AAR) 전위험담보조건
American Land Bridge(ALB) 어메리칸랜드브리지
anticipated profit 희망이익

applicant 개설의뢰인, 추심의뢰인
application for amendment to letter of credit 신용장조건변경신청서
approval sample 승인견본
arbitrary 접속비용
arbitration 중재
arrests 강유
arrival notice 도착통지서
assurer 보험자
authority to pay 어음지급수권서
Authority to Purchase(A/P) 어음매입수권서
authorized capital 수권자본
average 분손

[B]

back to back credit 구상무역신용장, 동시발행신용장
bailee clause 수탁자약관
bank reference 은행 신용조회처
banker's usance credit 은행인수신용장
Banker's Acceptance market(B/A market) 은행인수환어음시장
bareboat charter hire 나용선료
bareboat charter 나용선
barratry of master and mariners 선장 및 선원의 악행
barter trade 물물교환
beared endorsement 선택무기명식 배서, 소지인식 배서
bending 곡손
beneficiary 수익자
bid bond 입찰보증
bilateral(obligation) contract 쌍무계약
bill of exchange 환어음
bills of lading covering shipment by sailing vessel 범선선하증권

blank endorsement 무기명식 배서, 백지배서
blockade 봉쇄
bona- fide holder 선의의 소지인
bonded area 보세구역
Bonded Warehouse Transaction(BWT) 보세창고도거래
both to blame collision 쌍방과실충돌
both to blame 쌍방과실
breakage 파손
bulk cargo 벌크화물, 산화물
Bunker Adjustment Factor(BAF) 유류(가)할증료
buyer's L/C 매수인 신용장

[C]

cable address 전신약호
capture 포획
car container 자동차전용 컨테이너
Carriage and Insurance Paid To(CIP) 운송비·보험료 지급인도조건
Carriage Paid To(CPT) 운송비지급인도조건
case by case contract 개별계약
case number 상자번호, 화물번호, 화번
Cash against Document(CAD) 서류상환도
Cash on Delivery(COD) 물품상환도조건, 현물상환도
Cash with Order(CWO) 주문시 지급조건
caution mark 주의표시
certificate of analysis 분석증명서
certificate of origin 원산지증명서
certificate of quarantine 검역증
Certificate(List) of Measurement and/or Weight 용적중량증명서
CFS operator 컨테이너화물 취급장 운영자
change of voyage clause 항해변경약관

Charter Party(C/P) 용선계약서
charterage 용선료
charterer 용선주
charter-party bill of lading 용선계약 선하증권
chief mate 선장, 1등 항해사
circular letter 권유장
civil commotions 소요
claim letter on GA 공동해손구상장
clean bill of lading 무사고 선하증권
clean credit 무담보신용장, 무역외신용장
clean mate's receipt 무사고 본선수취증
closed conference 영국식 해운동맹, 폐쇄적 해운동맹
collecting bank 추심은행
combined transport bill of lading 해륙통선하증권
Combined Transport Document(CTD) 복합운송증권
commercial credit 무역신용장, 상업신용장
Commodity Classification Rate(Class Rate) 품목분류요율
compensation trade 구상무역
conciliation 조정
concurrent condition 동시이행조건
conditional offer 조건부청약
confirmation of sale(s)(sales confirmation, sales note, sales contract) 매약서, 매도확약서
confirmed letter of credit 확인신용장
confirming bank 확인은행
congestion surcharges 체선할증료
consensual contract 합의계약, 낙성계약
consignee 수화인, 판매수탁자
consignment invoice 위탁판매송장
consignment note 화물수취증

consolidation 혼적
consolidator 혼적업자
constructive total loss 추정전손
consular invoice 영사송장
container bill of lading 컨테이너 선하증권
Container Depot(CD) 컨테이너 데포
Container Freight Station(CFS) 컨테이너 화물취급장
Container Handling Charge(CHC) 컨테이너처리비용
Container Terminal(CT) 소량화물
Container Yard(CY) 컨테이너 적치장
contract of affreightment in a general ship 개품운송계약
contract of carriage by charter party 용선운송계약
contract of indemnity 손해배상계약
contract rate system 계약운임제
contracting carrier 계약운송인
correspondent bank 환거래은행
Cost and Freight(CFR) 운임포함인도조건
Cost, Insurance and Freight(CIF) 운임·보험료포함인도조건
counter mark 부화인
counter offer 반대청약 대응청약, 역청약
counter purchase 대응구매, 역구매
counter sample 역견본
counter trade 연계무역
country of origin mark 원산지 표시
cover note 보험각서
credit writing bank 여신을 부여하는 은행
cross offer 교차청약
Cubic Feet(CFT) 입방피트
Cubic Meter(CBM) 입방미터
cumulative revolving credit 누계적신용장

Currency Adjustment Factor(CAF) 통화할증료
customary law 관습법
Customary Quick Despatch(CQD) 관습적 조속하역
customs invoice 세관송장
Cutting, Making, Trimming(CMT) contract 가공무역계약
CY operator 컨테이너 적치장 운영자
cypher credit 암호신용장

[D]

daily charter 일부용선
dangerous goods handling fee 위험물품 취급수수료
dealing bank 수입업자의 거래은행
debit note 대금청구서
deck man 갑판하역인
deferred payment letter of credit 연지급신용장
deferred payment undertaking bank 연지급 확약은행
deferred payment undertaking 연지급확약서
deferred payment 후지급
deferred rebate system 운임연할려제, 운임연환급제
delay in voyage 항행의 지연
delayed shipment 지적
Delivered At Place(DAP) 목적지인도조건
Delivered At Terminal(DAT) 도착터미널인도조건
Delivered Duty Paid(DDP) 관세지급인도조건
Delivery Order(D/O) 화물인도지시서
Demand Draft(D/D) 송금수표
demise charter 임대차용선
demurrage 체선료
denting 구손
depositary bank 예치환거래은행

despatch money 조출료
Destination Delivery Charge(DDC) 도착지화물인도비용
destination mark 목적지(목적항) 표시
detainments 억류
detention charge 지체료
disbursements amount 입체지불수수료(금)
discountingcharge 할인이자
dispatch theory 발신주의
dock man 부두하역인
Dock Receipt(D/R) 부두수취증
doctrine of proximate cause 근인설
doctrine of strict compliance 엄밀일치의 원칙
doctrine of substantial compliance 상당일치의 원칙
document of title 권리증권
documentary bill of exchange 화환어음
documentary clean credit 무화환신용장
documentary credit 화(물)환신용장, 담보신용장
Documents against Acceptance(D/A) 인수인도조건
Documents against Payment(D/P) 지급인도조건
domestic import usance credit 내국수입유산스 신용장
draft 환어음
drawee 어음지급인
drawer 어음발행인
dry container 일반용 컨테이너
dual rate system 이중운임제
duplicate sample 비치견본
duty of disclosure 고지의무

[E]

earlier shipment 조적

Electronic Data Interchange(EDI) 전자문서교환방식
embargo 출항금지
emergency or political risk 비상위험
endorsee 피배서인
endorser 배서인
Equipment Dispatch Order(EDO) 기기인도지시서
Equipment Receipt(ER) 기기수도증
Escrow L/C 기탁신용장
Ex Works(EXW) 공장인도조건
exchange commission 환가료
exchange risk 환위험
exclusive sales contract 독점판매계약서
export and import without foreign exchange 무환수출입
export declaration 수출신고
Export License(E/L) 수출승인
export of techniques 기술수출
export on consignment 위탁판매무역(수출)
export on lease 임대수출
Export Permit(E/P) 수출면장
export standard packing 수출표준포장
express terms 명시적 조항

[F]

Fair Average Quality(FAQ) 평균중등품질조건, 표준평균품질조건
fidelity rebate system 충실보상제, 운임할려제
fighting ship 투쟁선, 맹외 대항선
firm offer 확정청약
Food and Drug Administration(FDA)
force majeure 불가항력
foreign trade 외국무역, 대외무역

forfeiting 포페이팅
forward exchange contract 선물환계약
forwarder's bill of lading 운송중개업자 선하증권
forwarding agent bill of lading 운송중개업자 선하증권
foul mate's receipt 고장부 본선수취증
foul or dirty bill of lading 고장부 선하증권
foundering 심몰
franchise 소손해면책율, 면책비율
Free Alongside Ship(FAS) 선측인도조건
Free Carrier(FCA) 운송인인도조건
Free from Particular Average(FPA) 분손부담보조건, 단독해손부담보조건
Free In and Out(FIO)
Free In(FI) 적재비용화주부담
Free In, Free Out, Stowed, Trimmed(FIOST)
free offer 자유청약
Free On Board(FOB) 본선인도조건
Free Out(FO) 양하비선주무관계
freight conference 운임동맹
freight forwarder 운송주선업자
Freight Payable at Destination, freight collect(FPAD) 운임후지급
fresh water 담수
frustration 계약목적의 달성불능, 계약의 좌절
Fuel Adjustment Factor(FAF) 연료할증료
full cable credit 전문전신신용장
Full Container Load Cargo FCL화물
Full Container Load(FCL) 대량화물
full container ship 컨테이너 전용선
full endorsement 기명식 배서, 정식배서
full insurance 전부보험

[G]

garment container 양복전용 컨테이너
general agreement on terms and conditions of business 일반거래조건협정서
general average act 공동해손행위
general average contribution 공동해손분담금
General Cargo Rate(GCR) 일반화물요율
general letter of hypothecation 화환어음거래약정서
General Trading Company(GTC) 종합무역상사
Generalized System of Preferences Certificate of Origin(GSPCO) 일반특혜관세 원산지증명서
Good Merchantable Quality(GMQ) 판매적격품질조건
governing law 준거법
grantee 수령자, 피수여자, 발행은행으로부터 신용을 받는 자
grounding 좌주, 교사
group bill of lading 집단선하증권

[H]

Harmonized Commodity Description and Coding System(HS Code) 국제통일상품분류제도
hatch man 선창하역의 적재인부
health certificate 건강증명서
heavy lift surcharge 중량화물할증료
heavy weather 악천후, 황천
hold man 선창하역의 적재인부
house airway bill 혼적화물운송장

[I]

ICC(Institute Cargo Clause) 협회적화약관
igloo 이구루

implied terms 묵시적 조항
import license 수입면장, 수입신고필증
import on consignment 수탁판매수입
import on lease 임차수입
import or export on consignment 수위탁판매무역
improvement trade 가공무역
indent invoice 매입위탁송장
informal contract 불요식계약
inherent vice and nature 고유의 하자와 성질
Inland Container Depot(ICD) 내륙 컨테이너 기지
Inland Storage Extension(ISE) 내륙보관확장담보조건
Inland Transit Extension(ITE) 내륙운송확장담보조건
inland waterway bill of lading 내륙수로 선하증권
inland waterway transport document 내수로 운송서류
inner packing 내장
insurable amount 보험가액
insurable interest 피보험이익
insurance certificate 보험증명서
insured 피보험자
insurer 보험자
intercession 알선
intermediary trade 중계무역
intermodal transport 협동일관수송
international commercial custom 국제상관습
International Commercial Terms ® 2010(=Incoterms® 2010, ICC rules for the use of domestic and international trade terms: 국내 및 국제정형거래조건의 사용에 관한 ICC규칙)
International Standard Banking Practices(ISBP) 국제표준은행관행
invitation to offer 청약의 유인(예비적 교섭)
irrevocable credit 취소불능신용장

[J]

jettisons 투하
joint venture 합작투자
jurisdiction clause 재판관할조항

[K]

knock-down export 녹다운방식 수출
Korea International Trade Association(KITA) 한국무역협회
Korea Trade Insurance Corporation 한국무역보험공사
Korea Trade Investment Promotion Agency(KOTRA) 대한무역투자진흥공사
Korean Trade Commission(KTC) 무역위원회

[L]

landed quality terms 양륙품질조건
landed quantity terms 양륙수량조건
lay days statement 정박일수계산서
lay time 정박기간
leakage 누손
Less than Container Load Cargo LCL화물
letter of abandonment 위부장
letter of business proposal 거래제의장
letter of claim 보험구상장
Letter of Credit(L/C) 신용장
letter of G/A declaration 공동해손통지서
Letter of Guarantee(L/G) 수입화물선취보증서, 보증서
Letter of Indemnity(L/I) 파손화물보상장
Letter of Instruction(L/I) 어음매입지시서
letters of countermart 보복포획면허장
letters of mart 포획면허장

liability for negligence 과실책임
liability without negligence 무과실책임
Lift-On Lift-Off Ship(Lo-Lo Ship) 로로선
liner conference 정기선동맹
Liner Terms(Berth Terms)
liquidated damage 위약금
loading charges 적입비용, 선적비용
loading on board 본선적재
local bill of lading 내국선하증권
local(subsidiary, domestic or baby) credit 내국신용장
Long Ton(L/T, English Ton, Gross Ton) 롱톤
longshoreman 항만노동자
loss of or damage to the goods 물품의 멸실이나 손상
lump-sum charter 선복용선

[M]

Mail Transfer(M/T) 송금환
main mark 주화인
maintenance bond 하자보증
mala-fide holder 악의의 소지인
marine bill of lading 해양선하증권
Marine Insurance Act(MIA) 해상보험법
market claim 마켓클레임
master contract 총괄계약, 포괄계약
master(original, mother or prime) credit 원신용장, 외국신용장
Mate's Receipt(M/R) 본선수취증
Measurement Ton(M/T) 용적톤
member liner 동맹선
memorandum trade 각서무역
mercantile agency 상업흥신소

merchandising trade 중개무역
Metric Ton(M/T, French Ton, Kilo Ton) 메트릭톤
Mini Land Bridge(MLB) 미니랜드브리지
minimum charge 최저운임
mirror image rule 경상의 원칙
miscarry 화물의 오송
missing 행방불명
modified uniform liability system 변형통일책임론, 절충식책임론
More or Less Clause(M/L Clause) 과부족용인조항
multimodal transport document 복합운송증권
multimodal transport operator 복합운송인

[N]

naked cargo 비포장화물
navigation conference 항로동맹
negative list system 수출입제한품목 열거방식
negotiating bank 매입은행
negotiation credit 매입신용장
network liability system 불통일책임론, 이종책임론
non- depositary bank 비예치환거래은행
non- negotiable sea waybill 비유통성 해상화물운송장
non-conference liner 맹외선
non-cumulative revolving credit 비누계적신용장
none to blame collision 무과실충돌
non-transferable credit 양도불능신용장
Non-Vessel Operating Common Carrier(NVOCC) 무선박운송인
notify party 통지처, 통지선

[O]

ocean bill of lading 해양선하증권

Off Dock Container Yard(ODCY) 부두 밖 컨테이너야적장
offer agent 오파상
offer on approval 승인조건청약
offer on approval 점검 후 매도조건청약, 점검부청약, 승인부청약
offer on sale or return 반품허용조건청약
offer subject to our final confirmation 최종확인조건청약
offer subject to prior sale 선착순매도조건청약(재고잔유조건청약)
official grader 공인검사관
official invoice 공영송장
oil damage 유손
on board endorsement(or notation) bill of lading 본선적재부기 선하증권
on deck cargo 갑판적재화물
on-carriage charge 전송료
one to blame collision 일방과실충돌
open account 청산계정, 청산결제, 교호계산
open conference 미국식 해운동맹, 개방적 해운동맹
open credit 개방신용장, 일반신용장
open policy 예정보험증권
open to container 상부개방식 컨테이너
opening bank 신용장 발행은행
optional bill of lading 양륙항 선택권부 선하증권
optional charge 양륙항 선택료
optional destination fees 양륙항선택할증료
order endorsement 지시식 배서
ordinary loss 통상의 손해
Original Development Manufacturing(ODM) 제조업자 개발생산방식 수출
Original Equipment Manufacturing(OEM) 주문자 상표부착방식 수출
Original Global Management(OGM) 주문자 글로벌생산방식 수출

original sample 원견본
outer packing 외장
outsider 맹외선
over insurance 초과보험
overseas banker's usance credit 해외은행인수신용장

[P]

packing list 포장명세서
paid-up capital 납입자본
partial charter 일부용선
partial shipment 분할선적
particular average 단독해손
passive improvement trade 위탁가공무역
paying bank 지급은행
pen container 동물수송용 컨테이너
performance bond 계약이행보증
perils clause 위험약관
perils of the seas 해상고유의 위험
perils on the sea 해상위험
physical loss 물적손해
pilferage 발하, 도난
pirates 해적
plane's space booking 항복예약
plant export 플랜트수출, 산업설비수출
pooling system 공동계산제
port congestion surcharge 체선(화)할증료
port to port bill of lading 해양선하증권
Pre-Shipment Inspection(PSI) 선적전 검사
principal to principal 본인 대 본인
privateer 사략선

product buy-back deal 생산제품수입
Profit and Loss statement(P/L) 손익계산서
pro-forma invoice 견적송장
public surveyor's report 공인감정인의 감정보고서
public weighter 공인검량인
purchase note 매약서, 구매확약서, 구매서
Purchase Order(P/O) 주문서, 매입주문서

[Q]

quality sample 품질견본

[R]

reasonable despatch clause 신속조치약관
rebate circular 할려금선언서
receipt theory 도달주의
received B/L 수취선하증권
reciprocal trade agreement 호혜통상협정
reference sample 참조견본
regular long form bill of lading 표준형식 선하증권
reimbursement credit 상환신용장
remittance basis 송금결제방식
remittance credit 송금신용장
remitting bank 추심의뢰은행
remunerative contract 유상계약
renegotiating bank 재매입은행
restraints 억지
restricted credit 매입제한신용장, 특정신용장
return of import duty 수입관세환급
Revenue Ton(R/T) 운임톤
Revised American Foreign Trade Definition(RAFTD) 개정미국무역

용어정의
revocable credit 취소가능신용장
revolving credit 회전신용장
right of recourse 상환청구권
riots 폭동
Roll-On Roll-Off Ship(Ro-Ro Ship) 로로선
rovers 표도
running lay days 정박일수 경과일수

[S]

sailing agreement 항해협정
sailing bill of lading 범선선하증권
sales by description 명세서매매
sales by grade or type 규격매매
sales by inspection 점검매매
sales by standard 표준품매매
sales by trade mark 상표매매, 통명매매
sales invoice 매매송장
salvage charge 구조비용
Sea Damaged(SD) 조건부선적품질조건
sea protest 해난보고서
sea water damage 해수침손
seawater damaged caused by heavy weather 악천후에 의한 해수 손해
seaworthiness admitted clause 감항성 승인약관
sets bill 복수어음
settling bank 결제은행, 상환은행, 보상은행
shifting 이화
ship's space 선복
shipment by instalment 할부선적

shipped or on board B/L 선적선하증권
shipped quality terms 선적품질조건
shipped weight terms 선적수량조건
shipper 송화인
shipper's usance credit(trade acceptance, seller's usance) 선적인 유산스 신용장
shipping conference 해운동맹
shipping invoice 선적송장
shipping mark 화인
Shipping Order(S/O) 선적지시서
Shipping Request(S/R) 선적요청서
shipping sample 선적견본
ship's sweat 한습손
short cable credit 일부전문신용장
short form bill of lading 간이선하증권, 약식선하증권
Short Ton(S/T, American Ton, Net Ton) 숏톤
Siberian Land Bridge(SLB) 시베리언랜드브리지
sight credit 일람출급신용장
sight negotiation credit 일람출급매입신용장
sight payment credit 일람지급신용장
similar credit 유사신용장
similar sample 유사견본
sinking 침몰
sola bill 단일어음
specialized vessel 특수전용선
Specific Commodity Rate(SCR) 특정품목 할인요율
stale bill of lading 기간경과 선하증권
standard arbitration clause 표준중재조항
standard long form bill of lading 표준형식 선하증권
standby credit 보증신용장

statement of default 계약불이행확인서
stevedorage 선내하역비, 선내하역노임, 선내하역인부임
stowage 본선내의 적부비용, 창내적재비용
straight credit 지급신용장
stranding 좌초
strikes 동맹파업
string sales 연속매매
stuffing charge 컨테이너 화물적입비용
subject-matter insured 피보험목적물, 보험목적물
subrogation 대위
subversion 천몰
sue and labour charges 손해방지비용
Super Foot(SF) 슈퍼푸트
surcharge 할증료
surprisal and capture 습격과 포획
switch commission 스위치 수수료
switch trade 스위치무역
symbolic delivery 상징적 인도조건

[T]

taking in charge 수탁
Tale Quale(TQ) 테일퀘일
tally sheet 검수표
tank container 액체화물 수송용 컨테이너
technical cooperation contract 기술제휴계약
Telegraphic Transfer(T/T) 전신환
term charges 기간 수수료
Terminal Handling Charge(THC) 터미널 화물처리비, 터미널 화물취급수수료
termination of adventure clause 항해종료 담보약관

Theft, Pilferage & Non-Delivery(TPND) 도난 불착
third party bill of lading 제3자 선하증권
third party documents 제3자 서류
Thomas L/C 토마스신용장
through bill of lading 통선하증권
time bill 기한부환어음
time charter 정기용선, 기간용선
Total Loss Only(TLO) 전손담보
touch and go 촉초
towing vessel 예선
Trade Acceptance(T/A) 무역인수환어음
trade business code 무역업고유번호
trade reference 동업자 신용조회처
transfer of risks 위험의 이전
transferable credit 양도가능신용장
transferring bank 양도은행
transit trade 통과무역, 환적무역
transshipment bill of lading 해상통선하증권
transshipment charge 환적비
transshipment 환적
traveller's L/C 여행자신용장
triangular compensation trade 삼각구상무역
triangular trade 삼각무역
trikes, Riots and Civil Commotions(SRCC) 동맹파업, 폭동, 소요
trimming charge 화물정리비용
trip charter 항해용선
triplicate sample 제3견본
Trust Receipt(T/R) 선적서류 대도, 대도금융, T/R금융
turn-key contract 턴키계약

[U]

unconfirmed credit　미확인신용장
underwriter　보험인수업자
underwriter　보험자
Uniform Customs and Practice for Documentary Credits(UCP)
　신용장통일규칙
uniform liability system　통일책임론, 단일책임론
Unit Load Device(ULD)　단위탑재용기
unitary packing　개장
United Nations Conference on Trade and Development(UNCTAD)
　유엔무역개발회의
unloading charges　양륙비
unpacked cargo　비포장화물
unrestricted credit　매입은행 미지정신용장
unseaworthiness　불감항성
unvalued policy　미평가보험증권
usance credit　기한부신용장
usance draft　기한부환어음
usance　어음기간
Usual Standard Quality(USQ)　보통품질조건

[V]

valuation charge(VC)　종가운임
valuation clause　대가수취문구
valued policy　기평가보험증권
vanning　적입
voyage charter　항해용선

[W]

warehouse to warehouse clause　창고간약관

Warsaw-Oxford Rules for CIF Contract　CIF 계약에 관한 와루소-옥스포드규칙
washing over board　갑판유실, 갑판적 화물의 유실
Weather Working Days(WWD)　하역가능일
Weight Ton(W/T)　중량톤
wharfage charges　부두사용료
whole charter　전부용선
With Average payable Irrespective Of Percentage(WAIOP)　면책비율부적용, 면책비율부적용의 단독해손담보조건
With Average(WA)　단독해손담보조건, 분손담보조건
with price limit　지가위탁방식
with recourse credit　상환청구가능신용장
without price limit　시가위탁방식
without recourse credit　상환청구불능신용장
World Trade Centers Association(WTCA)　세계무역센타협회
World Trade Organization(WTO)　세계무역기구

PART 04

효과적인 서신 작성법

제1장 효과적인 서신의 구성요소

효과적인 서신이란 명료하고(clear), 간결하고(concise), 힘이 있고(forceful), 좋은 구성을 가지고(well organized), 자연스럽고(natural), 다정하고 (friendly), 예의 있고(courteous), 인간적(personal)으로 작성된 서실을 말한다.

명료하고, 간결하고, 힘이 있고, 구성이 잘된 서신은 이해하기 쉽고, 자연스럽고, 다정하고, 예의 있고, 인간적인 서신은 적합한 어조를 갖는다.

제 1 절 명료성

명료한(clear) 서신이란 독자가 여러 번 읽지 않고 이해할 수 있는 서신을 말하며 독자에게 익숙한 단어(words)를 사용하면 가능하다. 보험회사가 보험을 설명하는 서신을 농부에게 보내는 경우 보험전문가가 아니면 이해할 수 없는 단어를 사용하여서는 안 되며 농부가 쉽게 이해할 수 있는 단어로서 작성하여야 한다.

보험회사가 농부에게 보낸 다음의 서신을 검토하시오.

Dear Mr. Blane:

Surrender of the policy is permissible only within the days attendant the grace period on compliance with the citation relevant options accruing to the policy so we estopped from

* Part 04는 James M. Reid & Robert M. Wendlinger,의 「Effective Letters」를 참조하여 학습용으로 번역 및 편집하였음.

acquiescing to a surrender prior to the policy's anniversary date.

Yours truly,

필자가 독자에게 이해시키기 위하여 여러 가지 생각을 가지고 있었다고 생각되지만 서신이 보험업에 종사하지 않는 농부에게는 아무런 의미를 갖지 못한다. 효과적인 서신이 되려면 의도된 독자 즉, 목수, 회계원, 물리학자, 농부 등이 이해할 수 있어야 한다. 독자가 시간과 노력의 낭비 없이 정확하게 이해할 수 있는 어휘를 선택하여야 한다.

(문1) 다음 중 더 명료한 것은?

A. He did not refuse to send the proper amount because he was not informed of the requirements.

B. Because he was not informed of the requirements, he refused to send the proper amount.

제 2 절 간결성

간결성(conciseness)이란 가능한 최소의 단어로서 이야기 하고자 하는 모든 것을 이야기하는 것을 말하며, 짧지만 완전한 것을 의미한다. Dicken의 David Copperfield는 수천의 단어가 사용되었지만 수백 년 동안 어떠한 독자도 짧다고 생각하지 않았다. 또한 어떠한 독자도 Gettysburg Address(268 단어)가 지나치게 짧다고 생각하지 않았다. 두 작품은 작가가 가능한 최소의 단어로서 이야기해야 할 모든 것을 이야기하였기 때문에 간결하다. 10쪽의 서신이 지나치게 짧을 수도 있고 한 단락의 한 페이지 서신이 길수도 있다는 것이다.

서신의 한 문장에서 어떤 단어를 삭제하여 그 문장이 명료성과 예의가

(문1) B

결여된다면 간결한 것이 아니라 단순히 짧은 것이다. 단어의 수를 줄이고도 명료성과 예의를 잃지 않았다면 그 문장은 좀 더 효과적인 것이다.

(문2) 어떤 것을 이야기하고 좋은 이미지를 제고시키는 더 간결한 문장은?

A. During the past two weeks, we have been wondering if you have as yet found yourself in a position to give an indication of whether you have been able to come to a decision on our offer. (37 단어)

B. What about our offer? (4 단어)

C. Could you tell us if you have decided on our offer? (11 단어)

2-1) 혹자는 독자에게 가장 많은 것을 제공하고 가장 적은 시간을 빼앗는 것이 최선이라고 한다. 많은 필자들이 서신이 간결하면 퉁명스럽고 예의가 없다고 생각하지만, 간결한 서신은 예의 있는 어휘를 가지며, 간결성 그 자체가 하나의 예의이다. 좀 더 많은 의미를 좀 더 적은 수의 단어로서 표현하는 것이 서신이 좀 더 명료하고 좀 더 힘이 있어 독자의 시간을 절약하게 함으로써 예의를 나타내는 것이다.

독자의 관심에 대한 경쟁이 치열해짐으로서 반드시 간결한 서신을 작성하여야 한다. 독자는 필자가 이야기 하고자 하는 것을 가능한 빨리 이해하기 싶고 또한 필자의 문장을 빠르고 쉽게 이해하고 싶어 한다.

(문3) 문장이 더 간결한 것은?

A. Today, business needs qualified correspondents.

B. There is a need in today's business world for properly qualified correspondents.

(문2) C (A는 매우 길다. During the past two weeks, we have been wondering은 불필요하며, 나머지 문장은 불필요하고 긴 구(phrase)로 구성되어 있다. B는 매우 돌연하고(too abrupt) 지나치게 짧아서(too brief) 어떤 독자는 Well, what about your offer?라는 반문을 할 수 있다. C는 문장이 길지 않고 예의 있고 명료하다.)

(문3) A

(문4) 더 명료한 문장은? 어느 문장이 더 간결하며 몇 단어가 더 적은가?

A. It is the understanding of those at this office that the shipment in the amount of four hundred steel girders has no situs in any of the states on the Eastern seaboard.

B. We believe that the missing shipment of four hundred steel girders is not located in any of the East Coast states.

제 3 절 강력성

강력성(force)이란 강한 힘을 말한다. 쉽게 이해할 수 있는 서신은 명료하고 간결할 뿐만 아니라 힘이 있다. 강력성이란 좀 더 구체적인 성질(qualities)을 요약하기 위하여 사용하는 일반적인 용어이다. 잠시 힘 있는 서신을 구체적이고 행동이 있는 서신이라고 생각하자.

(Ex) Weak: We seemed to be beset by a period of inclement weather.

Forceful: It rained everyday for a week.

첫 번째 문장은 두 번째 문장보다 좀 더 일반적인 단어를 많이 사용하였다. 행동동사(action verb) rained와 애매하고 힘없는(vague and limp) seemed를 비교해 보라.

3-1) 독자가 재미있는 서신을 읽었지만 이미 알고 있는 내용이었다. 그러나 서신 고유의 목적에도 불구하고 그 내용이 독자에게 매우 지겨웠다면 필자는 결코 자신이 전달하고자 하는 핵심적인 것을 이야기 하지 못하고 그 주변을 이야기한 것이다.

반면에 어떤 서신은 그 주제가 매우 일반적이지만 독자의 관심을 끈다. 필자의 생각이 독자의 마음속에 명료하게 전개되어 한 문장 한 문장 쉽

(문4) B (B가 더 명료하고 간결하며 11단어 적다.)

게 이해할 수 있다. 이런 종류의 서신은 많은 행동동사와 구체적인 단어를 사용함으로서 독자를 부분적으로 흥미롭게 한다. 그러한 서신이 힘이 있는 서신이다.

(문5) 좀 더 힘이 있는 문장은?

A. Minton engineers found that the redesigned Suprex Automatic Envelope Folder produces four hundred envelopes per minute. The machine's efficient cutter arm, which slices over an arc of only 1/4 inch, increases its production by one hundred envelopes per minute. After thirty Folders were installed on the production line, total output shot up by 40 percent.

B. It has been concluded upon investigation by the Minton engineers that the redesigned Suprex Automatic Envelope Folder has a production rate of four hundred envelopes per minute. This represents an increased production capacity for the machine of one hundred envelopes per minute. The reason for this increase is due to a more efficient cutter arm which has a slicing arc of only 1/4 inch. Installation of thirty of these devices on the production line has accomplished an increase of production of 40 percent.

(문5) A. A가 좀 더 간결하고 좀 더 힘이 있어 읽기에 좀 더 흥미롭다. increase, slice, shot up와 같은 강한 힘이 있는 동사(strong verb)를 사용하여 문장에 힘(forceful)이 있다. 반면에 B는 It has been concluded upon, the reason ... is ...의 표현으로 완곡하고 힘이 없다. 처음 언뜻 보기에는 A와 B의 차이가 인상적이지 아닐지 모르지만 나중에 보았을 때에는 A가 공정하고 효과적인 작성이라는 것을 알 수 있다.)

(문6) 좀 더 힘이 있고(forceful), 구체적(specific)이며, 능동적인 술부(active predicate)의 문장은?

A. Interviewing a carefully selected population has been the traditional method of doing market research by the Greg & MacDonald advertising agency.

B. The Greg & MacDonald advertising agency traditionally does its market research by interviewing a carefully selected population.

제 4 절 좋은 구성

쉽게 이해할 수 있는 서신은 구성이 잘 되어(good organization) 있다. 좋은 구성과 나쁜 구성의 차이는 때때로 생각의 적합한 순서에 있다.

서신이 관련되는 생각만으로 구성될 때, 중요한 생각과 사소한 생각이 명료하게 표시되었을 때 그리고 그러한 생각들이 순서에 맞게 제시되었을 때 좋은 구성을 가진다.

(문7) 구성이 좋은 문장은?

A. To mix, place beaters in the revolving head of the electric mixer. Turn switch to "on."

B. To mix, turn switch to "on." But be sure to place beaters in the revolving head of the electric mixer beforehand.

(문6) B. B가 좀 더 힘이 있다. A의 술부는 존재동사(being verb) has been 이며, 반면에 B의 술부는 행동동사(action verb) does이다.

(문7) A(A는 독자에게 mixer를 작동하기 이전에 beater를 삽입하도록 적합한 순서로 지시하지만, B는 지시하는 내용이 생각한 후에 오게 한다.

(문8) 구성이 좋은 문장은?

A. A charge account is a convenience. For instance, if you want a book from our book department, simply call the store, ask for our book department, tell them what book you want, and say "charge it". Just sign and mail the enclosed card. Also, this privilege is available in all fifty-one departments of the store.

B. A charge account is a convenience. For instance, if you want a book, simply call our book department and say "charge it." This privilege is available throughout our fifty-one departments. If you want to open an account with us, just sign and mail the enclosed card.

(문9) 구성이 좋은 서신은?

A. Dear Ms. Danvers:

I recently purchased some used office furniture and equipment at a bankruptcy auction held last Wednesday at a warehouse on Tremont Avenue. In the lot I purchased a old Underwood typewriter. As you probably know, these machines are pretty good if they are fixed up, and it appears that this one needs some work. It looks as if it has been stored in someone's attic and probably needs a good cleaning.

(문8) B (엉성하게 제시하고 있는 A는 너무 많은 생각을 가지고 있으므로 책 구입절차가 전혀 단순해 보이지 않는다. 세 번째 문장은 부적절하다. it 앞에 어떤 전환 구(transitional phrase)가 필요하고 문단의 결론이 있어야 한다. 잘 구성된 서신은 관련된 생각만을 제시하여야 한다. 즉, 생각의 적합한 중요성이 제시되고 명료하고 의미 있는 순서대로 제시되어야 한다.)

(문9) B (A는 독자에게는 관심이 없는 생각들을 많이 가지고 있으므로 구성이 아주 나쁘다. B는 정확하게 핵심을 찌르고 있으므로 구성이 잘 되었다.)

By the way, my secretary took a look at it this morning and says the ribbon does not wind properly. How long do you think it would take to fix it? I am writing to several repair shops to get estimates for this job. So I'd appreciate a prompt reply.

B. Dear Ms. Danvers:

Please give me your estimate for cleaning an old underwood typewriter and for repairing the ribbon rewind mechanism.

May I have your estimate as soon as possible for the cost of the work and for the time it will take to complete the job? Thank you.

제 5 절 적합한 어조

다음의 서신을 검토해 보라.

Dear Mr. Muldoon:

Your application for employment finally arrived last Wednesday. After carefully examining it, I find that you are over sixty years old. This is much too old! So I am obliged to inform you that we cannot hire you at this time.

Sincerely yours,

서신이 명료하고, 간결하고, 힘이 있고, 구성이 잘 되어서 쉽게 이해할 수 있다. 그러나 불법행위를 제외하고도 적합한 어조(proper tone)에 필요한 4가지 즉, 자연스러움, 다정함, 예의 그리고 인간적임을 갖추지 못하여 결코 효과적이지 못하다. 사실상 아주 모욕적이다.

(문10) 적합한 어조의 문장은? 적합한 어조로 작성한 필자는 어떠한 종류의 사람이었을까?

A. I'm sorry that we no longer manufacture the Variflex model S-2 camera. Last June, we replaced the S-2 with our S-3 model, which has several new features. I am enclosing a pamphlet describing the new model. If you'd like to order one, we'll be most happy to hear from you. On the other hand, if you want an S-2, you might write to Sam's Used Camera Exchange, 802 Main Street, Flushing, New York. He ordinarily has a good supply of used models.

B. We no longer find it worthwhile to manufacture the Variflex model S-2, as there is no demand for it. You may not be aware that as of June, 1977, the S-2 was replaced by the S-3, which is a far superior instrument. Enclosed herewith is pamphlet describing the S-3 and an order blank. However, if you still want the old model, write to Sam's Used Camera Exchange, 802 Main Street, Flushing, New York.

제 6 절 자연스러움

적합한 어조의 서신을 작성하는데 많은 단어들을 사용할 수 있지만 필자들은 앞에서 언급한 4가지 즉, 명료성, 간결성, 강력성 그리고 좋은 구성을 고수하는 경향이 있다.

효과적인 서신은 사용한 단어가 독자에게 익숙하고 편안하다는 점에서

(문10) A (정중하고, 다정하고, 자연스러운 사람 즉, 현명하고 도움이 되는 사람)

자연스러운(natural) 것이다.

필자가 사용한 단어와 표현이 과장되고 지나치게 기술적이거나 구식이라면 독자는 필자의 메시지로부터 이탈하게 되며, 필자의 생각에 접근하기 이전에 그 표현을 이해하기 위하여 노력해야 하고 또한 독자 자신이 알아야 할 필요한 것을 필자가 이야기하기 보다는 필자 자신의 어휘를 보이고 있다고 생각하게 된다. 독자는 심지어 필자가 전혀 어떤 생각들을 갖지 못한다고 생각할 수도 있다.

일반적으로 회화체가 효과적인 서신에 가장 좋은 언어이다. 회화체는 독자의 마음에 거슬리지 않고 필자가 이야기하는 것에 독자를 집중시킨다. 그러한 것이 자연스러운 것이다.

(문11) 좀 더 자연스러운 문장은?

A. Its operational deficiencies were attributed by the agency to a lack of personnel resulting from budget limitations.

B. The agency said that it could not do a good job because it did not have enough money to hire enough people.

(문12) 좀 더 자연스러운 문장은?

A. In the event that this does not meet with your approval, please notify this writer as to your wishes.

B. If you do not approve of this, please let me know what yon want.

(문11) B (A는 아주 길고 지나치게 복잡한 문장이라 독자는 문장 자체에 주목해야 하고 필자의 의미를 알기 위하여 애매한 긴 문장을 이해하려고 노력해야 한다. B는 독자가 표현된 생각을 이해하는데 방해가 되지 않는 단순하고(simple) 회화체의 표현이라 이해하기 쉽다.)

(문12) B

제 7 절 다정함

적합한 어조란 또한 서신의 다정함(friendliness)을 말한다. 오늘날 많은 독자들은 기업의 개인에 대한 무관심과 힘의 불공정한 사용에 매우 민감하다. 필자는 할 수 있는 한 서신의 내용이 독자의 관심사항에 인간적이고, 도움이 되고, 관련되어야 한다.

(문13) 다음 두 문장의 차이를 알아보고 더 다정한 문장을 선택하시오.

A. We are obliged to inform you that the completion of processing of your application has been delayed until the end of next week.

B. I'm sorry that we're had to keep you waiting, but it's taken us a little more time than we expected to process your application. we'll have it completed by next Friday.

(문14) 어느 문장이 다정한가? 답은 하나 이상이 될 수 있음.

A. Because you forgot to sign your employment application, I am returning it so that this oversight may be corrected.

B. If you will send us a check for $159.61, we will be happy to ship your recent order for automotive parts right away.

C. You must realize that we are doing everything in our power to investigate your claim that you did not receive our check for $1.000.

D. As you asked, I am enclosing our annual report for the fiscal year ending December 31. Good luck with your report on the paper industry.

(문13) B
(문14) B and D

제 8 절 예의

예의 있는(courteous) 서신이란 please, thank you와 같은 정중한 단어들을 사용하고, 독자들의 요구사항을 알고 그들의 입장을 취하는 서신을 말한다.

(문15) 다음 중 예의 있는 문장은?

A. May we please have your check for $ 23.97 by December 1?

B. Submit your check for $23.97 not later than December 1.

(문16) 다음 중 예의 있는 문장은?

A. May I visit you sometime during the week of April 28?

B. Please accept my apologies for not answering your letter sooner.

C. A prompt reply would be very convenient for me.

D. If you had read the directions on the box carefully, you would not have broken the antenna while unpacking your radio.

제 9 절 인간성

효과적인 서신은 필자가 독자를 하나의 인간으로 생각한다는(personal) 것을 보여야 한다. 상대방을 인간으로 생각한다는 것은 필자 자신도 하나의 인간이며, 조직적인 기계류의 단순한 하나의 톱니바퀴가 아니라는 것을 입증하는 것이다. 독자를 자신의 서신 속으로 끌어들이거나 서신을 인간적으로 작성하면 이 두 가지를 달성할 수 있다.

(문15) A
(문16) A and B

(문17) 좀 더 인간적인 문장은?

A. It is hoped that the difficulties of the past two weeks have been overcome.

B. I hope that you have overcome your difficulties of the past two weeks.

(문18) 좀 더 인간적인 문장은?

A. This letter is to acknowledge receipt of the letter of July 8 and to inform those concerned that proper action has been taken.

B. I'm sorry to tell you that we have decided to award the contract to Mr. Halloway.

C. I'm happy to tell you that we have credited your account with $189.17.

D. A decision to use the heat-sealing packaging process has been reached, and orders for the necessary equipment will be forthcoming.

(문17) B (A는 독자(You)나 필자(I)의 사용을 유의하여 회피하였다. B는 I, You, your의 사용을 주저하지 않았다.)

(문18) B and C

제 2 장 이해하기 쉬운 서신

제 1 절 정확성과 군말 검정

1. 정확성

습관적으로 우리는 독자의 이해와 자사의 신용에 방해가 되는 단어(words)나 문구(phrases)를 자주 사용한다. 자신의 단어나 문구를 검정하려면 서신이 정확하고, 필요하고 또는 길지(wordy) 않는가를 자문해야 한다.

좋은 예의와 같이 정확하게 쓰는 것에 주목할 만한 것은 아니지만 정확하게 작성되지 않은 글은 필자가 이야기하고자 하는 것으로부터 독자를 이탈시켜 필자의 능력에 대한 신뢰성에 나쁜 영향을 미친다.

1) *irregardless of*

We will buy the computer *irregardless of* the cost.

irregardless는 사전에 없는 단어이며 정확한 단어는 regardless이다. irregardless를 때때로 쓰는 것은 정확한 단어인 irrespective를 쓰는 경향에서 온다. 정확하지 못한 어법은 독자를 혼란스럽게 함으로 필요한 경우에는 사전을 이용하여 사용하는 단어나 문구의 정확성(correctness)을 검정하여야 한다.

2) *unique*

unique는 '독특한, 유일무이한, 하나 밖에 없는' 등의 의미이며 흔히 잘못 사용된다. 독특한 것은 똑 같은 것이 없는 어떤 종류의 하나를 의미함으로 수식될 수 없다. 유일한 것(uniqueness)은 정도가 없다.

This is a most *unique* problem.(×)
This is a *unique* problem.(○)
He has a most completely *unique* ability.(×)
He has a *unique* ability.(○)

3) *affect와 effect*

affect와 effect는 흔히 혼돈되어 사용된다. affect는 '영향을 미치다(to influence)'의 의미로서 명사로 사용될 수 없다. effect는 명사로서 '결과(results)', 동사로서 '초래하다(bring about)'의 의미이다.

(문1) 단어 중 맞는 것을 선택하시오.

1) High costs adversely (affected/effected) prices.
2) Poor sales technique will (affect/effect) sales.
3) They are satisfied with the (affects/effects) of the lighting.
4) You should (affect/effect) the changes immediately.
5) His speech has a stimulating (affect/effect) on the audience.
6) When you hire this woman, she will (affect/effect) the whole structure of the organization.
7) United Gas Corporation's research (affected/effected) a complete revolution in oil refining practices.

4) *literally*

The instructor's magnetism *literally* drew the new sales trainees into a surrounding group.

literally는 '글자 뜻 그대로'의 의미로서 사실(in fact)을 말하며 은유법(metaphor)에서 흔히 잘못 사용된다. 은유는 사실이 아니므로 literally가 잘못 사용되었다. 즉, 강사의 최면술이 훈련생들을 끌어드린 것이 아

(문1) 1) affected 2) effected 3) effects 4) effect 5) effect(result) 6) affect (influence) 7) effect(brought about)

니라 훈련생들이 강사에게 걸어간 것이다. literally를 삭제해야 한다.

5) *fact*

직접적인 확인(direct verification)이 전제되는 문장만이 사실(fact)이다.

(문2) 다음 중 사실(fact)인 것은?

A. Gorges Washington was the best President of the United States.

B. Gorges Washington was the first President of the United States.

C. George Washington was the most intelligent President of the United States.

(문3) 다음의 내용을 사실(fact)이라고 할 수 있는가?

Mr. Dewers summarized his report by stating the following fact: the new employment policies will increase production by at least 10 percent.

6) *etc.*

etc.는 '기타 등등(and so on)'을 의미하므로 and etc.로 쓰면 의미의 중복(redundant)으로 틀린다.

(문2) B (자신이 직접 Gorges Washington의 훌륭한 지혜와 능력을 확인할 수 있는가? 비록 많은 사람들이 그가 가장 훌륭하고 지혜로운 대통령이었다고 믿고 있으며, 이러한 주장을 할 수 있는 많은 증거를 자신이 수집할 수 있다할지라도 A와 C의 문장을 사실이라고 할 수 없다.)

(문3) 사실이 아니다. fact를 opinion, prediction, idea, thought 등으로 대체하여야 한다.

(문4) 다음 중 하나를 선택하시오.
The customer bought flash bulbs, reflectors, film, developer, (and etc./etc.)

7) *Its* 와 *It's*

apostrophe가 없는 Its는 소유대명사(possessive pronoun)이며, apostrophe가 있는 It's는 it is 또는 it has의 준말이다. its'와 같이 s 뒤에 apostrophe가 있는 형태는 없다.

(문5) 다음 중 하나를 선택하시오.
1) (Its/It's/Its') going to be big problem.
2) They found two of (its/it's/its') wheels in the rear of the factory.

2. 불필요한 단어와 문구

정확하게 작성된 글이 반드시 효과적인 것은 아니지만, 효과적인 서신은 항상 정확하게 작성된 글이다. 몇몇의 단어나 문구는 정확하지만 문장에서 필요하지 않을 수 있다. 불필요한 단어와 문구는 필자의 의미를 가능한 빨리 알고자 하는 독자를 혼란스럽게 한다.

The report was delayed because of the fact that the writer lost her rough draft two days before the deadline.

필자가 대충 작성한 초안(rough draft)을 분실했음을 우리가 직접적 확인할 수 있으므로 fact는 정확하게 사용되었다. 그러나 동격의 the fact 는 문장의 의미상 불필요하므로 of the fact that를 생략하고 다음과 같이 전환하는 것이 좋다.

The report was delayed because the writer lost her rough

(문4) etc.
(문5) 1) It's 2) its

draft two days before the deadline.

(문6) 문장에서 제거하여도 의미 변화가 없는 문구를 삭제하시오.

1) Wilma Wright is studying along the line of aerodynamics.
2) Your first premium payment will be due on or before June 16.
3) I wish to tell you that the policy changes are excellent.

3. 군말

군말(wordiness)이란 하지 않아도 좋을 쓸데없는 군더더기 말을 말한다. 필요하지만 장황한 문구는 더 적은 수의 문구로 표현할 수 있다.

(문7) 장황하거나 진부한 문구를 간결하게 작성하시오.

1) May we hear from you at an early date?
2) He takes inventory in order to keep occupied.
3) Mr. Culver wrote me in connection with your job application.
4) a. The facts, as stated below, speak for themselves.
   b. The facts, as stated above, speak for themselves.
5) In the normal course of procedure, we send out 250,000 invitations in May.
6) Mrs. Marvin hopes we answer in the affirmative.

(문6) 1) along the line of 2) on or before 3) I wish to tell you that

(문7) 1) at an early date가 없으면 의미가 변화됨으로 필요하지만 장황하여(wordy) 문장이 간결하지 못하다. soon, shortly로 대체하면 간결해진다. 2) He takes inventory to keep occupied.(to keep busy) 3) in connection with를 about, regarding, concerning으로 대체 4) a. The following facts speak for themselves. b. These facts speak for themselves. or The above(preceding) facts speak for themselves. 5) In the normal course of procedure를 normally, usually, ordinarily, routinely로 대체 6) in the affirmative는 필요하지만 장황하므로 say(answer) yes, 또는 answer affirmatively로 대체

(문8) at the present time를 대체할 수 있는 단어는?

(문9) 2개의 장황한 문구를 줄여 재작성 하시오.
Because the box is too large in size, you will have to pack the apples over again.

4. 중복

일부 문구들은 단순히 똑같은 의미를 두 번 말함으로서 장황하고 의미가 중복(doublets)된다.

We must get to the *basic fundamentals* of the problem. 단어의 정의에 의하면 fundamentals는 basic이므로 의미의 중복이다.

(문10) 문장 중 삭제하여야 하는 단어는?
1) Mr. Patterson has done well since he first began working for us.
2) I personally feel that Mr. Johnson is the best person for the job.

(문11) 2개의 중복이 있다. 중복을 제거하고 재작성 하시오.
The polite and courteous research team gave us their opinion based on the true facts.

(문8) now, right now, presently
(문9) Because the box is too large, you will have to pack the apples over again (over). or Because the box is too large, you will have to repack the apples.
(문10) 1) first(began과 중복) 2) 감정(feeling)이나 의견(opinions)은 개인적인 것 이외의 어떤 것이 될 수 없으므로 personally feel은 중복이다. personally는 필요 없다.
(문11) polite와 courteous가 중복이므로 하나만 써야 한다.

제 2 절 고풍, 과장 또는 기술적 단어와 문구 검정

(문1) 다음 중 어떤 서신이 효과적인가?

A. Dear Mr. Stenger:

Enclosed you will herewith find two copies of the legal deed attendant to your purchase of the Pennymaker property. Prior to signing the aforementioned copies, I deem it advisable that you read Clause 19 pertaining to right of easement with reference to your neighbor Mr. Pownal.

If this accords with acceptable conditions, affix your signature to both documents and forward the carbon copy to me not later than January 14.

B. Dear Mr. Stenger:

Enclosed are two copies of the deed for the Pennymaker property. Before you sign them, be sure to read Clause 19, which covers the right of easement for your neighbor, Mr. Pownal. Right of easement refers to Mr. Pownal's legal right to water his livestock at the East Pond on this property.

If you find this acceptable, please sign both copies and the carbon to me before January 14.

(문1) B (B는 명료하고 자연스럽지만 A는 그러하지 못하며, 독자가 right of easement가 무엇인지 알고 있다는 것을 어느 누구도 확신할 수 없으므로 아마 정보를 제공하지 못할 것이다. 또한 A는 장황하고, 불필요한 문구를 쉽게 이해할 수 없어 좋은 이미지를 주지 못한다. herewith, attendant to, prior to, aforementioned, deem it advisable, accords with, affix는 과장되고 부풀어진 표현(pompous, inflated language)이다.)

1. 고풍의 단어와 문구

명료하고 자연스러운 글을 쓸 때 일반적인 어려움의 하나는 고풍의 단어와 문구들(archaic words and phrases)이다. 그들은 과거에는 대단히 환영받았지만 현대의 기업들은 이들의 사용이 시대에 뒤떨어진 느낌을 준다고 사용하지 않는다. 구식의 I beg to ....의 문구를 사용하는 필자는 아마 없을 것이다.

(문2) 고풍의 단어와 문구를 현대적인 단어와 문구로 연결하시오.

Archaic Words	*Modern Words*
1. *As per* your letter of April 13	A. Read
2. Your letter has been *duly noted.*	B. According to
3. *You will herewith find* the material you asked for	C. Here is

(문3) 다음 고풍의 문구를 재작성 하시오.

In re the recently proposed merger, I think ....

(문4) 고풍의 부분을 현대적인 단어로 대체하시오.

1) Pursuant to our agreement, I enclose our check for $1,000.
2) As per Rule 178, you must file Form 1088 before July 10.
3) You will herewith find our brochure, entitled, "Job Opportunities in Computer Programming".

(문2) 1. B 2. A 3. C

(문3) About(Concerning, Regarding) the recently proposed merger, I think ......

(문4) 1) As we agreed, As agreed, According to our agrement 2) *According to* Rule 178, you must file Form 1088 before July 10. or Rule 178 stipulates that you must file Form 1088 before July 10. 3) Here is (Enclosed is) our brochure, entitled, "Job Opportunities in Computer Programming".

(문5) "duly noted"는 딱딱한 표현이다. 독자에게 감사하는 표현으로 재작성 하시오.
Your job resume has been duly noted by me.

2. 과장된 단어와 문구

순수하고(plain), 단순하고(simple), 짧은 단어와 간결한 문장의 사용이 현대적이고 가장 좋은 방법이지만 많은 필자들이 이를 따르지 않는다. 그들은 독자의 욕구(needs)를 충족시키기 보다는 독자가 필자의 어휘(vocabulary)에 주의를 기울려야 하는 과장된 말(inflated language)로 독자들을 감동시키려고 한다.

(문6) subsequent to를 대체하는 단순하고(simple) 겸소한(modest) 단어는 무엇인가?
We will hire you *subsequent to* the arrival of your application.

(문7) 과장되고 부풀려진 문구(pompous, inflated phrase)인 *prior to*를 적은 수의 단어로 대체하시오.
The iron ore will arrive by rail *prior to* the deadline date.

(문8) 부풀려진 문구(inflated phrase)를 재작성 하시오.
I deem it advisable that you hire Smedlry immediately.

(문5) Thank you for sending me your job resume. or Thank you for letting me your job resume.
(문6) after, upon
(문7) before
(문8) I suggest that you hire Smedley immediately. or I think you should hire Smedley immediately.

(문9) with reference to를 대체하시오.
I am writing *with reference to* your application.

(Ex) 필자는 단순한 생각을 advise라는 단어로 과장한다(inflate).
Mr. Hill has advised me that your cotton shipment will arrive by rail.
귀사의 면이 열차로 도착할 것이라는 것은 충고(advice)가 아니라 정보(information)이다. advise는 좋은 동사이지만 문장을 과장하고 있으며, 정보가 아니라 충고의 경우에 사용하여야 한다.

(문10) 문장을 재작성 하시오.
Mr. Hill has advised me that your cotton shipment will arrive by rail.

(문11) 매우 딱딱한(stiff) 문구를 단순하고 자연스러운 문장으로 재작성 하시오.
We are in receipt of your check.

(문12) 부풀려진 표현(inflated language)을 축소하시오(deflate).
I regret to inform you that ....

3. 기술적인 단어

기술적인 단어(technical words)나 문구는 흔히 서신을 이해하는데 방해가 된다. 기술적인 단어는 전문가에게는 단순히 특별한 의미를 갖지만

(문9) about, regarding, concerning
(문10) Mr. Hill has *informed (written, told, etc.)* me that your cotton shipment will arrive by rail.
(문11) We *received* your check.
(문12) I am sorry that ....

대개의 사람들은 이해하지 못한다. 일부의 필자, 특히 전문가들은 독자의 입장을 고려하지 않으므로 무의식적으로 그들 자신의 기술적인 용어를 사용하게 된다.

(문13) You can, of course, buy your stock on *margin*.
신용으로 주식을 사기 위해 당신은 주식중개인으로부터 비용의 일부를 빌린다. 이러한 것을 알지 못하는 독자는 문장에 의하여 혼돈될 것이다. 기술적인 용어를 제거하고 재작성 하시오.

(Ex) 때때로 법적 또는 그 이외의 이유로 기술적인 용어를 사용할 필요가 있다. 그러나 항상 독자를 염두에 두고, 그가 용어의 의미를 모를 수 있다는 생각되면 그 용어에 대한 설명이나 정의를 제시하여야 한다.

Mr. Douglas, your insurance policy has a grace period of thirty-one days. This means that you have a period of thirty-one days during which an overdue premium payment may be paid without penalty, while the policy remains in force.

(Ex) 일부의 필자들은 과장된 문구가 기술적인 것이라며 사용을 주장한다. 그러나 그것은 흔히 전문적인 것이 아니고 다음과 같이 단지 과장된 것이다.

As requested by your memorandum, this office has office has initiated an analyzation of our work schedule for the six months just past.

(문13) You can, of course, borrow part of the cost of your stock from us(me, your broker).

(문14) 과장된 문구를 단순한 문구로 대체하여 문장으로 작성하시오.

Inflated	*Simple*
1. As requested by your memorandum	A. to analysis
2. this office has initiated	B. the last six months
3. an analyzation	C. we have begun
4. the six months just past	D. as you asked

제 3 절 구체적 행동동사

(문1) 다음 중 어떤 것이 더 효과적인 서신인가?

A. Dear Mr. Farber:

As is probably your understanding, completion of Moviepix's production of "White stallion" has been achieved by the crew, and the producer's plan is to have simultaneous premieres of the picture in the thirty big cities on September 17. However, a big New York theater is not yet under contract to show it.

Since "White Stal1ion" is a picture with special appeal to kids, it is the hope of the producer that Radio City Music Hall will be the picture's showplace. But if their schedule is already complete, RKO Palace and the Winter Garden are good

(문14) 1. D 2. C 3. A 4. B 완성된 문장은 다음과 같다. As you asked, we have begun to analyze our work schedule of the last six months.

(문1) B (B가 A보다 25단어 적어서 더 간결하고, 구체적 행동동사(specific action verbs)를 사용하여 힘이 있다. B는 힘이 있는 동사가 각 문장의 중심에 있으며, A는 힘이 없는 동사들을 사용하여 문장을 힘없게 한다.)

alternatives in that order.

A preview copy should be in your office next week, ready for a showing to theater managers. It's a great picture and will do its own selling. And it is my understanding that you are well able to obtain Music Hall's acceptance.

Sincerely yours,

B. Dear Mr. Farber:

As you probably know, the crew has completed Moviepix's production of "White Stallion," and the producer plans to hold simultaneous premieres in the thirty big cities on September 17. However, we have not yet signed a big New York theater to show it.

Since "White Stallion" should especially appeal to kids, the producer hopes you can land Radio City Music Hall. But if they're already booked, try RKO Palace and the Winter Garden in that order.

A preview copy should arrive in your office next week, so you can show it to theater managers. It's a great picture and win sell itself, but I know I can count on you to book it into the Music Hall.

Sincerely yours,

1. 행동동사와 존재동사

힘이 있는 서신을 쓰려면 2개의 동사를 구분할 수 있어야 한다. 행동동사(action verbs)는 행동을, 존재동사(being verbs)는 상태를 나타낸다.

① 행동동사

. Mr. Quilty *fell.*

. The committee *rejected* Miss Taylor's report.

. Bill *was struck* by the ball.(수동태)

② 존재동사

. Mr. Hobart *is* at home.

. He *will be* there.

. Marta Woodward's report definitely *is* better.

(문2) When Mr. Kim was at the embassy, he wanted to negotiate the terms of the agreement. 주동사의 형태는?

2. 존재동사를 행동동사로 대체

행동은 독자의 관심을 끈다. 문장에 행동을 주기 위해서는 존재동사를 행동동사로 대체시켜야 하며, 그렇게 함으로써 좀 더 힘 있고 간략한 문장을 작성할 수 있다.

(Ex) There was a week of discussion of commodity prices by the delegates.

존재동사 was가 문장을 힘없게 함으로 행동동사로 대체시키면 좀 더 활기 있는 문장이 된다. The delegates discussed commodity prices for a week.

(문2) wanted가 행동동사.

(Ex) There was a demonstration of the new oscillator by Mr. Kim.

주동사가 was이므로 문장이 간결하지 못하고 힘이 없다. 두 개의 명사 oscillator와 demonstration 속에 각각의 행동이 숨어 있다. 이들을 to oscillate와 to demonstrate로 고칠 수 있다. 존재동사 was를 행동동사 to demonstrate로 대체하여 재작성하면 다음과 같다. Mr. Kim *demonstrated* the new oscillator. 또는 The new oscillator *was demonstrated* by Mr. Kim.

(문3) A quick reply to a customer's letter is necessary for a clerk.

존재동사 is를 행동동사 reply로 대체하여 재작성 하시오. 3)

(Ex) Faulty reproduction of the negatives is the cause of the decline in our picture quality.

주동사가 존재동사이므로 효과적이지 못하다. reproduction, cause, decline 속에 행동이 숨어있으므로 이들을 행동동사로 고치면 reproduce, cause, decline이다. 이들 중 cause를 주동사로 사용하는 것이 가장 힘 있고 간결하다.

① The negatives *were reproduced* with faults, causing the decline in picture quality.

② Picture quality *declined* because the negatives were reproduced with faults.

③ Faulty reproduction of the negatives *caused* the decline in picture quality. or The decline in picture quality *was caused* by faulty reproduction of the negatives.

④ Faulty reproduction of the negatives *caused* picture quality

---

(문3) A clerk *must (should) reply* quickly to a customers letter. or A customer's letter *must be answered* quickly by a clerk.

to decline.

(Ex) 다음 두 문장을 비교하시오.

A. Fifty sets of Gillen dinnerware were shipped to Farnam's department store in time for their July 10 opening.

B. A feature of the Thinktight Computer is its capacity to bring about a solution of a mathematical problem in one one-thousandth of a second.

존재동사를 가진 B가 A보다 힘이 없다. 숨어있는 행동은 to feature, to bring(about), to solve이며 최상의 행동은 to solve이다.

① to feature를 주동사로 하면 아주 효과적인 수정은 아니다.
The Thinktight Computer *features* a capacity to bring about a solution of a mathematical problem in one one-thousandth of a second.

② to bring about을 주동사로 하면 원문장보다 사용 단어 수가 적고 좀 더 힘이 있으므로 ①보다는 더 좋은 수정이다.
The Thinktight Computer *can bring about* the solution of a mathematical problem in one one-thousandth of a second.

③ to solve를 주동사로 하면 훨씬 더 좋은 수정이 된다.
The Thinktight Computer *can solve (solves)* a mathematical problem in one one-thousandth of a second.

(Ex) Completion of the project by us is necessary for this month.

주동사 is가 존재동사라 힘이 없는 문장이다. 숨어있는 행동동사는 to complete이다. 문장을 재작성하기 전에 행동동사의 주어를 사람과 사물 중 어떤 것으로 할 것인가를 생각해야 한다. 행동을 받는 것은 the project이며, 행동을 하는 것은 We이다.

① 주어를 project, 주동사를 to complete로 하면 다음과 같다. *The project must (should) be completed (by)* this month (by us).

② 주어를 We로, 주동사를 to complete로 하면 다음과 같다. We *must (should) complete* the project this month.

(Ex) The color code is a factor in helping the engineer.

숨어있는 행동이 help이다. 행동하는 (color) code와 행동을 받는 engineer를 주어로 재작성하면 다음과 같다. The *color code* helps the engineer.(Code is the person or thing doing the action.) or The *engineer is helped* by the color code.(Engineer is the person or thing acted upon.)

3. 일반동사를 구체적 동사로 대체

일부 행동동사는 다른 행동동사보다 좀 더 구체적이라 좀 더 힘이 있다.

(문4) 어느 것이 더 구체적인가?

A. were B. increased C. climbed

(문5) 가장 힘 있는 문장은?

A. The market averages *were* up four points on Thursday.

B. The market averages *increased* by four points on Thursday.

C. The market averages *climbed* four points on Thursday.

(문6) 다음 행동동사 중 어느 것이 좀 더 구체적인가?

A. to go B. to mail

(문4) C

(문5) C

(문6) to go는 가는 방법이 여러 가지 있으므로 B가 더 구체적이다.

(문7) 다음 행동동사 중 어느 것이 좀 더 힘이 있고 통지력이 강한가?

A. The sales manager's message *went* to the West Coast office on Monday.

B. The sales manager's message *was mailed* to the West Coast office on Monday.

(문8) 다음의 행동동사들 중 일부는 다른 것들보다 좀 더 구체적이다. 구체적 행동동사를 선택하시오.

A. to accomplish B. to dash C. to cling
D. to achieve E. to repair F. to effect

(문9) The delivery of the stock certificates should be accomplished by you not later than noon, Thursday.

주동사가 일반 행동동사이며 숨어있는 구체적 행동은 delivery이다. delivery를 동사로 하면 주어는 stock certificates 또는 you가 될 수 있다. 재작성하여 원문과 비교하시오.

(문10) Placement was achieved by the janitor in the case of four bulletin boards which are in the recreation room.

주동사가 일반 행동동사이며 숨어있는 구체적 행동은 place(placement)이다. place(placement)를 동사로 하는 경우, 주어는 janitor와 bulletin boards가 될 수 있다. 재작성 하시오.

(문7) B의 동사가 좀 더 구체적이다.

(문8) B, C, E

(문9) *You should deliver* the stock certificates not later than(by)noon, Thursday. or *The stock certificates should be delivered* by you not later than noon, Thursday.

(문10) The *janitor placed* four bulletin boards in the recreation room. Four *bulletin boards were placed* by the janitor in the recreation room.

(Ex) 존재동사만이 유일하게 문장을 힘없게 하는 것이 아니므로 주동사를 검정하는 경우 존재동사인가 일반 행동동사인가를 확인하여야 한다.

A. Some reduction of costs was effected by this office early this month.

B. There are certain problems which confront the panel.

A는 일반 행동동사(was effected)이며 B는 존재동사(are)이다.

① A에 숨어있는 구체적 행동동사는 to reduce이며, B는 to confront 이다. reduce를 동사로 하여 2개의 힘 있고 간결한 문장으로 작성하면 다음과 같으며 주어는 office와 costs가 될 수 있다.

This *office (partly)* reduced costs early this month. Some *costs were reduced* by this office early this month.

② B를 confront를 동사로 하여 2개의 힘 있고 간결한 문장으로 작성하면 다음과 같고 주어는 problems와 panel이 될 수 있다.

Certain *problems confront* the panel.

The *panel is confronted* by certain problems.

(문11) At the trade fair, the Scurry-Meadows model home was the favorite exhibit of the delegates.

존재동사 was 때문에 효과적이지 못하다. 아래 괄호 속에 적합한 행동동사를 채우세요.

Of a1l the exhibits at the trade fair, the delegates ______ the Scurry-Meadows mode1 home the best(most).

(문12) The new restrictions will be under the committee's careful examination.

2개의 간결하고 힘 있는 문장으로 재작성 하시오.

(문11) favored, liked, appreciated, admired

(문12) to examine를 동사로 하면 주어는 committee와 restrictions가 된다. The *committee will* carefully examine the new restrictions. The new *restrictions will be* carefully examined by the committee.

(문13) An agreement of the three negotiators occurred on May 16.

동사 occurred가 일반 행동동사이며, 숨어있는 행동은 to agree이다. 간결하고 힘 있는 문장으로 재작성 하시오.

(문14) *Loss* of 50 percent of your capital *was* the result of an accident *which came about* in a collision of two trucks on the Thruway.

두 개의 주어와 동사가 있으며, 주문장의 주어와 동사는 loss ..... was 이다. 두 번째 주어와 동사는 절 안의 which came about이다. 첫 번째 주어의 동사는 존재동사이고, 두 번째 주어의 동사는 일반 행동동사이다. 숨어있는 동사를 구체적 행동동사로 하여 재작성 하시오.

제 4 절 능동태 문장

1. 문장 형태

능동태 문장으로 좋은 문장을 쓰려면 동사가 아니라 주어에 집중해야 한다. 문장의 주어가 행위자인 경우를 능동태라고 하며, 행동을 받는 경우를 수동태라고 한다.

(Ex) The contract was signed.

주동사가 행동동사(was signed)이며 주어가 행동을 받음으로 수동태 문장이다.

Mr. Wendell signed the contract.

주동사가 행동동사이며 주어가 행동함으로 능동태 문장이다.

행동동사는 능동태 및 수동태 문장 모두에 사용된다.

(문13) On May 16, the three *negotiators agreed* (on May 16).

(문14) *You lost* 50 percent of your capital when (because) *two* of your trucks (accidentally) *collided* on the Thruway. or A Thruway *accident* between two of your trucks *caused* you to lose 50 percent of your capital.(첫 번째 수정문보다는 못하다.)

2. 연결 문장

주동사가 존재동사인 문장을 연결 문장(linking sentences)이라고 한다.

(문1) 다음의 문장을 능동태, 수동태, 연결 문장으로 구분하시오.

A. The interest was paid on June 11.

B. The interest is due on June 11.

C. Mr. Harriman paid the interest on June 11.

2-1) 연결 문장의 존재동사는 주어와 하나의 생각을 연결시킴으로써 어떤 행동의 종류를 나타내기보다는 오히려 관계를 나타낸다.

His fee *is* reasonable.

The night shift *is* the more efficient work force.

2-2) 문장이 아무리 복잡하여도 모든 영어 문장은 반드시 명료하게 능동태, 수동태 또는 연결문중의 한 형태로 나타내야 한다.

(문2) 다음의 문장을 능동태, 수동태, 연결 문장으로 구분하시오.

A. Further notices will be sent to you at your new address.

B. We are returning the extra thirty-two cents in stamps.

C. It was nice to see you.

D. The customer was sent upstairs to the credit department.

3. 능동태 문장 활용

(문3) 신문의 기사이다. A는 능동태 문장이 4개 있고, B는 없다. A가 B보다 13단어가 적고 간결하다. 어느 기사가 더 강력한가?

(문1) A. 수동태, B. 연결 문장, C. 능동태

(문2) A. 수동태, B. 능동태, C. 연결문장, D. 수동태

A. Man Plunges into Hudson

Mr. Crane Hart, 43, of Lindhurst, plunged over the side of the ferry Piermont into the Hudson River shortly after midnight today. A passenger who saw him shouted "Man overboard!" Someone shone a flashlight over the water. Crew members launched two life rafts.

B. Incident Reported

Mr. Crane Hart, 43, of Lindhurst, was reported to have fallen from the ferry Piermont into the Hudson River shortly after midnight today. Witnessing the incident, a passenger was said to have shouted that a man was overboard. A flashlight was shone over the water by someone. Two life rafts were launched by crew members.

3-1) 힘이 없는 서신은 많은 부분이 수동태 문장 또는 연결 문장으로 되어 있지만 간결하고 힘이 있는 문장은 많은 능동태 문장을 가진다.

(문4) A. The contract was approved by the president.

B. The president approved the contract.

두 문장은 동일한 의미를 갖지만 어느 것이 좀 더 간결한가? 능동태 문장인가 수동태 문장인가?

(문3) A (대개의 사람들은 동사가 구체적이지 못하고 수동태 문장인 B와 같은 문장은 이해하기 어렵다. 이러한 문체는 독자를 졸리게 한다. 그러나 A는 서신이 효과적이 되도록 도와주는 종류의 글이며 많은 능동태 문장과 구체적 행동동사를 사용하여 힘이 있고 흥미롭다.)

(문4) 능동태 문장 (B가 A보다 2단어가 적다. 어떤 문장은 독자의 관심이 서신의 주내용이 끝나면 즉시 줄어드는 경향이 있다. 물론 가능하다면 독자의 관심이 문장 끝까지 유지되도록 하는 것이 바람직하다. A와 같은 수동태 문장에서는 주문장에 유의하여야 한다. A에서는 독자의 관심이 approved 뒤에서 줄어들지만, 능동태 문장인 B에서는 관심이 끝까지 유지된다.

3-2) 문장을 좀 더 명료하고, 간결하고, 힘 있게 하려면 가능하면 수동태 문장과 연결 문장을 능동태 문장으로 대체하여야 한다.

(Ex) The report was written by Mr. Kim in three weeks.

수동태 문장으로서 Mr. Kim이 행동한다. 그를 주어로 재작성하면 동사를 to write로 하여야 함으로 다음과 같다. *Mr. Kim* wrote the report in three weeks.

(문5) An attempt was made by the witness to evade the question.

수동태 문장이지만 주동사가 일반 행동동사이므로 잘못되었다. 가장 좋은 숨어있는 행동은 무엇이며, 행위자는 누구인가? 효과적인 능동태 문장으로 완성하시오.

(문6) The vital importance of this idea is a matter perfectly apparent to my understanding.

주동사가 is이므로 연결 문장이며, 숨어있는 행동은 to understand이다. 숨어있는 행동을 이용하여 수동태 문장으로 작성하려면 주어가 importance이고 주동사가 to understand가 되어야 한다.

The vital *importance* of this idea *is understood* (perfectly) by me.

수정된 수동태 문장이 원래의 연결 문장보다는 좀 더 간결하고 힘이 있지만 능동태 문장으로 전환하면 좀 더 효과적이다. 능동태 문장으로 전환하시오.

3-3) 때때로 주절과 수식절의 주어와 동사 모두 반드시 능동태이어야 한다.

(문5) 행동은 attempt(try)이며 행위자는 (the) witness이다. The *witness attempted (tried)* to evade the question.

(문6) *I understand* (perfectly) the vital importance of this Idea.

(문7) 다음의 모든 주어와 동사를 능동태로 전환하시오.

After ownership of this estate was transferred by us to Mr. Kim, these forms were completed by him and returned with the deed to us.

3-4) 비록 연결 문장과 수동태 문장이 흔히 능동태 문장보다 길고 항상 적게 강력하지만 몇몇의 서신작성 상황에서는 유용하고 필요하다.

① 연결 문장과 존재동사는 주어와 행동이 없는 생각간의 관계를 강조하고 싶을 때 유용하다.

Management Training 104 *is* an advanced course.

② 연결동사는 논리적인 관계를 제시할 때 또한 필요하다.

Mr. Armbruster *is* a man. All men are mortal. Therefore, Mr. Armbruster *is* mortal.

4. 수동태 문장 활용

수동태 문장은 또한 여러 용도로 사용된다.

① 문단의 끝에서 수동태 문장은 글에 리듬(rhythm)과 속도(pace)를 준다. 긴 능동태 문장의 연결은 단조로울 수 있다.

② 수동태 문장은 2개의 주요한 기능을 한다.

첫째, 필자가 단순히 행위자를 모르거나 또는 행동이 중요하지 않을 때

Your credit application *has been approved.*

둘째, 필자가 행위자를 확인하고 싶지 않을 때

Detrimental information about the application *has been supplied.*

4-1) 대개의 필자들이 지나치게 많은 수동태 문장과 연결 문장을 작성함으로써 독자들이 어려움을 겪는다. 대다수의 문장을 능동태로 작성해야

(문7) After *we transferred* ownership of this estate to Mr. Kim, *he completed* these forms and *returned* them with the deed to us.

한다. 메세지를 가장 신속하게 효과적으로 전달하기 위해서는 문장의 80% 정도를 능동태로 하는 것이 좋다. 좋아하는 잡지나 신문의 한 문장에서 능동태 문장을 세어보거나 좋아하는 작가의 글을 분석해 보라. 관련된 여러 연구들은 능동태 문장과 수동태 문장이 9대 1의 정도라고 주장한다.

제 5 절 구체적 의미

1. 적합한 단어의 선택과 배열

효과적인 글쓰기는 단어를 간결하고 힘 있는 문장으로 배열하는 것에 달려있다. 특히 명료성은 정확한 의미를 독자에게 전달할 수 있는 단어의 선택에 달려 있다.

(문1) 신용조회서신 작성자에 대한 감사메모를 쓰고 있다. 시작문으로서 더 좋은 것은?

A. Thank you for taking care of this matter for me.

B. Thank you for writing the letter of reference for me.

2. 의미의 범위

단어에는 의미의 범위(circle of meaning)가 있다. 일반적 단어는 의미의 범위가 넓다. 동사 travel의 의미의 범위는 walking, flying, 또는 sailing과 같은 구체적 행동을 포함한다.

(문1) B (A는 필자가 이야기하고 있는 것을 독자가 잊고 있을 수도 있으므로 정확한 의미를 전달하지 못한다. taking care of this matter는 지나치게 일반적(too general)이다. 즉, 정확한 의미를 효과적으로 전달하지 못한다. B는 오해의 소지가 거의 없다. 즉, 구체적이다.

반면에 구체적 단어는 일반적 단어보다 의미의 범위가 좁다. 구체적 동사 to crawl은 오직 한 종류의 여행행위를 나타낸다.

symbol, exclamation point, punctuation mark은 모두 의미의 범위에 목적어 !를 가지고 있으며, 가장 정확하게 이 목적어를 나타내는 것은 exclamation point이며, 그 다음으로 punctuation mark이다. symbol은 의미의 범위에 다른 두 가지를 포함함으로 가장 일반적이다.

silver certificate, dollar bill, unit of currency은 모두 의미의 범위에 목적물인 $1을 가진다. 목적물을 가장 정확하게 대표하는 순서는 dollar bill, silver certificate, unit of currency이다.

일반적(general)과 구체적(specific)은 서로 관련 있는 용어이므로, 항상 자신 있게 일반적 또는 구체적이라고 규정할 수 없다. 그러나 다음은 그 구분이 매우 명료하다.

일반적 단어: effect, idea, communication, use, very, great

구체적 단어: rye bread, listen, sticky, sew, kick

(문2) insect, ant, living creature는 옆의 그림을 대략적으로 설명한다. 그림을 구체적으로 설명하는 순서로 단어를 나열하시오.

(문3) 2단어가 서로 관련된다. 좀 더 구체적(좀 더 정확한 의미) 단어를 선택하시오.

course	physics
worthwhile	educational
principles	morals
to pay	to refund
to produce	to manufacture
to send	to deliver

(문2) ant, insect, living creature

(문3) physics, educational, morals, to refund, to manufacture, to deliver, zip code, pink, hollow, more efficient

number	zip code
color	pink
empty	hollow
better	more efficient

3. 일반적 단어와 구체적 단어

일반적 단어와 구체적 단어는 모두 서신에서 그 위치가 있다. 구체적 의미를 전달하고자 하는 경우에 일반적 단어를 사용하면 명료성이 줄어들어서 독자는 필자가 이야기 할 것이 있지만 이야기하지 않고 있다는 느낌을 받을 수 있다.

(문4) 당신은 전기발전소의 소장으로서 본사 상관으로부터 모든 발전소에 적용할 새로운 안전규정을 받았다. 당신은 그 규정을 검토하여 평가해야 한다. 당신은 규정 6번이 석유로 불이 붙는 터빈이 석유를 비효율적으로 소비하게 될 것이라는 것을 알게 되었다. 상관에게 보내는 회신으로서 그 의미를 더 좋게 표현하고 있는 문장은?

A. Certain aspects of inefficiency manifest themselves when we consider implementation of one of these regulations.

B. If we implement Regulation 6, the turbines may consume as much as 10 percent more oil.

(문4) B (B는 명료하고 간결하다. A는 상관이 거의 아무 것도 알 수 없을 것이다. aspects of inefficiency(비효율성의 문제)는 매우 일반적 표현이라 그 의미가 석유소비 증가에서 호스 검사시간 증가까지의 모든 것이 될 수 있다. 또한 일반 행동동사 manifest는 비효율성의 문제가 발생하거나, 발생할 수 있으며, 또는 상상할 수 있음을 의미할 수 있다. one of these regulations의 one은 규정 6번을 말하는데 one of these regulations로 표현하여 핵심을 말하지 않고 주의를 맴돌 필요가 없다. 필자가 자신의 의미를 명료하게 하는 더 많은 문장을 쓸 수 있었다고 가정하더라도 A는 글을 간결하게 쓰지 않았고 통신의 책임을 수행하지 못하고 있음을 나타내고 있다.)

4. 엄격한 개념 전달

필자는 정확한 생각(precise ideas), 알기 쉬운 토의사항(lucid arguments), 엄격하게 정의된 개념을 전달하여야 한다.

(문5) Research results show that this procedure, if adopted, would have a measurable effect on production.

measurable effect는 애매하고 일반적 단어라 문장을 효과적으로 만들지 못한다. measurable이 절차가 채택되면 매우 많은 영향을 미치게 될 것이라는 것을 진정으로 의미하지 못한다. 즉, 영향이 매우 크거나 매우 적을 수 있다는 의미이다. effect는 절차의 채택이 초래할 결과에 대하여 많은 생각을 제공하지 못한다. 즉, effect는 이익에서 손해까지의 어떤 결과가 될 수 있음을 의미한다. 당신이 원하는 어떤 내용을 자신의 생각을 이용하여 구체적으로 재작성 하시오.

(문6) A. Her report is not worthwhile.

B. Her report doesn't give the information I asked for.

B가 좀 더 많은 의미를 갖는다. worthwhile은 그 의미가 애매하다. 다음을 좀 더 구체적 문장으로 재작성 하시오.

His lecture was very worthwhile.

(문7) I'll *contact* you next Thursday, April 15.

표현이 애매하다. 어떻게 연락(contact)할 것인가? 좀 더 구체적 문장으로 완성하라.

(문5) 사용하는 단어가 measurable effect보다 더 많은 정보를 가져야 한다. Research results show that this procedure, if adopted, *would increase production by 50 percent.* or Research results show that this procedure, if adopted, *would greatly reduce production.*

(문6) worthwhile보다 더 구체적이어야 한다. His lecture was *educational (witty, well prepared, thrilling, worth two hours of your time).*

(문7) I'll *phone (write, telegram)* you next Thursday, April 15.

(문8) Mr. Kim, we will decrease your monthly payment by $5 *in the foreseeable future.*

Kim씨는 월지급금이 언제부터 줄어드는지 정확히 알고 싶다. 문장이 길고 애매하다(wordy and vague). *in the forseeable future*의 길고 애매함을 제거하기 위하여 대체할 수 있는 문구를 쓰시오.

(문9) 모든 문장은 가능한 구체적이어야 한다. 구체적 문장은 문장을 좀 더 간결하고 힘 있게 한다. 좀 더 구체적 단어와 표현을 선택하시오.

1) Mr. Shofner (came against/tripped on) (the doorsill/a low obstruction) as she (entered/was moving through the door of) the restaurant.
2) I'm sure you will be able to find Miss VnaLeunen's (whereabouts/address) in (a telephone book/an appropriate source of information).
3) We decided to abandon the warehouse (because of the following three factors /for the following three reasons).
4) He is an expert in (his field/sand blasting).

5. 구체적 행동동사

문장의 주동사는 의미를 가장 많이 제한하는 구체적 행동동사를 사용하는 것이 좋다.

(문8) 일자(date), 정확한 시간(definite time)이 좋으며, 일자를 이야기하기 불가능한 경우에는 next week 또는 this month가 더 좋다. 내용을 애매하려면 in the foreseeable future 대신에 soon이 좋다.

(문9) 1) Mr. Shofner *tripped* on the *doorsill* as she *entered* the restaurant. 2) I'm sure you will be able to find Miss VanLeunen's address *in a telephone book*. 3) We decided to abandon the warehouse for the following three *reasons*. 4) He is an expert in *sand blasting*.

(문10) 문장의 의미를 가장 많이 제한하는 동사를 선택하시오.

This decision will (   ) our employment of ten additional secretaries.

A. influence B. affect C. prevent D. tend to go against

6. 일반적 단어

효과적인 서신작성을 위하여 모든 일반적 단어를 제외해야 한다는 것은 아니다. 상업서신에서 전달하는 대개의 생각들은 구체적이며, 구체적 단어로서 더 좋은 표현을 할 수 있지만 본질적으로 처음부터 효과적이지 못한 단어는 없다. 일반적 단어는 잘 사용하면 일반적 생각(thought)을 매우 효과적으로 전달할 수 있다.

(Ex) 기업들은 헌금요청을 자주 받는다. 교회 목사가 주변 기업에 교회 고아원에 헌금할 것을 요청하였다. 기업정책이 많은 헌금예산이 있어도 건강과 복지단체 및 교육에는 헌금하지만 종교단체에는 헌금하지 않는다. 기업이 이러한 것을 이야기하는 것은 바람직하지 못하다. 다음은 거절 서신이다.

Dear Reverend Kim:

During the year we receive hundreds of requests for help from worthy organizations such as your orphanage. We would, of course, like to support all these activities, but regretfully we are not able to make a contribution.

Sincerely yours,

대부분이 일반적 단어들이다. 전달하는 생각이 일반적이다. 필자의 의미를 정확하게 나타내고 있다. 대개의 상업서신들은 이런 종류의 생각들을 이야기하지 않는다. 즉, 일반적 생각을 표현하기 위하여 일반적 단어

(문10) C

를 사용할 기회가 없다.

6-1) 놀랍게도 대개의 사람들은 일반적 생각을 표현하기 위하여 자주 구체적 단어를 사용하고 있다.

Herbert Spencer는 'Philosophy of Style'에서 일반적 단어의 문단과 구체적 단어의 문단을 작성하여 구체적 단어의 사용에 대한 이점을 증명하였다.

A. In proportion as the manners, customs, and amusements of a nation are cruel and barbarous, the regulations of their penal code will be severe.

B. In proportion as men delight in battles, bull fights, and combats of gladiators, will they punish by hanging, burning, and the rack.

두 문장이 동일한 일반적 생각을 표현하고 있다. 즉, 비록 독자에게 그들이 똑같은 이미지를 주지는 못하지만 일반화된 생각은 정확히 똑 같다. 그러나 B가 좀 더 많은 구체적 단어를 가지고 있으며 간결하여 읽기에 좀 더 힘 있고 흥미로워 대개의 사람들이 더 좋아한다.

필자들은 구체적 단어를 생각하기 어렵고, 쓸 것은 많고 시간이 부족하여 일반적 단어를 더 좋아하는 경향이 있다.

(문11) 다음 중 쓰기가 더 어려운 문장은?

A. If we may be of further service, please do not hesitate to call on us.

B. If your faucet, starts to leak again, call me, and I'll send our plumber free of charge.

(문11) B (A는 의미가 거의 없는 일반적이고 진부한 표현이라 쓰는데 필자가 많은 생각을 하지 않았다. 독자는 이러한 사실을 잘 인식한다. 반면에 B는 구체적 내용을 제안하기 위하여 필자가 많이 생각하였음을 것을 독자가 알 수 있다. 독자는 아마 B로부터 좀 더 우호적인 감명을 받을 것이다.)

6-2) 필자들은 또한 매일 유사한 상황과 문제를 해결하기 위하여 서신을 작성해야 함으로 일반적 단어를 사용하는 경향이 있고, 그러한 문제 해결에 필요한 약간의 표준적인 문장을 축적하게 된다. 이러한 표준적인 문장들은 구식의 표현으로서 변화되지 않는 일반적이고 모든 용도의 문장이며, 이들 중 많은 것들이 진부한 표현들이다.

그러나 독자는 옆 사람과는 항상 약간 다른 상황이나 문제를 갖는 한 개인이다. 필자가 서신에서 독자를 특별히 생각하였음을 보일 때 독자는 감사하게 된다. 이렇게 할 수 있는 방법은 오직 단어가 독자의 상황에 맞고 구체적이어야 한다.

(문12) 다음 중 독자가 필자의 특별한 배려를 받고 있는 것은?

A. I notice on page nineteen of your proposal that you recommend a budget increase for the Bluestone Hospital. I think that ....

B. I have examined your proposal carefully. I think that ......

제 6 절 간결하기 위한 단순함

서신이 명료하지 못하면 독자는 자신이 무엇을 하기를 필자가 원하는지 알 수 없다. 서신이 혼돈스럽고 길면 독자는 필자의 의미를 알기 위하여 시간을 낭비하거나 명료하게 알기 위하여 필자에게 다시 문의해야 한다.

1. 부풀린 말

서신의 내용이 길거나 명료하지 못한 주요 원인 중의 하나는 단순한

(문12) A (B는 일반적 문장으로서 매우 나쁘지는 않지만 독자를 납득시키지 못하고 구체적 문장이 아니다. 독자가 자신의 제안사항을 필자가 구체적으로 심의하였음을 알 수 있을 때, 필자가 독자의 제안사항을 세심하게 검토하였다는 것이 명료하기 때문이다.)

단어 대신에 부풀린 단어(inflated words)를 사용하기 때문이다. 일부 작가들은 best와 같은 단순한 단어를 쓰고 그 단어가 최적이 되도록 꾸민다. 이와 같이 부풀린 단어들은 동일한 의미를 갖지만 좀 더 상상적이고 좀 덜 친근하여 결과적으로 읽기가 좀 더 어렵다.

문장을 축소하려면 다른 사람과 이야기할 때 자신의 생각을 어떻게 표현하는가를 생각하는 것이 흔히 도움이 된다.

(문1) It was difficult to determine clearly what motivational factors caused his action. (12 단어)

문장의 의미는 제법 명료하지만 이해하는데 시간이 걸린다. 사용된 단어들이 불필요하게 정교하고 문장이 길기 때문이다. 누구와 이야기할 때 사용하는 짧은 단순한 단어로서 재작성 하시오.

1-1) 부풀린 이야기를 하지 않으려면 필자가 정직해야 한다.

우리 모두 때때로 써야하는 것 보다 좀 더 공식적으로 쓰는 경향이 있다. 예를 들어, 한 작가의 진정한 의미가 자신의 노트를 검토한 것인 경우에 "우연히 즉시 이용할 수 있는 그러한 적합한 정보에 관한 조사……"로 말할 수 있다(A writer may say, "An *investigation* of such pertinent information as happened to be immediately available……." when what is really meant is, "I checked my notes."). investigation은 엄격하게 사실이 아닌 공식적인 행위를 암시한다. 단순한 단어 대신에 부풀린 단어를 사용함으로써 실제는 거짓말을 하지 않았지만 문구로는 진실 이상을 암시하였다.

대개의 우리는 거래에서 이야기해야 하는 많은 생각들이 간단하고 짧아서 단순한 단어 대신에 길고, 부풀린 단어를 쓰는 경향이 있다. 필자는 독자가 필자 자신을 단순하다고 생각하는 것을 바라지 않기 때문에 이러한 단순성을 숨기려고 한다. 그 결과 done again을 determined to repeat로, We operate를 We are at the present time engaged in operating으로, borrow를 procure on a loan basis로 쓴다.

(문1) It was hard to tell why he did it. (9단어, 3단어 절약)

(문2) 다음 중 정서적으로 더 세련된 감정의 표현은?

A. The conviction that profundity of thought is evidenced by complexity of vocabulary is erroneous.

B. Big words don't impress nobody.

2. 부풀린 말 축소

간단하게 쓰는 것이 아름답다는 것은 그것이 항상 훨씬 더 많이 간결하다는 것이다.

(문3) 다음의 부풀린 문장을 축소하시오(deflate).

Our activities must be commensurate with the actual budgetary situation, particularly with regard to the need to decrease monetary expenditures. (20단어)

(문4) 다음을 이야기하는 문체로 재작성 하시오.

I recommended that he strive to conduct himself in a way more conducive to earlier arrival at the office lest the need for official action arise. (26단어)

(문5) 두 단어가 정확하게 의미가 동일하지만 하나는 길고 복잡하지만 다른 하나는 짧고 단순하다. 어느 것이 부풀어진 것인가?

1) A. motive B. motivational factor

2) A. inasmuch as B. since

3) A. enclosed B. attached herewith

(문2) 문법에 문제가 있지만(nobody 대신에 anybody가 맞다.) B가 좋다.

(문3) Decrease spending to fit the budget. (6단어, 14단어 절약) or We should keep costs within the budget. (7단어, 13단어 절약)

(문4) I told him get to work on time or I would have to take action. (16단어, 10단어 절약)

(문5) 1) B 2) A 3) B

(문6) 어느 것이 단순한 동사인가?

A. to utilize B. to use

3. 군말이나 불필요한 문구

장황하거나 불필요한 문구는 흔히 부풀어졌으므로 항상 짧게 할 수 있다.

(문7) 장황하거나 불필요한 문구를 제거하여 재작성 하시오.

We will remove in the neighborhood of about 100,000 cubic yards of earth. (13 단어)

(문8) 다음 문장을 축소하시오.

We will cooperate to the fullest extent of our ability. (10 단어)

(문9) 다음 문장을 짧게 쓰세요.

1) I hope to hear from you at the earliest practicable date. (11단어)

2) We realize that this is information of a confidential nature. (10단어)

(문10) 다음 문장은 2개의 중복(doublets)이 있다. 간결하게 쓰세요.

I look forward with anticipation to our mutual cooperation on Project Sampson.

(문6) B

(문7) We will remove *about* 100,000 cubic yards of earth. (9단어, 4단어 절약)

(문8) extent of our ability를 제거한다. We will cooperate *fully (completely, totally, etc,).* (4단어, 6단어 절약) or We will help as much as possible. (7단어, 3단어 절약)

(문9) 1) contact을 사용하면 틀린다. I hope to hear from you (very) *soon* (*early*). (7단어, 4단어 절약) 2) We realize that is information is confidential. (7단어, 3단어 절약) or We realize that this is confidential information. (7단어, 3단어 절약)

(문10) 중복은 look forward with anticipation와 mutual cooperation이다. I *look forward* to *cooperating* with you on Project Sampson. (10단어, 2단어 절약)

3-1) 언턱 보았을 때는 맞는 것으로 보이지만 심사숙고하면 필요하지 않는 생각들에 항상 유의해야 한다.

(문11) 불필요한 생각을 제거하여 재작성 하시오.

1) The secretaries went through the papers and separated them into three piles. (12 단어)
2) According to our records, we find that you have already paid the March interest. (14단어)

4. The 명사 of 문구

the improvement of, the establishment of와 같은 문구는 항상 improving, establishing가 같은 분사 또는 to improve, to establish와 같은 부정사로 압축할 수 있다. the 명사 of 문구는 거의 항상 다언(wordiness)이며 힘의 부족(a lack of force)을 나타낸다.

(문12) 다음 문장을 축소하세요.

We are interested in the construction of a match factory. (10단어)

(문13) The 명사 of 문구를 부정사 형태로서 재작성 하시오.

We intend the undertaking of special studies. (7단어)

5. 불필요한 절

단어를 절약하려면 수식절에 인색해야 한다.

(문11) 1) The secretaries separated the papers into piles. (8단어, 4단어 절약, 서류를 분류하기 위해서는 서류를 조사해야 한다.) 2) We find that you have paid the interest for March. (10단어, 4단어 절약) or Our records show that you paid the interest for March. (10단어, 4단어 절약)

(문12) We are interested in *constructing* a match factory. (8단어, 2단어 절약)

(문13) We intend *to undertake* special studies. (6단어, 1단어 절약. 부정사가 훨씬 더 힘이 있다)

(문14) 수식절인 which절의 내용을 형용사로 변경하여 두 단어를 제거하시오.

You will be required to fill our forms which are detailed and lengthy. (13단어)

(문15) 절이 수식하는 문장이다. 좀 더 간결하게 재작성 하시오.

This was a decision which was difficult for us to make. (11단어)

(문16) 수식절을 구로 변경하여 재작성 하시오.

Ms. Mary Ross, *who* is our local representative, will call you. (11단어)

(문17) 불필요한 수식절을 제거하여 문장을 축소하시오.

While Mr. Kim, who is our London sales manager, was in New York on vacation, he attended our annual meeting which was held in the Astoria Hotel. (28단어)

(문18) 절의 주어를 제거하여 재작성 하시오.

Files which are left in the old office should be carefully marked. (12단어)

(문14) You will be required to fill out detailed and lengthy forms. (11단어, 2단어 절약)

(문15) which절을 변경하여 11단어 이하의 문장이면 정답이다. We made this *difficult* decision. (5 단어, 6 단어 절약) or This was a *difficult* decision for us(to make). (7단어, 4단어 절약)

(문16) Ms. Mary Ross, *our local representative*, will call you. (11단어로서 2단어 절약)

(문17) While Mr. Kim, *our London sales manager*, was in New York on vacation, he attended our annual meeting *at* the Astoria Hotel. (23단어, 5단어 절약)

(문18) Files left in the old office should be carefully marked. (10단어, 2단어 절약)

(문19) 다음 문장을 짧게 쓰시오.

1) Reports which are important should be saved.

2) Men who have great strength are in demand.

3) This service, which is offered without charge, is available here.

5-1) 일반적으로 몇몇의 수식절은 장황하지만(wordy) 강조를 위하여 때때로 절수식어를 유지하는 것이 좋다.

(문20) 다음 중 어느 것이 세납자의 체납을 좀 더 많이 강조하는가?

A. This delinquent taxpayer asks that . . .

B. This taxpayer, who is delinquent, asks that . . .

제 7 절 수식어 명료하게 사용

1. 한 단어 수식어

수식어를 효과적으로 사용하여 생각을 명료하게 표현하는 방법을 생각해 보자.

기본적으로 수식어는 다른 한 단어 또는 다른 단어들의 그룹을 설명 또는 제한하는 어떤 단어 또는 단어들의 그룹이다.

(Ex) She quickly analyzes new data.

주문은 She ..... analyzes .... data.이다. 다른 단어들은 주문의 어떤 단어들을 설명하거나 제한한다. quickly는 문장의 행동을 설명하므로 analyzes를 수식한다. quickly 이외의 한 단어 수식어는 new이며 data

---

(문19) 1) Important reports should be saved. 2) Very strong men are in demand. 3) This service, offered without charge, is available here. or This free service is available here.

(문20) B

를 수식한다.

(문1) Our office handles incoming mail efficiently.

순수한 주문은 .... office handles .... mail이다. 한 단어 수식어는 our이며 office를 수식한다. 2개의 다른 한 단어 수식어는 무엇이며, 그들이 수식하는 단어는 무엇인가?

2. 구 수식어

(Ex) She put the books *in the office.*

순수한 주문은 She put .... books .... 이다. in the office는 책이 두어진 장소를 말하므로 행동을 제한하며 put을 수식한다.

(문2) Workers on the top floor clean tanks of various sizes.

순수한 주문은 Workers ... clean tanks .... 이다.

1) 단어 수식어와 그 수식어가 수식하는 단어를 열거하시오.(the 또는 a와 같은 관사는 열거하지 말 것.)

2) 2개의 구 수식어와 그들 각각이 수식하는 단어를 열거하시오.

3. 절 수식어

(문3) The retailers in the showroom can obtain free products which sell rapidly.

순수한 주문은 ..... retailers .... can obtain .... products이다. 절수식어의 주어와 동사는 which와 sell이며, products를 수식한다.

1) 한 단어 수식어가 절 안에 있다. 그 수식어는 무엇이며 수식하는 단어

(문1) incoming → mail, efficiently → handles

(문2) 1) top → floor, various → sizes 2) on the top floor → workers, of various sizes → tanks

(문3) 1) rapidly → sell 2) in the showroom → retailers

를 열거하시오.

2) 구 수식어와 그것이 수식하는 단어를 열거하시오.

(문4) Most people who have high incomes are potential investors in preferred stock.

순수한 주문은 .... people .... are .... investors .....이다.

1) 한 단어 수식어와 그것이 수식하는 단어를 열거하시오.

2) 구 수식어와 그것이 수식하는 것을 열거하시오.

3) 절 수식어와 그것이 수식하는 단어를 말하시오.

(문5) After you write the first draft of your letter, the supervisor will criticize it.

순수한 주문은 .... supervisor will criticize it.이다.

1) 구 수식어와 그것이 수식하는 단어를 열거하시오.

2) 절 수식어와 그것이 수식하는 단어는?

4. 위치가 잘못된 수식어

위치가 잘못된 수식어는 때때로 우스울 수 있다.

(Ex) 1) Whatever her thoughts, they were interrupted as the hotel door opened and a young woman carrying a baby and her husband entered.

2) There was a discussion yesterday on the worrying of sheep by dogs in the Minister's room.

(문4) 1) Most → people, high → incomes, potential → investors, preferred → stock 2) in preferred stock → investors 3) who have high incomes → people

(문5) 1) of your letter → draft 2) After you write the first draft of your letter → will criticize

4-1) 위치가 잘못된 대개의 수식어들은 활기가 없거나 명료하지 못하여(dull or unclear) 독자를 괴롭히고 필자를 당황하게 한다.

(문6) No security regulations shall be distributed to personnel that are out of date.

1) 문장이 필자의 의미를 말하는가?
2) 절수식어 that are out of date는 위치가 잘못되어 2개의 해석이 가능하여 애매하다. that are out of date가 지나치게 personnel에 가까이 있다. 문장을 명료하게 하려면 그 절수식어를 어떤 단어 가까이에 두어야 하는가?
3) 절수식어를 수식하는 단어 가까이에 두고 재작성 하시오.

4-2) only와 같은 한 단어 수식어는 문장의 거의 모든 장소에 둘 수 있어 잘못 두기 쉽다.

(문7) The actuary *only* can solve the problem.

1) actuary가 그 문제를 풀 수 있는 능력이 있는 유일한 사람이라는 것을 의미하는가?
2) actuary가 할 수 있는 유일한 것이 그 문제를 푸는 것을 의미할 수 있는가?
3) only가 actuary 또는 can solve를 수식할 수 있는 곳에 있어서 2개의 해석이 가능하여 의미가 애매하다. 문장이 첫 번째 해석만을 갖도록 재작성 하시오.
4) 문장이 두 번째 해석만을 갖도록 재작성 하시오.

(문6) 1) No(필자는 시대에 뒤떨어진 직원들을 말하려는 것이 아니다.) 2) regulations 3) No security regulations *that are out of* date shall be distributed to personnel.

(문7) 1) Yes 2) Yes 3) *Only* the actuary can solve the problem. 4) The actuary can *only* solve the problem.

(문8) The client decided also to cancel the contract on Thursday.

1) 고객이 목요일에 할 일이 여러 가지 있었으며, 이 중에 계약취소가 있었음을 의미할 수 있는가?
2) 목요일에 고객이 취소한 것이 여러 가지 있었으며, 이 중에 계약취소가 있었음을 의미할 수 있는가?
3) also가 합리적으로 수식할 수 있는 decided와 cancel 가까이에 있어서 의미가 애매하다. 고객이 목요일에 하기로 결정한 여러 가지 일이 있었으며, 이 중에 계약취소가 있었다는 것만을 의미하도록 수식어를 이동시켜라.

5. 수식구의 빗나감

(문9) We need a man to watch the house with police experience.

필자의 의미를 이야기하지 못한다. 당연히 수식해야 하는 단어로부터 빗나간 수식구는 무엇이며, 이 구가 수식해야 하는 단어는 무엇인가? 수식하는 단어 옆에 구를 두어 재작성 하시오.

(문10) Several new cases have been closed by agents that are under four years old. cf. close a case: 사건을 종결짓다.

1) 어떤 종류의 수식어가 잘못 두어졌는가? 절인가, 구인가 또는 한 단어인가?
2) 절이 수식해야 하는 단어는?
3) 수식어를 정확한 위치에 두어 재작성 하시오.

(문8) 1) Yes 2) Yes 3) The client *also* decided to cancel the contract on Thursday.

(문9) with police experience, man: We need a man *with police experience* to watch the house.

(문10) 1) 절(a clause) 2) cases 3) Several new cases *that are under four years old* have been closed by agents.

(문11) Mrs. Tyler agreed after she landed the contract to give her staff a pay raise.

1) Tyler 부인이 사실상 계약입수 후 동의하였음을 의미하는가?
2) Tyler 부인이 계약입수 전에 동의하였고, 그렇게 한 후 직원들에게 월급인상을 말했음을 의미할 수 있는가?
3) 두 개의 해석이 가능하여 의미가 애매하다. 잘못 두어진 절 또는 구는 무엇인가?
4) 절수식어가 합리적으로 수식할 수 있는 두 개의 단어 가까이에 있어서 의미가 애매하다. 두 단어는 무엇인가?
5) Tyler 부인이 사실상 계약입수 후 동의하였다는 해석만이 가능하도록 수식어를 이동시켜라.
6) Tyler 부인이 계약입수 전에 동의하였고, 그렇게 한 후 월급인상을 말했다는 해석만이 가능하도록 수식어를 이동시켜라.

(문12) This speaker should be instructed more carefully to discuss the topic.

1) 위치가 잘못된 단어들은?
2) 두 개의 애매한 해석은?

(문11) 1) Yes 2) Yes 3) after she landed the contract 4) agreed, (to) give 5) *After she landed the contract*, Mrs. Tyler agreed to give her staff a pay raise. or Mrs. Tyler, *after she landed the contract*, agreed to give her staff a pay raise. 6) Mrs. Tyler agreed to give her staff a pay raise *after she landed the contract.*

(문12) 1) more carefully 2) This speaker should be *more carefully* instructed to discuss the topic.(이 연사는 주제를 토론하기 위하여 좀 더 세심하게 교육을 받아야만 한다.) and This speaker should be instructed to discuss the topic *more carefully.*(이 연사는 그 주제를 좀 더 세심하게 토론하기 위하여 교육을 받아야만 한다.)

6. 현수 수식어

때때로 필자는 문장에 수식어를 두고 그 수식어가 수식해야 할 대상 주는 것을 잊는다. 그때 그 수식어는 그 자체가 논리적으로 할 수 있는 것과는 관계없이 어쩔 수 없이 가장 가까이 있거나 가장 편리한 단어에 달려 있으려고 한다. 이러한 수식어를 현수(dangle)라고 한다.

(문13) To obtain these books, this form must be signed.

To obtain these books가 form 가까이에 있지만 form은 그 자체만으로 행동할 수 없으므로 논리적으로 form을 수식할 수 없다. 부정사는 현수하려는 특별한 경향이 있다. to obtain these books가 수식할 수 있는 새로운 주어로서 재작성 하시오.

(문14) After eating our lunch, the bus departed.

필자의 의미를 반영하지 못한다. 문장의 구(phrase)는 논리적으로 수식할 수 있는 것이 없으므로 현수분사(dangling participle)*이다.

1) 주문의 주어를 변경하여 재작성 하시오. 새로운 주어는 반드시 eating our lunch을 할 수 있는 것이어야만 한다.
2) 구를 절로 바꾸어 재작성하는 경우에 주어와 동사는 무엇인가?
3) 상기 1), 2)의 두 문장을 비교하면 동일한 의미인가?

* 현수(懸垂)분사란 분사의 의미상의 주어가 제시되어 있지 않는 분사를 말한다.
(예) Coming to the river, the bridge was gone(강에 와보니 다리가 없었다.)

(문13) 책을 구입할 수 있는 주어가 있어야 한다. To obtain these books, you(they, Mr. Jones, etc.) must sign this form. to obtain these books는 현수가 아니고 논리적으로 you를 수식한다.

(문14) 1) 주어가 논리적으로 분사의 수식을 받아야만 한다. After *eating our lunch, we* (they, Mr. Jones, etc.) departed in the bus. 2) *After we (they, etc.) ate our lunch,* the bus departed. or The bus departed *after we (they, etc.) ate our lunch.* 3) No(원문장은 여러 가지 해석이 가능하여 우습고 애매하다(ridiculous and ambiguous)).

(문15) Knowing that you want it right away, your medicine is being sent by air mail.

1) 분사를 절로 바꾸시오.

2) 주문의 주어를 변경하여 재작성 하시오.

(문16) Having paid your annual premium last July, there will be no further payment until July of next year.

2개의 효과적인 문장으로 작성하시오.

제 8 절 생각을 적합하게 강조

1. 종속의 부족

(문1) A. To bring existing statistics up to date, we will begin in June a survey of truck transportation.

B. We want to bring existing statistics up to date. To do this,

---

(문15) 1) *Since I (we, they, etc.) know that you want your medicine right away*, it is being sent by air mail. or *Since I (we, they, etc.) know that you want it right away*, your medicine is being sent by air mail. 2) Knowing that you want your medicine right away, *I (we, they, etc.) sent it by air mail.* or Knowing that you want it right away, *I (we, they, etc.) sent your medicine by air mail.*

(문16) 하나는 분사를 구로 변경하고 다른 하나는 주절의 주어를 변경한다. *Since you paid your annual premium last July*, there will be no further payment until July of next year. and Having paid your annual premium last July, *you* will not have to pay another until July of next year.

(문1) A (A는 가장 중요한 생각이 적합하게 주절의 주어-동사로 되었으나 두 번째 생각은 수식어로 되었다. B는 모든 생각이 동일한 수준에 있다. 즉, 생각이 각각 하나의 주절에 표현되어서 문체가 고려지 못하고 문장이 단절되는 결과(choppy and disjointed effect)를 만든다. 이러한 단점은 종속의 부족에서 온다.)

we will begin a survey of truck transportation. June will be the starting time.

두 문장이 명료하고 수식어가 잘못 두어졌거나 현수가 없지만, 어느 하나가 좀 더 힘이 있고 간결하고 또한 생각 간에 더 좋은 균형을 가진다. 어떤 것인가?

1-1) 필자의 생각을 적합하게 강조하는 방법은 생각의 중요성을 진정으로 반영할 수 있는 형식으로 생각을 이야기하는 것이다.

기본적으로 문장은 4가지 형식 즉, 주절의 단어(주어-동사-목적어), 절수식어, 구수식어 그리고 한 단어 수식어가 있을 수 있다. 특정한 생각을 가장 많이 강조하려면 이러한 형식 중 주절의 단어(주어-동사-목적어)를, 가장 적게 강조하려면 한 단어 수식어를 선택하여야 한다.

(Ex) 동일한 생각을 상이한 형식으로 표현한 다음의 예를 보라.

Mr. Peterson is competent, and he will be ready to begin work within two weeks.

2개의 기본적인 생각은 Peterson씨의 능력과 그의 이용가능성(availability)과 관련된다. 2개의 생각이 각각 동일한 형식(주절)으로 표현되어 각각의 생각이 동일하게 강조되었다.

① Peterson씨의 능력보다는 오히려 그의 이용가능성을 강조하려면 다음과 같이 능력에 대한 생각을 종속시키면 된다.

Mr. Peterson, *who is competent,* will be ready to begin work within two weeks. Peterson씨의 능력에 관한 생각이 절수식어 형식으로 되었다.

② Peterson씨의 능력을 훨씬 적게 강조하려면 다음 방식으로 할 수 있다.

Competent Mr. Peterson will be ready to begin work within two weeks. Peterson씨의 능력에 관한 생각이 한 단어 수식어 형식으로 되었다.

1-2) 동일한 생각을 주절, 절수식어, 구수식어 또는 한 단어 수식어로 표현할 수 있으며, 이러한 순서가 강조의 순서이다. 일반적으로 처음 초안 작성 시에는 생각의 강조에 관심이 없다. 그러나 그것을 교정할 때에는 하나의 생각이 지나치게 많이 또는 적게 강조하는 형식이라는 것을 흔히 알게 된다. 그렇게 하려면 생각의 중요성을 좀 더 가깝게 반영하는 형식으로 생각을 표현해야 한다.

(문2) Next to the main building, there is lot in which students should park their cars.

순수한 주문은 .... there is a lot .... 이다.

1) 주문의 생각과 which절의 생각을 비교하면 어느 것이 더 중요한가? 절의 생각인가 주절의 생각인가?

2) 주요한 생각을 주문에 두고 재작성 하시오.

1-3) 비록 주문이 주요한 생각을 표현하는 경우에도 두 번째 생각이 잘못된 수식형식으로 표현될 수 있고 지나치게 많이 강조될 수 있다.

(문3) We found missing documents, which were located under a pile of newspapers.

순수한 주문이 We found .... documents ....이다. which절의 생각을 지나치게 강조할 필요가 없다고 가정하고 절을 구로 줄여서 재작성 하시오.

1-4) 때때로 하나의 구도 한 단어로 줄일 필요가 있다.

(문2) 1) 절의 생각 2) Students should park their cars in the lot next to the main building.

(문3) We found the missing documents *under a pile of newspapers.*

(문4) Yesterday, the manufacturing vice president announced a new regulation for the safety of workers on the assembly line.

불필요한 구를 가진 문장이다. regulation 뒤에 3개의 구 즉, (1) for the safety, (2) of workers, (3) on the assembly line.이 온다. 이 중에서 2개가 필요하다. 그들을 한 단어로 줄여서 재작성 하시오.

(문5) Auto production and sales increased sharply last November, and this occurred particularly in the Detroit area.

and로 연결된 2개의 주문을 가졌다. 두 번째 생각이 주문으로 할 정도로 중요하지 않다고 가정하여 구로 줄여서 재작성 하시오.

2. 지나치게 많은 종속

앞의 예들에서 어떤 생각들은 그들이 지니는 가치보다 더 많은 중요성을 갖는다는 것을 알 수 있다. 때때로 당신은 그들이 지니는 가치보다 더 적게 중요성을 주는 형식을 선택할 것이다.

(문6) Please return the signed contract to us by December 15.

독자가 과거에는 계약서가 반드시 서명되어야 한다고 생각하였다. 그러한 생각을 한 단어 수식어 보다 절수식어로 좀 더 강조할 수 있다. 재작성 하시오.

(문4) Yesterday, the manufacturing vice president announced a new *safety* regulation for *assembly-line* workers.

(문5) Auto production and sales, *particularly in the Detroit area,* increased sharply last November(particularly in the Detroit area).

(문6) Please return the contract, *which* you must *sign,* to us by December 15.(서명하는 생각의 중요성을 강조하는 다른 방법은 그것을 주문의 부분으로 하는 것이다. Please *sign* and return the contract to us by December 15.)

제 9 절 병치법

1. 병치법의 개념

병치법(parallelism)이란 대구법이라고도 하며 가락이나 내용의 흐름이 비슷한 문장을 나란히 세워 인상 깊게 만드는 표현 방법을 말한다. 즉, 생각이 공통점을 가지거나 문장내의 한 형식이 다른 형식과 동일한 경우 그들을 병치라고 한다. 병치법을 사용하여 글을 매우 강화시킬 수 있다.

(문1) 다음 중 공통점이 없는 것은?
A. flower B. leaf C. stone D. branch

(문2) 문법적으로 동일한 형식이 아닌 것은? 상이한 문법형식으로 표현한 생각이 다른 3가지의 생각과 공통점을 갖는가?
A. to swim B. to bowl C. to skate D. skiing

(문3) 다음 중 어느 것이 병치인가?
1) A. high B. low C. green
2) A. in the house B. barn C. in the garage

2. 병치 기술

2-1) 병치생각은 병치형식으로 표현한다.

(문4) Secretaries are expected *to receive* callers, *to answer* telephones, and miscellaneous clerical work must *be done.*

(문1) C
(문2) D, Yes(그들 모두 운동과 관련됨)
(문3) 1) A and B 2) A and C(모두 구)

이탤릭체의 3가지 생각은 모두 비서가 하는 것이므로 병치이다. 다만 마지막 형식이 다른 두 형식과 다르다. miscellaneous clerical work must be done을 다른 두 개의 구와 일치하도록 변경하시오.

(문5) All inspectors were given training in handling investigations and how to interpret findings.

inspectors는 두 개의 유사한 것을 훈련하므로 그들을 병치형식으로 표현해야 한다. 병치형식으로 재작성 하시오.

2-2) 소개단어 반복

(문6) Electronics Components Corporation *offers* years of practical experience but remains at the frontier of electronics research, *offers* the highest production standards but always delivers before a deadline, *offers* the highest quality components but sells at lowest prices.

1) 3개의 동일한 이태릭체의 동사가 병치이다. 동사병치를 따라오는 구문이 있다. 3개의 다른 병치구문을 나타내는 단어는?
2) 문장의 병치법이 필자가 요점을 납득시키는(drive home) 것을 돕는가?

2-3) 각 병치형식의 소개단어(introductory word) 반복하기를 주저하지 말라. 그것은 독자에게 "여기에 병치형식의 몇 가지 관련되는 생각이 있다."는 신호이다. 물론 때때로 일련의 병치형식에서 처음에만 소개단어 사용을 원할 수도 있다.

(문4) to do (perform) miscellaneous clerical work

(문5) The inspectors were given *in handling* investigations and *in interpreting* findings. or The inspectors were given training in *how to handle* investigations and in *how to interpret* findings.

(문6) 1) but 2) Yes(We think so.)

(Ex) We must teach everything about preparing for the interview, meeting the prospect, and following up the sale.

문장이 맞지만 다음과 같이 병치법으로 동일한 단어를 소개하면 생각의 유사성을 강조할 수 있다. We must teach everything about preparing for the interview, about meeting the prospect, and about following up the sale.

2-4) 어떠한 문장도 병치 주문, 병치 절, 병치 구 또는 병치 한 단어를 가질 수 있다.

(문7) 다음 문장의 병치 형식을 쓰시오.

1) He entered, his body shivering, his hands shaking, his teeth chattering.
2) We want a woman who knows accounting and who will accept responsibility.
3) The storeroom boxes have fallen down, and the staff is picking them up.
4) This man is strong, intelligent, and alert.

3. 병치 수정

(문8) After the director told the staff to gather more information, she told them they would have to organize it and write a report.

이사가 직원들에게 3가지의 다른 일을 시켰다. the director told the staff를 주문으로 하고 3개의 병치 생각들을 일련의 병식 형식으로 재작성 하시오. 재작성 한 것과 원문 중 어느 것이 더 간결한가?

(문7) 1) 병치 구 2) 병치 절 3) 병치 주문 4) 병치 한 단어

(문8) The director told the staff *to* gather more information, *to* organize it, and *to* write a report. 재작성한 문장이 더 간결하다.

(문9) The supervisor will study the report before the committee does, and finally the director himself will look at it.

병치 형식으로 되지 않은 3개의 병치 생각이 있다. 이들을 병치 형식으로 작성하세요. 그들을 병치 주문으로 할 필요가 없다.

3-1) 일반적으로 일련의 병치 생각은 그들 모두가 긍정적이거나 부정적이면 약간 더 부드럽게 읽어진다.

(문10) The effective writer always plans beforehand, revises carefully, and *does not forget* the reader.

3개의 병치 형식이 있다. 3개의 생각 중 마지막 것은 부정이다. does not forget를 긍정적으로 만들기 위하여 does not forget을 (   )으로 변경해야 한다.

3-2) 연결문장의 존재동사는 주제를 다른 생각과 관련시킬 수 있다.

(Ex) The profits *are* large.

are로 연결된 2개의 생각은 병치가 아니다. 하나는 명사이고 다른 하나는 형용사이다. 그러나 때때로 존재동사는 병치 형식과 연결된다.

To write is *to struggle* with ideas. 생각들이 모두 병치이며 병치 형식으로 되었다.

(문9) 3개의 연구가(studiers)를 병치 형식으로 한다. First the *supervisor,* then the *committee* and finally the *director* himself will study the report. or The report will be studied *by the supervisor* first, then *by the committee*, and finally *by the director* himself.

(문10) remembers

(문11) Learning to reel off a rule by heart is not necessarily to master it.

learning과 to master가 병치 생각이지만 병치 형식이 아니다. 두 개의 병치 형식으로 재작성 하시오.

4. Not only ...... but also

Not only ...... but also는 흔히 병치 생각간의 관계를 나타내기 위하여 사용된다.

not only such and such but also this and that. 만일 이러한 관계를 나타난다면 such and such는 반드시 this and that에 병치되어야만 한다.

(문12) We intended not only *to obtain* information relevant to the case but also *securing* background material was aimed at.

not only와 but also를 병치 형식으로 수정하시오.

(문13) It was *not only* Peabody's poor planning, *but also* he failed to make an estimate.

not only와 but also를 병치 형식으로 수정하시오.

(문11) *Learning* to reel off a rule by heart is not necessarily *mastering* it. or *To learn* to reel off a rule by heart is not necessarily *to master* it.

(문12) We intended not only *to obtain* information relevant to the case but also *to secure* background material. or We not only *intended* to obtain information relevant to the case, but (also) we also *aimed* at securing background material.

(문13) Peabody not only *planned* poorly but also failed to make an estimate. or Not only *did Peabody plan poorly* but also *he failed to make an estimate.* or It was not only Peabody's poor *planning* but also his *failure (failing)* to make an estimate.

5. Rather than

Rather than 또한 병치 관계를 나타내는데 유용하다.

(Ex) Management has decided to *expand* the old plant rather than *buy* a new one.

rather than 앞뒤의 생각들은 반드시 병치 형식이어야 한다.

(문14) 다음 문장을 병치형식으로 수정하시오.

This office decided to help the research effort rather than acting as a drag on it.

6. 마지막 병치

일반적으로 일련의 병치 형식 중 가장 긴 것을 제일 마지막에 둔다.

(문15) 다음 문장을 약간 더 부드러운 문장으로 작성하시오.

The customer bought boots, $100 worth of fishing tackle, and hats.

6-1) 때때로 짧은 마지막 형식은 반어적으로 강조한다.

(문16) 다음 문장의 짧고 중요한 병식 내용을 마지막에 두고 재작성하세요.

The salespeople were not paid, were not given essential training aids, and were not given thorough instruction.

(문14) This office decided to *help* the research effort rather than (to) *act* as a drag on it.

(문15) The customer bought boots, hats, and $100 worth of fishing tackle.

(문16) The salespeople were not given essential training aids, were not given thorough instruction, and *were not paid.*

제10절 연결사

1. 연결사의 의미

연결사는 and, but, or, for, nor가 있다. 연결사를 효과적으로 이용하면 이해하기 더 쉬운 글을 쓸 수 있다. 연결사는 독자에게 하나의 생각이 다른 생각과 어떻게 관련되는가를 나타내는 신호이다.

(Ex) A. We bid for the contract. B. we did not win it.

A는 긍정적인 생각이고, B는 부정적인 생각이다. 두 생각 간의 관계가 A는 긍정적이고 B는 부정적이므로 B는 추가되는 생각이 아니라 반대되는 생각이다. 반대관계를 보이기 위하여 두 개의 생각 간에 연결사를 삽입할 수 있다. We bid for the contract, but we did not win it.

(Ex) A. We bid for the contract. B. we won it.

A와 B 모두 긍정적인 생각이고, B는 반대되는 생각이 아니고 추가적인 생각이다. 두 문장을 and로 연결하여 We bid for the contract, and we won it.로 만들 수 있다.

1-1) 두 개의 생각을 연결하는 경우, 두 번째 생각이 단순히 추가적인 생각이면 and를 사용하고, 반대되는 생각이면 but을 사용한다.

(문1) 밑줄 친 부분에 적합한 연결사를 쓰세요.

1) The new conveyor belt saves time, ________ it is expensive maintain.
2) Mr. Luce is a top-notch sales representative, ______ he is not very reliable.

(문1) 1), 2) 모두 but

(Ex) A. We can give you a $50 refund.
B. we can credit this $50 to your account.

B는 대안적인(alternative) 생각이다. 대안에 대한 신호를 줄 수 있는 연결사는 or이다.

and는 독자에게 다음의 생각(thought)이 단순히 추가적인 생각, but은 추가적인 반대되는 생각, or는 대안적인 생각을 나타낸다.

(Ex) A. I recommend that we hold the bazaar indoors this year,
B. it may rain.

B는 A를 뒷받침한다.

(문2) I recommend that we hold the bazaar indoors this yeat, (or/for/and/but) it may rain.

뒷받침하는 관계를 나타내는 연결사를 선택하시오.

2. Nor

Nor는 두 개의 부정적인 생각을 연결하는데 매우 적합하다.

The invoice was not discovered until Friday, *and* it was not mailed until the following Monday.

and가 매우 나쁘지는 않지만 다음과 같이 nor가 두 개의 부정적인 생각(thoughts)을 좀 더 좋게 강조한다.

The invoice was not discovered until Friday, *nor was* it mailed until the following Monday.

(문3) 다음 문장을 nor를 사용하여 재작성 하시오.

The breakdown of the power units did not halt work in the

(문2) for

(문3) The breakdown of the power units did not halt work in the mines, *nor* did it decrease production.

mines, and it did not decrease production.:

(문4) 독자에게 알리는 관계의 종류를 관계사로 연결하시오.

Link		Relationship
1) And ________	A.	Here is an alternative thought.
2) Or ______	B.	Here is a contrasting thought.
3) But ______	C.	Here is a supporting thought.
4) Nor ______	D.	Here is another negative thought.
5) For ______	E.	Here is an additional thought.

(문5) 적합한 연결사를 선택하시오.

1) I folded the letter, ________ placed it in the envelope.
2) I wrote him, ________ he did not write to me.
3) You may write to him, ________ you may call him, but not both.
4) It must be late, ________ I am hungry.
5) It is not late, ________ is it early.

3. 정확한 연결사

글을 쓸 때 필자는 자신의 생각들이 서로 어떻게 관련되는가를 독자들에게 보이기 위해서 많이 생각하지 않을 수도 있다. 가장 유사하게, and와 but이 적합한 것처럼 보여 그들을 자동적으로 삽입한다. 그러나 연결은 보이는 것만큼 항상 단순한 것이 아니다. 생각 간의 관계가 때때로 필요하지 않거나 명백하지 않을 수 있기 때문이다.

(문4) 1) E 2 A 3) B 4) D 5)C
(문5) 1) and 2) but 3) or 4) for(You are also tight if you said "and.") 5) nor

(Ex) 다음 문장은 지금까지 언급하지 않은 관계를 나타낸다.

Please tell us if our assumption is incorrect, *and* we will further adjust your contract.

처음 볼 때에는 and의 사용이 맞는 것처럼 보인다. 그러나 and 앞뒤의 2개의 생각이 단순히 추가적인 것이 아니다. 오히려 두 번째 생각은 첫 번째 것에 의존하고 있다.

And는 하나의 좀 더 구체적인 관계를 나타내는 경우에는 사용해서는 안 된다. 그러므로 첫 번째 생각을 if 조건절에 두고 재작성하면 다음과 같다.

If you tell us our assumption is incorrect, we will further adjust your contract. or If our assumption is incorrect, we will further adjust your contract.

(Ex) The search for a new synthetic fiber has been difficult and expensive, *and* further investigation should produce great rewards.

and 뒤의 생각은 반대되는 생각이다(첫 번째 생각은 부정적이고, 두 번째 생각은 긍정적이다.). and가 but으로 대체되어야 한다.

3-1) 일반적으로 동일한 문장에서 2개의 but을 사용하면 안 된다. 마지막 생각이 반대에 대한 반대가 된다.

(문6) 다음 문장을 재작성 하시오.

We haven't accomplished very much, *but* I feel tired already, *but* I am willing to go on.

(문6) 두 개의 but을 사용해서는 안 된다. *Although* we haven't accomplished very much, I feel tired already; *but* I am willing to go on. or *Although* we haven't accomplished very much *and* I feel tired already, I am willing to go on.

4. 문장 시작부분 연결사

and, but 등과 같은 연결사로 문장을 시작하지 않도록 아마 들어왔을 것이다. 왜 안 되는가? 당신은 아마 때때로 and 또는 but으로 연결된 2개의 주문이 있는 긴 문장을 써왔다는 것을 알 수 있을 것이다. 긴 문장은 독자를 피곤하게 함으로 여유를 주기 위해서는 문장을 분리하여 연결사로 두 번째 문장을 시작해야 한다.

(문7) 다음 문장은 분리되어야만 한다. 어떤 단어로 두 번째 문장을 시작할 것인가?

We have a large task ahead of us which presents many challenging problems, but I believe we will overcome difficulties if we obtain the money.:

5. 기타 연결사

and, but, or, for, nor 이외에 furthermore, however, therefore, consequently, similarly 등의 연결사가 있다. 그들 또한 생각 간의 특별한 관계를 나타내는데 유용하다.

(문8) A. He has been on time evert day for two weeks;

B. he punched the time clock correctly.

추가적인 생각을 나타내기 위하여 and를 사용할 수 있지만, furthermore, however, therefore, consequently, similarly 중에서 어느 것이 더 잘 어울리는가?

(문7) but
(문8) furthermore

(문9) They tried to increase the interest rate; __________, they didn't have the authority to do so. 적합한 연결사는?

(문10) A. All reports must be handed in by Tuesday, and Jones is one of those writing a report.

B. Jones must hand in his report by Tuesday.

The idea expressed in B (follows logically from/is the result of) the ideas in A. 괄호 속에서 하나를 선택하시오.

6. Therefore

Therefore는 항상 하나의 생각이 논리적으로 다른 생각의 결과가 아니라 다른 생각으로부터 온다는 신호이다.

(문11) All reports must be handed in by Tuesday, and Jones is one of those writing a report. (Therefore/Consequently), Jones must hand in his report by Tuesday.

적합한 연결사는?

7. Consequently

Consequently는 항상 하나의 생각이 다른 하나의 생각의 결과라는 신호이다.

(문9) however
(문10) follows logically from
(문11) Therefore

(문12) A. The worker was felled by a brick which dropped from the roof of the tower.

B. He spent six weeks in the hospital.

B의 생각은 A의 생각으로부터 논리적으로 오는 것이 아니라 A의 생각의 결과이다.

The worker was felled by a brick which dropped from the roof of the tower.(Therefore/Consequently), he spent six weeks in the hospital. 적합한 연결사는?

(문13) A sealed cellophane wrapper will keep lettuce fresh. __________, a sealed plastic envelope will preserve valuable documents indefinitely.

두 번째 생각은 첫 번째 생각과 유사하다. 필요한 연결사는?

(문14) For several years, rural families ate nothing but polished rice, and rickets was widespread.

두 번째 주문의 생각은 단순히 하나의 추가적인 생각이 아니다. rickets가 polished rice를 먹은 결과이다. 독자가 이러한 원인과 결과 관계를 알게 하려면 어떤 연결사가 필요한가?

(문15) The Devlon Company will merge with the Nertial Corporation on October 12. We have eight days to get the documents ready, therefore.

and와 but과 같은 연결사와는 달리 therefore, consequently와 같은

(문12) consequently
(문13) similarly, likewise
(문14) consequently
(문15) *Therefore*, we have eight days to get the documents ready. or We have, *therefore*, eight days to get the documents ready. or We *therefore* have eight days to get the documents ready.

연결사는 문장의 여러 곳에 둘 수 있다. therefore가 두 번째 문장의 어디에 있는가를 주목하라. 이 문장의 생각이 논리적으로 첫 번째 문장으로부터 온다는 것을 나타내고자 한다. 그러나 독자는 이러한 것을 문장이 끝날 때까지는 알지 못한다. therefore를 재배치할 수 있는 두 번째 문장의 앞 가까이에 좋은 장소들이 있다. 재작성 하시오.

(문16) 관계사를 독자에게 알리는 관계의 종류와 연결하시오.

Link	*Relationship*
1) And, moreover, furthermore, also ________	A. Here comes a contrasting idea.
2) But, however, nevertheless ________	B. Here comes an idea that is the result of a previous idea.
3) Consequently ________	C. Here comes an idea that follows logically from the previous idea.
4) Therefore ________	D. Here comes an additional idea.
5) Likewise, similarly ________	E. Here comes a similar idea.
6) For ________	F. Here comes a supporting idea.
7) Or ________	G. Here comes an alternative idea.

7-1) 문장을 읽는 중 "연결되지 않는다, 명료하지 않다, 문체가 일관성(choppy)을 갖지 못한다"와 같은 것을 자신에게 말한 경험이 있는가? 만일 있다면, 아마도 필자가 생각 간의 관계를 나타내기 위하여 충분한 연결사를 사용하지 않았다.

그 이유가 무엇인가? 필자들은 상당히 느린 속도로 글을 써나감으로

(문16) 1) D 2) A 3) B 4) C 5) E 6) F 7) G

관계가 명백해 보이는 생각들을 흔히 잘 알게 되기 때문이다. 결과적으로 therefore와 but은 불필요한 것으로 보인다. 그러나 독자의 눈은 한 문장을 따라 빠르게 움직이며 운전자가 길안내 지도가 많이 필요한 정도로 이러한 신호들이 많이 필요하다.

(문17) 문단이 연결되어 있지 않다. 먼저 문단을 쭉 읽은 후 적합한 연결사를 삽입하고 문단이 얼마나 더 부드러운가를 검토하시오.

Certainly, we had some encouraging economic developments in October. 1) __________, we must be a little cautious before concluding that a new phase of rising business activity is underway. Industrial production did not increase in October nor did factory payrolls. 2) __________, the length of the work-week declined. These negative indications must be balanced against the higher earnings reported by several of our giant corporations. I conclude, 3) __________, that our economy will surge ahead cautiously.

(문17) 1) However, But 2) Furthermore, Moreover, In addition, Also, Similarly 3) therefore

제 3 장 즐거운 어조

서신을 이해하기 쉽게 즉, 명료하고, 간결하고, 힘 있게 하는 작성법을 학습했다. 이 장에서는 서신이 즐거운 어조를 갖도록, 즉, 자연스럽고, 정중하고, 다정하고 그리고 인간적인 서신의 작성법을 학습한다.

제 1 절 자연스러움

1. 어조

명료하고, 간결하고, 힘이 있는 서신은 쉽게 이해할 수 있을 뿐만 아니라 독자들에게 좋은 이미지를 준다. 그러나 유쾌한 어조(pleasant tone)를 갖지 못하면 이를 달성할 수 없다.

우리는 어조로서 단어가 암시하는 것을 그 단어가 글자그대로 이야기하는 것과는 상반되는 것을 의미한다. 어조는 필자의 목소리이며, 때때로 이 목소리가 필자의 글자적인 의미와 전혀 다른 어떤 것을 암시할 수도 있다.

이야기 중 어조는 중요한 역할을 한다. 상인이 상품의 도착시기를 고객에게 이야기했다고 하자. 고객이 가계를 나와서 친구에게 “상인이 내가 상품을 화요일까지 받을 수 있다고 했지만, 그의 말하는 태도(어조)를 보면 화요일로부터 일주일 후에 받아도 행운일 것이다”라고 말 할 수 있다.

서신의 어조는 대화할 때와 같이 중요한 역할을 한다.

(문1) 모두 동일한 글자적인 의미를 갖는다. 가장 즐거운 어조를 갖는 것은?

A. I am sorry but it is not possible to send you any information concerning the procedure for using the Wide eye Exposure Meter. We no longer distribute this item. All such inquiries are now handled by Mr. Custer, Flick Photo distributors, 211 pew Street, Chicago, Illinois. It would be appreciated if you would write to him in the future.

B. I'm sorry that I'm not able to answer your questions about your Wide eye Exposure Meter, since we no longer distribute that item. If you will write to Mr, Custer, Flick photo Distributors, 211 pew Street, Chicago, Illinois, he will be glad to give you the information you want.

C. Oh boy, did you goof! You wrote the wrong place if it's info on the Wide Eye Exposure Meter that you want. We don't carry this item any more. Try Mr. Custer, Flick, Photo Distributors, 211 Pew Street, Chicago, Illinois. He'll set you straight.

2. 상업통어

즐거운 어조에 도움을 주는 것 중의 하나가 자연스러움(naturalness)이다. 자연스럽게 쓴 글은 글 자체에 주의를 요하지 않는다. 즉, 대화의 쉬운 평이성(simplicity)을 갖는다.

자연스럽게 쓰는데 있어서 최대의 적은 상업통어(business jargon)이

(문1) B (A는 지나치게 돌연하고 공식적이라 즐거운 어조가 아니다. 마지막 문장은 독자가 귀찮은 일(nuisance)을 해야 한다는 것을 의미함으로 특히 나쁘다. 반면에 C는 너무 지나치게 가볍고 한가롭다(flip and breezy). 많은 독자들이 화를 낼 것이다. B는 상업서신에 적합한 어조를 가진다. 너무 지나치게 낯익지 않고 지나치게 어렵지 않다(not too familiar nor too stiff.)). 즐겁다.

다. 인공적이고 케케묵은 형태의 상업통어는 거래가 좀 더 공식적으로 이루어졌던 시대에 사용되었다. 그럼에도 불구하고 상업통어는 여전히 오늘날에도 존재하고 있다.

(문2) In re your letter of November 21, in connection with our account, we are remitting out check herewith as per request in the amount of $110.15.

상업통어로 무엇을 이야기하려고 하는가? 재작성 하시오.

2-1) 통어사용자 지침서

지금까지 효과적인 서신작성의 원리와 기술의 단면을 학습했다. 이제는 그 반대를 학습한다.

다음 원칙은 우화하게 글쓰기를 원하는 초보자를 위한 통어사용자 지침서(Jargoneer's Handbook)에 있는 통어사용자의 확인사항(Jargoneer's Checklist)이다.

① 처음의 생각(thoughts)을 생각하기 어려우니 가능하면 언제나 상투적인 문장(cliche)을 사용하라.

② 항상 일시적이고 회화체 단어를 고어의 단어와 과장된 단어로 대체하라(Always substitute an archaic, pompous word for a contemporary, conversational word.).

③ 구체적인 단어 대신에 일반적인 단어를 사용하라. 이것은 독자를 깨어있게 하고 필자의 의미를 추측하게 한다.

④ 만일 짧고 단순한 단어를 대체하기 위하여 길고 복잡한 단어를 생각할 수 있다면 부풀어진 단어(inflated word)를 사용하라.

⑤ 모든 능동태 문장을 수동태 문장으로 작성하라.

⑥ 한 형태의 문장구조를 선택하고 전혀 변경하지 말라. 당신의 서신을 활기 없고 단조로운 어조로 만든다. 즉, 확실한 품위를 갖는다.

(문2) As you asked in your letter of November 21, we are enclosing our check for $110.15.

거래에서 가장 자연스럽고 매력 있는 사람들 중의 일부는 그들의 단어를 써야하는 경우에 냉정하고, 과장된 통어사용자(jargoneers)가 된다. 그들은 통어사용자 지침서의 모든 원칙을 적용하지 않으면 상업서신이 품위가 없거나 인상적이지 못할 것이라고 믿기 때문이다. 그들은 자신의 자연스러운 표현을 저해하고 상업서신 작성형태(business writing style)라 불리는 모형에 자신들을 맞추려고 한다.

당신의 상업서신 형태는 당신이 말하는 것과 분리될 수 없다. 그것은 당신의 생각을 담은 접시에 추가된 단순한 하나의 양념이 아니다. 당신의 상업서신 형태는 당신의 생각(thoughts)과 개성(personality)의 표현이 되어야만 한다. 자연스러운 사람과 같이 자연스러운 서신은 진정으로 인상적이기 때문이다. 그러면 자연스러운 상업서신 형태를 위한 공식은 당신이 대화하는 방식(Well, ... almost)을 쓰는 것이다.

(문3) 동일한 3문장 중 상업서신에 적합한 회화체이며 자연스러운 형태는?

A. We are in receipt of a letter from Mr. Tomas in connection with in our action in issuing this contract with a rider.

B. Hello. This is Charley Freemont in A&S. Yes home office. What I'm calling about is the Tomas contract. Sorry, I'll spell it, T-O-M-A-S. Ok, I wait till you get it-hmm-well, he wrote us. He wants us to explain that rider on his contract.

C. We received a letter from Mr. Tomas today asking us to explain the rider in his contract.

(문3) C(A는 상업통어로 가득 차 있다. 진부한 표현인 in receipt of와 in connection with에 유의하시오. B는 실제의 회화와 같다. 실제 이야기는 읽기를 나쁘게 한다. C는 회화체 말의 평이성을 유지하여 읽기 쉽다.)

3. 대화하는 방식

대화하는 방식의 글을 쓴다는 것은 글로 쓴 소통의 한계 내에서 다른 사람과 대화할 때 사용하는 표현의 신선함과 따뜻함의 일부를 유지하는 것이다.

(문4) 다음과 같이 대화하는 사람은 없을 것이다. 회화체로 재작성 하시오.

Dear Mr. Burton:

With your reference to yours of recent date would state that I am enclosing here with our-latest sales catalog. Should the need arise for any of our parts. We will feel gratified to fill an order for same.

4. 독자 생각

자연스러운 형식의 서신을 쓰는 다른 하나의 방법은 독자를 마음에 두는 것이다. 서신은 대화의 나눔이므로 독자가 당신을 마주보고 맞은편의 책상에 앉아 있다고 상상하라.

독자를 마음에 두는데 도움이 되는 여러 가지 단서들을(clues) 흔히 발견할 수 있다. 예를 들어, 어떤 서신의 회신을 쓰고 있다면, 받은 서신에서 독자의 회사(또는 거주지), 직업, 직책 그리고 독자가 그 서신을 쓰고 있는 동안의 태도(다정한, 화가 난, 신경이 예민한, 허풍떠는 등)를 알 수 있다.

만일 회사에 그런 특별한 사람에 관한 서류(file)가 있다면 아마 나이,

(문4) with reference to yours of recent date를 축소하고, would state와 here with를 생략한다. 일반동사 to arise 대신에 행동동사 to need를 사용한다. We will feel gratified to fill your order for same를 축소한다.: As you asked, I am enclosing our latest sales catalog. If you need any parts, we will be happy to fill your order.

교육, 결혼여부, 자녀수 등에 관한 좀 더 구체적인 세부사항을 알 수 있을 것이다. 가장 중요한 것은 독자와 자사의 관계 즉, 그가 중요한 고객인가, 골치를 썩이는 사람인가 그리고 과거에 만족했든가를 알 수 있다는 것이다.

독자를 잊는 것은 서신이 마치 기계에 의하여 만들어진 것과 같이 읽어지도록 쓰게 할 수도 있다. 때때로 우리는 독자가 우리의 욕구와 매우 유사한 욕구를 가진 다른 한 인간이라는 것을 잊는다. 그러나 조금 상상하고 노력하면 독자의 생생한 상을 그릴 수 있다.

(문5) 보험증권 소지인이 보험회사 앞으로 보낸 다음의 서신을 상상해 보라.

Gentlemen:

Five days ago, I took my account book from top drawer of my writing desk, where it has been kept all these years, and intended to mail it to you. But it is lost. I can't find it.

The only solution that I can think of is that it got mixed up in a find of letters I was going through, and which I put in the kitchen range to burn. I've been so distressed about it, I couldn't sleep. It is not like I had lost it outside my home where someone couldn't find it. But even the Lord can't restore book that has been burned up. I suppose He could, but I don't think it will happen in any case.

I was eighty-four years old Feb.19. I have good constitution, and I expect to live several years yet.

Will you make me a new book? And put in front of it that in any case of my death, the insurance is to go to my husband. I have not to told him that I lost the book. No need of both of us worrying.

Sincerely,
Nora Louise Calvin

1) Calvin 부인에 관한 많은 것을 이야기하고 있다. 그녀의 서신에 대한 회신에서 We are in receipt of your communication dated April 29?로 시작하겠는가?
2) 잠시 Calvin 부인을 생각해 보자. 그녀의 서신으로부터 그녀에 관한 무엇을 추정할(deduce) 수 있는가? 약 30단어로 Calvin 부인에 관한 필수적인 사실을 이야기하고 그녀가 어떤 사람인가를 설명하시오.

5. 어휘 수준

한 독자에게 쉽고 자연스러운 것이 다른 독자에게는 어려울 수 있으므로 서신의 어휘수준(levels of vocabulary)에 유의하여야 한다(지금은 항상 제거해야 하는 고어풍이거나, 애매하거나 또는 의미가 부풀어진 단어에 관하여 이야기하지 않는다.).

의미를 완벽하게 표현하는 단어들을 사용하지만 이들은 독자의 어휘가 아니므로 혼돈을 줄 수도 있다. 경제학 교수와 육체노동자(manual laborer)가 세금에 관한 동일한 질문을 할 수 있지만 그들에 대한 회신은 그들의 어휘수준에 따라 각각 달라야 한다.

많은 필자들은 보험업, 우주공학, 세무 등 특수 분야의 전문가이다. 각 분야는 그 자체의 전문용어들이 있다. 이러한 이유로 보험업자는 자산비몰수 선택권(nonforfeiture options), 미사일 과학자는 회전하락(gyro tumbling), 세금전문가는 가게 세무징수(storekeeper gaugers)에 관한 이야기를 한다.

만일 당신이 전문가라면 동료들은 당신의 기술적인 용어에 감사할 것이다. 반면에 일반 독자들은 당연히 그 용어를 읽기 싫어하고, 이해할 수 없을 것이다. 결과적으로 전문가들은 매우 친근하고 유익한 기술적인 단어들이 독자들에게는 의미가 없을 수 있다는 것을 반드시 기억해야 한다.

(문5) 1) No(We certainly hope not.) 2) Calvin 부인은 Iowa에 있는 시골 출신으로서 중년을 넘긴 부인이다. 그녀는 아마 농부의 아내일 것이며 비록 높은 교육을 받지는 않았지만 단순하고 정직하다. 회신은 반드시 자연스럽고, 동정적이고 정직해야 한다.

이것은 기술적인 용어를 결코 쓰지 말라는 것이 아니다. 기술적인 용어를 쓰고 독자가 이해하지 못할 것으로 생각되면, 그 용어에 관하여 설명하거나 정의를 내려야 한다. 그러나 독자가 알 수 있도록 쉽게 서신을 쓰지 않고 또는 그 용어를 잘 난체하는 용어로 설명하지 않고 그렇게 해야 한다.

(문6) 일류회사가 주주들에게 보낸 3개의 서신이다. 적합한 어휘의 수준과 적합한 양의 설명이 있는 것은?

Dear Stockholder:

A. In addition to the cash dividend, the board Directors of Maple Corporation has decided to award common stockholders a stock dividend. One hundred and fifty thousand shares will be distributed prorata. Since you own three hundred shares, you will receive three additional shares as your stock dividend.

B. Each year we award cash dividend. Cash dividend is some of money which Board of Directors of Maple Corporation awards to every common stockholder. In addition cash dividend, the Board Directors has decided to award a stock dividend. A stock dividend like a cash dividend except payment is in share of common stock instead of money.

One hundred and fifty thousand share will be distributed pro rata. This means that each stockholder will receive one additional share for each one hundred shares that he or she owns. Since you own three hundred shares, you will receive three additional shares as your stock dividend.

(문6) C (A는 용어 pro rate를 설명하지 않아서 일부 주주들에게 혼란을 준다. 반면에 B는 대개의 주주들이 이미 cash dividend, stock dividend과 같은 용어들을 알고 있음에도 지나치게 많은 설명을 하고 있다. C는 설명이 필요한 용어 pro rata를 설명하고 있다.)

C. In addition to the cash dividend, the Board of Directors of Maple Corporation has decided to award common stockholders a stock dividend. One hundred and fifty thousand shares will be distributed prorata. This means that each stockholder receive one additional share for each one hundred shares that he or she own. Since you own three hundred shares, you will receive three additional shares as your stock dividend.

6. 속어와 구어체

전문용어 사용자의 형식을 피하기 위하여 난잡하게 속어와 구어체(slang and colloquialism)를 사용해서는 안 된다. 그들을 신중하게 사용하면 서신의 이야기에 활기를 준다.

(문7) 다음 중 구어체가 알맞게 사용된 것은?

A. Well, pal, here I am again with the lowdown about your disorderly cohorts at the sales convention in N'Yawk. We had a ball. And leading the park was old Professor Andre who was stewed to the gills. Somehow, he managed to give a bang-up speech on sales tactics.

B. You'll be an interested to know that Professor Andre's speech highlighted the sales convention in New York. He spoke about sales tactics, and plans to do the same in a series of lectures in England this winter.

6-1) understand에 대한 catch on과 같은 모든 구어체뿐만 아니라

(문7) B(A는 지나치게 많은 속어로 표현하여 한가로운 태도(manner)에 영향을 주는데 성공하지 못했다. B는 상업서신 작성에 적합하다.)

심지어 all right에 대한 OK와 같은 속어는 피할 필요가 없다. 그러나 그들을 인색하게 사용해야 한다.

(문8) The workers in Section E have been sounding off about the increased work load. There's even been some talk about the putting screws on management to come up with a two-buck-an-hour hike in over time pay.

1) 지나치게 많은 속어와 구어체의 문장이다. 그들 모두를 열거하시오.
2) 위 문제의 해답 옆에 대체 할 표현을 쓰시오. 그들 모두를 대체할 필요는 없다.

6-2) 구어체를 사용할 때, 그것에 " " 표시를 하여 구어체에 대한 주의를 주지 말라. 그렇게 하는 것은 독자에게 뽐내는 것이며, 독자들이 보다 더 분별 있는 사람들이 선택한 그룹에 합류하도록 요청하는 것이다.

(문9) 다음 문장을 재작성 하시오.

The effective letter writer talks to the reader "person-to-person."

7. 상투적 문구

상투적 문구(cliches)는 한 때 신선하고 적합한 표현이었지만 과용과 오

(문8) 1) sounding off(속어), been some talk(구어체), come up with(구어체), putting the screws on(속어), buck(속어), hike(속어) 2) sounding off - complaining/ been some talk/ putting the screws on - asking, putting pressure on/ come up with/ buck - dollar/ hike - raise increase(대체한 단어로 작성하면 다음과 같다.: The workers in Section E have been complaining of the increased work load. There's even some talk about asking management to come up with a two-dollar-an-hour raise in over time pay.)

(문9) The effective letter writer talks to the reader person-to-person.

용으로 낡아빠지고 진부하게(timeworn and hackneyed) 되었다. 그들 대부분이 아주 천진난만한 독자 이외의 사람들에게는 감동을 주지 못한다.

- crushing defeat
- to withstand the test of time
- cover a multitude of sins
- swim like a fish
- troubled times
- conspicuous by its absence

7-1) 모든 경우에 상투적 문구를 사용하지 말하는 것은 아니다. 때때로 그들은 의미를 매우 적합하게 표현한다.

He had to *thread his way through* a maze of machinery to find the broken lathe.

그러나 하나의 서신에 상투적 문구를 반복하여 사용하면, 독자는 필자가 창조성(originality)이 부족하고, 심지어 진부한(stereotyped) 표현 이외는 생각하지 못한다고 생각할 수 있다.

(문10) 얼마나 많은 상투적 문구(cliches)가 있는가?

I think we should explore every possible avenue of approach to the production problem at our East Hanover plant and

---

(문10) 8개의 상투적 문구가 있다. explore every possible avenue of approach, tough all bases, implement decision, worth its weight in gold, opening a can of worms, demonstrate to my satisfaction, 120 percent, the powers that be

- 대부분의 상투적 문구를 제거하면 다음과 같다. I think we should study all alternative solutions to the production problem at our East Hanover plant and should get top management's approval before we take action. Your plan for retooling may be the answer, but if installation costs get too high, we may only aggravate the problem. Nevertheless, if you can demonstrate to my satisfaction that your plan will work, I'll give it my full support to management.

should touch all bases with top management before we implement a decision. Your plan for retooling may be worth its weight in gold, but if installation costs get too high, we may be opening a can of worms. Nevertheless, if you can demonstrate to my satisfaction that your plan will work, I'll back it up 120 percent to the powers that be.

제 2 절 정중하고 다정함

많은 독자들에게 회사는 아주 크고 강한 힘이 있는 것으로 보인다. 힘의 대소 관계로 독자들은 회사들의 어떤 좋지 못한 예의나 다정하지 못함에 기분이 상한다. 반대로 자연스럽고 다정하고 정중한 서신을 받았을 때 독자는 거의 항상 좋은 인상을 받는다.

(문1) 독자가 아침 출근 시 우편함에서 Scardon's Department Store의 서신을 보았다. 어떤 서신을 읽겠는가?

A. The store received your credit application form on time, but it was filled out incorrectly. As the form indicates, your signature should be written on the bottom of both pages, but you neglected to do this. Your form is being returned to you for further signature.

B. Thank you for returning your credit application form so quickly. However, we do need your signature on both pages.

(문1) B (대개의 독자들은 A와 같은 문제 처리를 좋아하지 않는다. was filled out incorrectly와 you neglected to do this와 같은 부정적 표현에 유의해야 한다. 물론 독자가 잘못했지만 그것이 거친 어조의 이유가 될 수 없다. 그러나 B는 해야 할 것을 빠뜨린 것을 강조하지 않지만 카드신청에 관한 조속한 결정을 얻기 위하여 할 수 있는 것을 정중하게 지적하고 있다.)

Just sign the second page at the bottom and return it. we'll be glad to consider your application.

1. 정중하고 다정한 표현

상업서신에서 예의는 중요하다. 정중하려면 정확한 단어를 사용해야 한다. 독자에게 감사하려면 단순히 thank you, 무엇을 하도록 정중하게 요구하려면 please를 말하라. 비록 please와 thank you를 많이 사용해야 하는 경우에도 이들의 표현은 결코 진부하지 않고 의미 없는 것이 아니다.

(문2) 상업서신에서 흔히 볼 수 있지만 일부는 삼가해야 한다. 다음 중 정중하고 다정한 표현을 선택하시오.

A. We are pleased.......
B. I appreciate....,
C. It is obvious that....
D. We suspect that....
E. You claim that....
F. Thank you for....
G. Please let me know if....
H. Will you please....
I. It should be clearly understood that....
J. May I ask you to....?
K. It was nice of you to...
L. I am glad to....
M. I am sorry that....
N. We are obliged to....
O. We must....
P. We are forced....
Q. You forgot to....
R. You must realize that....

(문3) 다음 문장을 정중하고 다정한 어조로 재작성 하시오.

We need the construction estimates by the end of next week.

(문2) A B F G H J K L M

(문3) Please send us the construction estimates by the end of next week. or Could you send us the construction estimates by the end of next week?

(문4) 분명하게 Veblin씨가 필자를 도왔다는 가정하에 시작문에 빠진 예의를 포함하여 다음을 재작성 하시오.

Dear Mr. Veblin:

Maggie Bunch told me that you visited her at her office and that you cleared up the dealer-price difficulty.

1-1) 간혹 간단한 예의라도 잘못될 수 있다. 예의에 관한 한마디라도 부적합하게 사용하면, 독자는 필자가 진지하지 못하다고(insincere) 생각하기 때문이다.

(문5) 독자에게 감사하는 것으로 적합하지 못한 것은?

A. The reader has written you saying how much she enjoys the new car you sold her.

B. The outraged reader has written you saying that the new car you sold her is a lemon. cf. lemon 불량품(결함 있는 차 따위)

2. 긍정적, 부정적 또는 중립적 의미

다정하고 정중하려면 함축적 의미가 즐거운 단어를 사용해야 한다. 단어는 사전적 의미와 함축적 의미를 가질 수 있다. evict의 사전적 의미는 법적절차나 최고의 권력이나 권리에 의하여 어떤 사람을 쫓아내거나 회복하는 것 즉, 쫓아내는 것을 말한다(to put out a person or to recover by legal process, or by virtue of paramount right or claim; to eject). 그러나 이 단어는 더 많은 것을 의미할 수 있다. 일부 사람들은 evict라는 단어를 볼 때 비 내리는 길거리에 아이들과 함께 앉아 있는 비참한 과부를 생각할 수 있다. evict는 함축적 의미가 유쾌하지 못하여 이

(문4) Thank you for clearing up the dealer-price difficulty. or I appreciate the visit you made to Maggie Bunch to clear up the dealer_price difficulty. Thank you.

(문5) B (불만에 대한 감사는 부적합하다.)

와 같은 유쾌하지 못한 연상(associations)을 줄 수 있다.

단어는 가질 수 있는 함축적 의미 때문에 긍정적(즐거운) 또는 부정적(유쾌하지 못한) 의미를 가질 수 있다. 또한 일부 단어들은 전혀 함축적 의미를 갖지 않으므로 중립적 의미를 갖는다.

(문6) 대개의 사람들에게 주는 함축적 의미를 긍정적, 부정적, 중립적으로 분류하라.

1) Arrogant 2) Tactful 3) Large

2-1) 많은 단어들이 함축적 의미를 가지지만 독자들에게 함축적 의미를 주지 못한다. another가 이런 종류의 단어이며 기본적으로 함축적 의미가 중립적이다. afraid, unsuccessful, delay, unhealthy 등은 함축적 의미가 유쾌하지 못하며 부정적 단어들이다. 이들에 대한 독자의 정서적인 느낌은 가벼운 싫증(distaste)에서 혐오감(revulsion)까지 될 수 있다. fair, calm, success, useful 등은 함축적 의미가 항상 유쾌하며 긍정적 단어들이다.

(문7) 다음을 대개의 사람들이 좋아하는 긍정적, 싫어하는 부정적 및 중립적 단어로 구분하시오.

A. ability B. worry C. please D. unfair E. regret
F. punctual G. book H. neglect I. allege J. genuine
K. thanks L. prohibit M. indicate N. reject O. harmony
P. pen Q. loyalty R. hope

2-2) 부정적 단어의 문장에 대하여 우리가 할 수 있는 것을 생각해 보자.

(문6) 1) negative 2) positive 3) neutral
(문7) A. + B. - C. + D. - E. - F. + G. 0 H. - J. +
I. - K. + L. - M. 0 N. - O. + P. 0 Q. + R. +

(문8) Dear. Mr. Portman:

We have found out that you are delinquent with regard to your account by $3.00.

시작문이 매우 불쾌하고 다정하지 못하다. found out은 추적하여 잡았다는 유쾌하지 못한 함축적 의미를 갖는다. 더 큰 문제는 delinquent의 사용이다. 독자에게 그 영향이 가장 중립적이 되도록 재작성 하시오.

(문9) In your letter of June 2, you claim that there were three witnesses to the accident. We need their names and addresses.

claim이 유쾌하지 못한 함축적 의미를 준다. claim은 독자가 증인들에게 거짓말을 하였기 때문에 그들의 이름과 주소를 요구하는 이유라는 것을 암시하고 있다. 긍정적이고 중립적 단어만으로 재작성 하시오.

(문10) You are hereby requested to send payments of your gas bill by October 6.

문장에 대한 독자의 반응이 Yes, sir!, Very good, sir!, Nuts to you, sir!일 것 같다. 공격적인 함축적 의미를 제거하시오.

(문8) I notice that your account is short by $3.00.(부정적 단어가 없으면 short만으로 중립적이다.) or Your account shows a small deficit of $3.00.(비록 deficit이 약간 부정적이지만, small은 필자가 독자에게 그 금액이 대단히 중요하지 않다는 인식을 주지만 서신의 내용은 대금회수의 필요성을 나타낸다.)

(문9) claim 대신에 다른 단어를 사용하고 정중하게 행동을 요청한다. In your letter of June 2, *you mentioned (said, stated)* that there were three witnesses to the accident. May we have their names and addresses?

(문10) Please send payment of your gas bill by October 6.(정중함) or May we have your payment of your gas bill by October 6?(정중하고 다정함)

(문11) Since the deadline is February 15, a prompt reply before that date will be necessary.

수동태를 제외하고도 독자가 반감을 갖도록 작성되었다. 정중하게 요청하시오.

(문12) We would have answered you sooner, but your letter was addressed to the wrong office.

wrong은 부정적 의미의 단어이며 독자에게 잘못이 있음을 암시한다. 그것을 제거하고 정중하고 다정한 문장으로 재작성 하시오.

3. 긍정적인 것을 강조

(문13) Our office is closed after four o'clock.

문장이 지나치게 다정하지 못하거나 정중하지 못하지는 않지만 closed가 부정적 의미의 단어이다. 긍정적인 것을 강조하여 재작성 하시오.

3-1) no, not, cannot과 같은 단어들은 부정적이므로 이들을 여러 번 사용하면 긍정적 생각을 감추게 된다. 긍정적으로 만들려면 생각을 전환하여 그들을 제거하여야 한다.

(문14) We *cannot* have these figures for you before next week.
할 수 없는 것을 강조해서는 안 된다. 생각을 전환하여 재작성 하시오.

(문11) Since the deadline is February 15, may we hear from you before (by) then?

(문12) We would have answered you sooner, but we just now received your letter from another office. or We would have answered you sooner, but your letter just now arrived from our other office.

(문13) Our office is *open* until four o'clock.

(문14) We *will (can)* have these figures for you next week.

3-2) 때때로 부정적 생각을 긍정적 생각으로 완전히 전환할 수는 없다.

(문15) As you should know, we make no refunds after the three-month guarantee has run out.

부정적 생각의 문장이 불필요하게 거만하고 으스대는 듯하다. 부드러운 문장으로 재작성 하시오.

(문16) We are forced to tell you that we cannot permit you to have another mortgage on your house.

부정적 생각이지만 통지하는 문언이 매우 거칠다. 부드러운 어조로 재작성 하시오.

3-3) 상업서신의 필자가 전달하고자 하는 대개의 생각들은 사실적인 것이다. 그러나 가장 일반적인 서신일지라도 감정요소를 전달한다는 것을 기억해야만 한다. 이러한 객관적인 사실과 감정이 합해져 독자들에게 필자와 그의 회사에 대한 최종적인 인상(좋거나 나쁘거나)이 결정된다.

명료하게 정서를 다루어야 하거나 정서적인 충격이 있는 사실들을 관련시켜야만 하는 경우 특히 유의해야 한다. 필자가 생각할 수 있는 그러한 상황보다 훨씬 더 많은 상황들이 있다. 예를 들어, 최근에 과부가 된 사람에게 남편의 보험금에 관하여 이야기해야 하거나, 감독자에게 최고판매대표자가 어떤 인사 관행을 위반한 사실을 통지해야 할 수도 있다.

그러므로 특히 감정적인 상황에서는 긍정적이고 중립적 단어를 사용하고 부정적 단어를 피해야 한다.

(문15) I would like to give you a refund, but your three-month guarantee has run out. 더 좋은 표현은 다음과 같다. We can only make refunds during the three-month guarantee period.

(문16) We wish to tell you that... or We would like to tell you that..., 로 하면 틀리지는 않지만 이러한 표현을 생략하는 것이 더 좋다. Unfortunately, we cannot give you another mortgage on your home. or We feel that it's best for you to maintain only one mortgage on your home right now.

(문17) 도급자가 미사일 제조회사에게 보낸 서신이다.

Dear Mr. Germonn:

This is to inform you that the three rate-integrating gyros will not be ready by July 10 nor will we be able to deliver them until at least July 15. Since you specified such small tolerances, the precision machine work is taking longer than estimated.

1) 첫 문장은 2가지를 할 수 없다고 이야기한다. 왜 그렇게 부정적이어야 하는가? 수정하시오.
2) 두 번째 문장은 지연에 대한 비난을 제조업자에게 넘기려고 하기 때문에 첫 문장보다 훨씬 더 나쁘다. 약간의 인내(small tolerances)가 당연히 지연의 이유이지만 제조업자가 이러한 인내를 지시할 권리를 가지지 않았다는 것을 암시해서는 안 된다. 재작성 하시오.

3-4) 사용하는 단어의 함축적 의미를 알아야 부정적 생각(thought)의 충격을 완화시킬 할 수 있다.

(문18) 다음을 비교하시오.

A. It is impossible for the Town of Ridgefield to permit your firm to construct its chemical plant on Wexler Road, because the stench will stifle those living nearby.

B. Because the fumes from your proposed chemical plant would disturb the people living near Wexler Road, we suggest that you consider building at one of our excellent industrial parks near Storm Watch Hill.

(문17) 1) 최소한 부정적인 것 중 하나를 제거하고 어조를 부드럽게 해야 한다. I am sorry, but it will be at least July 15 before we can deliver the three rate-integrating gyros to you. 2) Because of the unusually small tolerances, the precision machine work is taking longer than we estimated.

(문18) impossible, permit, stench, stifle

B가 A보다 부드럽고, 긍정적 어조를 갖는다. A에서 의미를 거칠게 하는 일부의 부정적 단어를 열거하시오.

3-5) 유쾌하지 못한 생각은 어조를 부드럽고 유쾌하게 하기 위하여 긍정적 단어들이 필요하다. 비록 2-3개의 더 많은 단어가 필요할지 모르지만 이러한 것이 길거나 애매한 문장을 허용한다는 것은 아니다. 거절은 거절이고, 서신이 간결하지 못하면 독자를 단지 좀 더 많이 괴롭히는 것이다.

(문19) 다음 중 어느 것이 더 정중한가?

A. Within the framework of present regulations, negative considerations appear upon careful consideration to be such as to render a favorable action upon the request of your recent letter impossible at this time.

B. For these reasons, we cannot approve your request.

3-6) 긍정적 단어를 선택하여도 항상 즐거운 함축적 어의를 가질 수는 없다. 독자의 최종적인 인상은 필자가 선택하는 단어뿐만 아니라 그것을 어떻게 사용하는가에 달려 있다.

(문20) I am patiently waiting to hear from you.

patiently 그 자체는 긍정적 단어이다. 필자가 독자에게 실제 인내를 가지고 기다린다는 인상을 주는가?

(문19) B(A의 Within the framework of present regulations와 at this time은 어떤 것(가정하여 하나의 변혁)이 전체의 경우를 재개하기 위하여 따라 올 것이라는 것을 암시하기 때문에 정말로 성의가 없다(insincere)).

(문20) No (독자는 필자가 인내하지 않고 자신의 발을 두드리고 있다는 것을 거의 알 수 있다.)

3-7) 긍정적이고, 다정하고, 정중한 단어를 사용하려는 노력에 상반되는 최극점에 이르지 말라. 그것은 냉정하고, 정중하지 못한 서신만큼 반감을 살 수도 있다.

(문21) 서신이 필자가 의도한 효과를 얻을 수 있는가?

Dear Mr. and Mrs. Carey:

As you know, we're pretty proud of the fine service we offer here at Regent

Diaper Service, Inc. And we always keep a sharp eye out for new folks who will benefit from the service our customers have, over the years, learned to expect from us.

That's why we took great pleasure I hearing about a potential shipping clerk who might be interested in a job, say around the year 1995...name of Alfred Carey, Jr.

He's a bit small to be interviewed as yet, but tell him to drop in at his earliest convenience, won't you? We'll be delighted to make his acquaintance.

In the meantime, please accept our heartiest congratulations on the new arrival! We know that he'll grow up to be as fine a man-and shipping clerk-as his father.

Enclosed is our brochure with a detailed description of our services and rates.

Sincerely,

(문21) No (사랑, 키스 없이 단순히 정중하고 예의 있는 서신이어야 한다. 수줍어하거나, 영리하거나, 사교적이어서는 안 된다. 독자를 끌어 앉지 말라. 이 서신은 허위의 열정에서 가정(assumption)을 잘못취하는 것까지 모든 실수를 하고 있다. 필자가 Careys 부부가 그들의 아들이 선적사무원(shipping clerk)이 되기를 원한다는 것을 아는가?)

4. 독자 기억

하나의 잘못 즉, 독자를 기억하지 않는 것이 다른 무엇보다도 특히 필자를 특징짓는다. 가구점의 수금대리인은 이러한 것을 대금지급 지연자에게 다음의 서신을 보냈을 때 알게 되었다.

Dear Mr. Smith:

What will your neighbors think if we have to send our truck out to your house to repossess that furniture on which you have not met your last three payments?

Sincerely yours,
The Acme Furniture Co.

1주일 후에 그는 다음의 서신을 받았다.

Dear Sirs:

I have discussed the matter you wrote me about with all my neighbors and every one of them thinks it would be a mean, low-down trick.

Yours truly,
John Smith

제 3 절 인간적인 자세

서신이 자연스럽고, 다정하고, 정중하고 또한 반드시 인간적(personal)이어야만 유쾌한 분위기를 갖는다.

인간적이란 필자가 자신의 말(language)로서 독자를 조직적인 기계류의 하나의 단순한 톱니바퀴가 아니라 하나의 인간으로 생각함을 보이는 것을 말한다. 이것은 필자 또한 하나의 인간임을 증명하는 것이다.

개인적인 상업서신(personal business letters)은 좋은 대중적인 관계이다. 대중적인 관계는 몇몇의 개인적인 관계가 누적된 결과의 이상도 이하도 아니기 때문이다. 만일 당신이 자신의 개성을 표출하는 형태로 서신을 쓴다면 독자들은 자신이 인간적인 관심을 받고 있다고 확신할 것이며, 많은 이러한 인간적인 관계가 좋아질 것이다.

그러나 서신이 인간적이지 못하고 대량으로 작성된 것처럼 보이면 독자는 회사가 자신의 문제에 진정으로 관심이 있다고 느끼지 못할 것이다.

(문1) 다음 중 좀 더 인간적인 것은?

A. Your contract is still in force. Our notice telling you it had lapsed was intended for another contract-owner. I'm sorry for any inconvenience our notice might have caused you.

B. A notice was sent to the above address advising of a lapse of contract. However, this notice was intended for another contract-owner. It should be disregarded.

1. 상대방 본위

인간적인 서신을 작성하는 효과적인 방법의 하나는 상대방의 입장(you attitude)을 강조하는 것이다. 이야기 할 수 있을 때는 필자 자신 또는 회사의 관심사항이 아니라 독자의 관심사항을 이야기하여야 한다.

(문1) A (A에서 독자는 필자가 인간적인 서신을 썼고, 쓰고 있을 때 독자인 한 특정인을 생각하고 있었음을 알 수 있다. 그러나 B는 독자에 관한 모든 이야기를 아주 의도적으로 회피하였음을 알 수 있다. 독자는 문구 뒤에서 누군가가 그것을 이야기하고 있다는 생각을 하지 못한다.)

(문2) I'm always glad whenever anybody asks me to explain the Ilex Computing System.

독자에 관한 모든 이야기를 회피하였다. anybody는 특히 인간적이 아니다(impersonal). 독자는 Well, I'm not anybody.라고 느낄 수 있다. 상대방 본위로 재작성 하시오.

(문3) 회계를 직업으로 생각하는 학생 앞으로 작성된 서신의 한 문장이다.

The enclosed pamphlet-one of a series we are publishing on careers for young people-covers the accounting profession.

지나치게 거절될 수 있는 문장은 아니지만 we와 the company를 적게 강조하였다면 좀 더 많은 감명을 받았을지도 모른다. 독자는 근본적으로 회사의 출판활동에는 관심이 없고 자기 자신에게 관심이 있다. 상대방 본위로 재작성 하시오.

(문4) It has been a pleasure to work mutually on this project.

예의 있는 좀 더 인간적인 문장으로 재작성하세요.

(문5) I'm glad to hear of your decision, and I feel that, by following my outlined suggestions, the best possible course of action has been chosen.

(문2) Thank *you for your* interest in the Ilex Computing System. or I'm happy to answer *your* question(s) about the Ilex Computing System. or I'm happy to explain the Ilex Computing System to *you*.

(문3) Here is a pamphlet which will help *you* make your decision about the accounting profession. or The enclosed pamphlet-one of a series we are publishing on careers for young people like *yourself*-will help *you* decide the accounting profession.

(문4) I have enjoyed working with *you* on this project. or It has been a pleasure to work with *you* on this project.

(문5) 현수부사(dangling participle)를 생략하고 두 번째 주문을 능동태로 작성한다. I think that *you* have chosen the best possible course of

필자 자신에 대한 축하를 중지하고 독자를 축하해야 한다. 좀 더 간결하고 인간적으로 재작성 하시오.

(문6) The dividends can be left to the credit of your account or withdrawn. 좀 더 상대방 본의로 재작성 하시오.

2. I 사용

좀 더 인간적으로 서신을 작성하는 방법은 I를 사용(use of I)하여 독자가 필자를 알게 하는 것이다.

(Ex) It was felt that an immediate halt to construction activity would prevent further loss.

I thought .....로 이야기하면 좀 더 인간적이다. 또한 I의 사용을 피하려고 하면 지나치게 많은 수동태 문장을 강요받게 된다. 실제로 일부의 필자들은 자신을 독자들에게 직접 확인시키지 않으려고 한다.

(문7) This writer assures you that ....
매우 구식의 문장이다. 재작성 하시오.

2-1) You를 사용하여 자기 옆에 독자가 있음을 알고 있다는 것을 보일 수 있는 기회를 물색하고, 때때로 중립적인 상황이라면 I를 사용해야 한다.

---

action. or I think *you* will be happy with *your* decision.

(문6) *You* can leave the dividends to be credited to your account, or *you* can withdraw them.

(문7) I assure you that .....

3. We 사용

때때로는 We가 I보다 더 적합하다. 일반적으로 필자 자신에 관한 이야기를 할 때는 I를 사용한다. 필자의 회사 또는 회사 내의 여러 사람들에 관한 이야기를 할 때에는 We를 사용한다(use of We).

(문8) 괄호 속에 적합한 대명사를 쓰시오.

1) I was very interested in your proposal. I showed it two other members of the department, and together, _____ decided to do what you ask.
2) It was very interested in your proposal. May _____ suggest that you let me look at it again in a few months?
3) I am sorry that we cannot meet your request, but _____ give refunds only within ten days after the date of sale.

(문9) I와 We 중 어느 것이 더 적합한가?

I have studied your proposal carefully. You will understand, ________ know, that ....

(문10) 좀 더 성의 있는(sincere) 문장은?

A. I am glad to send you this check for $24.50.
B. We are glad to send you this check for $24.50.

(문11) 전기기구 판매상이 2주 전에 시골 가정주부에게 판매한 새 믹서(blender)를 그녀가 매우 좋아한다는 내용의 서신을 받고 다음의 회신을

(문8) 1) we 2) I 3) we
(문9) I
(문10) A (독자는 회사가 기뻐한다는 것을 거의 믿기 어렵다. 회사는 감정이나 견해를 갖지 않는다. 그러나 수표 송부와 관련되는 사람이 여러 명이면 그리고 독자가 이러한 사실을 안다면 We가 적합하다.)

작성하였다. 강조하는 내용이 모두 잘못되었다. 좀 더 많은 You와 I가 필요하다. 당신이 원하는 어떤 종류로 변경하시오.

Dear Mrs. Montgomery:

We are received your thoughtful letter and we wish to state how grateful we are for your expression of confidence in our new blender.

Our wish has always been that we should be of service to our customers if they need us.

Sincerely yours,

3-1) I, We, You를 사용하고 싶지만 이들의 사용을 회피하는 것이 회사의 사무적 방침일 수도 있다. 어떠한 경우라도 오직 독자들의 상황에 맞추기 위한 문장에서 특정적이고 구체적인 단어를 사용하는 것은 또한 독자들 때문이다. 만일 그렇게 한다면 독자들은 당신이 인간적으로 그들의 문제와 관심사항에 관심이 있고 그들을 개별적인 인간으로 생각한다는 것을 알게 될 것이다.

(문11) We 대신에 I를 사용하고, 2-3개의 You를 삽입한다.

Dear Mrs. Montgomery:

Thank *you* for *your* thoughtful letter. It was kind of *you* to take the time to tell *me* how pleased *you* are with *your* new blender.

If *you* should ever want to call on *me* again. *I'll* be happy to serve *you*.

Sincerely yours,

제 4 장 서신 계획과 작성

제 1 절 효과적인 시작문과 마감문

1. 시작문

모든 판매원들은 잠재적 고객에게 비춰진 자신의 첫인상이 매우 중요함을 알고 있다. 따라오는 모든 것이 처음에 이루어지는 것과 같이, 상업서신의 시작문(beginnings)은 다음에 오는 것을 위한 무대로서 효과적으로 작성하는 것이 중요하다.

호기심 있는 독자는 필자의 첫 문장을 관심 있게 읽을 것이다. 그러나 첫 문장이 세련되지 못하고 효과적이지 못하면 그의 관심은 사라질 수 있다.

독자를 즉시 잃는 가장 좋은 방법 중의 하나는 상투적인 문구로서 서서히 시작문을 시작하는 것이다. 많은 상업서신의 필자들은 출발이 어렵다는 것을 알고 있다. 그래서 그들은 자신들이 쓰는 것을 독자가 알 수 있도록 하기에 앞서서 서서히 상투적인 문구로 시작한다.

(문1) 다음 중 상투적인 문구는?

A. This is in answer to your letter of July 15.

B. I think I'll be able to answer all the questions in your letter of July 15.

(문1) A (A는 중요한 것을 말하지 않아 독자의 관심을 끌지 못한다. 반면에 B는 무엇에 관한 내용인가를 말하여 독자의 관심을 훨씬 더 많이 끈다.)

(문2) 독자의 관심을 많이 끄는 문장은?

A. Yours of the 17 received and noted.

B. If you will fill in the enclosed form, we'll be happy to send you our monthly bulletins on industrial training developments.

C. We received your inquiry of November 6.

1-1) 무엇에 관한 서신

독자가 서신을 처음 볼 때 가장 관심 있는 것은 무엇에 관한 내용인가이다. 따라서 시작문은 항상 무엇에 관한 내용인가를 나타내야 한다.(-물론 사고 싶은 마음이 내키게 하는 다음 판매장의 시작문과 같이 때때로 예외적인 경우를 제외하고-)

"It's springtime again-time to start making plans for the hot summer months ahead."

(문3) 백화점의 조사부장이 Howard Astor씨가 외상거래를 신청했다는 것을 알았다. 그는 Astor씨의 당좌계정(checking account)이 있는 거래은행에 그의 신용등급을 알아보기 위하여 서신을 작성하고 있다. 필자는 즉시 은행원에게 무엇에 관한 서신인가를 말하여야 한다. 시작문을 작성하시오.

Dear Ms. Morgan: ________

(문2) B (모두 시작문이다. A와 C는 독자가 보낸 서신을 이야기하고 있지만 충분하지 못하다. 독자가 특정일에 수통의 서신을 보냈을 수도 있고 심지어 필자의 서신이 무엇에 관한 것인지도 모를 수도 있다. B는 독자에게 직업연수에 관한 내용뿐만 아니라 서신 전체의 요점을 말하고 있다. 독자는 지금 필자를 위하여 무엇을 해야 하는지 알 수 있다.)

(문3) 시작문에 Astor씨의 신용등급을 원한다고 써야 한다. 시작문에 그의 외상거래 신청을 쓰면 안 된다. 만일 그렇게 하면, 독자는 "그래서 그게 어쨌다는 말인가(so what?)"라는 반응을 보일 수 있다. 독자는 필자의 서신작성 이유를 알기 전에 그가 무엇에 관한 서신을 작성하고 있는가를 알 필요가 있다.
Could you please give me the credit rating of Mr. Howard Astor who maintains a checking account with your branch? or I would like to have the credit rating of Mr. Howard Astor, who maintains a checking account with you bank.

1-2) 시작문에 서신작성 이유를 이야기하지 말라는 이유는 없지만 무엇에 관한 것인가를 말하는 것이 더 중요하다.

(문4) 출판사의 외상매출금 담당자가 2달 전에 선적한 교과서 "*Physics in Action*" 100권의 대금이 입금되지 않았음을 알았다. 대금지급 독촉장(reminder)의 시작문을 쓰시오.

(문5) 상이한 4개의 시작문이다. 서신이 무엇에 관한 것인가를 말하고 있는 것은?

A. I sorry but we cannot do as you asked.

B. We at Regent Investment Company, Inc., would like to invite you and your husband to be our guests at the Netherlands Hotel for a slide lecture on our latest real estate offerings for summer homes in Glen Lake, Virginia.

C. We at Townton General Stores, Inc., have been in the hardware business for some twenty years.

D. We are proud to announce the grand opening of our newest Red Star dairy and produce store on South and Vine Streets.

1-3) 독자에게 가장 흥미 있는 생각

서신은 긍정적, 중립적 또는 부정적인 소식의 내용을 갖는다. 긍정적 또는 중립적인 소식은(부정적인 소식의 서신은 추후 이야기 함) 2개의 범주, 즉 필자와 독자의 관심사항이다. 따라서 시작문 작성을 위한 생각을 선택할 때, 무엇에 관한 서신인가를 이야기하고, 할 수 있다면 독자를 가장 흥미롭게 하는 생각을 포함하여야 한다.

(문4) 독자가 문장으로부터 필자가 교과서대금의 지급지연에 관한 서신을 쓰고 있음을 알 수 있어야 한다. This is just a reminder that we have not yet received payment of your order for one hundred *Physics in Action* textbooks.

(문5) B와 D

모든 독자는 무엇에 관한 서신인지 즉시 알기 원하지만 또한 동등하게 중요한 것을 알기 원한다. 그들은 어떻게 자신이 도움이 될 수 있는가를 알고 싶은 것이 아니라 서신의 정보가 어떻게 그들에게 도움이 되는가를 알고 싶어 한다.

(문6) 다음은 목적달성을 할 수 없는 서신이다. 독자의 관심사항에 관한 가장 중요한 생각을 갖는 시작문을 재작성 하시오.

Dear Mr. Royster:

In a few days you will hear from the Tulsa office, which carries the records of your investment holdings. One of our representatives will visit your house with a check for $33,000, the face value of your bonds, which, I'm pleased to tell you, will mature on November 8.

Sincerely,

(문7) 시장조사회사의 사회심리학자가 새로운 화장품 Lip Stick에 대한 여자들의 견해와 반응(opinions and attitudes)을 알기 위하여 장문의 질문서를 보낸다. 독자들의 협조를 구하기 위하여 질문서를 응답하여 반송하는 모든 여자들에게 Lip Stick 무료견품을 제공한다는 청약이 있는 설명서를 동봉한다. 사회심리학자는 질문서를 반송하는 독자들에게 관심이 있지만 독자는 서신에서 자신을 위한 무엇이 있는가를 알고 싶어 한다. 시작문을 작성하시오.

(문6) I'm pleased to tell you that your bond investments will mature November 8. or I'm pleased to tell you that our representative will deliver $33,000 to you when your bond investments mature November 8.(무엇에 관한 내용인가를 먼저 말한 후 추가하여 독자에게 가장 관심을 끄는 생각을 자주 포함하여야 한다.)

(문7) Lip Stick 질문서에 대한 응답과 무료견품 제공의 내용을 독자에게 이야기하여야 한다. You can receive a free sample of Lip Stick by filling in the enclosed questionnaire and returning it to us.

(문8) 속도계 제조회사 사장이 교외에 새로운 공장설립을 계획하고 있다. 여러 건설회사에 그 일에 대한 입찰참가를 요청하는 서신을 쓰고 있다. 시작문을 작성하시오.

1-4) 시작문에서는 항상 서신이 무엇에 관한 것인가를 이야기하여야 한다. 그 이외에 시작문은 가능한 자주 독자에게 가장 흥미 있는 생각(독자에게 가장 좋은 혜택을 약속하는)을 포함하여야 한다.

1-5) 날짜 언급

회신의 시작문에 수신날짜를 언급하는 것이(reference to the date) 일반적인 관행이다.

In your letter of June 10, you asked . . .

Your assumption, in your letter of February 9, is correct.

수신날짜의 언급은 독자가 그 서신을 확인하는데 도움이 된다. 일반적으로 회사원들은 바쁘고 많은 서신을 보내기 때문에 자신이 보낸 서신의 날짜를 알 수 있으면 그 사본을 파일에서 빨리 찾을 수 있다.

그러나 독자의 서신날짜에 관한 표현이 진부해서는 안 된다. 항상 즉시 할 수 있는 거래를 즉시 이야기해야 한다. 독자의 서신날짜를 직접 언급할 때에는 그 생각을 종속시키고 주문으로 해서는 안 된다.

(문9) 독자의 서신날짜에 관한 표현으로서 가장 좋은 것은?

A. This is in reply to your letter, dated June 2.

B. Thank you for your interest in our missile program, expressed in your letter of June 2.

C. We are in receipt of your letter of June 2.

(문8) 새로운 공장설립과 그에 대한 입찰참가를 요청한다는 내용을 말하여야 한다. We're planning to build a new plant outside of town, so if you're interested, We'd like to have you bid for the job.

(문9) B

(문10) 독자의 서신에 관한 언급이 시작문에 종속되지 않았다. 재작성 하시오.

Dear Mr. Apdecker:

We received your letter of August 29. Here is pamphlet 518, The Care and Feeding of Chicks, which you asked for.

(문11) 불필요한 문장이 하나 있다. 재작성 하시오.

Dear Mr. Calvin:

We received your latest letter, dated March 28. You are correct in assuming that the court has no legal jurisdiction in the Burke case.

2. 마감문

1) 상투적 문구

상업서신 작성자는 때때로 이야기를 끝낼 때 상투적인 문구(cliche)의 사용을 유혹받는다.

- Do not hesitate to call on us if we may be of further service.
- Hoping to hear from you at your earliest convenience, I remain . . .
- It has been a pleasure to be of assistance.
- May we again thank you for your cooperation.

(문10) 수식 절이나 구에서 독자의 서신을 언급하면 된다. Here is Pamphlet 518, *The Care and Feeding of Chicks,* which you asked for in *your letter of August 29.*

(문11) 독자의 서신날짜에 관한 언급을 수식 구나 절에 두고 두 문장을 합한다. In your letter of March 28, you were correct in assuming that the court has no legal jurisdiction in the Burke case.

많은 상업서신의 마감문에 이러한 상투적인 문구들을 볼 수 있다. 그들은 서신작성공식으로 계속하여 많이 사용되고 있으며, 많은 시간과 생각을 필요로 하지 않는다. 그러나 그들을 사용하는 필자들은 비록 자신이 성의가 있었다할지라도 독자들에게는 거의 성의가 없는 것으로 보인다. 독자는 이러한 상투적인 문구들을 아주 자주 보기 때문에 필자가 성의 있다고 생각하지 않는다.

(문12) Do not hesitate to call on us if we may be of further service. 부풀어지고(inflated) 진부한(timeworn) 표현을 단순하고 회화체 문장으로 재작성 하시오.

2-1) 비록 회화체라도 이를 계속하여 사용하면 진부한 표현이 되기 쉽다. 그들을 더 좋게 하려면 서신에 언급한 구체적인 내용을 이야기하여야 한다.

(문13) Just give us a call if we can do anything more to help.

Trixie Paper Cups 30상자의 주문품을 막 선적하고 작성한 문장이다. 종이컵에 대한 구체적인 내용으로 재작성 하시오.

2) 구체적 내용

(문14) Hoping to hear from you at you earliest convenience, I remain. 마감문은 단순하고 구체적이면 더 개선될 수 있다. 서신이 지연 선적에 관한 문의라는 가정하에 재작성 하시오.

(문12) do not hesitate와 further service를 생략한다. Just give us a call if we can do anything more to help. or Let me know if I can further assist you.

(문13) Just give us a call if you need any more paper cups (Trixie Paper Cups).

(문14) 구체적 단어 shipment 또는 order를 포함하여야 한다. May I hear soon about our shipment(order)? or As soon as possible,

(문15) We regret that we do not have better news for you, but if in the future you feel we can be of further service to you, please do not hesitate to call upon us. further service는 독자에게 전혀 도움이 되지 않고 그를 매우 괴롭힌다. 또한 We regret는 매우 공식적인 표현이므로 I'm sorry로 하여야 한다. 감정을 단순하고 직접 이야기하는 문장으로 재작성 하시오.

3) 행동요청

일부 필자들은 예의에 관한 진부한 표현을 덧붙일 때까지 예의가 없다고 생각한다. 그러나 이러한 신선미 없는 상냥함은 필요하지 않다. 독자에 대한 예의는 필자가 이미 이야기한 것과 이야기한 태도에서 명료해야 한다. 따라서 필자가 목적을 달성하고 더 이상 이야기할 것이 없을 때는 아무 것도 이야기하지 않고 중지해야 한다.

(문16) 독자의 어떤 행동요청이 서신의 목적이라면 요청은 서신의 마지막에 두어야 한다. 제일 마지막에 와야 할 문장은?

A. To be on the safe side, may we ask you to send these forms by October 25?
B. These forms will enable you to obtain your loan in time to go on vacation on October 29 as you planned.
C. After we have received these completed forms, it takes only two days to approve your loan.

---

would you tell me when we can expect to receive this shipment(order)?

(문15) I'm sorry we do not have better news for you, but I hope we may be of service to (help you) you another time.

(문16) A (행동요청)

(문17) 판매직에 지원하는 서신을 Ardcum Corporation의 인사담당자 앞으로 쓰고 있다. 자신의 경력과 자격(가정하여, 독자가 관심 있는 것들)을 이야기해야 한다. 인사담당자가 다음 주 필자의 고향에서 개최되는 Ardcum의 영업회의(sales convention)에 참석할 것으로 알고 있다. 그의 회의 참석 시 면접할 수 있으면 필자는 매우 편리하다. 마지막 문장(행동요청)을 작성하시오.

(문18) 한 의사가 2주전에 제약회사에 Dr. James M. Bender의 연구보고서 "The Effects of Mezomicin"을 보내달라는 서신을 썼다. 그러나 연구보고서 대신에 약판매인쇄물을 받아서 2번째 서신을 써야 한다. 서신의 마감문을 쓰시오.

4) 요약

서신의 마지막 문장은 또한 요약하기에, 특히 서신이 길고 복잡한 경우 좋은 장소이다. 요약은 필자의 생각에 특별히 핵심을 두고 독자들이 그 주요한 핵심을 기억하도록 하는데 도움을 준다.

(문19) 다음 중 더 효과적인 마감문은?

A. It all boils down to this: Either you can put your money in a saving bank and be assured of at least 4½ percent annual interest, or you can invest in common stocks. This gives you

---

(문17) It would be very convenient for me if you would .....와 같은 생각을 가지면 된다. If you are going to be attending the Ardcum sales convention next week, I wonder if I could see you there? or Could you give me an interview at the Arcdum sales convention next week?

(문18) 행동요청이 있어야 한다. I do appreciate the sales literature you did send, but could you please send me the research report called "The Effects of Mezomicin", by Dr. James M. Bender?

(문19) A (A는 주요한 생각을 매우 산뜻하게 요약하고 있다. B는 좋지만 요약이 아니다.)

an opportunity for higher returns but also carries a higher risk.

B. I hope you will give the above alternatives your careful consideration before making your decision.

제 2 절 쓰기 전 생각 구성

서신을 잘 계획하려면 첫 문장을 구성하기 전에 명료하게 생각해야 한다. 명료한 생각을 하려면 사전에 여러 가지 일들을 해야 한다.

1. 수신서신 반복 읽기

매일 많은 회신을 해야 한다면 회신을 쓰기 전에 수신서신을 한 번만 읽을 수도 있다. 과중한 업무 때문이지만, 각 수신서신을 세심하게 다시 읽는 것이 궁극적으로 시간을 절약할 수 있다. 일부의 수신서신은 명료하지 않아서 세심하게 다시 읽어야만 완전한 회신을 작성할 수 있고 추가 서신(follow-up) 작성의 부담이 없다.

2. 회신의 주요한 생각 표시

회신의 주요한 생각들을 표시하면, 그들을 흘낏 봄으로써 회신에 구성할 수 있는 몇몇의 필수적인 생각들을 알 수 있다. 그리고 회신이 이러한 생각들로만 한정되면 간결해진다.

3. 참고자료 찾기

회신하지 않아도 되는 경우에도 수신서신을 조금 연구하면 항상 도움이 된다. 주고받은 모든 서신을 대강 훑어보고, 독자에 관하여 알 수 있는 모든 것을 확인한다. 약간의 여분의 시간(extra time)이 효과적이지 못한 서신과 진정으로 효과적인 서신의 차이를 의미할 수도 있다.

4. 생각 분류

서신작성을 위한 상기의 일들을 하였다면 즉시 이용할 수 있는 생각들을 평가하여 서신의 목적과 독자의 요구사항과 관련되는 생각들만 선택한다. 즉, 관련되는 생각과 관련되지 않는 생각을 분류한다. 분류는 서신을 쓴 후가 아니라 쓰기 이전에 하여야 한다.

분류방법을 학습하기 위하여 적합하게 분류되지 않아서 효과적이지 못한 다음의 서신을 검토해 보기로 한다.

(문1) 철강노동자 Armstrong씨는 심장병이 발병하였다. 그의 의사는 그에게 아마 1년 동안 공장에 다닐 수 없을 것이라고 이야기하였다. Armstrong씨는 가입한 보험이 6개월 이상의 신체장애 발생 시 월보험료 면제조건이라는 것을 알고 6개월의 요양기간 동안 면제해 달라는 서신을 보험회사에 보냈다.

보험회사는 그의 서신을 받고 그와 그의 의사가 작성해야 할 서류를 보냈다. 그들은 그 서류를 작성하여 보험회사에 보냈으며, 보험회사는 그를 지원하기로 결정하고 좋은 소식의 다음 서신을 보냈다. 서신은 명료성, 간결성 및 강력성의 남용에 추가하여 가치 있는 것과 그렇지 않는 것이 구별되지 않았다.

클레임 조정서신(좋은 소식)

July 10, 0000
Policy 398-0606

Mr. Mark Armstrong
7 Dniper Road
Pittsburgh, Pennsylvania 15206

Dear Mr. Armstrong:

Regarding Form 310-D recently requested and received and properly completed with a view to our considering the waiver of premium payments under your policy, I am writing you.

As you are aware, an insured is allowed to apply for the waiver of premium benefit if he should become totally disabled. Your application was sent to our Medical Department which returned it to me.

Beginning with your July 5 premium payment for the above-numbered policy No. 398-0606, the company will waive payment. If your check for this payment has already been sent, a refund will be made in the near future.

As long as you remain totally disabled as defined in the policy, the Disability Benefit Provision will be in force. And if these conditions are maintained, the company will waive payment of future premiums as they fall due. If you have any questions during your period of total disability, please let me know.

Sincerely,

첫 문장이 얼마나 나쁘게 작성되었는가를 생각하지 말고 잠시 나타난 생각들만 검토해 보자.

1) with까지 3개의 생각이 있다. 첫째 생각은 Armstrong씨에게 310-D가 최근에 요청되었다는 것이다. 그는 이미 그 서류가 최근에 요청되었음을 알고 있으므로, 이 생각은 분류하여 버리는 것이 좋다. 둘째 생각은 Form 310-D가 보험회사에 접수되었으며 맞게 완성되었다는 것이지만

그는 이 내용을 알지 못한다. 이것을 말하지 않고도 곧 그에게 말할 수 있다는 것을 알 수 있다. 그러나 주문의 I am writing you는 분류하여 제거하여야 한다. 나머지 생각은 Armstrong씨와 관련된 것들이다.
독자는 서신이 무엇에 관한 것인가를 알기 원한다. 서류작성에 대하여 Armstrong씨에게 감사함과 동시에 그 서류가 월보험료 면제요청이라는 것을 확인함으로써 무엇에 관한 서신인가를 말하여 그의 요구를 충족시켜야 한다. 시작문을 재작성 하시오.

2) 둘째 문단의 두 번째 문장은 독자는 사무절차에 관심이 없으므로 불필요한 정보이다. 셋째 문단의 첫 번째 문장은 Armstrong씨가 필요한 정보를 나타낸다. 그에게 매우 좋은 몇 개의 소식이 있지만 한 개는 전혀 불필요하다. 그것은 무엇인가?

3) 넷째 문단은 한 줄의 이유를 나타내려고 하지만 불필요한 반복으로 어수선하다. 필요한 것은 완전불구가 지속적인 월보험료 면제조건이라는 생각이다. 관련되는 생각만으로 다음을 완성하시오. As long as ________, we will ________.

4) 마지막 문장은 정중하지만 불필요한 생각이 있다. 문장을 재작성 하시오.

(문1) 1) Thank you for filling in the form requesting a waiver of your premium payments.(이 문장은 또한 서류양식이 접수되고 맞게 완성되었음을 암시적으로 이야기한다.) 2) the above-numbered policy 398-0606 (이미 서신의 윗부분에서 확인되었음) 3) As long as you are totally disabled as defined in your policy, we will continue to waive the payment. 4) If you have any questions, please let me know. or Do you have any questions? If so, please let me know.

수정하여 재작성한 서신

July 10, 0000
Policy 398-0606

Mr. Mark Armstrong
7 Dniper Road
Pittsburgh, Pennsylvania 15206

Dear Mr. Armstrong:

4-1) 클레임조정서신(중립적 소식)

대개의 서신들은 문장구성 이전에 약간의 분류와 계획이 필요하고, 계획하려면 제공된 정보로부터 관련 생각들을 분류하여야 한다.

(문2) 당신은 악기 소매상 "Music Equipment Store"의 경리이다. Clarence Bryan씨가 그의 Elton Grand Piano의 6번째 월할부금을 지급하기 위하여 $35의 수표를 당신에게 보냈다. 18번의 할부금이 여전히 남아 있다. 당신은 그의 지급을 기록하기 위하여 그의 서류를 보았을 때 그의 부인이 3월분 할부금을 이미 결제하였다는 것을 알았다. 그는 4월 11일까지 지급할 것이 없으므로 당신은 그 내용을 설명하는 서신과 함께 수표를 반송한다.

Thank you for filling in the form requesting a waiver of your premium payments.

We have waived premiums on your policy beginning with your July payment. If you have already paid it, we'll refund it to you soon.

As long as you are totally disabled as defined in your policy, we will continue to waive payment.

Do you have any questions? If so, please let me know.

Sincerely,

수정된 서신의 문장이 말쑥한 것은 첫 서신의 작성자가 분류하지 않은 생각들을 포함시키고 제거하였기 때문이다(하나의 대안으로서 좀 더 좋은 방법은 첫 번째 문장을 제거하고 시작문에서 바로 좋은 소식(good news)을 두는 것이다. 독자들이 가장 관심 있는 것은 좋은 소식이기 때문이다.).

(문2) 1) 열거한 내용이 다음과 같으면 안 된다. 이들을 일부라도 포함하면 삭제해야 한다. a. 이번이 당신의 6번째 월할부금이며 18번이 남아있다. b. 우리는 우리의 파일들을 조사하여 ....을 알았다. c. 수표금액을 포함할 수 있을지 모르지만 정말로 관련되는 것인가에 대한 논쟁의 여지가 있다. (정답) a. 수표에 대한 감사 b. Elton Grand Piano의 3월분 할부금에 대한 지급 c. 3월분 할부금 반송 d. 부인이 지급함 e. April 11까지 지급할 것이 없음. 2) 1. 시작문에서 무엇에 관한 서신인가를 말한다. 2. 위 생각 d가 생각 c의 행위에 대한 이유라는 것을 인식하여야 한다.

Dear Mr. Bryan:

Thanks for sending your check for the March installment on

1) Bryan씨에게 보내는 서신에 포함할 생각들을 열거해야 한다. 문장 구성은 걱정하지 말고 단지 생각들만 메모하시오.
2) 관련된 생각들을 분류하였다면 열거한 내용들을 검토하여 쓰려는 문장을 생각해 보고, 그러한 생각들을 잘 다루어 보고 그들 간의 관계를 검토하여 서신을 쓰시오.

제 3 절 합리적인 거절

긍정적인 서신은 항상 독자를 만족시켜 줄 수 있으므로 부정적인 서신보다 항상 쓰기가 훨씬 더 쉽다. 어느 누구도 좌절(거절)되는 것을 좋아하지 않으므로 거절서신은 조심스럽고 신중하게 작성하여야 한다.

1. 거절이유 제시

거절서신의 작성 원리와 기술은 특별한 요령이 필요하다.

많은 상업서신 작성에 관한 많은 책들은 모든 서신을 하나의 판매장(sales letter)으로 본다. 거절의 경우에도 작성자 자신 또는 그의 회사를 위하여 독자의 신용을 구하도록 노력해야함으로 거절은 하나의 해난구조 작업이다.

가능한 경우에는 거절이유를 제시하여야 한다. 독자는 자신의 요구가 거절된 이유를 알고 싶다. 거절이유를 단지 회사의 관행과 불일치함으로 이야기하는 것은 독자의 반감을 사게 된다.

---

your Elton Grand Piano. I am, however, returning your payment because your wife has already taken care of it.

You are paid up until April 11.

Sincerely,

(문1) Dear Mr. Jordan:

In your letter of December 12, you asked us to extend credit to you toward purchase of six big-game hunting rifles. However, it is not in line with company policy to do so.

We hope to have your cash order soon.

Sincerely yours,

1) 만족스러운 설명을 하고 있는가?
2) 이러한 서신을 받고 현금주문서를 보내고 싶을까?
3) 외상거래의 실질적인 거절이유가 좀 더 싼 가격을 제시할 수 있고 손실위험이 없기 때문이다. 설명이 있는 서신으로 재작성 하시오. 시작문은 무엇에 관한 서신인가를 이야기하여야 한다. 거절이유를 먼저 이야기하고 그 다음에 실질적인 거절을 이야기해야 한다.

(문1) 1) 거절이유가 회사정책이라고 하는 것은 전혀 설명이 될 수 없다. 독자는 회사정책이 왜 그러한가라고 반문할 수 있다. 서신이 만족스러운 설명을 주지 못한다. 2) 많은 사람들이 보내지 않을 것이다. 3) (1) 시작문에서 최소한 독자에게 무엇에 관한 서신인가를 이야기 한다. (2) 거절이유가 시작문 다음에 오고 실질적인 거절이 거절이유 다음에 온다. 마감문에서 행동을 요청한다.

Dear Mr. Jordan

Tell what letter is about

Thank you for your order of December 12 for six big-game hunting rifles. I am sure you noticed the lower prices at which we sell them. (Reasons for turn down) We can offer these bargains because we only allow cash purchases and therefore don't carry the added expense of credit transactions. **(Refusal)** So I hope you understand why we can only accept cash toward purchase of your rifles.

Request for action

May we have your check for money order soon?

Sincerely,

(실질적인 거절은 생략해도 좋다. 서신이 정말로 거절이라는 의심이 없는 한 암시적인 거절이 좋다. 서신의 내용이 거절 없이 여전히 원래대로다 (intact)).

2. 요청 거절

독자의 가장 이성적인 본성에 호소하는 것이 거절충격을 완화시키는 효과가 있다. 가능한 경우 제일 먼저 거절이유를 제시하는 것이 독자가 실질적인 거절을 인정하기 더 쉽게 한다.

거절이유는 정중하고, 단순하고, 명료하게 열거되어야 한다. 화가 나는 서신에 대한 회신이라도 재치 있게 대하여야 한다.

(문2) 다음은 아주 미묘한 상황(delicate situation)을 해결하는 서신이다. 보험수익자 변경 서식을 요청하는 서신을 보낸 부인에 대한 보험회사의 회신이다. 그녀가 대령인 남편의 실종소식을 듣기 직전에 남편이 그녀에게 남편의 생명보험증권 수익자를 변경하도록 요청하였다. 그녀는 대리권이 있으므로 어려움이 없다고 설명하였다. 보험회사는 거절했다. 보험회사가 보낸 첫 서신이 "나는 이 서신을 쓸 때 열까지 세고 있다"로 시작하고, 추신에 "당신들은 옳고 나는 미쳤다"로 끝나는 그녀의 회신을 보내게 했다.

다음은 그녀가 보험회사로부터 받은 두 번째 거절서신이다.

Dear Mrs. Vansworth:

1. I would like to explain our position concerning your request to change the beneficiary on your husband's life insurance policy. To the lay person, power of attorney is an all-embracing instrument authorizing the agent to exercise and enjoy all the rights and privileges of the grantor. Unfortunately, this is not so. The rights of the attorney are specific and limited to the terms of the authorization. As a matter of fact, in your letter, you point out that the power of attorney filed with the Madison Insurance Company is an insurance power of attorney, and through it, you have encountered not the least difficulty. The power of attorney we have filed with us is a general power of attorney. Does this not suggest to you that the fault might lie

in the inadequacy of the document itself rather than any lack of consideration on our part?

2. Nothing could be more apparent to us than Captain Vansworth's intention that you act for him in his absence. But our contract is with Captain Vansworth, and until he tells us otherwise, we're bound to protect his interest-right down to the small print! If you look on page two of the policy, you'll find that only the insured may change the beneficiary. That's a standard policy provision, one that you'll find in pretty nearly every life insurance policy issued in the United States. It's a very special right reserved to the insured alone because it is so vital to the control of the ownership of the policy, which is, in effect, personal property. When our Office of the General Counsel examined your power of attorney and found that this specific act was not explicitly stated. they had to suggest an alternative procedure.

3. But I have another suggestion that might work. Write to the Madison Insurance Company and ask them to send you a photostat of the insurance power of attorney in their file. When you receive it, read it carefully. If it isn't limited by its terms to the specific policy with their company, then by all means send it directly to me, and we will be glad to look it over.

4. I do hope I've been able to make our position clear and that you no longer feel we acted arbitrarily. And may I send with this letter the sincere wish that your husband be returned soon, safe and sound, to these shores.

Sincerely yours,

1) 첫 문단에 즉시 구체적인 설명이 시작되었다. 그 어조가 합당한가(general), 독단적(arbitrary)인가?
2) 둘째 문단의 시작문이 Vansworth 부인에게 그녀의 요청이 합리적이지 못하다고 이야기 하고 있는가?
3) 둘째 문단의 나머지 문장에서 필자가 계속하여 상세하게 설명하고 있다. 필자는 여전히 회사정책에 호소하는가?
4) 셋째 문단에서 필자가 인정하고 Vansworth 부인에게 양보하려는 것으로 보이는가?
5) 필자가 비록 입장을 확고하게 유지하지만 Vansworth 부인에게 하나의 대안(alternative suggestion)을 제시하고 있는가, 사과(apology)하고 있는가?
6) 마지막 문단에서 필자가 독자의 문제에 무관심한(indifferent) 것으로 보이는가, 동정적인(sympathetic) 것으로 보이는가?
7) 서신 전체를 보고 전체적인 인상을 생각해 보라. 화가 난 Vansworth 부인이 부드러워졌다고 생각하는가?
8) 서신이 성공할 수 있었던 주요한 이유는 무엇인가?
9) 거절서신을 쓸 때 독자의 신용을 구하기 위하여 할 수 있는 가장 효과적인 것은 무엇인가?
10) 일반적으로 어느 것이 제일 먼저 와야 하는가? 실질적인 거절인가, 설명인가?

(문2) 1) 합당하다(reasonable). 2) No(반면에, 그녀의 요청이 유효함을 인정하려고 한다.) 3) No 4) No 5) 대안을 제시하고 있다(필자는 도움이 되도록 노력하고 있다.). 6) 동정적인 것으로 보인다. 7) Yes(최소한 필자는 그녀의 요청을 허락하지 않고 그녀를 부드럽게 하려고 가능한 모든 것이 이루어졌다는 것을 확신할 수 있다). 8) 필자가 거절에 대하여 상세하게 설명하고 있다(만일 이러한 것이 첫 서신에 있었더라면 비용이 드는 추가서신(follow-up)이 필요하지 않았을 것이다.). 9) 거절이유 설명 10) 설명

제 4 절 독자 설득

독자를 설득(persuade your reader)하는 기술을 검토하여 보자.

필자의 설득력에 따라 흔히 성공여부가 결정되는 서신은 판매장(sales letter)과 대금청구서(collection letter)이다. 그러나 설득기술은 거의 모든 종류의 편지에 필요하며, 목적이 엄격한 신용구축의 편지도 독자를 어떤 한 방향으로 움직이려고 한다.

1. 판매장

판매장(sales letters)의 목적은 독자가 자사의 판매를 유도하는 어떤 행동을 하거나 구매 그 자체를 하도록 하는 것(행동요청)이다.

대개의 판매장은 다음의 내용으로 구성된다.

① 시작문에서 필자의 제품이나 service에 독자의 주의를 끌거나 욕구를 자극한다.

② 독자에게 제품이나 service에 관한 가치를 확신시키는 증거 또는 이유를 제시한다.

③ 독자의 행동을 요청한다.

1) 시작문

판매장의 시작문(openings)에서 독자의 관심을 끄는 방법은 다음과 같다.

① 다음 광고와 같이 독자의 호기심에 호소한다.

I have good news for you.

"무엇이 새로운 소식이 될 수 있는가?"와 같은 독자의 반응을 구하기 위한 문장으로서, 시작문에 무엇에 관한 편지인가를 이야기해야 하는 일반원칙의 예외이다.

② 제품이나 service에 대한 독자의 욕구를 야기 시킨다. 독자에게 도움이 되는 혜택(benefit) 즉, 다음과 같이 어떤 제품이나 service가

도움이 된다는 것을 강조한다.
Would you be interested in learning to sew just like the professionals do-to make clothes for yourself and children, to create slipcovers, curtains, and other home furnishings-in short, to beat the high cost of living and have fun doing it?

2) 확신

설득력 있는 판매권유와 같이 필자의 제품이나 service의 가치를 독자에게 설득시키는 방법은 많다. 설득 내용이나 독특한 특징의 단순한 열거에서 체육이나 예능 수퍼스타의 증명까지 될 수 있다. 그러나 주요한 생각은 독자에게 자사의 제품이나 service가 그의 욕구를 가장 잘 충족시켜 줄 것이라는 것을 확신시키는(creating conviction) 것이다.

3) 마감문

판매장의 마감문(closings)의 주목적은 행동요청이다. 즉, 명료하고 구체적으로 독자들이 해야 할 것을 이야기하는 것이다.

4) 형식

많은 판매장의 형식(style)은 항상 좀 더 비공식적이라 항상 좀 더 많은 관용구(idioms), 구어체(colloquialisms) 그리고 심지어 속어(slang)까지도 사용한다. 그러나 필자는 항상 좋은 느낌을 주고 뽐내거나 뻔뻔스러우면(cute and fresh) 안 된다.

(문1) 판매장의 3가지 구성에 관한 예문이다. 제품과 service에 대한 독자의 주의를 끌거나 구매 욕구를 야기 시키는 시작문, 제품이나 service의 가치가 유일함을 독자에게 확신시키는 문장 그리고 마감문으로 구분하시오.

A. How would you like to cut your office overhead 40 percent without in anyway sacrificing production?

B. The *S.I.C.* Directory gives you up-to-date, accurate information on every phase of motor-freight shipping-how to do it, whom to contact, the best routes, etc.

C. Wouldn't you be interested in a larger share of good health than you've been enjoying lately?

D. Fill in the enclosed card right now and return it with your check or money order for $7.20 (no cash, please), and we'll begin mailing you the Investor's Bulletin every week for a full year.

E. Our representative will be making house-to-house calls in your neighbor-hood in the next few days. Look for her.

F. Prepton motor oil is made expressly for modern engines which, due to high power output and compression, require a lubricating oil that can withstand extreme working temperatures and pressures.

G. You're in Chamonix, France, climbing slowly in a cable car up the side of snow-capped Mont Blanc, the highest mountain in the Alps. As the Petit Jardin, where you just enjoyed a delicious gourmet lunch, dwindles below, one of the most magnificent panoramas in the world unfolds about you.

(문1) 시작문(A, C, G), 확신시키는 문장(B, F), 마감문(D, E)

2. 대금청구서

대금청구서(collection letters)는 판매장과 같이 독자가 지급시기가 지난 대금을 지급하도록 설득하기 위하여 작성하며 항상 다음의 내용으로 구성된다.

① 시작문에서 문제의 거래내용(지급금액, 이전 편지의 일자, 주문번호 등).

② 독자가 지급하거나 최소한 어떤 긍정적인 조치를 취하도록 확신시키는 한 줄의 이유

③ 구체적인 조치(action) 요청

(문2) 대금청구서의 3가지 구성에 관한 예문이다. 시작문, 독자가 지급하도록 확신시키는 이유의 문장, 마감문으로 구분하시오.

A. This is just a friendly reminder that our bill to you of January 8 for $304.71 is still outstanding.

B. We appreciate your business-we don't want to annoy you- and yet we expect you to live up to our terms of 3 percent ten days, thirty days net, since we must meet our own obligations too.

C. I have been wondering of perhaps there is something more we can do to complete your order for automotive parts for $1,286.94, which we shipped to you on June 8, because we have not yet received payment.

D. Please send your check to us by April 20to cover your November statement.

E. It you will enclose your check for $962.87 with your new order for office supplies, we will be happy to ship them to you right away.

F. I'm sure, Mr. Oberon, that you prize your good credit rating. Won't you retain yours and at the same time be able to take advantage of you special discount offer, as described in

---

(문2) 시작문(A, C), 확신문장(B, F, H), 마감문(D, E, G)

the enclosed brochure?

G. If you are not able to send us a check right now, may we at least hear from you soon? Perhaps we can work something out.

H. Perhaps you have overlooked paying us the amount due since it is so small, but I'm sure you would like to have your account with us as neat and tidy as possible.

2-1) 전체 외상거래자의 95%가 정시지급, 4%가 지연지급, 1%만이 결코 지급하지 않는다는 것을 명심해야 한다. 따라서 대부분의 대금청구서는 종국적으로 지급할 사람들에 대한 서신이므로 지급설득뿐만 아니라 그들과의 신용유지와 새로운 거래구축이 매우 중요하다. 어조는 확고해야 하지만 지급요청에 대하여 결코 사과해서는 안 된다. 절대적으로 필요한 경우를 제외하고는 위협해서는 안 되며, 최후의 수단으로서 "10일 이내에 대금을 받지 못하면 그 문제를 당사의 변호사에게 넘길 것"이라는 정도의 위협을 해야 한다.

(문3) 다음의 상황에서 대금청구서를 작성하시오.

A회사의 판매조건은 60일 이내에 전액 지급하고, 대금청구서 일자로부터 30일 이내 지급은 5% 할인혜택이 있다.

A회사가 B회사에 $10,647.10의 청구서를 이메일로 보냈다. 사실상 B회사는 $647.10의 지급을 30일 넘겼는데, 컴퓨터의 이상으로 $10,647.10의 청구서가 배달되었다. B회사는 대금지급을 하지 않고 청구서를 즉시 우편으로 반송하였으며, 청구서에 "이곳에 인플레이션이 있었다는 것을 알았지만 이 정도로 나쁘다고는 생각하지 않았다"는 수기가 있었다. B회사는 월평균 약 $2,500을 주문한 약 1년간의 고객이며, 이번에 처음으로 지급을 지연하고 있다.

1) 컴퓨터의 이상을 이야기하지 않는 것이 좋은 생각인가?
2) 대금지급이 만기 지났음을 상기시키는 것이 좋은 생각인가?
3) 편지의 적합한 어조는?

A. 다정하지만 확고한(friendly but firm) 어조

B. 지급요청에 대한 사과하는(apologetic about asking for the payment.) 어조

C. 강요하는(insistent.) 어조

4) 편지에 삽입할 내용들을 메모하시오. 완전한 문장을 쓰지 말고 삽입할 내용만 메모하시오.

5) 편지를 작성하세요.

6) 다른 30일이 지나도 B회사로부터 아무런 소식이 없었다. 지급일자가 이젠 만기로부터 60일을 지났다. 더욱이 새로운 주문도 받지 못하였다. 두 번째 대금청구서(A회사가 생각하기로 마지막 대금청구서)를 써야 한다. 다음 중 어떤 내용을 편지에서 이야기해야 하는가? 두 개 이상을 원할 수 있다.

A. B회사가 단순히 지급하는 것을 잊었다고 가정하고 지급시기가 지났음을 이야기하는 짧고 다정한 편지(reminder)를 보낸다.

B. B회사가 지급하지 못하는 타당한 이유가 있다고 가정하고 지연에 대한 설명을 요구하고 문제를 해결할 수 있는 가능성을 제시한다.

C. 건전한 신용상태 유지의 중요성을 상기시킨다.

D. 지급요청

E. 법적조치로 위협

F. 최신 서적의 새로운 목록을 이야기 하고 대금이 지급되자마자 새로운 주문을 이행할 것을 제시한다.

7) 완전한 문장을 쓰지 말고 편지에 쓸 생각들을 메모하시오.

8) 편지를 작성하세요.

(문3) 1) No (실수에 대한 사과는 신용을 구축한다) 2) Yes 3) A (B회사와 거래하고 있는 시점에는 그 회사의 의심스러운 점을 선의로 해석해야 한다. 따라서 다정해야 하지만 지급시기가 되었음을 주장하는 것에 주저하지 말아야 한다.) 4) 잘못에 대한 유감, 정확한 금액: $647.10, 지급시기 지남, 신속한 지급 요청

5) Dear B Company:

Tells what the letter is about

I'm not quite sure what strange technical quirk made our computer add $10,000 to your last bill from us.(Apology for computer error) In any event. Please accept my apologies.

The correct amount of this bill is $647.10

Reminder and request for payment
I notice that your account is now somewhat past due, so may I have your check for the correct amount as soon as possible? Thank you

Sincerely yours,

6) B, C, D, F가 가능하다(A는 B회사가 단순히 지급하는 것을 잊었다고 가정하는 것은 전혀 되돌릴 수 없는 것이 될 수 있음으로 선택할 수 없다. 그리고 B회사가 지난번 편지에 답하지 못한 타당한 이유가 당연히 있을 수 있으므로 E를 선택할 수 없다. 예를 들어, 그가 휴가 중이거나 일시적으로 재정적인 어려움이 있을 수 있다. 따라서 B가 좋은 선택이며, C와 D는 아마 항상 대금청구편지에 있어야 한다. 특히, A회사의 편지가 효과적일 것이라고 가정한다면 F 또한 좋은 생각이다.)
7) 상당히 만기를 지난 $647.10에 대한 설명, 지연에 대한 설명 요청(도움을 제공하면서), 좋은 신용등급의 중요성, 가장 최신의 서적들에 관한 새로운 목록이 있으며 지급금이 오자마자 새로운 주문을 환영함, 지급요청
8) Dear B Company:

Tells what letter is about
Your account with us for $647.10 is now seriously past due. Perhaps there Is a good reason. **(Request for explanation)** So, if you cannot send your check as payment in full, we would like to at least hear from you with an explanation. Perhaps we can work something out.

Appeal to reader's self interest
By doing so, you will be taking a major step toward preserving your good credit rating, which is lifeblood to most businesses.

Offer of now goods
We have just published our new list lf the latest books, which I am sure you will want to place on your shelver. We would welcome new orders from you and will ship them out as soon as your account is up to date.

Request for action
May we hear from you right away?

Sincerely,

PART 05

무역영어 기출문제

제 1 장 기출문제 종합

(문1-4) 다음 서신을 읽고 다음 문제에 답하시오.

> Gentlemen:
>
> We are manufacturers and exporters of acrylic fibers and paper articles. but have no connections in your market.
>
> (① 당사는 귀 시장까지 당사의 사업을 확장하려고 노력하고 있습니다.) and shall be obliged (② 귀사께서 당사를 위의 제품 취급에 관심 있는 약간의 회사에게 소개해 주신다면)
>
> As to our credit standing, the Export Import Bank of Korea. Main Office. Seoul. (③ 필요한 정보를 제공해 드릴 것입니다.)
>
> We hope that through your assistance we shall be able to build up good business relations with traders of your country.
>
> Yours very truly,

1. 밑줄 친 ①의 번역으로 잘된 것은?
   ① We are trying extending our business until you market
   ② We are trying to extend our business to your market
   ③ We are trying to extend our business by your market
   ④ We try extending our business until your market

---

1. ②/ acrylic fibers: 아크릴 섬유(합성섬유의 일종)/ try: remember, stop, forget 등과 같이 부정사, 동명사 모두를 목적어로 취할 수 있다. extend A to B: A를 B까지 확장하다, 넓히다.

2. 밑줄 친 ②의 번역으로 잘된 것은?
   ① If you will introduce us to some firms who are interested in handling the above products.
   ② If you should introduce us to any firm which are interested to handle the captioned products.
   ③ If you would introduce us to some firms who are interested to handle the above-mentioned products.
   ④ If you shall introduce us to any firms which are interested in handling the said products.

3. 밑줄 친 ③의 문장으로 적합하지 않은 것은?
   ① will supply necessary information.
   ② will provide you with necessary information.
   ③ will give you necessary information.
   ④ will send you with necessary information.

4. 위 서신은 해외 거래처 소개를 의뢰하는 내용이라고 볼 때 제목으로 잘된 것은?
   ① request buyer to introduce some sellers
   ② request seller to some products

---

2. ①/ introduce: 수여동사(announce, suggest, repeat 등)가 아니므로 ~에게 앞에는 반드시 to를 붙여야 한다. be interested to 부정사: 지금부터 하려고 하는 하나의 구체적인 행동에 마음을 쓴다는 뜻으로 '~하고 싶다(be inclined to ~). I am interested to read your letter. 편지 한 통 받아 읽으면 재미있겠다. 항상 편지를 읽어서 흥미가 있었고 또 읽으려니 흥미가 있다는 뜻이 아니다. be interested in ~~ing: 성질상 또는 습관적으로 항상 '~에 흥미를 가지고 있다, ~하는 데 흥미가 있다.' I am interested in hunting bear. 나는 곰 사냥에 흥미가 있다. 이전에도 곰 사냥을 했고 지금도 곰 사냥에 흥미가 있다.
3. ④/ to send(수여동사) + 간접목적어 + 직접목적어 = to send + 직접목적어 + to 간접목적어
4. ③

③ request for introduction of overseas connections
④ introduction of overseas customers

(문5-9) 다음은 서신을 영문으로 옮긴 것이다. 읽고 물음에 답하시오.

4월 10일자 귀사의 문의에 대해 감사드리면서 이에 대해 귀사의 회신이 늦어도 4월 30일까지는 (3) 당사에 도착될 것을 (2) 조건으로 다음과 같이 (1) 확정오퍼 합니다.

(A) 품 명 : 컬러 텔레비젼, 모델 ACT-505
(B) 수 량 : 500세트
(C) 가 격 : Kelang항 도착 운임·보험료 포함 가격으로 한 세트 (D)당 미화 480달러
선 적 : 신용장을 (E)접수한 후 4주 이내
결 제 : 당사를 수익자로 한 신용장에 의거한 (F)일람 후 60일 출급 환어음

이는 현재 당사가 해드릴 수 있는 최상 조건의 오퍼이므로 즉시 이 오퍼를 수락하시리라 확신합니다.

> Thank you for your inquiry of April 10, against which (1) (2) your reply (3) by April 30 as follows :
>
> (A) : Color TV sets, Model ACT-505
> (B) : 500 sets
> (C) : @US$480 (D) set CIF Kelang
> Shipment : Within 60 weeks after receipt (E) L/C
> Payment : Draft (F) 60 d/s under L/C in our favor.
>
> This is the best offer we can make at present and we trust that you will accept this offer at once.

5. (1)에 들어갈 가장 적합한 문장은?

① we offer you firm ② we give you firm order
③ we make free offer ④ we are sorry

5. ①

6. (2)에 들어갈 가장 적합한 문장은?

① however ② because of

③ therefore ④ subject to

7. (3)에 들어갈 가장 적합한 문장은?

① reaching you ② reaching us

③ to receive ④ not received

8. (A), (B), (C)에 들어갈 가장 적합한 단어로 배열된 것은?

① Model-Quality-Unit Price ② Article-Quantity-Price

③ Item-Quality-Unit Price ④ Term-Quantity-Price

9. (D), (E), (F)에 들어갈 가장 적합한 단어로 배열된 것은?

① per - of - at ② for - at - for

③ for - to - at ④ per - for - for

10. 다음 우리말을 영어로 옮길 때 괄호 안에 적합하지 않은 것을 고르시오.

> 귀사께서 이 오퍼를 수락하신다면 귀 주문품을 조달하도록 최선을 다하겠습니다.
> If you will accept this offer, we will do our best to ( ) your orders.

① fill ② fulfill ③ carry out ④ receive

---

6. ④
7. ②/ reaching us를 달리 표현하면 being here
8. ②
9. ①
10. ④/ execute(= accomplish, carry out, fulfill, fill, complete, perform): 이행하다, 수행하다, 완수하다, 처리하다.

11. We sincerely hope that our samples and prices will ( ) your requirements and look forward to ( ) your favorable reply. ( ) 안에 적합한 것은?

① take-receive ② meet-receiving
③ give-receiving ④ take-receipt

12. Prices are to be ( ) US Dollars on CIF New York. ( ) 안에 적합한 것은?

① quoted in ② quoted on ③ quoted for ④ drawn on

13. This contract note ( ) November 1, 2002. ( ) 안에 적합한 것은?

(1) be	(2) on	(3) and
(4) valid	(5) after	(6) shall

① (6)-(4)-(1)-(5)-(3)-(2) ② (6)-(2)-(3)-(5)-(1)-(2)
③ (6)-(1)-(4)-(2)-(3)-(5) ④ (6)-(1)-(2)-(3)-(4)-(5)

14. "ICC(B)" is to be covered by you ( ) our account. ( ) 안에 적합한 것은?

① at ② with ③ in ④ for

15. The function of a sales contract is to set forth ( ) writing what each party agrees to do for the other. ( ) 안에 적합한 것은?

① by ② on ③ in ④ through

---

11. ②
12. ①/ in: 수단을 나타내는 전치사
13. ③/ on and after ~~: ~~부터(= as from(as of) ~~/ valid: 유효한(=good, effective, open, available, be in force, keep in force)
14. ④/ cover(insure, effect, make, arrange for, contract, take out) the insurance: 보험에 들다(부보하다).
15. ③/ set forth(= display, show): 설명하다, 보이다, 진열한다. set forth

16. 동 상사의 평판이 좋으나 재정상태에 대해서는 책임지지 않음. (　) 안에 적합한 것은?

> While they are (　), we do not (　) any responsibility for their financial status.

① good repute - take　② of good repute - assume
③ in good repute - have　④ for good repute - run

17. Sammy Traders (폭넓고 밀접한 거래관계를 가지고 있습니다.) with local makers in London. 맞는 영작은?

① have wide and close connections
② have widely and closely business relations
③ have wide and close connect
④ have widing and closing business relations

18. (　) 안에 넣을 문장들 중 다른 의미의 문장은?

> We are writing you with a keen desire (　).

① to enter into business relation with you.
② to establish a business with you.
③ to close a business with you.
④ to commence a business with you.

(shown) below: 아래에 명시(규정)한(=under mentioned as follows)/ in writing: 서면으로

16. ②/ while: ~~하지만/ of + 추상명사= 형용사. of 전치사 뒤에 추상명사가 오면 형용사의 뜻으로 한정용법과 서술용법 모두에 사용된다.

17. ①

18. ③/ enter into business relations(connections) with ~~: ~~와 거래하다, 거래관계를 트다.

19. (   ) 안에 적합한 것은?

> Under pressure of rising costs we shall not find it possible to extend these favorable terms beyond that date, so (   ) take advantage of them now and send us an immediate order?

① How do ② why not ③ However do ④ what not

20. 다음 문장의 (   ) 안에 적합한 것은?

> There are four documents usually called for under the terms of a Documentary Credit. They are Commercial Invoice, Insurance Document, Bill of Lading and (   ).

① Proforma Invoice ② Bill of Exchange
③ Paying Date ④ Insurance Certificate

21. 다음 문장의 (   ) 안에 적합한 것은?

> (   ) may be rendered to the shipping company with the shipper's signature in order to make up for the inconvenience, holding the company harmless against issuing a clean bill of lading for shipments in foul condition.

① Trust receipt ② Shipping order
③ Letter of indemnity ④ Letter of credit

22. 다음 문장의 내용으로 볼 때 (   ) 안에 들어갈 가장 적합한 것을 고르시오.

> As we confirms through the (   ) bills of lading, it was loaded on board the vessel in good condition.

① shipped ② received ③ foul ④ clean

---

19. ②
20. ②/ call for: 요구하다.
21. ③/ Trust Receipt(T/R): 선적서류 대도
22. ④/ in good condition: 양호한 상태로, 완전한 상태로, 무사히(safely)/

23. 다음 문장의 (　　)안에 들어가기에 적합하지 않은 것을 고르시오.

> Any information given to us will be (　　).

① held in strictly confidential
② kept in strict confidence
③ treated as strictly confidential
④ kept as absolutely confidential

24. 귀사에서 당사에 제공하는 모든 전보는 극비로 취급 하겠습니다. 부적절한 영역은?

① Any information you may provide us will be taken as strictly confidential.
② Any information you can provide us will be treated in strict confidence.
③ Any information you may supply us will be held as strictly confidential.
④ Any information you can give us will be dealt in absolute confidence.

25. 다음 밑줄 친 부분의 의미와 다른 것을 고르시오.

> We should, of course, *treat as strictly confidential* any advice you might give us.

---

be in good condition: 이상이 없다(=in perfect condition, in good order and condition). order와 condition 중 하나만 써도 되지만 강조의 의미로 또는 관용적으로 두 개를 쓰기도 한다. in order: 건강하여, 순서를 따라, 차례대로, 바람직한/ in good(bad) order: 순조롭게(순조롭지 못하게), 고장 없이(고장 나서)/ in damaged condition: 파손(손상)된 상태로

23. ②/confidence n. 비밀, 자신, 신용/ in confidence: 비밀리
24. ④
25. ④/ treat as strictly confidential: 극비로 취급하다.

① treat in strict confidence
② consider as absolutely confidential
③ keep in strict secrecy
④ treat in utmost discretion

26. 밑줄 친 부분의 해석이 가장 올바른 것을 고르시오.

> We are desirous of *entering into business relations with* importing firms.

① 업무관계로 입국 ② 거래관계를 시작
③ 업무관계로 ④ 입국 관련 사업을 설립

27. 다음 문장의 괄호 안에 들어갈 적합한 단어나 구로 구성된 것을 고르시오.

> A ( ) credit may be amended or cancelled by the issuing bank at any moment ( ) to the beneficiary.

① irrevocable - with expressly stipulated
② revocable - with expressly stipulated
③ revocable - without prior notice
④ irrevocable - without prior notice

28. CIF조건의 보험계약조항으로서 괄호 속에 가장 적절한 용어를 보기에서 고르시오.

> All shipment are to be covered on ICC(A) for the ( ) amount plus ten percent.

① invoice ② insurance ③ packing list ④ draft

---

26. ②
27. ③
28. ①

29. 다음 우리말을 영어로 옮길 때 괄호 안에 적합하지 않은 것을 고르시오.

> 귀사의 가격이 저렴하면, 당사는 귀사에게 대량주문을 할 수 있을 것입니다.
> If your prices are reasonable, we will be able to ( ).

① send you big orders
② receive further orders
③ give you considerable orders
④ place large orders with you

30. 다음 우리말을 영어로 옮길 때 괄호 안에 들어갈 내용이 가장 올바르게 배열된 것은?

> 당사 주문서의 기재사항은 정확하다고 확신합니다.
> We are sure that ( ).
> (1) our (2) you (3) order (4) correct (5) find (6) will

① (1)-(3)-(6)-(5)-(2)-(4) ② (1)-(4)-(6)-(3)-(2)-(5)
③ (2)-(6)-(4)-(1)-(3)-(5) ④ (2)-(6)-(5)-(1)-(3)-(4)

31. 다음 문장의 괄호 안에 들어갈 적합하지 않은 내용을 고르시오.

> If this initial order turns out satisfactory, we can promise ( ).

① to place repeat orders with you
② to give you a large of order
③ to place additional order
④ to give you a trial order

---

29. ②/ 저렴하다, (예상보다) 가격이나 비용이 저렴한 상품이나 서비스를 묘사할 때 사용하는 형용사: cheap, low, inexpensive/ 가격이 싸다는 의미의 사교적 표현으로 많이 사용되는 단어: inexpensive, competitive, reasonable, attractive, proper, moderate, good, fair, right, affordable, budget
30. ④/ You will find our order correct.(5형식)
31. ④

32. 다음 문장의 해석이 가장 잘된 것을 고르시오.

> We are pleased to offer you firm the following goods subject to your reply reaching us not later than June 20.

① 당사는 귀사의 회신이 6월 20일까지 당사에게 도착하더라도 아래 품목에 대해 확정오퍼를 제시하겠습니다.

② 당사는 귀사의 회신이 6월 20일까지 당사에게 도착한다는 조건으로 아래 품목에 대해 확정오퍼를 제시하겠습니다.

③ 당사는 귀사의 회신이 6월 20일까지 당사에게 도착하기 전이라도 아래 품목에 대해 확정오퍼를 제시하겠습니다.

④ 당사는 귀사의 회신이 6월 20일까지 당사에게 도착하지 않는다면 아래 품목에 대해 확정오퍼를 제시하겠습니다.

33. We issue our irrevocable documentary credit No. HS-941187 expiring on 10 August 2012 up to US$50,000. 가장 적합하게 해석 된 것은?

① 우리 개설은행은 2012년 8월 10일에 유효기일이 만료되고 최대금액이 미화 오만불인 우리의 취소불능화환신용장 번호 HS-941187을 개설합니다.

② 우리 개설은행은 2012년 8월 10일에 선적기일이 만료되고 최대금액이 미화 오만불인 우리의 취소불능화환 신용장 번호 HS-941187을 개설합니다.

③ 우리 개설은행은 2012년 8월 10일에 유효기일이 만료되고 최대금액이 미화 오만불인 우리의 취소 가능한 화환신용장 번호 HS-941187을 개설합니다.

④ 우리 개설은행은 2012년 8월 10일에 유효기일이 만료되고 최대금액이 미화 오만불인 우리의 취소불능화환 신용장 번호 HS-941187을 통지합니다.

---

32. ②/ not later than June 20: 6월 20일까지
33. ①

34. Full set of clean on board ocean bill of lading. 가장 적합하게 해석 된 것은?

① 전통으로 구성된 무사고 적재 해상선하증권
② 세통으로 구성된 무사고 적재 해상선하증권
③ 전통으로 구성된 무사고 수취 해상선하증권
④ 세통으로 구성된 무사고 수취 해상선하증권

35. "All boxes must be marked in the same manner as before, but please number them consecutively from No. 1." 가장 적합하게 해석 된 것은?

① 모든 상자는 종전과 같은 방법으로 화인표시를 하여야 하나 화물번호는 1번부터 적당히 하여 주십시오.
② 모든 상자는 종전과 다른 방법으로 화인표시를 하여 주시고 다만 화물번호는 1번부터 표시하십시오.
③ 모든 상자는 종전의 예에 따라 화인표시를 하여 주시고 번호는 거꾸로 하여 주십시오.
④ 모든 상자는 종전과 같은 방법으로 화인표시를 하여야 하며 화물번호는 1번부터 일련번호순으로 표시하여 주십시오.

36. Since the market is now slow and prices are generally low, you are very fortunate buying at this time. We advise you to buy the goods before the recovery reaches a peak. 가장 적합하게 해석 된 것은?

① 경기가 불황이면서 가격도 낮아 귀사의 이번 구매는 다행한 일이다. 구매선간의 경쟁이 치열해지기 전에 귀사의 상품구매를 권하는 바이다.
② 시황이 현재 침체해 있고 가격이 전반적으로 낮기 때문에 귀사가

---

34. ①
35. ④/ consecutively =serially
36. ②/ market vt. 팔다, 시장에 내 놓다. n. 시장, 시황

이번에 구매하면 다행이다. 가격회복이 최고에 이르기 전에 동 상품의 매입을 권한다.

③ 시장의 구매패턴이 느리고 가격은 일반적으로 저조하여 귀사의 이번 구매는 시의적절하다. 상품의 회전율이 빨라지기 전에 구입하기를 권하는 바이다.

④ 시장의 구매패턴이 느리고 가격은 일반적으로 저조하여 귀사의 이번 구매는 시의적절하다. 시장의 회복이 최고에 이르기 전에 동 상품의 매입을 권한다.

37. We issued an irrevocable L/C in your favor for which you can draw a sight draft drawn on the issuing bank. 가장 적합하게 해석 된 것은?

① 당사는 귀사를 수익자로 하여 개설은행 앞 일람불 환어음을 발행할 수 있는 취소불능신용장을 개설하였다.

② 당사는 귀사를 수익자로 하여 개설은행 앞 발행 후 일람출급환어음을 발행할 수 있는 취소불능신용장을 개설하였다.

③ 당사는 귀사를 위하여 개설은행 앞 일람불환어음을 발행할 수 있는 취소불능신용장을 개설하였다.

④ 당사는 귀사를 위하여 개설은행 앞 발행 후 일람출급환어음을 발행할 수 있는 취소불능신용장을 개설하였다.

38. Please let us know whether you have a stock of them or how long it will take you to ship in case you are out of stock. 가장 적합하게 해석 된 것은?

① 귀사의 재고여부를 알려주시고, 그 재고를 모두 선적하기까지 얼마나 걸릴지를 알려 달라.

② 귀사의 재고 여부를 알려주시거나 재고가 소진될 때까지의 소요기

---

37. ①
38. ④

간을 알려 달라.

③ 동 상품의 재고 여부 또는 재고가 소진되면 새롭게 선적하기 위한 기간을 선택하여 알려 달라.

④ 동 상품의 재고가 있는지의 여부와 품절된 경우 선적에 얼마나 걸리는지를 알려 달라.

39. In the event of any accidents or contingencies which prevent shipment within the stipulated time, sellers shall inform buyers of its occurrence or existence. 가장 적합하게 해석 된 것은?

① 약정된 기간 동안 사고가 발생하여 선적이 불가능하다고 통보받은 경우, 매도인은 매수인에게도 그 발생과 존재사실을 통지하여야 한다.

② 약정된 기간 동안 사고가 발생하여 선적이 불가능하다고 통보받은 경우, 매도인은 매수인에게 그 발생 또는 존재사실을 통지하여야 한다.

③ 명시된 기간 내에 선적을 할 수 없게 만드는 사고 또는 이에 부수하여 발생하는 사고가 있는 경우, 매도인은 매수인에게 그 발생과 존재사실을 통지하여야 한다.

④ 약정된 날짜에 선적을 할 수 없게 만드는 사고가 발생하거나 지속적으로 발생하는 사고가 있는 경우, 매도인은 매수인에게 그 발생사실과 현황을 통지하여야 한다.

40. Although your goods have impressed us favorably, as your prices are higher than those of other suppliers by 5%, we feel that it will be impossible for us to compete with other suppliers without reduction of prices. 가장 적합하게 해석 된 것은?

---

39. ③

40. ①/ reduction: 삭감, 할인

① 귀사 제품은 당사에 호감을 주지만 귀사의 제품가격이 타사보다 5%가 비싼 관계로 가격할인이 없이는 타사와의 경쟁이 불가능할 것 같다.
② 당사는 귀사제품에 호의를 갖지만 귀사의 제품가격이 타사보다 비싼 관계로 5%의 가격할인이 없이는 타사와의 경쟁이 불가능할 것 같다.
③ 귀사의 거래조건은 당사에 호감을 주지만 귀사의 제품가격이 타사보다 비싼 관계로 5%의 가격할인이 없이는 타사와의 경쟁이 어려울 것 같다.
④ 귀사 거래조건은 당사에 호감을 주지만 귀사의 제품가격이 타사보다 5%가 비싼 관계로 가격할인을 하더라도 타사와의 경쟁이 어려울 것 같다.

41. The goods are in our stock and the first available liner sails on April 15. We have, therefore, asked you to open the credit by cable. Sales Note No.101 is enclosed. 가장 적합하게 해석 된 것은?
① 상품은 우리가 보관 중으로 4월 15일에 출항하는 선박에 처음으로 이용가능하다. 따라서 신용장을 개설하고 전신으로 통지 바란다. 매약서 101호를 동봉한다.
② 상품은 재고가 있고 첫 선적은 4월 15일에 이용가능하다. 따라서 신용장을 전신으로 개설 바란다. 구매요청서 101호를 동봉한다.
③ 상품은 보관중이기 때문에 이용 가능한 첫 선박인 4월 15일에 선적하고자 한다. 따라서 신용장을 전신으로 통보해주기 바란다. 구매신청서 101호를 동봉한다.
④ 상품은 재고가 있고 이용 가능한 첫 선박은 4월 15일에 출항한다. 따라서 신용장을 전신으로 개설 바란다. 매약서 101호를 동봉한다.

---

41. ④/ sale on: 출항하다. Sales Note: 매약서

42. Unless otherwise stipulated, all firm offers shall be valid for 48 hours form the time dispatched. 가장 적합하게 해석 된 것은?

① 별도의 명시가 없는 한 모든 확정오퍼는 시간이 지난 후 48시간 유효하다.

② 별도의 명시가 있어야만 모든 확정오퍼는 타전 후 48시간 유효하다.

③ 별도의 명시가 없는 한 모든 확정오퍼는 타전 후 48시간 유효하다.

④ 별도의 명시가 있으면 모든 확정오퍼는 그 시간으로부터 48시간 유효하다.

43. We have inserted your advertisement in the next issue of our bulletin, a copy of which will be sent to you upon publication. 번역이 정확한 것은?

① 당사는 다음 월간지에 귀사의 광고를 보게 될 것이며, 발간되는 대로 한부 보내드리겠습니다.

② 당사는 다음 회보에 귀사의 광고를 게재하였으며, 발간되는 대로 한 부를 보내 드리겠습니다.

③ 당사는 다음 월간지에 귀사의 광고를 보게 될 것이며, 발표되는 대로 귀사에게 그 사본을 보내 드리겠습니다.

④ 당사는 다음 회보에 귀사의 광고를 게재할 예정이며, 공고가 되는 대로 그 사본을 보내 드리겠습니다.

44. We will furnish those who want to be our agent with bank reference and trade reference upon their request. 가장 적합하게 해석 된 것은?

---

42. ③/ dispatch: (편지, 소포)발송하다, 보내다, 급파하다.
43. ②/ a copy of: 한 부
44. ④

① 당사의 대리점이 되고자 하는 당사자가 요청하는 즉시 은행의 참고문헌과 동업자의 참고문헌을 제공할 것입니다.
② 당사의 대리점으로 지정된 당사자가 요청하는 즉시 은행 신용조회처와 동업자 신용조회처를 제공할 것입니다.
③ 당사의 대리점이 되고자 하는 당사자에게 그들의 요청이 있으면 은행의 참고문헌과 동업자의 참고문헌을 제공할 것입니다.
④ 당사의 대리점이 되고자 하는 당사자에게 그들의 요청이 있으면 은행 신용조회처와 동업자 신용조회처를 제공할 것입니다.

45. Judging from the fact that they have not always settled their accounts with us on time since last year, they seem to be faced with some financial problems. 가장 적합하게 해석 된 것은?
① 동상사가 작년 이래로 항상 제때에 결제를 하지 않았다는 사실로 판단해 볼 때 동 상사는 약간의 재정적인 문제에 직면하고 있는 것 같습니다.
② 동상사가 작년 이래로 항상 제때에 결제를 한 사실로 판단해 볼 때 동 상사는 약간의 재정적인 문제에 직면하고 있는 것 같습니다.
③ 동상사가 작년 이래로 항상 제때에 결제를 하지 않았다는 사실로 판단해 볼 때 동 상사는 약간의 재정적인 문제를 해결 중인 것 같습니다.
④ 동상사가 작년 이래로 항상 제때에 결제를 한 것은 아니라는 사실로 판단해 볼 때 동 상사는 약간의 재정적인 문제를 해결 중인 것 같습니다.

46. Your allowance would enable us to maintain the low selling prices that have been an important reason for the growth of our business. 가장 적합하게 해석 된 것은?
① 귀사에서 가격을 할인해 주시면 당사의 사업 성장에 중요한 동기

---

45. ①/ Judging from 명사: ~~으로 판단하건데(미루어보아)
46. ①

가 되어온 저판매가격을 유지할 수 있습니다.

② 귀사에서 허락을 해 주시면 당사의 사업 성장에 중요한 동기가 되어온 저판매가격을 유지해 나가겠습니다.

③ 귀사에서 가격을 할인해 주시면 저판매가격을 유지할 수 있게 되어 당사의 사업 성장에 중요한 근거가 될 것입니다.

④ 귀사에서 허락해 주시면 저판매가격을 유지할 수 있게 되어 당사의 사업 성장에 중요한 근거가 될 것입니다.

47. All shipments shall be covered on ICC(C) for 10% above the invoice value. 가장 적합하게 해석 된 것은?

① 모든 선적품은 ICC(C)조건으로 송장금액에 10%를 더한 금액으로 결제되어야 한다.

② 모든 선적품은 ICC(C)조건으로 송장금액 10% 이상의 금액으로 부보 되어야 한다.

③ 모든 선적품은 ICC(C)조건으로 송장금액에 10%를 더한 금액으로 부보 되어야 한다.

④ 모든 선적들은 ICC(C)조건으로 송장금액 10% 이상의 금액으로 나열되어야 한다.

48. 다음 문장 중 영역이 잘못된 것을 하나 고르시오.

품질은 귀사가 송부한 견본과 똑같습니다.

① The quality is equal to the sample you sent.

② The quality is similar to the sample you sent.

③ The quality is the same as the sample you sent.

④ The quality is up to the sample you sent.

---

47. ③

48. ②/ be equal to(be up to, be the same as, match, conform to, come up to, be as per, correspond with, be in accordance with, be according to, be in conformity with(to)): ~~와 일치하다, 동일하다, ~~와 똑같다. be similar to: ~~와 유사하다, 비슷하다.

49. 모든 주문은 매도인의 최종 확인을 조건으로 합니다. 맞게 영작된 것은?

① All offers are to be subject to seller's confirmation.
② All orders are to be conditional on buyer's acceptance.
③ All orders are to be conditional on seller's final acceptance.
④ All orders are to be subject to seller's final confirmation.

50. 다음 내용의 영작이 올바른 것은?

선적되는 제품의 품질은 주문한 선발견본의 품질과 같아야만 합니다.

① The quality of the product to be shipped must be equal to those of shipping sample on which an order is given.
② The quality of the product to be shipped must be identical to that of shipping sample on which an offer is given.
③ The quality of the product to be shipped must come up to that of advance sample on which an order is given.
④ The quality of the product to be shipped must be up to those of advance sample on which an offer is given.

51. 다음 내용의 영작이 가장 잘 된 것을 고르시오.

당사는 귀국에 잡화류를 수출하고 싶습니다. 당사 제안에 관심이 있다면 당사는 무상으로 견품 몇 점을 특사로 발송해 드리겠습니다.

① We are anxious to export general goods to your country. If you ar interested in our proposal, we will dispatch some samples gratis by courier.

---

49. ④
50. ③/ come up to: 일치하다, ~~와 합치하다, 일어나다. up to: ~~까지/ advance sample: 선발견본
51. ①/ be anxious to: ~하고 싶다. gratis(= no commercial value): 무료로, 공짜로, 무상으로/ general goods(= sundries): 잡화류/ despatch (= send): 보내다. courier: 특사배달업자

② We are desirous for export sundries to your country. If you are interested in our proposal, we will dispatch some samples of commercial value by courier.
③ We are desirous of export general goods to your country. If you are interest in our proposal, we will dispatch some samples of no commercial value by courier.
④ We are desirous of export sundries to your country. If you are interested our proposal, we will dispatch some samples gratis by courier.

52. 다음 내용의 영작이 가장 잘 된 것을 고르시오.

> 상기 품목을 별도로 보내주시면 고맙겠습니다.

① We shall be glad if you will send to us the above item by separate.
② We shall appreciate if you will send us the above item by separately post.
③ We shall be obliged if you will send us the above item under separate post.
④ It shall appreciate if you will send to us the above item under separate cover.

53. 다음 내용의 영작이 가장 잘된 것을 고르시오.

> 당사의 가격과 품질이 귀사의 요구를 충족시킬 것이라고 확신하며, 귀사의 호의적인 회신이 있기를 기대합니다.

---

52. ③/ We shall appreciate if는 We shall appreciate it if가 되어야 하며, It shall appreciate if는 It shall be appreciated (by us) if가 되어야 한다. under separate post(= by separate post): 별도의 우편으로
53. ②/ give your requirements를 meet your requirements로 전환해야 한다. meet your requirement: 귀사의 요구를 충족시키다. ①의 give는

① We are sure that our prices and samples will give your requirements and we looking forward to receive your favorable reply.
② We are sure that our prices and samples will meet your requirements and we look forward to receiving your favorable reply.
③ We are sure that our prices and samples will meet your requirements and we looking forward to receiving your favorable reply.
④ We are sure that our prices and samples will meet your requirements and we look forward for receive your favorable reply.

54. 밑줄 친 부분을 맞게 해석한 것은?

We <u>*have drawn a draft on you at sight*</u> for US$ 20,000.00.

① 당사 앞으로 일람 출급 환어음을 발행하였다.
② 당사 앞으로 일람후 정기출급 환어음을 발행하였다.
③ 귀사를 지급인으로 하여 환어음을 발행하다.
④ 귀사를 지급인으로 하여 일람출급 환어음을 발행하였다.

55. 가장 논리적으로 전개된 것은?

(1) Our prompt and best attention will be given on any suggestions you may present.
(2) From the price list enclosed you will observe that our prices are exceptionally low.

주다라는 의미로 내용에 알맞지 않다. ③의 looking은 분사이므로 동사 자리에 올 수 없으므로 are looking이 되어야 한다. ④의 for 뒤에는 명사 또는 동명사 형태가 와야 하므로 receive가 receiving이 되어야 한다.
54. ④

(3) As regards the terms and conditions of business, we are enclosing our Memorandum of General Terms and Conditions of Business in duplicate.
(4) We acknowledge your letter of 22nd May, the contents of which been carefully noted.

① (2)-(4)-(3)-(1) ② (4)-(3)-(2)-(1)
③ (4)-(2)-(3)-(1) ④ (4)-(1)-(2)-(3)

56. 다음에서 문장의 순서를 올바르게 나열한 것을 고르시오.

(A) We assure you that we can give you good business if your prices are competitive and terms suit us.
(B) Your advertisement in the March issue of Fortune indicated that your pocket-size electronic calculator has just been on sale in the United States.
(C) We are particularly interested in this type of products, and would like to have more detailed information on the above item.
(D) As to our financial standing, we may refer you to Korea Exchange Bank, Seoul, Korea.

① (A)-(B)-(C)-(D) ② (B)-(C)-(A)-(D)
③ (A)-(C)-(B)-(D) ④ (B)-(A)-(C)-(D)

57. 문장의 순서가 가장 잘 배열된 것은?

주문하신 모델 제 0222호는 현재 품절이나 대체품으로 모델 제 0333호를 추천함.

---

55. ③/ As regards는 as for, aside from 등과 같이 복합전치사로서 명사 또는 명사 상당구를 목저어로 취한다.
56. ②/ give A the business : A와 거래하다. good business: 장사가 잘되는 거래(사업)/ be on sale : 판매되다.

(1) at present
(2) but we recommended Model No.0333
(3) Model No. 0222 you ordered is out of stock
(4) as a substitute

① (3)-(1)-(2)-(4) ② (3)-(2)-(1)-(4)
③ (1)-(3)-(4)-(2) ④ (4)-(3)-(1)-(2)

58. 밑줄 친 부분을 바르게 해석한 것을 고르시오.

Can you supply us with the goods on *D/P terms*?

① 후불조건 ② 일람불조건
③ 지급도조건 ④ 인수도조건

59. 다음 중 틀린 문장을 고르시오.

① We shall be obliged if you furnish us with any information.
② Your order shall be appreciated.
③ We shall appreciate if you will place an order with us.
④ We shall appreciate your introducing some firms to us.

60. Issuing Bank와 같은 의미를 갖는 당사자는?

① Negotiating Bank ② Accepting Bank
③ Advising Bank ④ Opening Bank

---

57. ①/ substitute: 대체품(alternative, replacement)
58. ③
59. ③/ appreciate는 타동사로만 사용된다. if you will place an order with us. 조건절이므로 뒤에 가목적어 it가 와야 한다.
60. ④

61. 다음 용어를 영어로 옮길 때 잘못된 것을 고르시오.
① 발신인 주소 - Inside Address
② 서명 - Signature
③ 동봉물 표시 - Enclosure Notations
④ 서신 제목 - Letter Subject

62. 다음 무역영문서신의 구성요소 중 필수요소를 고르시오.
① Reference Number
② Letter Subject
③ Date
④ Identification Marks

63. Business Letter의 구성요소를 설명한 것이다. 가장 적절하게 연결된 것을 고르시오.

> ㉠ 수신자의 회사명과 주소를 말하며, 서신봉투가 파손될 경우를 대비하여 기재한다.
> ㉡ 첫인사로, 본문이 시작되기 전에 간단히 하는 인사말
> ㉢ 끝인사로, 문장이 끝난 다음 습관적으로 하는 인사말
> ㉣ 약호 또는 식별기호로서 서신작성과 관련하여 책임소재를 명확히 하기 위해 기재한다.

① salutation - inside address - identification mark - complimentary close
② inside address - complimentary close - salutation - identification mark
③ inside address - salutation - complimentary close - identification mark
④ salutation - identification mark - complimentary close - inside address

---

61. ①/ receiver's address(return address) : 발신인 주소
62. ③
63. ③

64. 다음 문장과 관련이 있는 Business Letter를 고르시오.

> We trust that the above information, which is given for your confidential use and without responsibility on our part, will prove helpful to you.

① Trade Inquiry ② Credit Inquiry
③ Circular Letter ④ Shipping Advice

65. 다음 문장의 밑줄 친 부분의 의미와 바꿔 쓸 수 없는 것을 고르시오.

> We assure you that all *details* of our order are correct.

① specifications ② descriptions
③ particulars ④ aspects

66. Drafts shall be drawn at sight. Drafts의 의미는?

① Payment order ② Bill of Lading
③ Shipping Documents ④ Bill of Exchange

67. 가격조건의 표시로서 맞는 것은?

① @ U$100 per set CIF New York
② @ U$100 CIF New York per set
③ @ CIF New York U$100 per set
④ U$100 per set @ CIF New York

---

64. ②
65. ④/ aspects: (복수)측면, (단수)양상, 방향
66. ④
67. ①

68. We have, up to the present, been exporting *various kinds of* cotton goods. 밑줄 친 부분과 다른 의미를 갖는 것은?

① a variety of ② a lot of
③ a full range of ④ a wide range of

69. We enclose a *self-addressed envelop for your reply* and look forward to your prompt and favourable reply. 밑줄 친 부분을 우리말로 가장 잘 번역한 것은?

① 귀사의 주소가 적힌 회신용 봉투
② 주문용 봉투
③ 당사의 주소가 적힌 회신용 봉투
④ 계약체결용 봉투

70. This credit is available by draft at sight *drawn on* Korea exchange Bank. 밑줄 한 부분의 뜻으로 정확한 것은?

① 발행으로 ② 앞으로
③ 지급인으로 ④ 수취인으로

71. Credit information을 제공하는 편지의 마지막 부분에 거의 예외 없이 들어가는 문장은?

① They enjoy a good reputation.
② They deserve your confidence.
③ You may safely grant them the credit.
④ This is without responsibility on our part.

---

68. ②/ various kinds of: 여러 가지의, 다양한, 천차만별의/ a lot of: 종류가 많은 것이 아니라 양적으로 많은/ a full range of: full은 빠지는 종류가 없는, 완벽한. full이라는 단어도 답으로서 문제가 있음.
69. ③
70. ③
71. ④/ deserve: ~~을 받을(누릴) 자격이 있다.

72. 다음 문장의 ( ) 안에 넣기에 부적절한 것을 고르시오.

We have enjoyed a good reputation in this trade because of ( ).

① superior quality ② defective goods
③ reasonable price ④ punctual delivery

73. 다음 빈 칸에 알맞은 것이 아닌 것을 고르시오.

They are enjoying a good reputation in the business circles for their punctuality in meeting their ( ).

① obligations ② liabilities
③ commitments ④ responsibilities

74. 다음 무역거래 과정에서 나타나는 당사자들 중에서 수출상 아닌 것은?

① Shipper ② Consignor ③ Applicant ④ Drawer

75. 다음 무역거래 과정에서 나타나는 당사자들 중에서 수출상 아닌 것을 고르시오.

① Shipper ② Consignor ③ Payer ④ Drawer

76. Beneficiary와 같은 의미를 갖는 당사자는?

① Seller ② Buyer ③ Consignee ④ Opening Bank

---

72. ②/ defective goods: 결함 있는 상품
73. ④/ punctuality: 정확한 시간 엄수, 꼼꼼함
74. ③
75. ③/ shipper: 선적인/ consignor: 송하인/ drawer: 발행인/ payer: 지불인
76. ①

77. 다음 용어를 영어로 옮길 때 잘못된 것을 고르시오.

① 신용장발행의뢰인 - Applicant ② 수익자 - Beneficiary
③ 지급인 - Drawer ④ 어음지급인 - Drawee

78. 다음 중 신용장 및 운송에서 사용되는 용어가 서로 관계가 없는 것을 고르시오.

① Applicant ② Consignee ③ Accounter ④ Payer

79. We have connections with the <u>leading</u> manufacturers. 밑줄 친 단어와 뜻이 다른 단어는?

① first class ② influential ③ A1 ④ important

80. We sent our consignments to a <u>sizable</u> amount. 밑줄 친 단어와 의미가 다른 것은?

① substantial ② quantity ③ small ④ actual

81. 문장의 밑줄 친 부분의 해석이 영문표현이 잘못된 것은?

> We have instructed the National Bank of Dubai to issue ① <u>*an irrevocable L/C*</u> ② <u>*at sight*</u> ③ <u>*in your favour*</u> for ④ <u>*the amount of*</u> US $ 5,000.

① 취소불능신용장 ② 일람불 ③ 귀사에게 유리하게 ④ 금액

---

77. ③/ Drawer: 어음발행인
78. ③/ applicant: 신용장 개설의뢰인(=accountee 채무자, 대금결제인, account party: 계산당사자)/ consignee: 수탁자, 수하인/ consignor: 송하인/ payer(=payor): 지급인, 납부자. tax payer: 납세자/ payee(=drawer): 수취인, 영수인/ accounter: 대금수취인, 수익자
79. ④/ leading: 선도적인
80. ③/ to a sizable amount: to는 ~~의(까지)/ sizable =big, heavy, considerable, large
81. ③

82. 다음의 의미와 다른 것은?

> We refer you to the Busan Bank as to our credit standing.

① You have to ask the Busan Bank for our credit standing.
② You may ask the Busan Bank for our credit standing.
③ As for our credit standing, you can ask the Busan Bank.
④ As our credit reference, we are pleased to give you the Busan Bank.

83. Each box bears 'PUFS' in triangle with port mark, running case numbers and the country of origin. 문장이 의미하는 것은?

① Contract　② Payment
③ Marks　④ Term and Condition

84. It is a representative method of payment in advance. 문장이 의미하는 것은?

① COD　② CAD　③ CWO　④ D/P

85. 밑줄 부분과 동일한 의미를 갖는 것은?

> We can offer the slightly better commodity, Art. No. 20 *which is available from stock* and is perhaps more suitable for your market.

① which we can supply now　② which we can obtain soon
③ which you can use later　④ which is useful

---

82. ①
83. ③
84. ③
85. ①

86. 다음 문장의 밑줄 친 부분의 해석이 틀린 것은?

> (①) *The article* for which (②) you *inquired* on May 20 is temporarily (③) *out of stock*. but we will let you know by next mail when it will (④) *be ready for shipment.*

① 품목 ② 문의했다
③ 재고중 ④ 선적준비

87. 다음의 내용과 관련이 있는 것은?

> Full set of on board B/L made out to order of shipper.

① Clean B/L ② Order or Bearer B/L
③ Order B/L ④ Straight B/L

88. 다음 용어의 뜻이 맞지 않게 해석된 것을 고르시오.

① D/O - 화물인도지시서
② S/R - 선박요청서
③ Letter of Compensation - 파손화물보상장
④ L/G - 수입화물선취보증서

89. 다음에서 문장의 순서를 올바르게 나열한 것을 고르시오.

> (A) ABC Co. Ltd has recently proposed to open business relation with us and given your name as a reference.
> (B) Any detailed information as to the above company you may give us will be treated as strictly confidential.
> (C) Taking this opportunity, we would very much appreciate it if

---

86. ③/ inquiry of A about B: A에게 B에 관하여(이것저것) 문의하다. out of stock: 품절
87. ③/ Straight B/L: 기명식 B/L
88. ②/ compensation: 보상(금)/ Letter of Compensation: 보상편지/ Letter of Indemnity: 파손화물보상장/ pay(demand) compensation: 보상금을 지급(요구)하다.

you would inform us your experience with this company and giving us of your opinion as to their financial standing.
(D) When a similar opportunity comes for us to serve you, we will be more than happy to reciprocate your kindness.

① (A)-(B)-(C)-(D) ② (A)-(C)-(B)-(D)
③ (C)-(A)-(B)-(D) ④ (C)-(B)-(A)-(D)

90. 다음 중 통신문 작성 시 표기되는 날짜가 미국식 표기로 옳은 것은?
① 14, April 2015 ② April 14, 2015
③ 14th, April 2015 ④ April 14th 2015

91. 다음은 봉투에 기재하는 사항들이다. 그 의미가 옳지 않은 것은?
① Urgent : 등기 ② Printed Matter : 인쇄물 재중
③ Private : 인비 ④ Express : 속달

92. The cakes *have* a ready sale. 밑줄 친 것과 대체할 수 없는 것은?
① find ② enjoy ③ meet ④ sell

93. 다음 밑줄 친 부분과 의미가 서로 상반되는 것을 고르시오.

All claims are to be e-mailed within 14 days from the date of *discharge* of cotton fabrics.

① charge ② shipment ③ destination ④ transhipment

---

89. ③/ We will be more than happy. 더 행복해 질 것이다, 더 행복할 것이다. I would be more than happy to do it. 그것을 하면 나는 더 행복해 질 것이다. I am more happy to do so. 나는 그것을 한 것에 대해 더 행복하다.
90. ②/ 영국식: day(서수)/month/year) (ex) 14th, April 2015/ 미국식: month/day/year. 문장 내에서는 letter of the 14th of April.과 같이 쓴다.
91. ①/ Urgent: 속달/ Private: 친전(=confidential)
92. ④/ The cakes have a ready sale. =The cakes sell well. ready(good, strong, quick, prompt, speedy) sale: 잘 팔린다.
93. ②

94. 영문서신 작성에서 AIDA 법칙의 의미를 잘못 표현한 것은?

① A = Attracting Attention (주목을 끌어내라.)
② I = Holding Interest (흥미를 유발시켜라.)
③ D = Creating Desire (구매욕구를 갖게 하라.)
④ A = Stimulating Acceptance (구매행동을 자극시켜라.)

95. 다음 빈 칸에 알맞은 단어가 아닌 것을 고르시오.

① Let us act as your buying agent, as we have close (　　) with leading manufacturers in this country. (connections)
② The silk goods market has been (　　) for a long time but of late it is regaining activity. (easy)
③ The market (　　) daily so that we cannot hold this offer open as long as you wish. (fluctuates)
④ Our goods are finding a (　　) sale everywhere and we are confident that you will be able to do a good business if you stock them. (strong)

96. 다음 영문서신에서 밑줄 친 부분이 뜻하는 것은?

UNIVERSAL CO., LTD.
#395 Samsung-dong 103 Seoul Korea
Tel: 02-504-5045 Fax: 02-504-5056
E-mail: universal@yahoo.com

Your name has been given by KOTRA in your city as one of

---

94. ④/ AIDA 법칙: 인간이 행동하기까지 주의(attention), 흥미(interest), 욕망(desire) 그리고 행동(action)의 순위가 있다는 법칙을 말하며, 욕망과 행동 사이에 기억(memory)의 단계를 포함한 AIDMA 또는 확신(conviction)의 단계를 포함한 AIDCA가 있다. 또한 IDCA법칙도 있다.(Interest(흥미유발), Desire(욕망, 구매욕구 유발), Conviction(확신), Action(행동요청))
95. ②/ act as ~~: ~~으로서의 역할을 하다. easy: (상품 수요가)풍부한, (시장거래가)완만한 cf. tight: 거래가 한산한.
96. ①

the leading importers of high quality silk products in the United States.

We are one of the largest manufacturers and exporters in Korea producing all kinds of LED products including LED Controllers and parts using our latest computerized manufacturing facilities.

Our current products are highly accepted in Japan, the Middle East, Spain, U.K., Germany and France.

In order to diversify our existing market, we are interested in supplying our high quality products to you on favorable terms. On receipt of your detailed patterns or samples, we could send our samples with competitive prices to you.

As to our credit standing, we refer you to the Korea Exchange Bank, Seoul or the Kookmin Banks, Seoul. We are looking forward to hearing your reply.

① Way of self-introduction ② Way of recommendation
③ Major products ④ Credit reference

97. 다음 무역계약에서 Sales Notes 항목 (A)와 (B)에 공통적으로 해당되는 것을 찾으시오.

Commodity	: Silk HQ 1001/2
Quality	: Sample No. 6214/5
Quantity	: 600 dozen(370 dozen/230 dozen)
Price	: US$70.10 per dozen CIF New York
Amount	: US$119.170.00
Terms	: Draft at 30 d/s under an Irrevocable L/C

97. ③/(A) Mark 확인: BR은 주화인, numbers 1 and up은 연속화번, 뉴욕

Shipment	: During May/July
Packing	: 120pcs/130pcs in Master Carton
(A)	: (BR) with numbers 1 and up under port mark. New York
(B)	: A/R for full invoice amount plus 10%

① Contract ② Payment
③ Marks and Insurance ④ Term and Condition

98. 다음 영문서신 내용 중 밑줄 친 부분이 잘못된 것을 고르시오.

WORLD TRADING CO., LTD.
no.501 Chung Ho bldg, 679-6 3 Dong Seo Gu, Seoul, Korea
TEL : 82+2+3664+0093 FAX : 82+2+3664+5504

We refer to our order for your Testing Equipment, FATE 101 placed with you on October 21 and due for delivery in November. The order number was HJS-570420.

We have instructed Korea Exchange Bank, Seoul to open an Irrevocable (1) *Documentary Letter of Credit of US$ 135,000.* This will be confirmed by our banker's correspondents, CMB in New York who will (2) *accept your draft on them at 30 days after sight for the amount of your invoice.*

The Letter of Credit is valid until December 15.

은 목적지를 나타냄/ (B) Insurance 보험: A/R(All Risk)은 전위험담보 조건이고, invoice amount plus 10%은 부보금액이 송장금액의 110%가 되어야 한다는 의미.

98. ②/ due for : ~~할 예정/ cover : 보상하다, 충당하다, (비용 등을)충분히 치르다. CIF New York : CIF 뒤에는 수입지가 온다. CIF는 해상운송에만 사용할 수 있는 조건이므로 수입지가 내륙지방이면 사용불가 하다.

Documents required are : *(3) Bill of Lading(full sets) Commercial Invoice (4 copies) Insurance Policy(2 copies).*

Taking this chance, *(4) the prices you quoted us being C.I.F. Busan,* the amount of our credit will cover the amount of your invoice, and also the cost of freight and insurance.

① (1) ② (2) ③ (3) ④ (4)

99. 다음 무역 영문서신의 구비요건에 관한 예문 중 그 요건에 맞지 않는 구문과 맞는 구문을 비교 설명한 것 중 틀린 것을 고르시오.

① Courtesy

ⓐ We are surprised that you do not like our shipment No.1018.

ⓑ We are very surprised that you were not satisfied with the quality of the shirts in our shipment No.1018.

② Correctness

ⓐ The end of the year is considered the best time for reinvesting dividends and to check up inventories.

ⓑ The end of the year is the best time to invest dividends and to check up inventories.

③ Conciseness

ⓐ We have your remittance of June 20 in the amount of

---

99. ①/ ①은 상대방이 화물을 좋아하지 않거나 만족하지 못함을 직접 표현하여 정중하지 못함. We regret(We are sorry that) our shipment does not satisfy you.로 전환하여야 함. ②는 병치형식으로 전환하는 것이 의미 전달이 명료하다. The end of the year is considered the best time for reinvesting dividends and to check up inventories.를 부정사 병치로 하면 The end of the year is the best time to invest dividends and to check up inventories.가 된다./ reinvesting dividends: 재투자 배당금

US$500 and wish at this time to thank you for it.

ⓑ Thank you for your remittance of June 20 for US$500.

④ Clearness

ⓐ Will you kindly send us a reply before the end of the month for which stamped envelope is enclosed.

ⓑ Will you please send us a reply in the enclosed stamped envelop before the end of May.

100. 다음 주어진 문장을 배열했을 때 순서가 맞게 배열된 것은?

> ㉠ Please treat this advice in absolute confidence.
> ㉡ More detailed information we have received suggests that this is a case in which we would advise caution.
> ㉢ The company is a private one running as a family concern and operating on a small scale.
> ㉣ We received from the Bank of America information concerning the company mentioned in your letter dated October 5, 2007.

① ㄱ-ㄷ-ㄹ-ㄴ ② ㄹ-ㄷ-ㄴ-ㄱ ③ ㄹ-ㄴ-ㄱ-ㄷ ④ ㄹ-ㄱ-ㄴ-ㄷ

101. 다음 주어진 문장의 내용과 논리적으로 맞지 않는 것은?

> We are sending you our nearest finish for your confirmation as we could not quite match the finish of your samples.

---

100. ②/ ㉣ 상대방의 서신을 언급하고 신용조회로 정보를 받았음을 알림/ ㉢ 언급했던 회사에 대한 정보 알림/ ㉡ 더 상세한 정보가 이 회사와의 거래에 경계할 것을 제시함. ㉠ 발송한 충고 극비 취급 당부

101. ③/ nearest: 가장 근접한, 가장 가까운(거리상으로)/ finish: 완성품, 마무리 손질. tight finish: 접전/ The house is nearly finish.: 새 집이 거의 완성되었다. confirmation: (원하는지 안 원하는지의)확인/ The buyer is going to accept the nearest finish the seller sent. 매수인은 매도인이 보낸 가장 근접한 완성품을 수락할 예정이다. be up to: ~와 일치하다. match: (색깔, 무늬, 스타일이)서로 맞다. We are sending you our nearest finish for your confirmation as we could not quite match

① The finish the seller is sending is not up to the finish the buyer sent.

② The seller recommends the nearest finish as a replacement.

③ The buyer is going to accept the nearest finish the seller sent.

④ The buyer sent his own sample to the seller.

102. 다음에 언급하고 있는 Offer의 종류와 가장 가까운 것은?

> This offer is one made subject to the goods being available when the acceptance is received by the offeror.

① Offer subject to Being Unsold

② Offer subject to Final Confirmation

③ Offer on Approval

④ Offer on Sale or Return

103. 다음 Offer의 종류에 대한 설명으로 틀린 것은?

① Offer subject to Being Unsold: 선착순 매도조건부 청약

② Offer subject to Seller's Final Confirmation: 매도인 최종확인 조건부 청약

---

the finish of your samples. 당사는 귀사 샘플의 완성품을 약간 일치시킬 수 없기 때문에 귀사의 확인을 위하여 당사의 가장 근접한 완성품을 보냅니다. 그러므로 매수인이 근접한 완성품을 수용할지 알 수 없다.

102. ①/ offeror: 신청자, 제의자, 제공자 cf. offeree: 피신청인/ Offer subject to Being Unsold(=offer subject to prior sale): 재고잔류조건부청약, 선착순매도조건청약/ Offer subject to Final Confirmation: 매도인최종확인조건부청약/ Offer on Approval: 점검부청약, 점검후매도조건청약/ Offer on Sale or Return: 판매후잔품인수조건부청약, 반품허용조건부청약

103. ④/ Offer on Sale or Return: 반품허용조건부청약/ offer without engagement (=offer subject to market fluctuation): 예약불능청약, 불확정판매청약. 가격이 제시되지 않는 청약. 시세변동에 따라 가격이 변동될 수 있다는 조건이 있는 청약

③ Offer on Approval: 점검부 청약
④ Offer on Sale or Return: 예약불능 청약

104. 다음 무역 Contract의 조항 중 문법적으로 틀린 것을 고르시오.

① This contract recognizes the fact that it is on a principal to a principal basis between Seller and Buyer.
② Claims, if any, shall be submitted within 14 days from the date of the final landing of the goods at destination.
③ Certificates by recognized surveyors must be sent to Seller by mail without loss of time.
④ All claims that cannot be disposed of amicably between Seller and Buyer shall be settled by arbitration in Korea.

105. 다음 빈 칸에 알맞은 단어를 고르시오.

> Expressions frequently used in charter parties, such as '( ) stowed', '( ) stowed and trimmed', are sometimes used in contracts of sale in order to clarify to what extent the seller under ( ) has to perform stowage and trimming of the goods on board the ship. Where such words are added, it is necessary to clarify in the contract of sale whether the added obligations only relate to costs or to both costs and risks.

① FOB ② CFR ③ CIF ④ FAS

---

104. ①/ on a X basis: X방식으로. 반복어구나 대응되는 어구에는 명사에 관사를 안 붙이는 게 운이나 어조에 도움이 되어서 생략한다. (예) step by step, inch by inch, door to door, flower to flower/ on a principal to a principal basis: 앞의 a는 on a X basis의 a이므로 그대로 두고 뒤의 a는 삭제한다. landing: 착륙, 상륙, 바퀴가 땅에 닫는 것. cf. arrival: 물건을 내릴 수 있는 단계/ cannot be disposed of amicably =cannot be amicably settled/ dispose of: ~~의 결말을 짓다, 처리하다. of는 분리를 나타냄.
105. ①/ FOB stowed: 적부비포함본선인도. FOB의 변형으로서 적부비용

106. 다음 각 2개의 무역영어 문장의 의미가 서로 다른 것을 고르시오.

① a. Please note that your limit price barely covers the cost of production.
b. We hope you would increase your limit price.

② a. The German product is lower in price by US$10 to UD$30 compared with yours.
b. You had better increase your price more than US$10 to US$30.

③ a. An order shall be accepted so long as the quantity exceeds 1,000 dozen.
b. Please place an order with us for more than 1,000 dozen.

④ a. Please pay your close attention to the packing of the goods.
b. You must be careful in packing the goods.

107. 다음 무역영어 표현에서 밑줄 친 것과 같은 의미가 아닌 것을 고르시오.

> We trust you will do your best to <u>effect</u> insurance at a moderate premium.

① cover ② open ③ conclude ④ provide

(stowing charge) 즉, 매도인이 선박 내 화물의 정리와 정돈작업까지 부담하는 조건/ FOB stowed and trimmed: 적부비 및 정돈비포함본선인도/ stowage: 싣기, 적부, 실어 넣기/ trimming: 정돈, 마름질

106. ②/ limit price: 제한가격, 한도가격/ by US$10 to UD$30: $10에서 $30 정도/ more than US$10 to US$30: $10에서 $30이상/ 독일제품의 가격이 싼데 가격을 더 인상하라는 것은 논리가 맞지 않다. pay your close attention to: ~~에 세심한 주의를 하다.

107. ③/ effect(=contract, cover, take out, open, provide, conclude) insurance: 부보하다. conclude: ~계약을 체결하다, ~~을 결정하다. cf. open insurance: 포괄보험/ definite insurance: 확정보험/ open insurance agency: 보험대리점을 열다. premium: 보험료

108. 다음 문장의 내용과 일치하는 것 하나를 고르시오.

> We have opened a L/C in favor of your head office and are enclosing a copy of the application for your information.

① Your head office should transfer the L/C to your office.
② You should provide us with reputable references.
③ The copy of the application should be returned to us after you have signed.
④ Your head office will receive the L/C soon.

109. 다음의 뜻이 틀린 것은?

① 2통: in duplicate ② 3통: in threeplicate
③ 4통 : in quadruplicate ④ 5통 : in quintuplicate

110. 다음 신용장 영문내용의 밑줄 친 부분과 의미가 다른 것을 고르시오.

① Signed commercial invoice *in quintuplicate*. (in 5-fold)
② Full set of clean on board B/L *in triplicate*. (in 3-fold)
③ Packing List *in quadruplicate*. (in 6-fold)
④ Insurance policy *in duplicate*, endorsed in blank. (in 2-fold)

111. 다음 무역영어 용어에 대한 설명이 틀린 것을 고르시오.

① Drawer - the party who draws a draft upon another party
② Tenor of the Draft - the day by which a bill must be paid.

---

108. ④
109. ②
110. ③/ in duplicate: 2통/ in triplicate: 3통/ in quadruplicate: 4통/in quintuplicate: 5통/ in sextuplicate: 6통
111. ④/ Tenor of the Draft: 환어음의 결제기한. at 30 days after sight(일람 후 정기출급): 어음이 지급인(인수인)에게 제시되는 날에 결제일 확정. at 30 days after date(일부 후 정기출급): 어음의 발행일자로부터 결제일 확정/ at 30 days after B/L date: 확정일자 정기출급/ Date of Maturity(Due Date): 만기일/ Pro-forma invoice: 견적송장/ form

③ Pro-forma invoice - a form of quotation by the seller to a potential buyer, it is often required by him so that the authorities of the importer's country will grant him the import licence or foreign exchange permit.

④ DAP - the term means that the seller makes the goods available to the buyer on the quay at the destination named in the sales contract. The seller has to bear the full cost and risk involved in bringing the goods there.

112. 다음 문장의 ( ) 안에 적합한 단어의 순서가 올바른 것은?

> Checking our ( ), we can only assume that the ( ) items were lost in ( ), so it would seem that the ( ) was not our ( ).

① transit - missed - records - responsibility - incident
② responsibility - losing - incident - transit - records
③ records - missing - transit - incident - responsibility
④ records - losing - incident - transit - responsibility

113. 다음 주어진 문장을 배열했을 때 순서가 가장 맞게 배열된 것을 고르시오.

> ㉠ We are very sorry to have kept you waiting so long, but believe you will realize that we have no intention to delay our payment on purpose.
> ㉡ Therefore we ask you to pay your very best attention in executing our order usually.

---

of quotation: 견적양식/ import licence: 수입허가/ foreign exchange permit: 외환허가/ DAP(Delivered At Place): 도착인도조건. 매도인이 도착한 운송수단으로부터 양륙되지 않은 상태로 즉, 지정목적지(place)에서 물품이 매수인의 임의처분상태로 놓였을 때 인도되는 조건. DAT조건에서 인도장소가 목적지로 연장됨/ quay: 부두, 선착장

112. ③

113. ④/ realize: 알아차리다, 인식하다. usually: 평상시와 같이/ goodwill:

ⓒ We trust you will understand our goodwill and friendship. Thank you very much.
ⓓ The sum of US$18,500 has today been sent to you by mail transfer and we hope it will reach you by the time you receive this letter.

① ㄱ-ㄷ-ㄹ-ㄴ ② ㄹ-ㄷ-ㄴ-ㄱ ③ ㄹ-ㄴ-ㄱ-ㄷ ④ ㄹ-ㄱ-ㄴ-ㄷ

114. 다음 밑줄 친 내용과 같은 의미가 아닌 것을 고르시오.

① We have already instructed them to *serve* you with necessary catalog and price lists. (supply)
② We are now making our best effort to expand the import section *in line with* the general trend of world trade. (agreement)
③ Owing to the heavy demand for these articles, however, we would ask you to order *without delay*. (without loss of time)
④ You may be sure that we will do our best to *keep up* our reputation for quality and reliability. (keep in)

115. 무역 대금결제 및 신용장에서 사용되는 용어에 대한 설명이 틀린 것을 고르시오.

① COD: 물품 상환도
② straight credit: 일람지급 신용장
③ usance credit: 기한부 신용장
④ anticipatory credit: 전대 신용장, 선대신용장

호의, 친절 cf. good-will: 호의의
114. ④
115. ②/ COD(cash on delivery): 대금상환도 cf. CAD: 서류상환도/ straight credit: 지급신용장/ anticipatory a. 선행하는, 예측의, 예견한/ anticipatory credit, advance payment L/C, packing L/C, red clause L/C: 전대(선대)신용장

116. 다음 내용은 신용장의 지급확약문언인데 가장 관계가 있는 신용장을 고르시오.

> We hereby engage with drawers, endorsers and bona-fide holders that drafts drawn and negotiated in conformity with the terms of this credit will be duly honored on due presentation.

① straight credit ② negotiation credit
③ usance credit ④ confirmed credit

117. 상업영문서신에서 사용되고 있는 수다스럽고(wordy), 진부한(trite) 표현을 간결한 현대적 표현으로 바꾼 것 중 적절하지 않은 것을 고르시오.

① We take this opportunity to inform you of their financial standing. ⇒ We inform you of their financial standing.
② Please do not hesitate to call on us for additional information. ⇒ Just call on us if you need more information.
③ Thank you in advance for your kind attention. ⇒ We will appreciate anything you can do
④ We will always offer our special attention to this matter. ⇒ We will offer our special attention to this matter at all time.

118. 다음 설명하는 가격조건에 해당되지 않는 것을 고르시오.

> This term can only be used for sea or inland waterway transport.

① FCA ② FOB ③ CFR ④ DEQ

---

116. ②
117. ④/ take(seize) this opportunity to 부정사: ~~하는데 기회를 갖다. at all time가 언제나, 항상의 의미라면 at all times가 되어야 한다.
118. ①/ FCA(운송인인도조건)는 모든 운송방식에 사용가능함.

119. 다음 해상운송에 의한 선적과정이 올바르게 된 것을 고르시오.

① Shipping Order → Shipping Request → Mate's Receipt → Bill of lading

② Shipping Request → Shipping Order → Mate's Receipt → Bill of Lading

③ Shipping Order → Shipping Request → Bill of Lading → Mate's Receipt

④ Shipping Request → Shipping Order → Bill of Lading → Mate's Receipt

120. 다음은 CIF조건의 계약에서 요구하는 보험계약조항이다. 이러한 보험과 관련된 가장 적절한 용어를 보기에서 고르시오.

> All shipment are to be covered on ICC(A) for the invoice amount plus ten(10) percent.

① full insurance　　② under insurance

③ over insurance　　④ double insurance

121. 다음은 화인(cargo mark)과 관련된 용어들이다. 용어의 풀이가 잘못된 것을 고르시오.

① GUARD AGAINST DAMP : 습기엄금

② HANDLE WITH CARE : 취급주의

③ KEEP UPRIGHT : 가로로 놓음

④ OPEN THIS END : 여기를 여시오

---

119. ②
120. ③
121. ③

122. 다음 내용의 ( ) 안에 들어갈 용어가 순서대로 된 것을 고르시오.

> If the expression ( ) or similar expressions are used, banks will interpret them as a stipulation that shipment is to be made during the period from ( ) days before to ( ) days after the specified date, both end days ( ).

① on or about - five - five - include
② on or about - five - five - exclude
③ on or about - ten - ten - include
④ on or about - ten - ten - exclude

123. 다음 문장의 밑줄 친 당사자가 바르게 된 것을 고르시오.

> ㉠ <u>We</u> inform ㉡ <u>you</u> that ㉢ <u>ABC bank</u> has today issued a confirmed Irrevocable L/C No. 02341 in your favor covering shipment of the goods under sales contract No. 14320, which will be advised through ㉣ <u>EFG bank,</u> Hong Kong.

① ㉠ exporter ㉡ importer ㉢ advising bank ㉣ issuing bank
② ㉠ importer ㉡ exporter ㉢ advising bank ㉣ issuing bank
③ ㉠ exporter ㉡ importer ㉢ issuing bank ㉣ advising bank
④ ㉠ importer ㉡ exporter ㉢ issuing bank ㉣ advising bank

124. 매수인에게 가장 불리하고 매도인에게는 가장 안전하고 유리한 결제방식을 고르시오.

① C.W.O. ② C.O.D. ③ C.A.D. ④ Deferred Payment

---

122. ①
123. ④
124. ①

125. 다음 문장의 ( ) 안에 적합한 단어를 고르시오.

> Now large orders from your country are rushing in and the market here is also very strong. Under these circumstances the prices will be expected to ( ) soon.

① raise ② rise ③ decline ④ go down

126. 다음 ( ) 안에 넣을 문장으로 가장 적절한 것을 고르시오.

> We are pleased to offer you firm subject to ( ) us by the end of June, 2007 as follows.

① your acceptance reaching
② your acceptance to reach
③ your acceptance to being reach
④ you to accept for reach

127. 다음 ( ) 안에 넣을 문장으로 나머지 세 개와 다른 의미의 문장을 고르시오.

> We are writing you with a keen desire ( )

① to enter into business relation with you.
② to establish a business with you.
③ to close a business with you.
④ to commence a business with you.

---

125. ②/ raise: 타동사로서 올리다, 들어 올리다의 의미이므로 to be raised가 되어야 함. He raises the price.: rise 자동사로서 값이 오르다의 의미이므로 수동태로 사용될 수 없다. The price rises./ decline: 하락하다, 거절하다. go down: 내려가다.
126. ①
127. ③/ close a business with you. 거래를 끝내다.

128. 다음 문장의 ( ) 안에 들어갈 전치사가 올바르게 배열된 것을 고르시오.

> We have drawn a draft ( ) you ( ) sight ( ) the invoice amount.

① to - on - for ② to - at - for
③ on - at - for ④ on - for - in

129. 다음 거래상담의 내용이 올바른 순서대로 배열된 것을 고르시오.

> ㉠ We have made you a counter offer for 500 dozen at US$10.00 per doz. Unless you can book at this figure, the offer must fall through.
> ㉡ In view of the current price in this market, your price is rather high. You must remember that the competition in this line is very strong.
> ㉢ Thank you very much for your inquiry against which we have today sent you the following firm offer.
> ㉣ We accept your counter offer of August 6 in order to execute the first transaction with you.

① ㉢-㉡-㉣-㉠ ② ㉢-㉡-㉠-㉣ ③ ㉡-㉢-㉣-㉠ ④ ㉡-㉢-㉠-㉣

130. 다음 신용조회 회신의 내용이 올바른 순서대로 배열된 것을 고르시오.

> ㉠ We would suggest you to pay most careful attention to the business with them.
> ㉡ We are pleased to report on the firm referred to in your letter of May 20.

---

128. ③
129. ②/ book: 주문받다, 예약하다. fall through: 실패로 끝나다. rush of heavy demand(strong demand): 많은 주문의 쇄도
130. ④/ short of cash: 현금부족/ short credit: 단기 신용공여(외상기일이

ⓒ We ask you to treat this information in strict confidence and without any responsibility on our part.
ⓓ Lately the company seems to be short of cash and meets its engagement with difficulty.

① ㉠-㉡-㉢-㉣ ② ㉠-㉢-㉡-㉣ ③ ㉡-㉠-㉣-㉢ ④ ㉡-㉣-㉠-㉢

131. 다음 클레임 제기 관련 서신의 내용이 올바른 순서대로 배열된 것을 고르시오.

㉠ This error is causing us much trouble with our customers.
㉡ We have received your goods covering our order No.618. Upon opening the case we have found them completely different.
㉢ Please let us know if you will take the goods back or let us sell them at a discount of 10%
㉣ We hope you will pay special attention to this matter.

① ㉢-㉣-㉡-㉠ ② ㉢-㉡-㉠-㉣ ③ ㉡-㉠-㉢-㉣ ④ ㉡-㉣-㉢-㉠

132. 다음 내용의 뒷부분에 나오는 문장으로 적절하지 않은 것을 고르시오.

They have opened with us since 1998. Since then we have been maintaining excellent business relations with them in complete satisfaction. Their latest financial statements shows healthy condition.

① You would not run the least risk in establishing a

짧은)/ meet one's engagement: 채무를 갚다.

131. ③ / open a branch to cover the East Asian region.: ~~을 맡다, 담당하다. the price barely covers the cost of production. 충당하다. In order to cover this shipment, we draw a draft. ~~에 대한 대금(결제)조로

132. ②/ opened with(= open an account with): ~와 거래관계를 시작하다. run(assume) a risk: 위험을 부담하다. not ~ the least risk: 조금도 ~ 않다.

connection with the firm.

② Business with them is recommended on a fully secured basis only.

③ We should have no reservation in recommending the firm.

④ Our opinion is that you can safely trust them in extending credit for the amount you mentioned.

133. 다음 내용의 뒷부분에 나오는 문장으로 적절하지 않은 것을 고르시오.

> We have received the 200 pieces of binoculars we have ordered on September 25, but deeply regret to inform you that 5 cases of your shipment were damaged.

① We must make a claim on you for compensation with regard to this shipment.

② Please accept our profound apologies for the trouble you have been put to.

③ We are therefore returning the pieces to you with freight collect.

④ We ask you to replace the damaged goods with right ones at once.

134. 다음 내용을 무역 영작할 때 (   ) 안에 들어갈 수 없는 것을 고르시오.

> 별도의 명시가 없다면 이 신용장은 2007년 6월 30일까지 유효합니다.
> ⇒ Unless otherwise specified, this credit (   ) June 30, 2007.

---

133. ②/ binoculars: 망원경/ make(raise) a claim: 클레임을 제기하다. claim on A for B: A에게 B(손해배상)를 요구하다, 청구하다. replace A with B: A를 B로 대체하다. profound apologies: 뜻 깊은 사과

134. ④

① is valid till
② has in force until
③ shall expire on
④ is to be open until

135. 다음 내용의 영작이 잘못된 것을 고르시오.

> 당사는 그 회사의 대리점이다.

① We are their agents.
② We are entrusted with the representation of the company.
③ We are represented by the firm.
④ We are representatives of the firms.

136. 다음 용어의 설명이 잘못된 것만 모은 것을 고르시오.

> ㉠ Abandonment : 위부
> ㉡ Specific Duty : 종가세
> ㉢ ETD : 도착예정일
> ㉣ GMQ : 판매적격 품질조건
> ㉤ General Average : 공동해손
> ㉥ Governing Law : 준거법

① ㉠,㉡ ② ㉡,㉢ ③ ㉢,㉣ ④ ㉤, ㉥

137. 다음 문장에서 밑줄 친 this가 지칭하는 것을 고르시오.

> *This* is so important that it is a problem affecting not only the price but also the sales and reputation of goods. So *this* is regarded as an important means to strengthen the competitive power in the heated competition nowadays.

① quality ② quantity ③ payment ④ delivery

---

135. ③/ be representatives of: ~~을 대표하다(represent).
136. ②/ specific duty: 종량세/ ad valorem duty: 종가세/ ETD: 출발예정일(Expected Time of Departure)/ ETA: 도착예정일(Expected Time of Arrival)
137. ①/ in heated competition: 가열된(과열) 경쟁 속에서

138. 다음 문장의 밑줄 친 this offer가 지칭하는 것을 고르시오.

> This offer, in fact, is a rejection of the offer. If a buyer doesn't agree to any or some of the transaction terms or a quotation or an offer, he makes this offer. In this offer, a new price as well as other new terms is suggested. Hence, it is a new offer, at the same time, the original offer lapses.

① firm offer ② free offer
③ conditional offer ④ counter offer

139. 다음 문장에서 설명하고 있는 내용과 관계가 있는 용어를 고르시오.

> In case of an export business covering a large amount of goods, it is necessary to make shipment in several lots by several carriers sailing on different dates.

① transshipment
② partial shipment
③ multimodal transportation
④ intermodal transportation

140. 다음 무역계약서의 권리침해 조항의 괄호 속에 들어갈 당사자를 순서대로 나열한 것은?

> Infringement: Buyer shall hold ( ) harmless from and against claims brought by the third parties due to any infringement with regard to patent, trade mark, design and/or copyright or chosen by ( ).

---

138. ④/ Hence(=therefore): 그러므로/ lapse: 소멸하다, 무효가 되다. counter offer: 반대청약/ firm offer: 확정청약/ free offer: 자유청약, 불확정청약/ conditional offer: 조건부청약
139. ②/ multimodal transportation: 복합운송/ intermodal transportation: 협동일관운송
140. ③/ infringement: (법규) 위반, 위배/ hold (save) harmless: 보호하다, (법률)(손해가 생겨도)책임을 면제하다. consignee: 수탁인, 수하인/

① consignee	shipper	② buyer	buyer
③ seller	buyer	④ applicant	beneficiary

141. 다음 신용장과 관련된 내용의 영문표현 중 잘못된 것을 고르시오.

① Honour means to pay at sight if the credit is available by sight payment.

② Banks deal with documents and not with goods, services or performance to which the documents may relate.

③ A credit is irrevocable even if there is no indication to that effect.

④ Beneficiary means the party on whose request the credit is issued.

142. 다음 문장의 괄호 안에 들어갈 가장 적절한 단어를 순서대로 나열한 것은?

> We will arrange ( ) our bank ( ) opening an L/C in your favor.

① to, of ② of, to ③ for, with ④ with, for

143. 다음에 설명하는 신용장 거래 관련은행들이 적절하게 연결된 것을 고르시오.

> ㉠ The bank is also known as the correspondent bank which is requested by the issuing to inform the beneficiary of a credit.
> ㉡ The bank which adds its own undertaking to that of the issuing bank.

---

beneficiary: 수익자, 수혜자

141. ④/ 신용장이 발행되도록 요구하는 당사자는 applicant로서 수입업자이다. honour: 인수지급하다.

142. ④/ arrange with A for B: B에 대하여 A와 합의를 보다.

143. ③/ be known as: ~로 알려져 있다.

ⓒ The bank that makes negotiation to the beneficiary against the presentation of shipping documents.
ⓓ The bank which opens the credit initially and acts for the applicant.

① confirming bank - advising bank - negotiation bank - issuing bank
② confirming bank - advising bank - issuing bank - negotiation bank
③ advising bank - confirming bank - negotiation bank - issuing bank
④ advising bank - confirming bank - issuing bank - negotiation bank

144. 신용장통일규칙(UCP600) 제3조에 나오는 내용으로 괄호 안에 들어갈 적합한 단어는?

The words 'from' and 'after' when used to determine a maturity date (　) the date mentioned.

① regard　② disregard　③ include　④ exclude

145. 다음 문장에서 설명하고 있는 화물의 종류를 보기에서 고르시오.

Cargo that makes up of unpacked commodity; for example, grain, oil, and ore.

① bulk cargo　② container cargo
③ minimum cargo　④ maximum cargo

144. ④/ from과 after는 언급된 날이 제외된 만기일을 결정하는 경우에 사용되어야 하며, from과 after는 언급된 날을 배제한다.
145. ①/ bulk cargo: 산적화물 또는 살물이라고 하며 곡물, 석탄, 오일, 광석, 유황, 목재, 갱목, 신탄, 선철, 강철, 증기기관차, 트랙트 등과 같이 포장되지 않은 상품을 말함./ ore: 광석/ makes up of: ~~을 구성하다, ~~을 채우다.

146. 다음 문장의 괄호 속에 넣을 단어로 적절하지 않은 것을 고르시오.

> The quality you ordered is out of stock at present, but we can recommend Item No.1231 as (   ).

① a substitute ② a replacement
③ a substance ④ an alternative one

147. 다음 문장의 괄호 속에 들어갈 가장 적절한 단어를 고르시오.

> The date of Bill of Lading shall be taken as a(n) (   ) proof of the date of shipment.

① conclusive ② exclusive ③ uncertain ④ restricted

148. 다음 문장의 밑줄 친 부분의 해석이 잘못된 것을 고르시오.

> Your ① *Account Sales* has been examined and found ② *in order*. We have accordingly drawn on you at sight for the amount ③ *due to us* and should be glad if you would ④ *meet our draft* on presentation.

① 매출계산서 ② 제때에
③ 우리에게 갚아야 할 ④ 환어음을 결제하다

149. 다음 용어의 설명이 잘못된 것을 고르시오.

① Tenor of the Draft : The day by which a bill of exchange must be paid.
② Trade Deficit : A nation's excess of imports over exports

---

146. ③/ substance: 물질
147. ①/ be taken as: ~~로 취급되다, 그대로 받아드리다, 일을 처리하다. conclusive proof: 확증
148. ②/ in order: 차례대로/ in time: 제때에
149. ④ payment가 아니라 acceptance(인수)를 말함. must be p.p.: ~~임이 틀림없다. consolidation: 혼적, 정리, 통합, 합병

over a period of time.

③ Consolidation : In transportation, the combining of smaller shipments into a single shipment that is sent to a destination point.

④ Payment : A draft calling for payment on a future date which the drawee has agreed to pay signing 'accepted' on the draft.

150. 다음 내용의 밑줄 친 부분과 관련이 있는 것을 고르시오.

> A transport document bearing a clause such as *shipper's load and count* and said by shipper to contain is acceptable.

① 고지약관 ② 부지약관 ③ 처리약관 ④ 이행약관

151. 다음에서 설명하는 운송서류의 종류를 보기에서 고르시오.

> This transport document is one which bears no clause or notation which expressly declares a defective condition of the goods and/or the packaging.

① Clean transport document
② Foul transport document
③ Combined transport document
④ Stale transport document

152. 다음에서 설명하고 있는 가격조건을 고르시오.

> Title, risk and insurance cost pass to the buyer when delivered to carrier by a seller who pays transportation cost to destination, used for any mode of transportation.

---

150. ②/ unknown clause: 부지약관(송하인이 컨테이너에 화물을 적입하고 셈하였으므로 운송인은 선적된 운송품의 내용을 알지 못한다는 약관)
151. ① 무사고운송서류/ declare: 분명히 하다.
152. ③/ CPT(운송비지급필 인도조건)에서 지정목적지점까지 계약물품의 운송

① CFR ② CIF ③ CPT ④ CIP

153. 다음 문장에서 설명하는 가격조건을 보기에서 고르시오.

> The seller fulfills his obligation to deliver when the goods have been made available to the buyer on board the ship uncleared for import at the named port of destination. The seller has to bear all costs and risks involved in bringing the goods to the named port of destination.

① CFR ② CIF ③ DAF ④ DES

154. 다음 영문에서 설명하고 있는 내용과 가장 관련이 있는 것을 고르시오.

> A notice to importer by shipping line regarding the shipment which just landed or is to land on the port of destination.

① shipping notice ② departing notice
③ arrival notice ④ loading notice

155. 신용장에서 요구하는 B/L로 적절하지 않은 것을 고르시오.

> FULL SET OF CLEAN ON BOARD BILL OF LADING MADE OUT TO ORDER MARKED FREIGHT PREPAID NOTIFY XYZ CO.

① Clean B/L ② On Board B/L
③ Through B/L ④ Order B/L

에 소요되는 운임을 매도인이 지급함.
153. ④/ be involved in: ~와 깊은 관련이 있다.
154. ③/ 착하통지란 선사가 선적품이 목적항에 도착 또는 도착예정 일자를 수입업자에게 알리는 것을 말한다. land on: 양륙하다.
155. ③/ Through B/L: 통(통과)선하증권

156. 다음 내용의 영작이 가장 잘된 것을 고르시오.

> 귀사가 당사에게 발송할 어떤 주문도 가장 낮은 가격과 가능한 최고의 조건으로 수행되어질 것을 귀사가 확신할 것입니다.

① You may be assured that any orders we may send you will be executed at the reasonable price and on the best terms possible.

② You may be assured that any orders we may send you will be quoted at the lowest price and on the best terms possible.

③ You may be assured that any orders you may send us will be executed at the competitive price and on the best terms possible.

④ You may be assured that any orders you may send us will be quoted at the lowest price and on the best terms possible.

157. 다음 문장의 밑줄 친 부분에 들어갈 내용으로 적절하지 않은 것을 고르시오.

> Owing to the rush of orders from China, the market is strong and our materials are almost exhausted. Therefore, -------------.

① We are willing to allow a special discount of 10% off the price list.

② We would suggest that you place an order promptly.

---

156. ③/ may be assured: 조동사 + 수동태(may는 ~~해도 좋다)/ ① we may send you는 you may send us가 되어야 함. ② any orders we may send you will be quoted는 any orders you may send us will be executed가 되어야 함. ④ quoted가 executed가 되어야 함.

157. ①/ exhausted: 소모된

③ We are not in a position to promise delivery within four weeks.

④ We regret that we are unable to allow you any discount in this instance.

158. 첫 문장에 이어지는 내용으로서 동일한 필자가 쓴 것으로 적절하지 않는 것은?

> Our end-users report that yours will be competing with other best selling chinaware in price if the price reduction is made up to $3.

① Under such circumstances, we would like to refrain placing an order with you if our revised price is unacceptable.

② Under such circumstances, we are in a position to place an order with you provided you allow us a discount as stated in our revised price list.

③ Under such circumstances, we shall be glad to accept your offer if our revised price is acceptable.

④ Under such circumstances, we shall be pleased to allow you the requested discount to materialize this initial business with you.

159. 다음 괄호 안에 들어갈 거래 당사자를 고르시오.

> Upon checking the L/C carefully, however, we found it stipulates 'freight prepaid'. As you might understand we have contracted by FOB basis. Accordingly, the term 'freight collect' should be used because the (   ) should pay the ocean freight.

① exporter ② importer ③ carrier ④ shipowner

---

158. ④/ end-users: 최종 소비자/ made up to: ~에 근접하려고 하자, ~에게 보상하다. would like: want의 공손한 표현/ refrain : 그만두다, 참다.

159. ②

160. 다음은 UCP 600의 내용이다. 다음 문장의 빈 칸에 알맞은 서류의 유형을 고르시오.

> A(n) (   ) will be accepted as an original whether marked as an original or not.

① rail or inland waterway transport document
② road transport document
③ air transport document
④ courier receipt

161. 다음은 UCP 600의 내용이다. 다음 빈 칸에 알맞지 않은 것을 고르시오.

> A bank assumes no liabilities or responsibilities for the form, (①), accuracy,
> (②), (③) or legal effect of any document, or for the general or particular conditions stipulated in a document or (④) thereon.

① sufficiency ② genuineness
③ falsification ④ superenclosed

162. 다음 중 연결이 서로 잘못된 것을 고르시오.
① Foul B/L - Dirty B/L
② Time Charter - Term Charter
③ Shipping Conference - Navigation Conference
④ Dock Receipt - Mate's Receipt

---

160. ①/ rail or inland waterway: 철도 또는 내륙수로 운송서류
161. ④/ sufficiency: 충분성/ falsification: 위조/ genuineness: 진정성
162. ④/ foul B/L: 고장부선하증권/ Time Charter: 정기용선/ Shipping Conference: 해운동맹/ Dock Receipt(D/R): 부두수취증/ Mate's Receipt (M/R): 본선수취증

163. 다음 문장이 설명하는 단어를 고르시오.

> Bill of Lading issued by freight forwarders who consolidate several cargoes belonging to different owners or forming the subject-matter of different export transactions in one consignment shipped under a groupage bill of lading issued by the carrier to the forwarder.

① Stale B/L　② Master B/L
③ House B/L　④ Forwarder's Waybill

164. 다음 빈 칸에 알맞은 단어를 고르시오.

> (　) means that the charterer must load and/or discharge as quickly as possible depending on the prevailing circumstances at the loading/discharging place.

① CQD　②WWD　③ SHEX　④ SHEXEIU

165. 다음 용어의 관계가 서로 잘못된 것을 고르시오.

① Vanning - Devanning
② Demurrage - Despatch money

---

163. ③/ consolidate: 혼적하다. groupage B/L: 집단선하증권(master B/L의 하나)/ house B/L: 혼적(화물)선하증권: 포워더(운송중개업자)가 대규모의 운송이 이루어지게 되는 master B/L을 근거로 개별 화물에 대하여 발행하는 B/L

164. ①/ CQD(customary quick despatch): 관습적 조속하역으로 해당항구의 관습적 하역에 따라 가능한 빨리 적양하는 방식/ WWD(weather working day): 호천(청천)하역일로서 하역작업이 가능한 날만을 정박기간에 산입하는 방식/ SHEX(sundays and holidays excepted): 호천일이라도 일요일과 공휴일은 근로일이 아니므로 정박기간에 산정하지 않는 방식/ SHEXEIU(sundays and holidays excepted(excluded) even if used): 일요일과 공휴일에 작업을 하더라도 정박기간에 산정하지 않는 방식/ prevailing: 우세한

165. ④/ vanning, stuffing: 적입/ devanning, stripping, unstuffing,

③ Liner - Tramper

④ Liner terms - Berth term

166. 다음 문장의 빈 칸에 알맞은 내용이 순서대로 연결된 것을 고르시오.

> Carriage of goods ( ) contrary to express agreement for carriage ( ) is deemed to be an ( ) or ( ) of the carrier.

① on deck-under deck-act-omission

② under deck-on deck-act-omission

③ on deck-under deck-breach-neglect

④ under deck-on deck-breach-neglect

167. 다음 용어에 대한 설명이 틀린 것을 고르시오.

① Jettison - To throw goods or rackle overboard to lighten a ship in distress.

② Average adjuster - An expert in loss adjustment in marine insurance, particular with regard to hulls and hull interest.

③ Expropriation - The taking of possession by a government of someone else's property or goods.

④ Latent defer - Defect which could be discovered by reasonable and customary inspection.

---

destuffing: 반출/ demurrage: 체선료/ despatch money: 조출료/ liner: 정기선/ tramper: 부정기선/ liner terms(= berth term): 정기선 조건(선내하역 비용부담 조건의 하나로 선적비용과 양륙비용을 모두 선주가 부담하는 조건)

166. ①/ on deck: 갑판(적재)/ under deck: 선내(적재)/ act: 작위/ omission: 부작위

167. ④/ jettison: 투하/ ship in distress: 조난선/ distress: 재난, 조난/ average adjuster: 해손정산인/ loss adjustment: 손재 정산/ hulls: 선체/ hull interest: 선체이익/ expropriation: 재산몰수, 소유권 박탈/ latent defer: 잠재적 하자(합당하고 관습적인 검사로 발견될 수 없는 하자)

168. 다음 용어의 연결이 서로 틀린 것을 고르시오.

① Bill of Exchange - Draft
② Red Clause L/C - Packing Credit
③ Open Account - Escrow Account
④ Open Credit - General Credit

169. 다음의 용어에 대한 설명이 틀린 것을 고르시오.

① Maturity date - Due date of payment of a usance bill or promissory note.
② Tenor - Term or period of credit granted by the drawer of bill of exchange.
③ Drawee - Party on whom a bill is drawn and the one to whom presentation is to be made according to the collection order.
④ Clean collection - Collection of financial documents accompanied by commercial documents.

170. 다음 중 밑줄 친 단어와 괄호 안의 단어가 같은 의미가 아닌 것은?

① We suggest that you should make further *shading* of prices. (allowance)
② The *captioned* goods will prove suitable for your market in price. (above)
③ The result of sale *fell short of* our expectation. (was scanty)
④ The first available vessel *clears* on December 10, 2007. (takes the customs procedures)

---

168. ③/ Open Account: 상호계정/ Escrow Account: 기탁계정/ Red Clause L/C, Packing Credit, advance payment L/C: 선지급신용장
169. ④/ Clean collection: 무담보 추심
170. ④/ shading(=allowance): (값을)조금 내리기/ The captioned goods =The above goods/ be scanty(=fell short): 부족하다. clear: 출항하다. takes the customs procedures: 세관절차를 밟다.

171. 다음의 내용과 관련 있는 약관과 그 신용장의 유형이 잘 연결된 것을 고르시오.

> We hereby agree with the drawer, endorser and bona-fide holder of drafts drawn under and in compliance with the term of this credit that such drafts shall be duly honored on presentation and surrender of the documents.

① Engagement clause - Open Credit
② Compliance clause - Usance Credit
③ Payment clause - Sight Payment Credit
④ Endorsement clause - General Credit

172. 다음 보험 관련 용어의 연결이 잘못된 것을 고르시오.

① subject - matter insured : 보험목적물
② the sum insured : 보험 청구액
③ insurable value : 보험가액
④ insurance premium : 보험료

173. 다음 문장이 의미하는 단어를 고르시오.

> This contract is one which requires or authorizes the delivery of goods in separate lots to be separately accepted, even though the contract contains a clause "each delivery is a separate contract" or its equivalent.

① indent contract ② Installment contract
③ agency contract ④ Consignment contract

---

171. ① (지급확약문언-개방신용장)/ surrender: 넘겨주다. endorsement clause: 배서조항
172. ②/ the sum insured(= insured amount): 보험금액/ insurance claimed: 보험 청구액
173. ②/ indent contract: 주문계약/ Installment contract: 할부계약/ agency contract: 대리점계약/ Consignment contract: 위탁판매계약

174. 다음 문장이 의미하는 것을 고르시오.

> Relation in which one person acts for or represents another by latter's authority, either in the relationship of principal and agent, master and servant or employer and independent contractor.

① agency ② agreement
③ del credere ④ authorization

175. 다음은 UCP 600의 용어에 대한 정의로 틀린 것을 고르시오.

① Applicant means the party at whose request the credit is issued.
② Confirmation means a definite undertaking of the confirming bank, in addition to that of the issuing bank, to honour or negotiate a complying presentation.
③ Credit means any arrangement, however named or described, that is revocable and thereby constitutes a definite undertaking of the issuing bank to honour a complying presentation.
④ Banking day means a day on which a bank is regularly open at the place at which an act subject to these rules is to be performed.

176. 다음 빈 칸에 알맞은 단어가 아닌 것을 고르시오.

> We have paid your draft on us for ₩500,000 in favor of Messrs. Kims & Co. on due date and have ( ) the amount to your debit.

① debited ② placed ③ carried ④ passed

---

174. ①/ del credere: 지급보증
175. ③
176. ①/ debit: 차변에 기재하다. place(carry, pass) A to one's debit(= debit A to one's account): A를 차변에 기재하다.

177. 다음 밑줄 친 내용과 괄호 안의 단어와 같은 의미가 아닌 것은?

① It is our *ardent* wish to establish a wide sales-network of these lines with your powerful cooperation. (passionate)

② Such knowledge is *requisite* if we are to make the most favorable selections. (dispensable)

③ We thank you for your letter of May 6 proposing business in *Sundry goods* ranging from Belts to Umbrellas. (supplies)

④ However, if you require more detailed information, we will immediately send the *necessary details* to meet your demands. (requirements)

178. 다음은 인코텀즈의 전문 내용 중 일부이다. 빈 칸(ⓐ, ⓑ, ⓒ)에 알맞은 단어로 구성된 것을 고르시오.

> The term "(ⓐ)" may be used for any (ⓐ) including that or the country of export. Therefore, it is of vital (ⓑ) that the (ⓐ) in (ⓒ) be defined precisely by always naming the point and place in the term.

① frontier - importance - question

② quay - essence - concern

③ alongside ship - importance - question

④ works - essence - concern

---

177. ②/ ardent(=passionate): 열렬한/ requisite(=indispensible): 필요한, 불가결한 없어서는 안 되는/ dispensable: 없어도 되는, 그다지 중요하지 않는

178. ①/ name: 지정하다. quay: 부두

179. 다음 문장이 의미하는 조건을 고르시오.

> The seller delivers the goods, cleared for export, to the carrier nominated by the buyer at the named place. And this term may be used irrespective of the mode transport, including multimodal transport.

① FOB ② DDU ③ FCA ④ EXW

180. To put the matter right, we shipped (　) for all items you have found unsatisfactory. 괄호 속에 적합한 것은?

① letter of credit ② inferior goods
③ replacements ④ expenses

---

179. ③/ irrespective of: ~에 상관없이/ FCA(운송인인도조건): 지정된 장소에서 매수인이 지정한 운송인의 관리 하에 수출통관된 물품을 인도하는 조건.

180. ③

제 2 장 2015년도 무역영어 기출문제(제3회, A형)

1. 무역영어 3급

〈제1과목〉 영문해석

1. 다음 서신의 결제양식에 해당하는 것은?

> **The Bank of Scotland**
> **London**
>
> SOCL-152355 23th July, 2015
> For US$ 350.00
> Pay against this check
> to the order of Kim Minsu
> US$ Three Hundred and Fifty only
> To: Seoul First Bank The Bank of Scotland
> Seoul, Republic of Korea John Heywood
> Export Manager

① Demand draft ② Letter of credit
③ D/A contract sheet ④ Post receipt

---

1. ①/ Demand draft: 송금수표

[2~3] 다음 서신을 읽고 물음에 답하시오.

> Thank you very much for your letter of June 21.
> We have arranged with *(A) the Bank of London* for an Irrevocable Letter of Credit in your favor for USD300,000.00 covering the amount of our order No.190. The advising bank, The Korea Exchange Bank in your city, will send you the L/C within a few days.

2. 위 서신을 작성한 의도는 무엇인가?

① Shipping Advice ② Amendment of L/C
③ Advice of L/C opening ④ Payment Request

3. 밑줄 친 (A)가 가리키는 대상으로 옳은 것은?

① Notifying Bank ② Confirming Bank
③ Issuing Bank ④ Negotiating Bank

4. UCP600에 관한 내용으로 ( ) 안에 들어갈 가장 적합한 단어는?

> The words "before" and "after" when used to determine a period of shipment ( ) the date mentioned.

① determine ② include ③ exclude ④ occur

5. 밑줄 친 부분의 해석으로 올바른 것은?

> We submit the following *offer subject to our final confirmation.*

① 반품허용조건부 청약 ② 최종확인조건부 청약
③ 선착순판매조건부 청약 ④ 최종주문조건부 청약

---

2. ③
3. ③
4. ③
5. ②

6. 다음 영문을 가장 올바르게 해석한 것은?

Expenses relating to sample shall be borne by the respective senders.

① 견본을 포함한 비용은 각 당사자가 부담한다.
② 견본을 제외한 비용은 구매자가 부담한다.
③ 견본과 관련한 비용은 발송자 부담으로 한다.
④ 비용과 견본 둘 다 발송자가 지불한다.

7. 계약서 내용 중 ( ) 안에 적합한 단어로 올바르게 짝지어진 것은?

(A) : 1,000 corrugated cardboard cases
(B) : Within 6 weeks after receipt of L/C

① article - packing ② packing - shipment
③ payment - quantity ④ quantity - payment

8. 밑줄 친 부분과 의미가 다른 것은?

The stock on hand at present will be sold at a <u>*reduction*</u> of 5%.

① price off ② advance ③ allowance ④ discount

[9~11] 다음 서신을 읽고 물음에 답하시오.

Your name has been given by the London Chamber of Commerce as one of the reliable importers of mobile phone. We are, therefore, writing you <u>*(A) with a desire to have business connections with you.*</u>

In introducing ourselves to you, we are pleased to comment that

6. ③
7. ②
8. ②

we have been engaged in shipping mobile phones of all functions to all over the world enjoying a good reputation for a good many years.
Because of our excellent organization for conducting export business, we may state that should you favorably consider our proposal. *(B) We are in a position to* supply you with A1 goods at competitive prices.

9. 위 서신을 작성한 의도는 무엇인가?
① 거래제의 ② 신용조회 ③ 재고문의 ④ 상품주문

10. 밑줄 친 (A) 부분을 해석한 것으로 가장 적합한 것은?
① 귀사가 집중하고 있는 사업 분야에 대해서
② 귀사의 연락처를 알고 싶어서
③ 당사의 사업규모를 확장하고 싶어서
④ 귀사와 사업을 시작해보고자

11. 밑줄 친 (B) 부분과 같은 의미를 갖는 것은?
① it is impossible to ② we will be able to
③ it is imperative to ④ we are advised

[12~14] 다음 용어의 해석으로 가장 옳지 않은 것을 고르시오.

12.
① Net Weight : 총중량 ② Measurement : 용적
③ On board date : 선적일 ④ Counter mark : 부화인

---

9. ①
10. ④
11. ②
12. ①/ Net Weight: 순중량

13.

① proforma invoice : 견적송장 ② deferred payment : 일람지급
③ nominated bank : 지정은행 ④ claiming bank : 청구은행

14.

① BOLERO(Bill of Lading Electronic Registry Organization) : 선화증권전자등록기구
② SWIFT(Society for Worldwide Interbank Financial Tele-communication) : 국제은행 간 자금결제 통신망
③ UCP 600(Uniform Customs and Practice for Documentary Credits, Publication No. 600) : 신용장통일규칙 600
④ Incoterms 2010(ICC Rules for the Use of Domestic and International Trade Terms 2010) : 국내 및 국제 무역 조건의 사용에 관한 협회적화약관 규칙

[15~16] 다음 서신을 읽고 물음에 답하시오.

> We hope to build up business connections with Yiwu Electronic Co., Ltd., in China.
> We shall be obliged if you kindly give us detailed information on their general business reputation, business conduct and financial rating for reference in our decision-making. Their bank, *we are informed*, is
> Bank of China, Yiwu Branch
> No. 333, Chouzhou North Road,
> Yiwu City, Zhejiang, China,
> You may rest assured that your information will be kept private and confidential.

---

13. ②/ deferred payment: 연지급
14. ④/ Incoterms 2010(ICC Rules for the Use of Domestic and International Trade Terms 2010): 국내 및 국제 무역 조건의 사용에 관한 국제상업회의소 규칙)

15. 위 서신을 작성한 의도는 무엇인가?

① Credit Inquiry ② Request for Introduction
③ Business Proposal ④ Report on Credit Information

16. 밑줄 친 부분 대신 쓸 수 있는 것은?

① we are told ② we are pleased
③ we are enquired ④ we are advising

17. 다음 문장의 해석으로 옳지 않은 것은?

① We are pleased to pass the orders to you as follows. → 귀사에게 다음의 상품을 기꺼이 주문하는 바입니다.
② Because of a recent rise in the prices of the raw materials, we have raised the price of this commodities by 20%. → 최근 원료 가격의 상승으로 인하여 물품 가격을 20% 까지 인상했습니다.
③ We must claim an allowance of at least US$100 per doz. → 다스 당 적어도 미화 100달러의 할인을 요구합니다.
④ Please send us full descriptions of cotton goods and state your earliest delivery. → 귀사 면제품의 상세한 내용과 최종 선적기일을 알려주시기 바랍니다.

18. ( ) 안에 들어갈 적절한 단어를 순서대로 올바르게 나열한 것은?

> We ( ) the Chamber of Commerce in your city ( ) your name and address as reliable importers of electronic vacuum cleaners, and are writing you with a desire to open an account with you. We have been doing business for more than twenty years as exporters and leading makers of various electronic vacuum cleaners.

---

15. ①
16. ①
17. ④/ your earliest delivery: 가장 빠른 인도일자
18. ②

① owe - to
② are indebted to - for
③ through the kindness of - from
④ have been introduced - by

19. 다음 내용이 의미하는 대금결제 조건에 해당하는 것은?

> [A] This method is similar to cash against documents, under the terms the bill can be drawn payable at sight.
> [B] An arrangement under which an exporter instructs the presenting bank to hand over shipping documents to the importer only if the importer fully pays the accompanying bill of exchange or draft.

① D/A ② D/P ③ COD ④ CWO

20. 계약의 성립시기에 관한 내용이다. ( ) 안에 알맞은 단어로 옳은 것은?

> A contract is ( ) at the moment when an acceptance of an offer becomes effective in accordance with the provisions of this Convention.
> → 계약은 이 협약의 규정에 따라 청약에 대한 승낙이 효력을 발생한 때에 성립된다.

① delayed ② opened ③ negotiated ④ concluded

21. 다음 결제 방식 중 선지급(Payment in Advance) 조건에 해당하는 것은?

① Open Account, Cash With Order, Advance Remittance
② Open Account, Advance Remittance, D/P

---

19. ②
20. ④
21. ④

③ Cash With Order, D/P, Packing L/C
④ Cash With Order, Advance Remittance, Red Clause L/C

[22~23] 다음 문장의 밑줄 친 부분과 의미가 가장 다른 것을 고르시오.

22.

We expect to be able to place large orders with you if you can quote with fully *competitive* prices.

① favorable ② attractive ③ reasonable ④ prohibitive

23.

Seller must notify buyer *without loss of time* that the goods have been delivered on board the vessel.

① without delay ② without charge
③ without wasting time ④ at once

[24~25] 다음 문장의 밑줄 친 부분과 의미가 같은 것을 고르시오.

24.

Will you please send us your catalog together with full details of your export prices, *delivery* and other terms of business?

① payment ② insurance ③ settlement ④ shipment

25.

A special discount of 10% is to be accorded on a *large order*.

① repeat order ② trial order
③ heavy order ④ initial order

22. ④
23. ②
24. ④
25. ③

〈제2과목〉 영작문

[26~27] 다음 우리말을 영어로 옮길 때 옳지 않은 것을 고르시오.

26. 회신편으로 정식주문을 해주시길 바랍니다.

① Please accept our formal order by return.
② We hope you will place a formal order with us by return.
③ Your formal order by return will be greatly appreciated.
④ We hope you will favor us with a formal order by return.

27. 귀 도시의 상공회의소로부터 귀사의 이름을 알게 되었습니다.

① We have learned your name from the Chamber of Commerce in your city.
② We owed your name to the Chamber of Commerce in your city.
③ Your name has been given to us by the Chamber of Commerce in your city.
④ We are informed of your name for the Chamber of Commerce in your city.

[28~29] 다음 우리말을 영어로 옮길 때 ( ) 안에 들어갈 적합한 단어들로 올바르게 짝지어진 것을 고르시오.

28.

다른 정보가 필요하시면 언제든지 이메일로 연락주십시오. → ( ) you like to have any further information, please do not ( ) to contact us by e-mail.

26. ①
27. ④
28. ③

① Whether - haste ② Whether - hesitate
③ Should - hesitate ④ Should - haste

29.

서류는 신용장의 발행일자보다 이전의 일자가 기재될 수 있으나, 그 서류의 제시일보다 늦은 일자가 기재되어서는 안 된다. → A document may be dated prior to the ( ) of the credit, but must not be dated later than its ( ).

① expiry date - date of negotiation
② assurance date - date of acceptance
③ insurance date - date of reimbursement
④ issuance date - date of presentation

[30~34] 다음 우리말을 영어로 옮길 때 가장 옳은 것을 고르시오.

30. 당사의 반대청약은 귀사가 15일 이내에 배송을 보장하실 때에만 유효합니다.

① Our counter offer holds good provided that you deliver after 15 days.
② Our counter offer expires provided that you guarantee delivery within 15 days.
③ Our counter offer is valid only if you can guarantee delivery within 15 days.
④ Our counter offer is void if you can guarantee delivery in 15 days.

---

29. ④
30. ③

31. 귀사의 서신에 대한 회신으로, 다음 회사를 추천하고자 합니다.

① Regarding to your letter, we are obliged to recommend you the above firms.

② Returning to your mail, we are please to recommend the under firms.

③ Respecting your mail, please recommend us the below firms.

④ Replying to your letter, we are happy to recommend you the following firms.

32. 당사는 거래은행에 분할선적을 허용하도록 신용장 조건의 수정을 지시했습니다.

① We have instructed our bankers to correct the terms of the L/C so that transhipment may be allowed.

② We instructed our bankers to issue an L/C so that transhipment may be permitted.

③ We have instructed our banks to modify the terms of the L/C not to allow partial shipment.

④ We instructed our bankers to amend the L/C so that partial shipment may be allowed.

33. 이 판매 약정서를 확인한 후 서명하시고, 그 부본을 매도인에게 보내주십시오.

① Please confirm and sign the copy of the purchase note after returning this.

② Please sign and return the duplicate to the seller after confirming this sales note.

---

31. ④
32. ④
33. ②

③ Please confirm and sign the original of this sales note and return to the seller.

④ Please sign and return the duplicate to the seller after confirming this purchase note.

34. 선화증권, 상업송장, 보험증권, 포장명세서 및 원산지 증명서의 사본을 팩스로 보냈습니다.

① You will find faxed copies of Bill of Exchange, Commercial Invoice, Insurance Policy, Packing List, and Certificate of Original.

② We faxed copies of Bill of Lading, Commercial Invoice, Insurance Policy, Packing List, and Certificate of Origin.

③ You will find faxed copies of Bill of Lading, Consular Invoice, Insurance Certificate, Packing List, and Certificate of Origin.

④ We faxed copies of Bill of Lading, Commercial Invoice, Insurance Certificate, Price List, and Certificate of Origin.

35. 아래 서신을 작성한 의도는 무엇인가?

> May we remind you that the first quarter statement for USD15,000 is yet overdue? Perhaps you overlooked it?
> Attachment file is our debit note No.3456 which we hope you will settle as quickly as possible.

① Asking for clearance of delayed payment

② Request for settling delay in shipment

③ Replying for settlement received

④ Warning of the delay of shipment

---

34. ②
35. ①

36. 다음 문장에서 ( ) 안에 들어갈 용어로 가장 옳은 것은?

> Some countries restrict the quantity of import allowed to enter their domestic market. This is called ( ).

① Quota ② Tariff Barrier
③ Subsidies ④ Import Deposit

37. 다음 우리말을 영어로 옮길 때 밑줄 친 부분에 들어갈 표현으로 옳지 않은 것은?

> 귀사의 요청에 따라, 당사는 다음과 같이 견적을 보냅니다.
> → ________________, we are pleased to quote you as follows.

① In accordance with your request
② As you requested
③ As per your request
④ On behalf of your request

38. ( ) 안에 들어갈 단어로 가장 옳은 것은?

> As far as we know, they ( ) a good reputation as one of reliable importers here.

① engage ② favored ③ enjoy ④ extend

[39~42] 다음 서신을 잘 읽고 물음에 답하시오.

> Color TV Set
>
> <u>(가) 3월 3일자 귀사의 조회를 잘 받았습니다.</u>
> As requested, we are sending you separately 3 copies of the latest

36. ①
37. ④
38. ③

catalog showing the products of the ABC Electronic Company Ltd. together with a price list indicating our (나) 뉴욕공항 도착 운송비 및 보험료지급 가격조건

Delivery will depend on the quantities you may require, but up to 1,000 sets for each model we can ship immediately on receipt of your order and letter of credit.

Since material and labor costs have been steadily rising since the beginning of this year, (다) ______.

(라) 귀사의 호의적인 회답을 기대합니다.

39. 밑줄 친 (가) 부분을 영어로 옮길 때 옳지 않은 것은?

① We have received with thanks your inquiry of March 3.

② We are obliged for your inquiry of March 3.

③ We would appreciate for your inquiry of March 3.

④ Thank you very much for your inquiry of March 3.

40. 밑줄 친 (나) 부분을 영어로 옮길 때 옳은 것은?

① CPT New York Airport ② DAP New York Airport

③ CIF New York Airport ④ CIP New York Airport

41. 내용이 잘 연결될 수 있도록 (다)에 들어갈 적합한 영어 표현은?

① early remittance would be highly appreciated

② we hope you will kindly settle it as soon as possible

③ your immediate attention on this offer is recommended

④ please accept our sincere apology for the mistake

---

39. ③
40. ④
41. ③

42. 밑줄 친 (라) 부분을 영어로 옮길 때 옳은 것은?

① We are looking forward to receiving your favorable reply.
② We look forward to receive your immediate reply.
③ We expect to receiving your profitable reply.
④ We look forward to your following reply.

[43~44] 다음 우리말을 영어로 옮길 때 ( ) 안에 가장 적합한 단어를 고르시오.

43.

> 그 회사는 상당한 연체금액을 결제하지 못하고 있습니다. → The firm fails to settle a ( ) amount.

① petty unpaid ② substantial overdue
③ considerable credit ④ insignificant delayed

44.

> 금액이나 수량에 있어서 5% 과부족이 용인된다. → ( ) of 5% more or less in amount and quantity is acceptable.

① Reduction ② Transaction ③ Tolerance ④ Shipment

[45~46] 다음 우리말을 영작하려고 할 때 주어진 단어나 어구가 올바르게 배열된 것을 고르시오.

45.

> 홍콩화 2천 달러 금액을 귀사의 계정에 정히 입금하였습니다.
> (A) the amount (B) to your account (C) duly credited
> (D) has been (E) of HKD2,000

42. ①
43. ②
44. ③
45. ④

① (A)-(B)-(C)-(D)-(E) ② (A)-(C)-(B)-(D)-(E)
③ (A)-(D)-(E)-(C)-(B) ④ (A)-(E)-(D)-(C)-(B)

46.

당사에게 상기 물품을 취급하는데 관심이 있는 수입업자들을 소개해 주시겠습니까?
(A) would you (B) handling the above goods
(C) introduce to us (D) are interested in
(E) some importers who

① (A)-(B)-(C)-(D)-(E) ② (A)-(C)-(B)-(D)-(E)
③ (A)-(C)-(E)-(D)-(B) ④ (A)-(D)-(C)-(E)-(B)

47. 아래 서신의 밑줄 친 부분에서 네고 시 수출상에게 은행이 적용하는 환율은?

As agreed upon, we have drawn a draft on Singapore Bank for HKD175,000.00 under on irrevocable L/C No.5678, and have *negotiated* it through Korea Exchange Bank. For your reference, we are sending you an invoice and a bill of lading by attachment. We trust that the goods will reach you in good condition and give you complete satisfaction.

① T/C Selling Rate ② T/T Selling Rate
③ T/C Buying Rate ④ T/T Buying Rate

[48~49] 다음은 통신문을 영문으로 옮긴 것이다. 물음에 답하시오.

신용장 제101호를 아래와 같이 (가) 수정해 주십시오.
(1) 유효기간을 5 월 31 일로 연장할 것

46. ③
47. ④

(2) 총액을 미화 20,000 불로 할 것
(3) 환적에서 (나) '금지' 대신 '허용' 으로 표시할 것

Please (가) the L/C No.101 as follows:
(1) Validity to be extended till May 31.
(2) Amount to US$20,000.
(3) Transhipment to be marked (나)

48. (가) 안에 들어갈 단어로 적합하지 않은 것은?

① revise ② modify ③ amend ④ transfer

49. (나) 안에 들어갈 적합한 표현은?

① "prohibited" instead of "allowed"
② "prohibited" in spite of "allowed"
③ "allowed" instead of "prohibited"
④ "allowed" in spite of "prohibited"

50. 다음 우리말을 영어로 옮길 때 ( ) 안에 들어갈 단어가 가장 올바르게 배열된 것은?

상품을 정시에 선적할 수 있도록 즉시 신용장을 개설해 주십시오. →
Please open an L/C immediately ( ) to ship them on time.
(1) so (2) enable (3) to (4) us (5) as

① (1)-(2)-(3)-(4)-(5) ② (1)-(5)-(3)-(2)-(4)
③ (3)-(2)-(5)-(4)-(1) ④ (3)-(4)-(2)-(1)-(5)

48. ④
49. ③
50. ②

2. 무역영어 2급

〈제1과목〉 영문해석

1. Choose the one which has an awkward word in a blank.
   ① An acceptance of an offer become (　) at the moment the indication of assent reaches the offeror. (effective)
   ② As a step for trade contract, the offeree can issue (　) after amending the terms and conditions of an offer received from the offeror. (counter offer)
   ③ In order to secure the business, we tried to (　) you a rock-bottom price. (offer)
   ④ As you pointed out that our prices are high, we can offer you our new model (　). (in that place)

[2~3] Choose the one which does NOT have the same meaning with the underlined part.

2.
   ① We trust that you will find them *correct* in every detail. <in good order>
   ② No claim shall be entertained unless notified within a *fortnight* after arrival of the goods at the port of discharge at destination. <four days>
   ③ As to *the settlement of account*, we are agreeable to your terms. <payment>
   ④ As the prices are *bullish*, we suggest that you place an immediate order with us. <stiff>

---

1. ④/ awkward: 어색한/ offer(quote, give, tell) a price: 가격을 제시하다. in that place: 거기에
2. ②/ fortnight: 2주일간

3.

① Regarding our credit standing, Wooribank will supply you with necessary information. <As to>

② Would you give us any information for us on their financial standing and reputation? <status>

③ Please inform us in confidence of your objective and frank opinion regarding their business integrity. <confidentially>

④ We shall be pleased to reciprocate at any time. <be of service>

4. Choose the L/C which is related to the given sentence.

> "This credit has a further condition that the proceeds remain in a special account in the name of the beneficiary until fulfillment of above clause."

① Confirmed L/C　② Irrevocable L/C

③ Without recourse L/C　④ Escrow L/C

5. Choose the wrong explanation about Incoterms 2010.

① EXW represents the minimum obligation for the seller.

② FCA means that the seller delivers the goods to the carrier nominated by the buyer.

③ Risk and costs are transferred at same places under CPT.

④ Quay, warehouse, container yard are considered as terminal under DAT.

---

3. ④/ objective: 목적, 목표/ business integrity(honesty, uprightness): 기업의 성실성/ reciprocate: (어떤 사람에게서 받는 것과 비슷한 행동·감정으로) 화답하다.
4. ④/ Escrow L/C: 기탁신용장
5. ③

6. Choose the one which is the nearest with the given offer.

> This offer is one made subject to the goods being available when the acceptance is received by the offeror.

① Offer subject to being unsold
② Offer subject to final confirmation
③ Offer on approval
④ Offer on sale or return

7. Choose the wrong one in explanation of DDP under Incoterms 2010.

① The seller delivers the goods when the goods are placed at the disposal of the buyer.
② DDP represents the maximum obligation for the seller.
③ Any VAT or other taxes payable upon import are for the seller's account.
④ The seller shall effect insurance for the goods in transit.

8. If you purchase $7,000 on December 15, how much discount can you get?

> We are pleased to have the opportunity to inform you, our preferred customer, of this good news. We are planning a special sales event on all items in the attached catalog from December 10 through December 20.
> If your purchases reach $5,000, you will be entitled to a 10% discount, and once your order reaches $10,000 you will receive 20% off on all merchandise orders.

---

6. ①
7. ④
8. ①

In addition, if we receive your order by December 12, we will grant you a special 25% discount on all items.
As this sales event is only in effect until December 20, we suggest you order right away.
We hope you will take advantage of this offer and will place your purchase order by December 12.

① 10% ② 20% ③ 25% ④ no discount

[9~10] Read the following and answer the questions.

a. However, we are pleased to advise you that your order will be filled by December 8.
b. We apologize for any inconvenience caused by this delay.
c. When we received your order in late October, our supplier was out of stock.
d. We are in receipt of your letter of November 28 and regret the delay in delivery of your order No. SSTX-32AA for floor lamps and pole lamps.

9. Please put the sentences in order.

① d-a-c-b ② d-b-a-c ③ d-c-a-b ④ d-a-b-c

10. This is a reply to a letter. Which of the following is MOST likely to be found in the previous letter?

① This mistake must be corrected as soon as possible, because we are far from satisfied with the service your company offers.

② In our opinion, the damage seems to have been caused by

---

9. ③
10. ④

inadequate packaging.

③ I am seriously disappointed to find that the quality does not correspond with that of the sample submitted to us.

④ We refuse to pay for merchandise that was never delivered to our company.

11. What is the main purpose of the letter?

> Dear Mr. Smith,
>
> I am interested in distributing your product. I market related supplies to retail customers and your product would be a good addition to my inventory.
>
> I am interested in minimum orders, quantity discounts, and a suggested pricing structure. Please let me know what you require for the distributorship.

① to place an order

② to export the items to this company

③ to apply for a distributor

④ to take an order

12. Choose the one which is most related with the given explanation.

> A charge made by shipping company for failure to load or discharge the goods within the allowed time limit.

① Wharfage　　② Trimming charge

③ Stowage　　④ Demurrage

---

11. ③
12. ④

[13~14] Please put the following sentences in order.

13.

a. It would be unrealistic to promise completion of the final stage by Feb. 5.
b. As you know, we're running behind on the Millennium project.
c. The reason for the delay is that we are seriously understaffed.
d. We ask, therefore, that you allow us to adjust the schedule for delivery to March 20.
e. I look forward to your confirmation of our proposed schedule revision.

① a-c-d-b-e ② b-c-a-d-e
③ a-b-c-d-e ④ d-b-c-a-e

14.

a. It took a lot of time to examine the cause of the trouble with your factory automation system.
b. Please accept our apology for being unable to write you earlier.
c. Thank you for your patience in this matter, and please feel free to give us a call if you are in need of any further assistance from us.
d. The whole system has now been completely restored and we assure you that the system operates in perfect condition.

① c-d-b-a ② d-a-b-c
③ b-a-d-c ④ c-b-a-d

---

13. ②
14. ③

15. Who is Mr. Song most likely to be?

> Dear Mr. Song,
>
> Regarding your application for employment, submitted to us last August, we are pleased to advise you that a vacancy is expected in our Training Center by the end of this month. If you are still interested in employment with our company, please let us know as soon as possible. We are confident that your excellent command of English and French would be an asset to our Training Center.

① an employer
② a sales manager
③ a job applicant
④ a department manager

[16~17] Look at the following letter with enclosed document and answer the questions.

> Dear Mr. Chow,
> I appreciate that you have agreed on our recommendation. It is our pleasure for offering goods on the following terms and conditions as stated in our offer sheet, based on our negotiations. Please see the attached document for the offer. If you have any questions or suggestion, please let us know anytime.
> We hope we can continue a long-term business with you. I look forward to hearing from you soon.
> Sincerely,
> Dustine Kim

> Offer Sheet
> Item No.: Rolling 12051
> Commodity & Description: Tablet PC
> Cover(Black/White)

15. ③

Quantity: 100
Unit Price: USD138
Total: USD13,800
Origin: Republic of Korea
Packing: Export Standard Packing
Shipment: Within two weeks after receipt of T/T
Shipping Port: Incheon International Airport
Inspection: Our total quality control inspection to be final.
Destination: MH Inc.
Payment: T/T(cash with order)
Validity: Until the end of December, 2015
Looking forward to your valued order for the above offer.

16. Which of the following can be inferred from the above letter?

① Mr. Chow had already sent the money of the products.
② Mr. Kim. is about to place an order.
③ Once Mr. Chow place an order and make payment, the products will be shipped to MH Inc. by air.
④ With the consensus of the manufacturer, Mr. Kim can give discount on the price for the sample.

17. Which of the following information is LEAST likely to be added to the above letter?

① Information of the bank for the payment
② Price terms (i.e. Incoterms)
③ Dispute resolution
④ Legally sound marketing strategy

---

16. ③
17. ④

18. What is the main purpose of the letter?

> Dear Mr. Blanc,
>
> You're right. We made a mistake.
>
> You were overcharged on invoice A-123 by USD500.21. We have credited your account for this amount, and a corrected statement is attached for your records.
>
> Thanks for bringing this to our attention.
>
> Sincerely,

① to request for payment
② to do financial negotiations
③ to apologize for a mistake
④ to give thanks for favor

19. Which of the following is most relevant to underlined 'quantity of products'?

> In addition to the names of your company, would you please identify the plant and location where the product is in service and the *quantity of products* furnished? If there is someone in particular we should contact, that information would be helpful. Thank you for your cooperation in this matter.

① production capacity　　② products quality
③ products lines　　④ products available

20. What does the following mean?

> In international contracts for sale of goods, where late delivery is

18. ③
19. ①

not a cause of big concern to the parties, it may be reasonable to provide payment of a small percentage penalty by the exporter in case of such late delivery.

① Liquidated damages ② Franchise
③ Deduction ④ Penalty

21. Which explains "pro forma invoice" correctly?

A. It is a commercial bill demanding payment for the goods sold.
B. It is usually issued by diplomatic officials of the importing country to verify the export price.
C. It is completed on a special form of the importing country to enable the goods to pass through the customs of that country.
D. It is preliminary invoice with a quotation, or for customs purposes in importation.

① A ② B ③ C ④ D

22. What is the purpose of the letter?

Upon checking the goods, we discovered a shortage of 10 units. There was not any sign from which we can judge that they were tampered with in transit as the boxes packed were received in good condition.

The shortage might be due to a mistake in packing on your part.

If you have an evidence that you shipped the goods correctly, please send it to us soon, because we need your evidence in order to process our claim to the
shipping company.

20. ①
21. ④
22. ①

① investigation of loss ② shipping inquiry
③ surveyor's inspection ④ compromising

23. If the seller presents the evidence that the goods were shipped correctly, what is the buyer supposed to do?
① lodge a claim to the seller
② try to compromise with the shipper
③ lodge a claim to the carrier
④ try to compromise with the shipping company

24. Choose the most proper word(s) in the blank.

We are prepared to give you a 10% allowance ( ) in the goods.

① to claim for loss
② to compensate for the defects
③ to complain about the quality
④ to repay the amount

25. What is the right terminology of insurance containing the following meaning?

The voluntary surrender of all rights, title, or claim to property without attempting to reclaim it or give it away.

① abandonment ② subrogation ③ average loss ④ partial loss

---

23. ③
24. ②
25. ①

〈제2과목〉 영작문

[26~27] Choose the most inappropriate word(s) in the blank.

26.

① (   ) is also known as the correspondent bank which is requested by the issuing bank to notify the exporter of the opening of a documentary credit. (Advising bank)

② (   ) adds its obligation (paying, negotiating, accepting) to that of the issuing bank. (Confirming bank)

③ In freely negotiable Credit, (   ) is a Nominated Bank. (Reimbursing bank)

④ Bill of Exchange under L/C is drawn on (   ) Bank. (Issuing)

27.

① In lump sum charter, the full (   ) is payable whether the total amount of cargo is shipped or not. (freight)

② (   ) means the person entitled to take delivery of the goods. (Consignee)

③ The cost of transport in relation to the market price of the goods carried has an important effect on the (   ) for shipping services. (demand)

④ The (   ) is primarily liable for payment of the freight because he is the person with whom the shipowner concludes the contract of carriage. (consignor)

[28~29] Where does the following sentence best fit in the letter?

---

26. ③
27. ④

28. Our company already has sole agents in Germany, Denmark, and Sweden, who represent us.

> We are keen to expand exports of our comfortable recliner chairs to the Netherlands and are looking for an agent who can represent us in that country. (1) You were highly recommended to us by Ms. Elske Doets of the Netherlands-USA Chamber of Commerce and Industry in New York. (2) She told us that you might be interested to act as the sole Dutch sales agent for our luxury recliner chairs. (3) These sole agents were offered an initial 18-month trial period and are only required to hold a representative selection of sample chairs.
> (4) We enclose a copy of our latest sales catalog and price list. If you are interested in accepting our company's agency, our sales manager would be pleased to visit you in Amsterdam in late April.

① (1) ② (2) ③ (3) ④ (4)

29. We, however, would like to make a partial payment of $3,000 now, and pay the remainder by July 10.

> We received your letter of May 31 reminding us that our payment for invoice No. 399-7 is 3 weeks overdue.
>
> (1) Referring to your letter, we regret to inform you that it is not possible for us to settle the outstanding balance which was due on May 10. (2) Currently we are having financial difficulties resulting from a long-lasting economic slump. (3) We would be very grateful if you could allow us the new terms and an extension of payment. (4)

① (1) ② (2) ③ (3) ④ (4)

---

28. ③
29. ③

30. What does the following refer to?

> A freight forwarder or shipment consolidator who does not have ownership of the vessel, but assumes responsibilities for the shipments and issuing its own bills of lading and air waybills.

① Common Carrier
② Non Vessel Operating Common Carrier
③ Charterer
④ Consignor

[31~35] Which of the following is *the most awkward* English composition?

31.

① 5월 20일자 최신 모델의 MP3 Player에 대한 견적을 요청하는 귀사의 e-mail 조회에 감사드리며 다음과 같이 오퍼하게 되어 기쁩니다. → Thank you for your e-mail inquiry of May 20 asking for a quotation for the latest model of MP3 player, and we are pleased to offer you as follows.

② 검사결과 당사는 귀사 상품의 우수성을 높이 평가합니다만 귀사의 가격은 유럽제의 가격과 비교해서 지나치게 높습니다. → Upon inspection, we appreciate the superiority of your goods, but your price is exceedingly expensive as compared to Europe.

③ 약간의 견품과 함께 귀사의 견적서를 빨리 보내주시면 감사하겠습니다. → We shall appreciate it if you can send us your quotation together with some samples soon.

④ www.buykorea.org에서 "offer to sell"을 참조하시고 게시 품목들에 대해 6월 30일까지 의향을 주시기 바랍니다. → Please

---

30. ②
31. ②

refer to “offer to sell” at www.buykorea.org, and give your intentions on the listed items up to and including June 30.

32.

① 지난 주 <Time>지를 통해 귀사의 광고를 보았습니다. → I have seen your advertisement in last week’s Time magazine.

② 귀사의 주요 고객 중 한분인 Mr. Anderson씨에게 귀사에 대해 들었습니다. → I’ve heard about your company from Mr. Anderson, one of your major clients.

③ 귀사 제품이 특허를 획득한 방법에 대해 문의하고자 편지를 씁니다. → I am writing to you because I have some questions about the way you obtained patents for your products.

④ 귀사의 비용 및 인구통계 정보를 제공해주신다면 매우 감사하겠습니다. → We would be very appreciative if you would provide your rates with us and any democratic information.

33.

① 오늘 주문서 No.4587을 받고 상자를 개봉하자, 보내주신 상품의 일부가 없어졌음을 발견했습니다. → Today we took delivery of order No.4587, and on opening the box we discovered some of the items were missing.

② 받은 상품을 점검한 결과 우리는 본차이나 5세트가 산산조각 났음을 발견했습니다. → Checked the goods received, we find that 5 sets of bone china have been broken to pieces.

③ 수신자 부담으로 샘플과 안내 책자를 보내주시기 바랍니다. → Please send us your samples and a brochure at receiver’s expense.

④ 상품을 발송하는 수속을 하겠습니다. → We will make an arrangement to dispatch the goods.

---

32. ④
33. ②

34.

① 당사가 구매할 수 있는 최고가격은 개당 US$20이며, 납기는 관계 없습니다. → The maximum price we can buy is US$20/piece, but we do not care about delivery time.

② 이러한 형태의 주방용품에 대해 당 시장에서의 수요가 꾸준히 있습니다. → There is a steady demand in our market for these types of kitchenware.

③ 귀사가 요구한다면 서명된 상업송장을 특사배달로 보내드리겠습니다. → If you want, we will send you a signed commercial invoice by courier service.

④ 당사는 선적품이 귀사에 양호한 상태로 도착하여 귀사의 기대에 부응할 것으로 믿습니다. → We trust that the shipment will reach to you in good standard and meet your status.

35.

① 1930년에 의류회사로 창립된 Fineart는 현재 영국에서 2위 규모의 남성복 회사가 되었습니다. → First establishing in 1930 for a clothing company, Fineart Corp. today is the second most large man's clothing company in the U.K.

② 우리는 이 업계의 제품 광고 분야에서 20년 이상의 경험을 갖고 있습니다. → We have more than twenty years of experience in advertising products for this industry.

③ 우리는 시드니에 본사를 두고 광학 제품을 생산하는 장비업체로서, 업계에서 50년 이상 종사해왔습니다. → We are a Sydney based equipment manufacturer of optical products and have been in this industry for more than 50 years.

④ 우리는 채소부터 육류까지 모든 식품포장 전문기업입니다. → We specialize in packing any kind of food from vegetable to meat.

---

34. ④
35. ①

36. What would be the best word(s) in the blanks of the letter?

> Enclosed is our purchase order 121 for 6 four-slice toasters, model 18E.
>
> We would like to _____ this order on an open account basis. Our store has been open for two months, and you may check our credit with Ms. Peggy Sawyer, branch manager of the First Bank of Chicago, 1160 State Street, Chicago, Illinois 60688.
>
> You may also check our credit _____ with the following companies.
>
> The Kenso Clock Company, 150 Ottawa, N.W., Grand Rapids, Michigan 49503
> Please let us know your decision regarding our credit as well as an approximate delivery date for our first order.

① take - terms ② place - standing
③ take - standing ④ place - account

37. Which of the following is NOT correct?

> Commercial risk arises from factors like the *(1) non-acceptance of goods* or *(2) non-payment by buyer*. In order to prevent such a commercial risk, *(3) a bank is involved* by way of issuing letter of credit *(4) in favor of buyer.*

① (1) ② (2) ③ (3) ④ (4)

38. Read the following, and choose the most *inappropriate* English composition.

> Thanks for your acceptance of our offer:

36. ②
37. ④
38. ①

- 제품은 재고가 있습니다.
- 제일 먼저 이용 가능한 선박은 6월 20일에 출항합니다.
- 그러므로 당사는 귀사가 신용장을 개설해 주시기 바랍니다.
- 매도약서는 별봉으로 항공편에 금일 보냈습니다.

① The goods are available stock.

② The first available ship clears on June 20.

③ We, therefore, ask you to open the credit.

④ We sent sales note separately by air today.

39. Which of the following is LEAST likely to have been included in a reply of this letter?

> We are pleased to announce that we have moved our offices to a spacious new building at a new location. For that reason, we cordially invite you to see our new facility and to attend an Open House at 175 Fifth Avenue on Thursday, May 10, from 4:00 P.M. until 7:00 P.M.
>
> We certainly hope you can join us on that day. Please let us know if you can, so that we can finalize our program.

① I hope that you will be able to join us on that day and look forward to seeing you then.

② I would be delighted to accept your kind invitation, but I have already made arrangements to attend a reception on that date.

③ I regret that I am not able to accept your invitation for the reception on that day. My business schedule calls for me to be in Europe during the entire month.

④ Thank you very much for your invitation. I will be happy to attend.

---

39. ①

40. Which of the following is grammatically INCORRECT?

> Dear Mr. Choi,
> *(1) The watch that is within this parcel (2) purchased on November 2, 2014, and is under a/s.* The problem that I am encountering is that *(3) the watch fails to keep accurate time*. It *(4) seems to gain approximately five minutes per hour.*
> Please make any adjustments necessary, and return to the above address as soon as possible.

① (1)　　② (2)　　③ (3)　　④ (4)

[41~42] Read and answer the questions.

> If a price has been fixed in a particular currency in sales contract, subsequent exchange rate fluctuations may inevitably benefit one or both parties or may incur loss to others. The easiest solution for a party wishing to avoid uncertainty is simply to stipulate contractual prices in one's own currency. However in practice, the best way for the exporters or importers to avoid exchange rate risks is to seek to protect themselves by (　　), sometimes referred to as hedge contracts.

41. What is the subject of the letter?

① Currency exchange risk and hedge method
② Foreign currency and making sales contract
③ Seller and buyer's foreign exchange contract
④ How to make simple exchange contract

42. Which one is most suitable for the blank?

① forward contract　　② insurance contract
③ carriage contract　　④ spot contract

---

40. ②
41. ①
42. ①

43. Which of the following is the best reply to the letter below?

> Dear John Han,
>
> On June 14, I ordered an answering machine with a built-in telephone (Article No.172AM-TE) from your Summer Sales Catalog. On opening the parcel, I found that it did not contain the ordered item. Instead it contained an entirely different machine. I am therefore returning the item for replacement.
>
> Sincerely,
>
> Peter Smith

① Your company will receive immediate credit for all shipping charges. If this is not satisfactory, please let me know.

② We are sorry that the model you purchased is against your expectations. We are prepared to exchange this model or else give you a full refund.

③ We will correct the discount error on your pro-forma invoice immediately. It is unusual for this type of error to arise and we apologize for any inconvenience.

④ We greatly regret your unsatisfactory experience with our direct mail order products. You have every right to be upset about the fact that the telephone did not work.

[44~45] Read the following lettery and answer the questions.

> Dear Sirs,
> Thank you very much for your letter of June 10, together with a parcel containing two samples of silk shirt.
> We would like to <u>*Ⓐstress*</u> that the total price for the 200 units(respectively 100 units for each model) is US$60,000 CIF Tokyo.
> <u>*ⓐ Payment is to be made by your sight draft*</u> as usual and <u>*ⓑ other*</u>

43. ②

terms are subject to the general terms and conditions concluded between us.
ⓒ We request you to place this order at once and *ⓓ perform the shipment with your careful attention.*

44. Which of the following is LEAST likely to replace the underlined *Ⓐstress?*

① emphasize ② make sure
③ confirm ④ request

45. Which is the LEAST suitable among the four underlined sentences in the context?

① ⓐ ② ⓑ ③ ⓒ ④ ⓓ

[46~48] Choose the most appropriate word(s) in the blank.

46.

This Agreement ( ) between Korea Trading Co., Inc. Seoul Korea, hereinafter called Sellers, and USA Trading Co., Inc. New York, USA, hereinafter called, witnesses as follows;

① enter for ② enters into
③ enter on ④ enter to

47.

A reply to an offer which purports to be an acceptance but contains additions, limitations or other modifications constitutes a ( ).

① offer ② firm offer ③ free offer ④ counter offer

---

44. ④
45. ③
46. ②
47. ④

48.

( ) means the bank with which the credit is available or any bank in the case of a credit available with any bank.

① Issuing bank ② Advising bank
③ Confirming bank ④ Nominated bank

49. Which of the following CANNOT replace the underlined 'become effective'.

We attach a revised price list that shall *become effective* from November 20.

① come into force ② take effective
③ be open ④ be valid

50. What is the rule that issuing banks apply for the conformity?

Payments under credit can be particularly problematic as the exporter must provide exactly the right documentation to the issuing bank to get paid.

① Incoterms 2010 ② UCP 600
③ URR 725 ④ URC 522

---

48. ④
49. ②
50. ②

3. 무역영어 1급

〈제1 과목〉 영문해석

1. Choose the most proper explanation about Transferable Credits under UCP 600.
   ① A credit may be transferred in part to more than two second beneficiaries even though partial drawings or shipments are not allowed.
   ② A transferred credit cannot be transferred at the request of the first beneficiary to any subsequent beneficiary.
   ③ A credit cannot be transferred if it is not allowed.
   ④ The transferred credit must accurately reflect the terms and conditions of the credit without the exception of the amount of the credit, which must not be reduced or curtailed.

2. Which of the following does NOT fit with the rest of the passage?

> According to the schedule you emailed on 1/11(attached below), we should be receiving a shipment by late March. Please explain *(1) why you are ahead of schedule*, as this seriously jeopardizes our large share of CX business here.
> I need the shipment to arrive each month in time to give our plant a few days (ideally a week) *(2) to manufacture the finished product* for shipment to our customers EACH month. If we miss a month of sales, it is very detrimental to our business plan.

---

1. ③/ 양도가능신용장(transferable credits)은 양도가 허락된 경우에만 양도 가능하다.
2. ①/ be ahead of schedule: 스케줄보다 앞서다(빠르다). Two boys were

> If the shipment does not arrive by March 26, *(3) our plant won't have enough time to manufacture CX* and we will have $0 sales for March. It is very critical for your group to understand that *(4) timing is crucial to maintain and grow* our business.

① (1) ② (2) ③ (3) ④ (4)

3. What is the main purpose of the letter?

> Thank you for your December 17th order for connector components. I checked with our warehouse superintendent and found out that your order is out of problem. It should arrive at your Phoenix facility a day or two ahead of schedule.
>
> We appreciate your business and look forward to continuing to supply you with the most reliable components in the industry.
>
> Cordially,

① to announce the new items
② to notify the result of quality examination
③ to place an order
④ to confirm the shipment of the order

* Read the following and answer the questions(4-5).

> a. As our business relations with you over the past 2 years have been entirely satisfactory, we are prepared to make the transfer,

---

ahead of us. 우리 앞에 남자애가 두 명 있었다. a day or two ahead of schedule: 스케줄보다 하루나 이틀 앞서서/ jeopardizes: 위태롭게 하다. be detrimental to: ~~에 유해하다. critical: (앞으로의 상황에 영향을 미친다는 점에서) 대단히 중요한[중대한]/ crucial: 중대한, 결정적인

3. ④/ connector components: 연결 부품/ superintendent: (어떤 일 · 장소 등의) 관리자(감독관)/ out of problem: 문제가 안 된다. facility: (특정 목적 · 활동용 장소나 건물을 가리키는) 시설

based on a 90-day settlement period.
b. It will not be necessary for you to supply references.
c. We hope the expansion of your business leads to increased orders.
d. We refer to your letter of 18 November requesting payment from invoice to open-account terms.

4. Please put the sentences in the most proper order.

① a-c-b-d ② b-a-c-d
③ d-a-b-c ④ c-a-b-d

5. Which of the following is LEAST likely found in the previous letter?

① This arrangement would save us the inconvenience of making payments on each shipment.
② We have been very satisfied with your handling of our past orders, and as our business is growing, we expect to place even larger orders with you in the future.
③ We hope you will agree to allow us open-account facilities with quarterly settlements.
④ We will send you the reference which you required, and please keep it in confidence.

6. What is the ultimate purpose of the letter?

In times of economic uncertainty, personal financial planning can pose more challenges than running your own business. The investment vehicles that will

---

4. ③/ make the transfer: 전환하다, 바꾸다. 여기서는 지급조건의 변경을 말한다.
5. ④
6. ①/ pose a challenge to: ~~에 도전하다. expertise and objectivity: 전문지식과 객관성(타당성)/ estate planning: 재산 계획/ pitch a consulting

protect your own and your family's future requires financial insight and information.

That is why many successful business owners like yourself have engaged the services of the personal financial consultants at Smith & Marcus. We have both the expertise and objectivity to help you sort out your long- and short-term financial goals and then select the investment strategies that will meet those goals.

Whether your immediate concerns are tax planning or estate planning, we believe we have the answers to your financial questions.

To introduce you to the sort of answers we have, you are cordially invited to a seminar. The seminar will take place on Wednesday, March 1, 2015 in the Essex Room of the Essex Hotel.

① to pitch a consulting service
② to invite the reader as a guest speaker in a seminar
③ to give the loan to this company
④ to open an account

* Please put the sentences in the most appropriate order(7-8).

7.

a. Much to our regret, however, your company has surprised us by supplying unlisted products with no consultation with us.
b. It apparently is not in compliance with our agreement and, therefore, we cannot accept the items.
c. As our memory fails with the lapse of time, written agreements are made to eliminate potential misunderstandings and disputes.

---

service: (상담업무를) 권유[설득]하려 하다, 홍보하다.

7. ②/ fail: 약해지다, 나빠지다. As our memory fails with the lapse of

d. Further, the contracting parties are supposed to have faith in each other and to abide by the terms and conditions of the agreements they have agreed upon.

① b-d-a-c ② c-d-a-b ③ d-a-b-c ④ c-d-b-a

8.

a. We would like your company to replace the machine with a new one as soon as possible.
b. The dish washing machine DW-341 has not been functioning properly immediately after the test run by your mechanic.
c. With much regret and disappointment, we call your immediate attention to our dissatisfaction with your product we've recently purchased.
d. Please note that the way you cope with this problem will have a lasting effect on our future relationship.

① a-b-d-c ② b-a-c-d ③ d-c-a-b ④ c-b-a-d

9. What is the subject of the letter?

Ron Jones suggested that I get in touch with you regarding industrial lifting equipment. Our company deals in material handling and shop equipment—both
new and reconditioned. We specialize in platform trucks, fork lifts, pallet racks, and conveyors.

---

time: 시간의 흐름에 따라 기억력이 나빠지기 때문에/ Her eye sight is failing.: 그녀는 시력이 약해지고 있다. have faith in: 믿다. abide by: 준수하다, 지키다.

8. ④/ mechanic: 수리공, 정비공/ run the test: 검사를 실시하다.

9. ③/ industrial lifting equipment: 산업용 기중기/ deal in: 취급(거래)하다. material handling: 자재 관리(공장에서의 자재의 이동·보관 등)/ material handling machine: 하역기계, 재료·중량물 운반용 기계의 총칭

With the proper equipment you can reduce injuries in your warehouse and increase productivity by as much as 35%. Many of our customers find that the right equipment can pay for itself within three to six months.

We invite you to visit our showroom and test some of our equipment yourself.

I'll give you a call early next week to set up a convenient time.

① recommendation of a new applicant
② offer to exhibit the items in a convention
③ introduction of new goods
④ introduction of a purchasing department

* Read the three letters (A), (B), and (C) below. Then, choose the answers for the following questions(10-11).

LETTER (A):
We, HN Corp., are one of the leading trading companies in Korea focusing on locating and marketing advanced technology products. At present, SuperQuick printers are one of the important fields in our plans; we hope that we can be a partner with you to extend the market of your SuperQuick printers into Korea. We are very certain

/ shop equipment: 공장설비/ both new and reconditioned: 신품의 그리고 재생된 모두/ platform truck: 장물차(長物車), 목재, 레일, 강재 등 길이가 긴 화물을 수송하는 열차/ pallet rack: 팔레트 받침대/ pallet: 창고·공장 등의 화물을 운반·저장하기 위한 받침대(臺). 지게차의 포크로 끼워 운반함/ rack: (흔히 합성어에서)(물건을 얹거나 걸기 위해 금속·목재 막대를 가로질러 만든) 받침대(선반) (예) luggage rack, roof rack/ conveyor: (컨베이어) 하역을 하지 않고 취급하는 화물 또는 소화물의 하역에 사용되는 하역기계로서 벨트 컨베이어(belt conveyor), 에이프런 컨베이어(apron conveyor), 후크 컨베이어(hook conveyor) 등이 있음. set up a convenient time: 편리한 시간을 정하다.

that in the near future, the need for SuperQuick printers will go up tremendously in Asia. It is our great hope to have more detailed discussion with your company.

LETTER (B):
For ten years, we, Power Corp., have been producing high quality building materials. We have served customers in European countries. We enjoy a very good reputation from our foreign customers for our superior quality and competitive prices. We are looking for a strong, reliable business partner with whom we can cooperate for our mutual benefits in building materials. We believe our products have large potential demand in your country.

LETTER (C):
We would like to introduce to you our company, UR Trading Corp., being a small trading company heavily involved in the industry of solar energy and machine parts. One of our customers would like to import motors with gear from you as per the enclosed specification. The import quantity will be about one million sets per year. If you can supply the motor, please send us your e-catalogue by email.

10. Which letter has the DIFFERENT purpose in terms of goods movement from the others?

① (A)

② (B)

③ (C)

④ All the three letters have the same purpose.

10. ②/ locate: (특정 위치에) 두다(설치하다). tremendously: 엄청나게

11. Which of the following information is correct about the letters?

① HN Corp. is interested in the distribution of imported goods.

② Power Corp. is one of the leading importers of building materials.

③ UR Trading Corp. will send an e-catalogue and buy motors with gear.

④ All are correct.

12. Which of the following CANNOT be inferred from the letter?

> Dear Mr. Nathan,
>
> We appreciate your interest in Franklin and Gordon and are delighted to send you the information you requested:
>
> Ruled ledger paper, by the ream only, costs $45; with the purchase of six or more reams, the price is reduced to $42 per ream, a saving of at least $18.
> We cover from ballpoint pens to promotional novelties, and we have enclosed for your consideration a copy of our current catalog. You can use the convenient order form in the center of the catalog or call our 24-hour-toll free number.
>
> Sincerely yours,
>
> George Gillian

① George Gillian is a sales manager.

② Franklin and Gordon is an office supplier.

---

11. ①
12. ③/ ream: 연(連: 종이의 양을 나타내는 단위로 보통 전지 500장)/ promotional novelties: 홍보용 신상품/ novelties(pl): (싸고 신기한 선물 용품 등) 신(新)고안품, 신상품/ product lines: (종류는 같아도 모양·크기·가격·품질이 다양한) 상품

③ Mr. Nathan may take an order later on.
④ This letter is to introduce product lines.

13. Below is a reply to a letter. Which of the following is LEAST likely found in the previous letter?

> Our foreman visited the above premises on Thursday and reported back to our cost department who have now worked out the following estimate for fixtures and
> fittings which includes materials and labour.
> Fitting 200m of 'Contact' Shelving in main shop and store room. - USD420
> Erecting 15 steel stands plus shelves 23m x 6m - USD780
> Laying 3,320 sq.m. 'Durafloor' flooring - USD29,880
> Fitting 3 window frames plus glass 13m x 10m - USD237

① The work would have to be completed before the end of February and you would be required to sign a contact to that effect.
② We are opening a new branch and would like to know if you could send someone along to give us an estimate for refitting.
③ From our designer's plan enclosed, you can see that the premises were once used as a warehouse.
④ We are sure you will agree that this is a very competitive estimate especially when you consider that the materials we use are of the best quality.

13. ④/ foreman: (공장 · 건설 현장의) 감독/ fixtures and fittings: 가구집기, 영업상의 고정자산의 하나/ shelving: 선반; 선반 재료/ wooden shelving: 나무 선반

* Which of the following fits LEAST in the letter below(14-15)?

14.

> BestTech will be exhibiting at IT Expo in Las Vegas, November 10th through 18th (Booth L1234).
>
> (a) *The company and its strategic partners will be providing demonstrations in its four key application areas; Maintenance, Inspection, Data Collection, and Training.* (b) *Attendees will also be able to see actual demonstrations of some new applications that have been recently integrated into BestTech's Mobile Assistant.*
>
> (c) *To reserve your space, complete the attached exhibit agreement. Don't hesitate—space is limited.*
>
> For more information about our demonstrations at the show, please visit www.getglobals.com.
>
> (d) *We look forward to seeing you at Booth L1234 in November.*

① (a) ② (b) ③ (c) ④ (d)

15.

> Thank you for your email telling us that you received the wrong part.
>
> We are embarrassed to have made such a careless mistake. (a) *Today we are shipping Part No. 810 by air at our expense.* (b) *I hope that the air shipment will reach you in time to avoid any serious delay on your end.*
>
> We apologize for your inconvenience and assure you that no error like this will ever happen again.

14. ③/ attendee: 참석자/ exhibit =exhibition: 전시(회)
15. ④/ on your end(=on your side): 당신 측(편)에서

(c) *Please ship back Part No. 801 at your earliest convenience at our expense.*

(d) *We would add the charge at our next invoice.*

① (a) ② (b) ③ (c) ④ (d)

16. Which is (are) suitable for the underlined rules?

When banks are asked to make payments as specified documents are presented to them, banks decide whether to pay or not based only upon the conformity or otherwise of the documents. The banks normally subscribe to an accepted set of definitions and rules of conduct, and strict adherence to the *rules* is key to the efficient operation of banks international trade finance.

A. UCP600 B. Incoterms2010 C. URC522 D. ISP98

① A only ② A+B only ③ A+C+D only ④ all of the above

17. Which of the following is most likely to come before the passage below?

Please accept our sincere apologies. Corrective measures have been taken, and the merchandise you ordered should be on your doorstep the day after tomorrow.

Please return the incorrectly shipped items at our expense. A shipping label and airbill are enclosed for your convenience.

---

16. ③/ banks decide whether to pay or not based only upon the conformity or otherwise of the documents. =banks decide whether to pay or not based only upon the conformity of the documents or otherwise. otherwise는 부사로서 (만약) 그렇지 않으면, 그 외에는, (…와는) 다르게, 달리의 의미/ subscribe to A: (의견·이론 등에(을) 동의(지지)하다.

17. ③/ doorstep: 문간(의 계단)

Thank you for your patience.

Sincerely,

① We are sorry that we are not able to fulfill your order by the delivery date you requested.
② Regarding the delivery status of your order, special orders take an extra two weeks than normal products.
③ We regret very much that we have duplicated an incorrect shipment.
④ You sent the wrong item instead of the one we ordered.

18. Below is a reply to a letter. Which of the following is LEAST likely found in the previous letter?

The SS Princess Victoria will be loading at number 2 dock from 8 to 13 July inclusive. Following her is the SS Merchant Prince, loading at number 5 dock from 20 to 24 July inclusive.

The voyage to Alexandria normally takes 14 days. The freight rate for crockery packed in wooden cases is USD97.00 per tonne.

We shall be glad to book your 4 cases for either of these vessels and enclose our shipping form. Please complete and return it as soon as possible.

① Please quote your rate for freight and send us details of your sailing.
② We shall shortly have ready for shipment from Liverpool to Alexandria, 4 cases of crockery.
③ The cases measure 1.25 × 1.25 × 1m, each weighing 70kg.
④ Enclosed is the document which tells the time usually taken for the voyage.

---

18. ④/ crockery: 그릇(특히 도자기류)

19. Which of the following is most likely to come BEFORE the passage below?

> Your complaint about the alleged irresponsible and unskilled service by our check-in agent at Honolulu Airport has been thoroughly reviewed and investigated.
>
> Enclosed is a photocopy of the relevant article of the IATA(International Air Transport Association) Resolution for your reference and kind understanding that the staff member concerned did his best to help the passenger carrying the 'Restricted Article'.

① We never overlook even the slightest input from our customers.

② Though we are sympathetic to the helpless situation in which you were placed, we must tell you that there is little an insurance can do in such cases.

③ Customer satisfaction through quality assurance has been an overriding goal of Air Catering Center and we are proud that this goal has been attained.

④ Your letter expresses your disappointment with our in-flight service on our flight PA123.

20. Which of the following sentence can be included in the passage below?

> Due to the recent increase in freight rates, we find it necessary to raise our prices on Green Powder. Freight rates, as you know, are a strong determinant of prices in this business. As a rough

---

19. ①/ alleged: (증거 없이) 주장된, ~~라고들 말하는/ irresponsible: 무책임한/ resolution: 결의 안
20. ①/ Green Powder: 녹색분말/ in sum: 요컨대

survey of the market will show you that the change is far-reaching, we would like to point out that our prices have been raised no higher than necessary. In sum, we wish to assure you that we always try to keep our policy of providing a high-quality product at a competitive price.

① Our price shall remain valid until the end of this month, after which a new price shall be applied.
② We considered your price, but found it to be too high to be accepted in this market.
③ We will try our best to get back on schedule and will advise you as soon as production is completed.
④ We have decided to offer a special discounted price and are pleased to advise you of our final rock-bottom price as follows.

21. Read the following and choose the one which is not suitable following underlined *such as*.

> Different countries have different business cultures so it is a good idea to make sure we have a clear written contract to minimize the risk of misunderstandings. The contract should set out where the goods are being delivered. It should cover who is responsible for every stage of the journey including customs clearance and what insurance is required. It should also make it clear who pays for each different cost.
>
> To avoid confusion, internationally agreed Incoterms should be used to spell out exactly what delivery terms are being agreed, *such as*:

21. ③

① Where the goods will be delivered
② Who arranges transport
③ When the ownership of goods are transferred
④ Who handles customs procedures, and who pays any duties and taxes

22. In accordance with UCP 600, which of the following may be the correct course(s) of action for the confirming bank?

> A beneficiary presents complying documents to a confirming bank under a documentary credit available by deferred payment. The beneficiary requests that the confirming bank purchase the documents and prepay against its undertaking.
> A. Obtain the issuing bank's agreement prior to paying the beneficiary.
> B. Refuse the beneficiary's request while undertaking to pay at maturity.
> C. Prepay the deferred payment undertaking.
> D. Obtain an agreement for recourse to the beneficiary.

① C only　② A and B only
③ A and D only　④ B and C only

23. What is NOT correct about container works?
① Container transports are frequently arranged by freight forwarders.
② Containers are not necessarily owned by the carrier but often by companies specializing in containers.
③ If the exporter intends to stuff a full container load (FCL),

---

22. ④
23. ④/ stuff: (빽빽이) 채워 넣다(채우다).

shipping line may send an empty container to the exporter for loading.

④ If the cargo is less than a full container load (LCL), the exporter will send it to the container yard.

* Read the following and answer the questions (24-25).

Dear Mr. Cox,
KM Corporation

Thank you for your letter of 16 June 2015 in which you asked to change to payment by 60 day bill of exchange documents against acceptance.

We have considered your asking for changing terms of payment, after conference, I have concluded that changes are necessary. However, 60 days is too risky for our status and about 5months ago, you requested that you wanted 30 day bill of exchange documents against acceptance. I would rather
consider the terms of payment to 30 day D/A. And I want to know some of your company.

1) You should give another company as a reference to us. Because I think we are not in the firm-trading base yet.
2) We would reduce the quantity discount to 3%.
   This is our practice in case using 30-or-more day D/A.

A next conference will be held 15 July 2015. If you want the answer as soon as possible, you would be better to reply before 14 July 2015.

Yours sincerely,

David
Hannam International

24. Which can be inferred from the correspondence?

① KM Corp wants to have extended credit from Hannam International.

② Hannam International would allow credit extension with more quantity discount.

③ KM Corp does not have to provide credit reference to the seller.

④ Hannam International is satisfied with KM Corp's financial standing.

25. Choose the wrong one for the underlined bill of exchange in this correspondence.

① Another name for this is draft.

② Drawee is Hannam International.

③ Payee is normally seller's bank if bill of exchange is discounted.

④ This is a negotiable instrument.

〈제2과목〉 영작문

26. Which of the following is the LEAST proper combination in the given blanks?

① Upon receipt of your drawings, we could (　) our samples with (　) prices to you. (submit - competitive)

② As raw materials and labour costs have been steadily (　) since May, we recommend that you inform us (　) your

---

24. ①
25. ②
26. ④/ drawings: 어음, 수표

need as soon as possible. (rising - of)

③ In order to secure the business, we tried to ( ) the prices to the lowest possible and ( ) Price List No.100, together with an illustrated catalog. (reduce - enclose)

④ Samples are ( ) for this line of business and we shall appreciate your sending us some samples ( ) the value specified. (dispensable - with)

27. What is the most proper word(s) in the blank?

( ) means in this sense, a book with pictures and descriptions of products, often distributed free to potential customers as a means of promotional advertising.

① Product reports ② General announcement
③ Catalogue ④ Specification

28. Choose the most improperly translated part.

당사자의 일방이 범한 계약위반이 그 계약하에서 상대방이 기대할 권리가 있는 것을 실질적으로 박탈할 정도의 손해를 상대방에게 주는 경우에 기초적 위반이다. 다만 위반한 당사자가 그러한 결과를 예견하지 못하였으며, 또한 동일한 종류의 합리적인 자도 동일한 사정에서 그러한 결과를 예견할 수가 없었던 경우에는 그러하지 아니한다.

① A breach of contract committed by one of the parties is fundamental

② if it results in such detriment to the other party as substantially to deprive him of what he is entitled to expect under the contract,

---

27. ③

28. ③/ commit a breach of contract: 계약을 위반하다. foresee: ~~일 것이라고 생각하다, 예견하다.

③ if the party of breach did not foresee and
④ a reasonable person of the same kind in the same circumstances would not have foreseen such a result.

29. Which of the following is the LEAST proper explanation about the agent?
① A person authorized by another to act for him is called as agent.
② Co-agent means one who shares authority to act for the principal with another agent and who is so authorized by the principal.
③ Agents employed for the sale of goods or merchandise are called mercantile agents.
④ Del credere agent is an agent who makes himself responsible for any bad debts through insolvency by principal.

30. Which of the following pair has the LEAST similar meaning to each other?
① You asked us when the new Super Hybrid Car would be in market. It is now obtainable. - In reply to your inquiry, the new Super Hybrid Car is now available.
② We are pleased to send you a copy of our catalog, JH-878G, in compliance with your request. - It is our pleasure to send you our catalog, JH-878G, as requested.
③ We are sorry that you are not satisfied with our last shipment No. 2015. - We regret that the quality of our shipment No. 2015 is not completely satisfactory to you.

---

29. ④/ Co-agent: 공동 대리인/ Del credere agent: 지급보증대리인
30. ④

④ Our partial shipments will be made within September if possible. - Your order which was placed in September will be partially shipped as soon as possible.

31. Below is typical Foreign Exchange hedge with a Bank. Fill in the blanks.

> - ( ) rates are available for immediate delivery -within two working days- on all major currencies, but always buying or selling 'spot' provides no risk protection.
> - Banks quote a ( ) rate, so that customers can remove the risk of exchange rate movements between the commercial contract date and actual receipt of the currency.

① Spot - Forward Exchange ② Selling - Buying
③ Middle - Future ④ Forward - Option

* Following is Jenny and Peter's conversation. Read and answer the questions(32-33).

> Jenny: I'd like to see the latest model you developed.
> Peter: ______________________.
> Jenny: What's your market share?
> Peter: It was over forty-three percent last year.
> Jenny: ______________________
> Peter: It's amazing. We think this is going to be a big seller this year.
> Jenny: What are the terms of payment?
> Peter: ______________________.

---

31. ①/ Spot Exchange Rate: 현물환율/ Forward Exchange Rate: 선물환율

(A) It has to be notarized.
(B) It was fifty million dollars last year.
(C) Here's our brochure and sample of the item.
(D) Ten percent down and remaining payment within three months.
(E) About twenty percent. If you submit a claim, we'll compensate for the damage.
(F) What about the reaction to it?

32. Choose the three sentences among (A)~(F) that BEST complete the conversation.

① (B), (F), (D) ② (A), (C), (E)
③ (B), (E), (F) ④ (C), (F), (D)

33. Which of the following is LEAST likely to come after the question?

① Jenny: What's the total amount of your annual sales?
Peter: It was sixty million dollars last year.
② Jenny: Do you offer a warranty?
Peter: Yes. If our product is defective, we will replace it for free.
③ Jenny: What do you mean by ODM?
Peter: We want to sell our products under your design.
④ Jenny: I'd like to place an order of this.
Peter: How many units do you have in mind?

32. ④
33. ③

34. What is the name of the surcharge?

> Apart from normal freight, an additional surcharge is levied by shipping company to cover a foreign exchange loss from the fluctuation of exchange rate of the currency of its own country and US Dollars in which freight is paid.

① Demurrage ② BAF
③ Exchange Surcharge ④ CAF

* Fill in the blanks in the comment of the letter(35-36).

35.

> Thank you for ordering Indra Madhur's outstanding book, 'An Introduction to Indian Cooking'. As you know, in the fifteen years since its first publication, Mr. Madhur's book has become a classic and a standard for great cooks everywhere.
>
> Sadly, 'An Introduction' is no longer in print, and I am returning your check for $15.95. But to satisfy your interest in Indian cuisine, I would like to suggest an alternative, 'Purnamattie Jaffre's Indian Gourmet'. Ms. Jaffree was a student of Mr. Madhur, and her recently published volume has been widely hailed by both food and cookbook critics.
>
> If you would like a copy of 'Indian Gourmet', which costs only $13.95, please let me know, and I will immediately send it to you.

---

34. ④/ Demurrage: 체선료/ BAF(Bunker Adjustment Factor): 유류할증료/ Exchange Surcharge: 환전수수료/ CAF(Currency Adjustment Factor): 통화할증료
35. ②/ sadly: 애석하게도, 불행히/ gourmet: 미식가, 식도락가/ hail: 묘사하다. critics: 비평가들

<Comment>
When an order cannot be filled at all, a letter suggesting a ________ order is occasionally appropriate. The letter should give the impression of helping the
customer, not trying to save the sale. The letter must include a sales pitch for the item, and it should emphasize the _______'s needs. Of course, the letter
should also explain why the ordered merchandise is not available.

① delayed - seller ② substitute - customer
③ cancelled - producer ④ postponed - buyer

36.

Dear Ms. Kim,

We intend to purchase a new office copier before the end of the fiscal year. We would like to consider an RBM copier and wonder if you have a model that would suit our needs.

Our office is small, and a copier would generally be used by only three secretaries. We run approximately 3,000 copies a month and prefer a machine that uses regular paper. We would like a collator, but rarely need to run off more than 25 copies at any one time.

We would also like to know about your warranty and repair service.

Since our fiscal years ends June 30, 2015, we hope to hear from you soon.

---

36. ③/ run off a copy: (기계로) 복사하다. run off more than 25 copies at any one time. 한 번에 아무 때나 25장 이상을 복사한다.

<Comments>
Through the letter, Ms. Kim can determine which of the company's products might interest you. By mentioning the ______ for your inquiry, you motivate
her to respond. Besides, by letting her know _____ you intend to buy, you encourage her to reply in time.

① explanation - where　② people - what
③ reason - when　④ number - how

37. Where does the following sentence best fit in the letter?
If the account is not settled by that date, we will be forced to revise the terms of our contract.

Our accounting department has informed me that the payment of invoice no.399-7 is now 3 weeks overdue. *(a)* We would appreciate it if you could look into why we have not received the payment yet. *(b)* A copy of invoice no.399-7 is attached for your reference. Please give the matter your immediate attention and let us have the payment by July 10th. *(c)* If you wish to discuss special arrangements for the payment, please contact me at (02) 324-5394. *(d)* If you have already remitted the payment for this invoice, please disregard this letter.

① (a)　② (b)　③ (c)　④ (d)

38. Which of the following best fits the blank in the letter?

I was very surprised to receive your letter dated March 24 stating that my account has been turned over to a collection agency. As the attachment photocopy of my cleared check shows, the

---

37. ③
38. ②

account was paid in full on January 27.

Please ______ your records. In addition, a notice to this effect should be sent to the collection agency and your __________ to show that this account is out of problem.

I look forward to seeing copies of your correspondence on this.

① send - a bank
② correct - credit department
③ make - a lawyer
④ write - accountants

39. Which of the following is LEAST likely to appear right after the passage below?

We regret to inform you that it has become impossible to complete the shipment of your Order No.367 as scheduled due to a recent storm. (   )

① Therefore, we are asking to extend the shipping date until the end of this month.
② Though the delay is beyond our control, we must apologize for any inconvenience you might have.
③ Your order was put on board, but the vessel has suffered serious damage and her departure was cancelled indefinitely.
④ We will complete your order as soon as the force-majeure disappears.

* Read the following and answer the questions(40-41).

We have received and checked your statement for the quarter ended 30 September and agree with the balance of US$78,572 shown to be due. (a) Until now we have had no difficulty in meeting our commitments

39. ③

and have always settled our accounts with you promptly.
(b) We could have done so at this time but for the bankruptcy of an important customer whose affairs are not likely to be settled for some time.
(c) This would enable us to meet a temporarily difficult situation forced upon us by events that could not be foreseen.
(d) During the next few weeks we will be receiving payments under a number of large contracts. If you grant our request we shall have no difficulty in settling with you in full in due course.

40. Where is the best place for the sentence below to be inserted?

> We should be most grateful if you would allow us to defer payment of your present account to the end of next month.

① (a) ② (b) ③ (c) ④ (d)

41. Which of the following is LEAST likely to be included in a reply to the letter?

① Unfortunately this is impossible because of commitments which we must meet by the end of this month.

② We are prepared to consider your request, but we would like L/C for next shipments.

③ In view of the promptness with which you have always settled with us in the past, we are willing to grant this extension in these special circumstances.

④ Our resources are quite sufficient to meet all our obligations, but as you will appreciate we have no wish to realize on our assets at the moment.

---

40. ③
41. ④/ meet our commitments: 당사의 채무를 변제하다.

42. Which Incoterms rules are suitable for the following watching point?

> Although the seller is not obliged to load the goods, if the seller does so, let this be at the buyer's risk.

① EXW ② EXW & DAP
③ FOB ④ EXW & FOB

43. This is the first letter of Mary French. After getting the reply, she sends the second letter. Which of the following is LEAST likely to be included in the second letter?

> Dear Sirs,
>
> We regularly ship consignments of bottled sherry to Australia by both passenger and cargo liners of the Enterprise Shipping Line. We are interested to know whether you can issue an all-risks policy for these shipments and, if so, on what terms. In particular we wish to know whether you can give a special rate in return for the promise of regular monthly shipments.
>
> Yours faithfully,
>
> Mary French

① Our first shipment will be on 2 July for 20 cases of sherry valued at USD60,000.

② We understand that these terms will apply to all our shipments of bottled sherry by regular liners to Australian ports and cover all risks, including breakages and pilferage.

---

42. ①
43. ③/ sherry: 셰리주(원래 스페인 남부 지방에서 생산되던 백포도주. 흔히 식사 전에 마심)/ prospectus: (학교 · 대학 등의) 안내서, (기업의) 투자 설명서

③ As you will see from the prospectus, our comprehensive policies provide a very wide range of cover.

④ The terms you quote, namely 0.3% with special discount for regular shipments, are acceptable.

44. Which of the following is LEAST suitable for the blank?

> Our records indicate that your company still owes $10,834.00 from your last order. The account is significantly beyond the 30 days we agreed to when we opened your company's credit account last year.
> Please send payment by return mail since we cannot accept further delay. However, ______________________. We do not like to see your account to be a forced collection matter.

① if for any valid reason you cannot pay at this time, call me as soon as possible so that we can discuss an alternative.

② if you are currently facing financial problems, please contact our credit department so that arrangements can be made regarding the overdue balance of your account.

③ if you need to work out an alternative plans for payment of your outstanding bill, call me at one at +852-9878- 7868.

④ if your company can supply us with two additional credit references and current financial statements, we will reconsider your commercial credit application.

* Read the following and answer the question(45-46).

> I visited your web site and we are very interested in your product line. (1) I'm writing to inquire about a possible joint development ar-

---

44. ④

rangement between you and ourselves.

(2) We, Best Technologies develops a broad range of telecommunications systems, products and services to wireline and wireless service providers under OEMs. As you know, we are allied with GHI, JKL and MNO.

(3) At the same time, for U. S. companies teaming up with the right Korean partner ensures a successful entry into the Korean market. I see the potential
alliance assures a competitive edge to both companies.

(4) Enclosed is a copy of our company catalog and marketing plan. If you are interested in discussing the possible partnership, I'm ready to visit California for further discussion.

Thank you for your consideration. I look forward to your favorable reply.

45. According to the flow of the letter, where is the MOST appropriate place for the sentence below?

For Korean telecom-related companies, forming strategic alliances with U.S. counterparts is one of the keys to succeed in the competitive Korean market.

① (1) ② (2) ③ (3) ④ (4)

46. Which of the following is LEAST likely to be included in the follow-up letter based on the above letter?

① All that we can do for your preeminent firm is to increase production quantity by adding one more production line shortly.

---

45. ③

46. ①/ preeminent: (…가운데서)탁월한, 현저한/ non-disclosure agreement (NDA): 기밀유지 협약

② We are afraid that we may have difficulties in gaining market recognition in a short time.

③ We have an exclusive partner in Korea.

④ The crucial point is the price. After we determine the price is workable, We'd like to consider a non-disclosure agreement.

47. Choose the LEAST proper word in a blank.

> As we have tried to cut the prices as low as possible, it is impossible to make any further price (할인).

① edge　　② discount

③ allowance　　④ reduction

48. What is THIS?

> THIS is the term used to describe the offence of trying to conceal money that has been obtained through offences such as drugs trafficking.
> THIS is the means by which assets (for example cash, bank accounts, cars, machinery and houses) that are the proceeds of crime have their ownership changed or disguised, so that they appear to come from a legitimate source.
> In other words, money obtained from certain crimes, such as extortion, insider trading, drug trafficking and illegal gambling is "dirty". It needs to be cleaned to appear to have been derived from legal activities so that banks and other financial institutions will deal with it without suspicion.

---

47. ①/ edge: 가장자리, 날카로운

48. ①/ offence: 위법 행위, 범죄/ money laundering: 돈 세탁/ fraud: 사기, 가짜, 엉터리/ drug traffic: 마약거래. drugs trafficking: 마약밀거래/ disguised: 변장한, 속임수의/ legitimate source: 합법적인 출처/ extortion: [법] (관리의) 직무상의 부당 취득, 재물 강요(죄)

① money laundering ② fraud
③ illegal investment ④ abnormal remittance

49. Below shows examples of crime used in international trade. Choose the right pair.

( ) : by misrepresenting the price of the goods in the invoice and other documentation (stating it at above the true value), the seller gains excess value as a result of the payment.
( ) : by misrepresenting the price of the goods in the invoice and other documentation(stating it at below the true value), the buyer gains excess value when the payment is made.
( ) : the seller ships less than the invoiced quantity or quality of goods, thereby misrepresenting the true value of goods in the documents.
( ) : the seller ships more than the invoiced quantity or quality of goods, thereby misrepresenting the true value of goods in the documents.

① Over invoicing - Under invoicing - Short shipping - Over shipping
② Over invoicing - Under invoicing - Over shipping - Shot shipping
③ Under invoicing - Over invoicing - Short shipping - Over shipping
④ Under invoicing - Over invoicing - Fantom shipping - Over shipping

---

49. ①

50. What could best replace the words underlined?

> Forfaiting involves the purchase of trade receivables without recourse, meaning that the purchasing bank or finance company cannot claim against the original *trade creditor* in the event that the *trade debtor* refuses or is unable to pay its obligations when due. A frequent exception is when non-payment is due to a trade dispute between the seller and buyer, who claims the seller did not ship the right goods or otherwise committed fraud in the transaction.

① seller - buyer
② buyer - seller
③ insurer - buyer
④ buyer - insurer

50. ①

참고문헌

강원진, 무역영어, 박영사, 1996

고영민, 글로벌시대 무역영어, 두남, 2000

김용원, 무역영어, 고시학회21, 2001

김정수, 무역영어, 형설출판사, 1990

남풍우, 무역영어, 두남(도), 2001

백탁선, 현대무역영어, 세학사, 2001

베들, 로이 휴이트, Business English correspondence, 학문사, 2000

서대윤, 무역영어, 법경사(도), 2002

손태빈, 신무역영어, 두남(도), 1993

송계의, 인터넷무역영어실습, 동성사, 2001

양영환·오원석, 무역영어, 1987, 삼영사

염홍기, 전자상거래무역영어, 두남(도), 1999

______, 인터넷무역영어, 박문각, 2000

이근영, 글로벌시대의 종합무역영어, 학문사, 1998

이덕규, 관세사 무역영어, 한국고시회,1998

이신규, 인터넷무역영어, 두남(도), 2000

전인우, 실무자가 쓴 무역영어인터넷, 한경비피, 2000

정현우, 비즈니스영어, 두남, 1997

조병중, 무역영어연습, 학문사, 2000

______, 무역영어, 법문사, 2002

최봉혁·이강빈, 최신무역영어, 국제무역연구원, 1995

최상래·최병춘, 국제무역영어, 학문사, 1999

최석범, 현대무역영어(중급), 등용문출판사, 2000

______, 초급현대무역영어, 등용문출판사, 2000

한승철, 무역영어, 형설출판사, 1996

한주섭, 현대무역영어, 동성사, 1997
허재창, 무역영어연습, 비젼미디어, 1999
_____, 인터넷시대의무역영어, 법문사, 1997
Andrea B. Geffner, Business English, Barron's Educational Series, Inc., 4th ed., 2004.
Ashley, A, A Handbook of commercial correspondence, Oxford Univ., Press, 1984.
Bailey, Plain English Approach to Business Writing, Oxford(US), 2000.
_____, Robert E., Business English for the 80's, 2nd ed., HanShin, 1979.
Elizabeth Danziger, Get to the Point, Three Rivers Press, 2001
General J. Alred, Chaeles T. Brusaw, Walter E. Oliu, The Business Writer's Handbook, 7th ed., ST. Marti's Press, 2003.
Hemphill, Phyllis Davis, Business communications with writing improvement exercises, 4th ed. Prentice Hall Career & Technology, 1991.
James M. Reid, Effective Letters, Mcgraw-Hill, 1978.
John Woods, Business Letters, Adams Media Corporation Avon, 1999.
Kenneth W. Davis, Busibess Writing and Communication, McGraw- Hill, 2005.
Lehman, Carol M, Business communications, Cincinnati, South-Western College Pub., 1996.
Lesikar, Raybond Vincent, Business communication: theory and application, 5th ed., Irwin, 1984.
_____, basic business communication, 7th ed., Irwin, 1996.
Littlejohn, Andrew, Company to company: a new approach to business correspondence in English, Cambridge University Press, 1988.

Naterop, Bertha J., Business letters for all, Oxford University, 1977.

Phaleoiphrahom, Plang, How to write better business letters, Ruamsan, 1973.

Rooney, Pamela S., Business and professional writing, Englewood Cliffs, Prentice-Hall, 1985.

Scott Thornbury, Teach Grammer, Pearson Education Limited, 1999.

Tom Gorman, Business Letters and Memos, Alpha Books, 2005.

[저자 약력]

류해민(柳海民) 교수

中央大學校(經濟學士)
延世大學校(經濟學 碩士)
美國 American Graduate School of International Management(Thunderbird),
M.I.M.(國際經營學 碩士)
中央大學校 大學院 貿易學科(貿易專攻: 經營學 博士)
University of Washington Law School 客員敎授(1994~1995, 2005~2006)
大韓商工會議所 貿易英語 檢定考試 出題委員
韓國貿易協會 釜山研修院 講師
釜山地方公務員 研修院 講師
大韓商事仲裁院 仲裁人
釜山外國語大學校 貿易經營研究所長, 企劃室長, 商經大學長,
國際經營大學院長, 中央圖書館 館長
韓國國際商學會 會長

現, 韓國國際商學會 名譽會長
韓國開發院(KDI) 經濟專門家 諮問委員
釜山外國語大學校 商經大學 貿易學科 敎授

저서
國際貿易實務(피앤씨미디어)
貿易商務論(피앤씨미디어)
效果的인 貿易英語(釜山外大 出版部)
外換論(共著, 東星社)
銀行引受煥어음의 去來慣行(中央大學校 大學院)
貿易英文解釋(탑북스)
基本貿易英語(두남)

現代

貿易實務英語 讀解와 作成

초판인쇄 2016년 2월 5일
초판발행 2016년 2월 10일

지은이 류해민
펴낸이 박노일

총괄기획 김중용
편 집 심성보 · 김인숙

펴낸곳 pnc publishing and culture 피앤씨미디어

경기도 고양시 일산동구 강송로 153 310-1501

등록 제396-2012-000203호

전 화 070)7550-3758 팩 스 02)718-8554
홈페이지 www.pncmedia.co.kr 이메일 pnc@pncmedia.co.kr

ISBN 979-11-5730-281-9 93320

정 가 25,000원